# Einsicht
## Neue Ausgabe

Paul Stocker

Keith Saunders

Hodder & Stoughton

A MEMBER OF THE HODDER HEADLINE GROUP

# Acknowledgements

Thanks are due to the very many people who have inspired and encouraged us with the work on *Einsicht Neue Ausgabe*. Especial thanks must go to:

Pam Stocker and Gill Saunders and our ever-patient families.
Lesley Davies, Sara Kelby, Hugh Normanton, Julia Watson and Richard Wilkinson for their helpful criticisms and ideas.
The many students who have piloted new materials and have been so ready to help with suggestions.
Melanie Mackert and Kathrin Kastner for checking the typescript.
Julia Baumhoff, Julius von Bethmann-Hollweg, Martin Brinkmann, Sally Figge, Peter Heuschen, Amelie von Kienlin, Peter Krüger, Peter von Mosch, Tilman Pohlhausen, Joschke Reinhard, Anke Wallraff for contributing their ideas on a wide variety of topics.
Hartmut Bock, Jutta Cycon-Vorwerk, Wolfgang Oswald, Norbert Fischer, Traudl Hoops and Mike Simpson for materials and ideas.
Wolfgang Moser for permission to use his moving story in Unit 12.
Our editors Nikki Brown and Corinna Schicker.

Designed by Fiona Webb.
Illustrated by GDN Associates and Elizabeth Barton.

*British Library Cataloguing in Publication Data*

A catalogue for this book is available from the British Library

ISBN 0 340 61029 8

First published 1988
Second Edition 1995

| Impression number | | | | | | | | | |
|---|---|---|---|---|---|---|---|---|---|
| 10 | 9 | 8 | 7 | 6 | 5 | 4 | 3 | 2 | 1 |
| Year | | | | | | | | | |
| 2000 | 1999 | 1998 | 1997 | 1996 | 1995 | | | | |

Typeset by Wearset, Bolden, Tyne and Wear.
Printed in Great Britain for Hodder & Stoughton Educational, a division of Hodder Headline Plc, 338 Euston Road, London NW1 3BH by Bath Press Colour Books, Glasgow.

# Contents

# Introduction

## Liebe Leser

You've done your 16+ exams, and have decided to take a further course in German. Even if you are a little apprehensive, there's no need to worry! **Einsicht Neue Ausgabe** has been written with your needs in mind. Each unit, even those on unfamiliar topics, aims to build on the skills and knowledge you have already acquired, to develop your ability to communicate fluently, to form your own opinions, and of course, to give you the general skills you need to pass those all-important exams.

Each chapter is divided into several sections, each dealing with an aspect of the topic under study. All the chapters, and many of the sections within them, start with a cartoon, a photo, or some other visual item: the aim is to get you talking right away using the language you already know. The exercises and activities become gradually more open-ended so that you can use the language you have learned to express your own ideas.

Many of the learning notes and activities come under specific headings for ease of identification:

 **TEXTÜBERBLICK** – helps to give you an overall grasp of the text.

## Wortwörtlich – concentrates on vocabulary-building.

## 99 SO WIRD'S GESAGT 66 – focuses on phrases you need to persuade, argue, etc.

**GRAMMATIK:** – revises and builds grammar skills. These sections give you the main points you need for communication; fuller coverage of grammar points is given in the Grammar section at the back of the book.

## Simulation – enables you to develop your ideas through role-playing.

*Some advice from the authors:*

- Allow time regularly to study and learn what you have been doing in class.
- Find out the method of learning which suits you best, and follow it. The building blocks of a language are small – words, idioms, structures – but must be acquired carefully one by one. Choose a time of day when you know you can work well.
- Choose a suitable place to work. Whatever people say, it is impossible to commit vocabulary to memory effectively with music or television in the background!
- Take every opportunity you can to get involved with the language: use the language as much as possible in class, watch satellite TV, read German books and magazines, visit the country, speak to Germans in German.
- Don't worry about mistakes, though you must learn from them. They are an essential part of language learning. Germans will be more impressed by your command of spoken German than you think they should be, as many of the errors will be audible only to you!
- When you are trying to express complex ideas in German, don't translate from English: instead, select a German verb you know which does the job you want and build an idea round that.
- At this level, you must take even more responsibility for your learning than before: note new words (without being told to do so!), ask whenever something is unclear.
- A language is useless without something to say: interest yourself in what's going on in the world, and ask yourself what *you* think about it. *Einsicht* will help you.

*Viel Glück!*

The authors and publishers would like to thank the following for permission to reproduce their articles:

Jugendscala 4/87 (Zehn Mark die Stunde), p. 2/3; Inter Nationes (Freizeit), p. 7; Heinrich Böll (Anekdote zur Senkung der Arbeitsmoral), p. 8/9; Junge Zeit 5/89 (Ticket to ride). p. 13/14; Jugendscala (Trampen mit der Eisenbahn), p. 17/18; BRAVO 14.5.92 (Bravo Report), p. 22/23; Cornelsen Verlag: Deutschstunden Nr. 5, ISBN 3-464-05341 (Urlaubsfahrt), P. 26; Auto Urlaub 1986, Wirtschaftsgesellschaft des Kfz-Gewerbes (Stau Schau Wo!), p. 27; Cornelsen Verlag: Deutschstunden (Ferienwünsche), p. 30; Motive des Reisens, p. 31; Welt am Sonntag (In der Wildnis von Kanada), p. 33/34; Aktuell BTA (Fahren Sie doch mal nach England!), p. 36; (Besuchen Sie die SchwäbischeAlb!), p. 38; APA: Das neue Deutschland (Das neue Deutschland entdecken), p. 39; Bildwoche 22.5.92 (Vorsicht! So werden Touristen überfallen und ausgeraubt), p. 41/42; BRAVO Girl (Was bist du für ein Urlaubstyp?), p. 44/45; Cornelsen Verlag, Deutschstunde (Reisebericht eines Berliners), p. 46; Cornelsen Verlag: Deutschstunden Nr. 5, ISBN 3-464-05341 (Gute Vorsätze), p. 47; BRAVO (Wer wagt den ersten Schritt?), p. 50/51; VIP (Der direkte Weg zum Partner), p. 52; Leipziger Volkszeitung (Sie sucht Ihn/Er sucht Sie), p. 55/56; (Sie sucht Ihn/Er sucht Sie), p. 55/56; Neue Welt 25/2/87 (Zauberhafte Liebesgeschichten, die das Leben schrieb), p. 60/61; Cornelsen Verlag: Deutschstunden (Der Spinnerin Nachtlied/Das verlassene Mägdelein), p. 64; BRIGITTE 22/85 (Zu Hause immer noch stinkfaul), p. 70; Eichborn Verlag 1991/Goldmann Verlag (Mir fällt die Decke auf den Kopf), p. 73; Herbert Grönemeyer (Männer), p. 74; Jugend Scala 4/88 (Was nervt euch?), p. 7677; BRAVO (Psycho-Test), p. 81/82; Shell-Studie: Jugend und Erwachsene 88 (Statistik), p. 82; Hüber Verlag: Bieler - Miteinander 3 (Was ein Kind gesagt bekommt), p. 83; Leipziger Volkszeitung 16.8.93 (Hallo Geburtstagskind/Wohnungstausch), p. 85/86; Die Weltwoche (Zukunft- orientiertes Wohnen), p. 86; Sparkasse (Wohnung bezogen, Möbel gekauft), p. 87; Timotei (Bekommt Ihr Haar genug Nahrung?), p. 87, Lancia (Thema turbo), p. 87; Swissflex (Da weiß man, wie man schläft), p. 87; Hansaplast (Erste Hilfe), p. 87; Rama (Rama macht das Frühstück gut), p. 87; Piz Buin p. 87; König Pilsener (Das königliche Vergnügen), p. 87; Aktuell Urban und Schwartzuhect (Die Gestaltung der Werbung), p. 91; (Frauen und Männer in der Werbung), p. 92; Verwertungsgesellschaft (Mein Einkaufsnetz muß Löcher haben), p. 94; Bunte (Umfrage), p. 95; STERN 48/80(Wie zufrieden Sind Sie mit Ihrer Gesundheit?), p. 95; Fit mit (Welcher Sport-Typ sind Sie?) , p. 96/97; Chronikverlag/Harenberg Kommunikation 1984 ISBN 3-88379-030-3 (Ernährung), STERN 48/86 p. 100 (Streit ums Rauchen), p. 102; Fischer Verlag ISBN 3596200193 (Kafka: Die Verwandlung), p. 104/104; Junge Zeit 5/93 (Der Streß-Test), p. 106; Frankfurter Sozietätsdruckerei GmbH 1993, GWISSN 03400041 (Auf dem Weg ins Informationszeitalter), p. 108; (Einstellung zu Fernsehen, Hörfunk und Tageszeitung), p. 108; Düsseldorfer Zeitung p. 112; Die Rheinische Post p. 113; Leipziger Volkszeitung p. 114; Bild am Sonntag 4. Mai 1986 (Atom-Wolke noch eine Woche), p. 115; Die Rheinische Post (Katastrophe von Tscherobyl), p. 116; STERN (Königin kocht und Phillip spült), p. 120/21; Verlag Kiepenheuer & Witsch, Köln ISBN 3-462-0133-6 (Heinrich Böll: Die verlorene Ehre der Katharina Blum), p. 124/25; STERN 19/88 (Joseph Farris), p. 127; Neue Post (Leserbrief), p. 128; IWZ 14/94 (Fernsehproramm), p. 130; dtv taschenbuch Medien (Medien in Europa) p. 132; STERN 51/85 (Mit Hängen und Würgen), p. 134/35; (Peter Maiwald: Das Fernsehn), p. 138; Bastei Lübbe 1986 ISBN 3403-10719-5 (Mathe ist doof), p. 139; Rowohlt Taschenbuch Verlag GmbH ISBN 3499 201275 (Chlodwig Poth: Irre viel Englisch), p. 140; Junge Zeit 9/93 (Leichter lernen), p. 141/42; BRIGITTE 25/86 (Der tägliche Klassenkampf), p. 147; BRAVO (Klassenzeugnis für Lehrer), p. 148; Tatsachen über Deutschland (Die Schulen), p. 150/51; Cornelsen Verlag: Deutschstunden 6 ISBN 3-464-05-343-1 (Hans Joachim Kulenkampff: Betragen mangelhaft), p. 153; LBS Magazin für Teens und Twens (Berufsreport), p. 159; Freundin (Berufe zum Kennenlernen (p.160); MacDonalds (Ihr Weg zu McDonalds), p. 163; Düsseldorfer Zeitung p. 163; Frauenbüro Landkreis Schaumburg (Mädchen wählen pfiffige Berufe), p. 164; Tatsachen über Deutschland (Die Hochschulen),

p. 166); Irrlicht und Feuer Verlag (Max von der Grün: Am Fließband), p. 167/68; APA Das neue Deutschland ISBN 3-575-21000-X (Hitlers Aufstieg zur Macht), p. 170; Jugend Scala "wir" 84 (Opa, Oma und die Nazis), p. 172; Zeitgeschehen (Lion Feuchtwanger: Die Geschwister Oppermann), p. 176-178; Nelson/Harrap ISBN 0-17-444606-3 (Ödon von Horvarth:Jugend ohne Gott), p. 178/79; Jugend Scala "wir" 1984 (Krieg und Niederlage), p. 180; Wolfgang Rothe Stuttgart 1937 (Dagmar Nick: Städte), p. 181; Cornelsen Verlag: Deutschstunden (Bertold Brecht - Die Pappel am Karlplatz/Günter Kunert - Über einige Davongekommene), p. 181; (Annelies Schwarz: Die Grenze, ich habe sie gespürt), p. 186; STERN 26/87 (Nachts, als die Soldaten kamen), p. 187/88; Der Tagesspiegel 15.8.61 (Diesen Tag vergessen die Berliner nicht), p. 190; Junge Zeit (Die Stasi) , p. 193; Bild 4.10.98 (Deutschland!), p. 195; Hamburger Morgenpost 4.10.89 (Tschüß, DDR), p. 195; Information zur politischen Bildung 4/1990 (Talk Show), p. 202/203; Bertelsmann Vlg (Staat, Politik, Recht), p. 205/06; Inter Nationes (Stimmzettel), p. 205; Frauenpartei, p. 208; Junge Zeit (Tour d'Europe), p. 210; (Hier gibt es tausend Wirklichkeiten), p. 217; Umwelt-BA (Rettet die Luft), p220; (Ohne Wasser läuft nichts), p. 221; Müll kommt uns teuer zu stehen), p. 221; BRAVO (Diskussion Atomkraftwerke), p. 224; EMI/ Columbia Austria 1987 12C 266 486044, (Erste Allgemeine Verunsicherung: Burli), p. 225; Jugen Scala (Luxus), p. 227; Hörzu 15.5.92 (Fünf Forderungen), p.228/29; Cornelsen Verlag: Deutschstunden (Ludwig Christoph Heinrich Hölty - Mailied/Joseph von Eichendorff - Frühlingsgruß), p. 232; STERN 24/92 (Klaus Madzia: Krieg der Knöpfe), p. 234; BRIGITTE 10/88 (Jutta Bauer: Alles easy); Volkswagen (Chico-Broschüre), p. 241; D as neue Blatt (Die Geburt, die das doppelte Leben bedeutete), p. 243/44; STERN 9.4.92 (Die neue Medizin), p. 245; Wilhelm Goldmann Verlag München; Verwertungsgesellschaft (Vangelis/Pavlidis Greece), p. 249; Aktuell (Ausländische Arbeitnehmer), p. 250; Süddeutsche Zeitung (Die deutsche Wirtschaft), p. 252; Senatsverwaltung f. Gesundheit u. Soziales (Miteinander Leben in Deutschland), p. 255; Zeit Magazin 2.4.93 (Wir alle sind Ausländer, überall), p. 256; Universum Verlagsanstalt GmbH KG (Leos neue Kumpels), p. 261; BRIGITTE (Was kann jeder tun gegen Fremdenhaß), p. 262; Heinrich Böll (Irisches Tagebuch), p. 264; STERN 11.6.92 p. 267; Bundeszentrale für gesundhtl. Aufklärung (Alkohol - Alltag), p. 268; p. 272; rororo Taschenbuchverlag 1976 (Chlodwig Poth: das ist echt ein Problem), p. 271; Bundeszentrale für gesundhtl. Aufklärung (Alkohol - Alltag), p. 274; Jugend Scala (Schritt für Schritt), p. 276; Junge Zeit 12/91 (Endstation Drogensucht), p. 277/78

The authors and publishers would like to thank the following for permission to reproduce their photographs: AP/Topham p.188; Behnke/STERN/SOA p. 199 (bottom right); Brigitte Bott/SOA p. 212 (centre); Chaldej/VE/SOA p. 169 (lower centre left); Dave Thompson p.1 (top left); Emma Lee p. 1 (bottom right), p. 26; Fellerman/Voller Ernst p. 214 (centre); Gebhardt/STERN/SOA p. 199 (top right); Horst Schäfer/SOA p. 219 (bottom left); Hulton Deutsch p. 75; Ian Richards p. 120 (right); INP/bpk p. 169 (bottom right); Interfoto p. 169 (2); Inter Nationes p. 169, 180, 182, 187 (top), 194; J. Allan Cash Ltd. p. 2 (2); Jugend Scala 1/99, p. 207;Junge Zeit 5/88, p. 49; Kevin Phillips p. 2; Kinne/SOA p. 159; Ksander/Interfoto p. 18; Lederer/Interfoto p. 17; Life File p. 11 (centre right); Lufthansa/SOA p. 160; Mark Hibbert/Life File p. 107 (centre); NIcola Sutton/Life File p. 1 (bottom left); Uppingham School p. 215 (bottom), p. 232 Rainer Jahns/SOA p. 107 (bottom left), p. 156 (far bottom left), p. 237; Robert Harding p. 37, 39, 75, 199, 214; Silvestris p. 72 (centre top), p. 199 (bottom centre left), 156 (centre right), 166 (centre); SOA p. 8; Süddeutscher Verlag p. 169, 198; TG/Interfoto p. 156 (bottom left); Tim Fisher/Life File p. 51 (bottom right), 67 (top left), Topham p. 191, 199 (2), 219, 242, 254; Ullstein Bilderdienst p. 187 (bottom); Vibert-Stokes p. 11(bottom left); W. Wirth/Interfoto p. 166; Zefa p. 1 (top right), 2 (right), 11, 16, 34, 44, 45, 46, 51, 62, 64, 67, 71, 72, 75, 76, 77, 96, 97, 99, 101, 107, 129, 156, 164, 166 (top), 168, 213 (2), 214, 215, 218, 220, 224, 225, 260

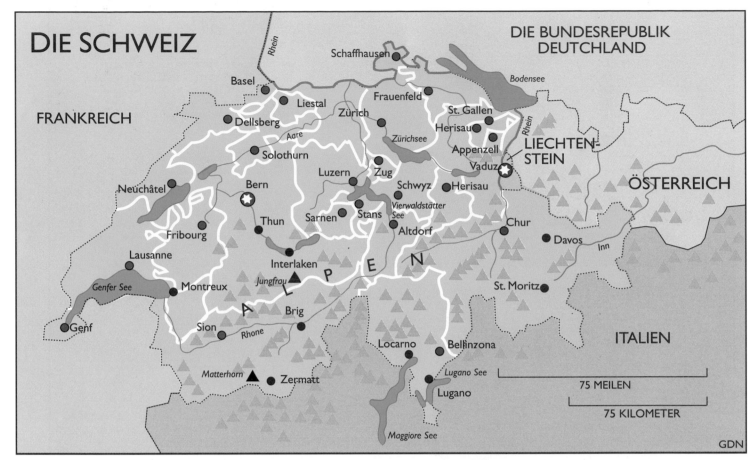

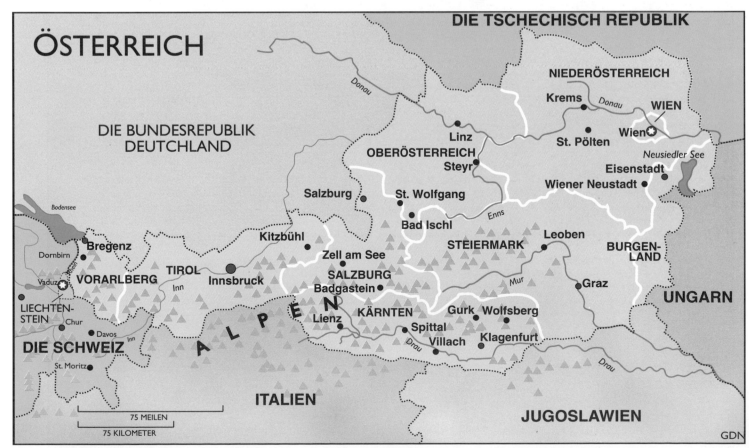

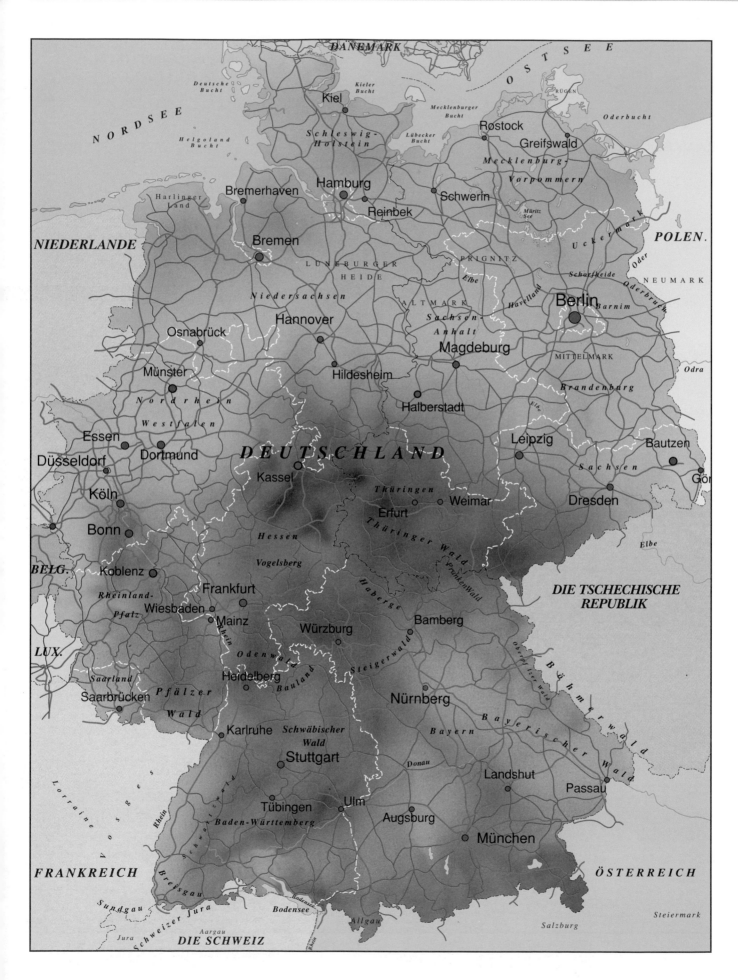

# Freizeit = Arbeitszeit?

## AUFBAU DES KAPITELS

*A. Jobben: Lohnt es sich?*

*B. Freizeit: Endlich mal entspannen!*

## GRAMMATIK

- *Das Präsens*
- *Trennbare/untrennbare Verben (1)*
- *Wortstellung*
- *Kasus: Akkusativ/Dativ*

## KOMMUNIKATION

- *Berichten*
- *Mögen/nicht mögen*
- *Statistiken erklären*

# A Jobben: Lohnt es sich?

**Lohn m** Geld, das man für seine Arbeit verdient
**flitzen** sehr schnell gehen/fahren
**mühsam** schwer
**grell** sehr hell
**matt** sehr müde
**(Arbeits)vertrag m** Kontrakt
**Sie ist hart im Nehmen** unempfindlich; sie verträgt viel
**mit ~ nichts im Sinn haben** mit ~ nichts zu tun haben wollen

## 1

● Haben Sie einen Teilzeitjob?
● Würden Sie Ihren Teilzeitjob gerne als Beruf oder ganztägig ausüben?
● Sehen Sie sich die Fotos (1—4) an. Was sind die Vor- und Nachteile dieser Jobs? Welcher Beruf gefällt Ihnen am besten? Warum?
● Wenn Sie einen Teilzeitjob haben, bedauern Sie, daß Sie jetzt weniger Zeit für andere Beschäftigungen haben?
● Was sind Ihre Eltern von Beruf?
● Welchen Beruf möchten Sie gerne erlernen?

# Zehn Mark die Stunde

### BURGER UND POMMES

**S**o einfach kann das gehen: „Ich habe gefragt, ob was frei ist, und die haben gesagt, okay, fang bei uns an." Das war vor fünf Jahren. Seitdem arbeitet Margarete (23) bei McDonalds. Zuerst als normale Teilzeitkraft, heute als Schichtführerin. „Das heißt, ich bediene nicht mehr die Gäste. Ich passe nur auf, daß der Betrieb gut läuft."

Margarete studiert Geologie. Sie muß jobben, weil ihre Fahrten in ferne Länder viel Geld kosten. „Wir sind hier ein ganz lustiges Team, vor allem Schüler und Hausfrauen. Vier an der Kasse, vier in der Küche. Am Mittag und am frühen Abend ist viel los, aber sonst ist die Arbeit recht locker. Und das Essen ist frei." Ob es schmeckt? „Ich weiß, Fast Food ist Geschmacksache, aber mir schmeckt es. Es muß ja nicht jeden Tag ein Big Mac sein."

### WER DEN PFENNIG NICHT EHRT

„**W**ie die Arbeit, so der Lohn", sagt eines der dümmsten Sprichwörter. Michaels Nebenjob beweist das Gegenteil. Er trägt Werbezeitungen aus. Einmal in der Woche flitzt Michael auf seinen Roller-Skates drei Stunden lang von Haus zu Haus, um die 400 Briefkästen seines Bezirks zu füttern. „Für jede Zeitung gibt es vier Pfennig. Das macht 16 Mark pro Tour", rechnet Michael vor. „Zum Glück habe ich meine Roller-Skates. Die Häuser liegen weit auseinander, und so kann ich auch schneller vor Hunden flüchten." Sein mühsam verdientes Geld trägt Michael (16) sofort zur Sparkasse: „Mit 18 will ich mir ein Auto kaufen." Eine große Auswahl an Jobs gibt es in der kleinen Stadt, wo Michael wohnt und zur Schule geht, nicht: „In den Ferien hast du die Wahl zwischen Baustelle und Bauernhof..."

⇨

## REINE NERVENSACHE

**E**ine riesige Halle im grellen Neonlicht. Fließbänder rattern zwischen langen Reihen von Regalen. Es ist furchtbar laut, die Ohren schmerzen: Nachtschicht in einer Verpack-

ungsfabrik für Arzneimittel.

„Seit drei Jahren arbeite ich hier jede Nacht von Sonntag auf Montag", berichtet Anja (22). „Ich sortiere die einzelnen Produkte. Das ist nicht besonders anstrengend, aber die ganze Atmosphäre geht auf die Nerven. Wenn die Fließbänder einmal abgeschaltet sind, merke ich erst, wie groß der Lärm wirklich ist. Montags bin ich immer total matt."

Vorteil der Nachtarbeit: Anja hat einen festen Arbeitsvertrag, kann also nicht so schnell gefeuert werden. Den „harten" Kontakt mit der Arbeitswelt hat Anja freiwillig gesucht: „Auf der Universität im Fach Wirtschaftspädagogik lernt man nur die Theorie. Das genügt mir nicht. Und natürlich brauche ich auch das Geld."

Hart im Nehmen war Anja schon immer. Als Hilfsarbeiterin auf einer Baustelle schleppte sie Betonsteine und Bierkästen: „Alles fürs Studium."

## GUTEN ABEND, DORT ENTLANG

**C**arsten, 19 Jahre alt und Schüler in Mainz, hat einen Job als Kontrolleur im Kino. Einmal in der Woche arbeitet er elf Stunden am Stück, ab 12 Uhr mittags. Bei langen Filmnächten kann es auch mal 5 Uhr morgens werden. „Eintrittskarten kontrollieren ist nicht anstrengend. Und außerdem kann ich in den Pausen sogar noch für das Abitur lernen", meint Carsten, „aber die Atmosphäre ist anonym. Wenn ich ‚guten Abend' sage, kommt von den Leuten meistens keine Reaktion. Da könnte genausogut ein Automat stehen." Aber die Bezahlung (400 Mark im Monat) stimmt. Das Geld braucht Carsten, der noch bei seinen Eltern wohnt, für sein Auto.

Fast in allen Mainzer Kinos darf Carsten kostenlos die neuesten Filme anschauen. „Mein absoluter Kultfilm ist Monty Pythons ‚Das Leben des Brian', den habe ich mindestens dreizehnmal gesehen." Beruflich hat er mit dem Kino nichts im Sinn. Er will Mathematik und Physik studieren.

## 2     TEXTÜBERBLICK

Lesen Sie den Text „Zehn Mark die Stunde". Vier junge Leute (Michael, Margarete, Carsten und Anja) sprechen über ihre Freizeitjobs. Machen Sie Notizen zu den folgenden Stichpunkten:

- wo sie arbeiten
- warum sie den Job brauchen
- wieviel sie verdienen
- wie ein typischer Tag für sie aussieht
- wie sie den Job finden (Vor und Nachteile).

---

### GRAMMATIK: *Das Präsens*

(Siehe auch S. 296/97 Grammatik)

- Mit dem Präsens kann man sagen, was jetzt oder was normalerweise passiert.

  z.B. *Oft **fahre** ich mit dem Bus, aber heute **gehe** ich zu Fuß.*

- Im Präsens enden fast alle Verben so:

| ich | sag-**e** | wir | sag-**en** |
|-----|-----------|-----|------------|
| du | sag-**st** | ihr | sag-**t** |
| er/sie/es | sag-**t** | sie/Sie | sag-**en** |

- Starke Verben (siehe S.294/95.) bekommen auch einen neuen Stammvokal,       aber nur in den **du** und **er/sie/es** Formen:

  -**a**- wird zum -**ä**-      *ich fahre, du f**ä**hrst, er f**ä**hrt*

  -**e**- wird zum -**i**- oder -**ie**-   *ich spreche, du spr**i**chst, er spr**i**cht*

                                             *ich lese, du l**ie**st, er l**ie**st*

(Die anderen Vokale ändert man nicht im Präsens.)

---

**Wörter zur Wahl**

genügen arbeiten fahren geben sparen helfen laufen besichtigen lernen flitzen tragen brauchen passen schmecken

**3**    Für jede Lücke wählen Sie ein Verb aus der Liste der Infinitive links. Setzen Sie es in der richtigen Form in den Satz ein. Es gibt mehr Infinitive als Lücken!

1. Als Job .......... Michael Zeitungen aus.
2. Es .......... keine große Auswahl an Jobs in einer kleinen Stadt.
3. Er .......... sein Geld bei der Sparkasse.
4. Anja .......... in einer Verpackungsfabrik.
5. Auf der Uni .......... man nur die Theorie.
6. Ich .......... das Geld für mein Auto.
7. Er .......... von Haus zu Haus, um die Arbeit möglichst schnell zu erledigen.
8. Margarete .......... auf, daß der Betrieb gut .......... .
9. Die Theorie .......... ihr nicht.
10. Fast Food .......... mir überhaupt nicht.

**4** Wählen Sie einen Job aus den Fotos auf Seite 1 oder aus dem Text auf den Seiten 2–3. Ihr Partner oder die anderen Mitglieder der Gruppe versuchen, den Job zu erraten, indem sie Fragen stellen, die Sie nur mit 'Ja' oder 'Nein' beantworten dürfen. z.B. „Steht man früh auf?"

**5** Haben Sie einen Teilzeit-Job? Oder kennen Sie jemand, der so einen Job hat? Schreiben Sie einen kurzen Bericht darüber:

● Was Sie machen (oder was Ihr(e) Bekannte(r) macht)
● Wieviel Zeit der Job in Anspruch nimmt
● Wieviel Geld Sie verdienen, und was Sie damit machen
● Die Vor- und Nachteile des Jobs

Verwenden Sie dabei das Präsens.

---

**GRAMMATIK:** *trennbare Verben*

● Bei trennbaren Verben muß man immer das trennbare Präfix ans Ende setzen. Im **Präsens:**
  *Er **bringt** die Koffer und Rucksäcke **unter.***
● Dies gilt auch für das Imperfekt:
  *Er **brachte** die Koffer und Rucksäcke **unter.***
● Im Perfekt ist es folgendermaßen:
  *Er **hat** die Koffer und Rucksäcke **untergebracht.***
● Bei Modalverben wird es folgendermaßen gemacht:
  *Er **muß** (mußte) die Koffer und Rucksäcke **unterbringen.***

---

**6** Bilden Sie Sätze mit den Wörtern unten. Jeder Satz enthält ein trennbares Verb, das Sie in der richtigen Form einsetzen müssen. Vorsicht! Einige Sätze enthalten schon *hat* oder *ist* und müssen also in das Perfekt gesetzt werden.

  z.B.  *austragen*/Werbezeitungen/einmal die Woche/Michael
     *Einmal die Woche **trägt** Michael Werbezeitungen **aus.***

1. *vorbereiten*/auf den späteren Beruf/man/mit dem Nebenjob/sich.
2. *annehmen*/unter 15/man/nur in Ausnahmefällen/darf/eine Arbeit.
3. *anfangen*/vor 5 Jahren/Margarete/hat/bei McDonalds.
4. *aufpassen*/sie/muß/daß der Betrieb gut läuft.
5. *abschalten*/die Fließbänder/man.
6. *abschalten*/man merkt wie laut es ist/wenn die Fließbänder/sind.
7. *anschauen*/sich/er/kostenlos/die neuesten Filme.
8. *aufstehen*/ist/sie/gestern/um 5 Uhr.
9. *nachkommen*/sie ist um die Mittagszeit so müde, daß/kaum/sie/mit dem Bedienen.

**99 SO WIRD'S GESAGT 66**

*Mögen / nicht mögen*

Der Job gefällt mir (nicht) . . .
Das würde ich (nicht) gerne
    machen . . .
Das Gute/Schlechte daran ist . . .
Was toll/schlecht ist, ist . . .

.

**7** Was finden Sie gut oder schlecht an den Teilzeitjobs im Text (S.2–3)?
Notieren Sie Ihre Reaktionen und Meinungen. Vergleichen Sie Ihre Ideen mit
einem Partner.

**GRAMMATIK:** *Nebensätze*

Wortstellung beim ,,Weil-Satz''. Hier wird das Verb ans Ende gesetzt:

> z. B. . . . , *weil ich das Geld* **brauche.**

Bei den trennbaren Verben und bei Modalverben geht es folgendermaßen:
> . . . , *weil ich früh* **aufstehe**.
> . . . , *weil ich früh* **aufstehen muß**.

**8** Schreiben Sie Ihre Meinungen zu den Jobs (s. Text auf S. 2/3) auf, und
benutzen Sie dabei diese zwei Sätze als Vorlage:

● *Ich möchte gern Zeitungen austragen, weil . . .*
● *Ich hätte keine Lust, Zeitungen auszutragen, weil . . .*

Vergleichen Sie jetzt Ihre Antworten mit den Antworten eines Partners/einer
Partnerin.

**9** Das *wenn/weil*-Spiel:
Arbeiten Sie mit einem Partner oder mit der ganzen Gruppe zusammen. Die
nächste Person in der Reihe muß den letzten *weil*-Satz als Hauptsatz verwenden:

> A:  ,,*Ich muß früh aufstehen, weil ich Zeitungen austrage.*''
> B:  ,,*Ich trage Zeitungen aus, weil ich das Geld brauche.*''
> C:  ,,*Ich brauche das Geld, weil . . .*''

Statt *weil* können Sie auch *wenn* verwenden.

**10** 🔉 **Deutsche Schüler sprechen über Teilzeitjobs.**

Hören Sie gut zu und füllen Sie eine Kopie dieser Tabelle aus!

| Name | Was haben sie gemacht? | Meinungen dazu |
|------|------------------------|----------------|
| Sally | | |
| Berndt | | |
| Thomas | | |
| Dietrich | | |
| Anja | | |

**11** Beschreiben Sie einen Teilzeitjob, den Sie haben, den Sie gehabt haben oder den Sie gerne mal hätten!

Beschreiben Sie einen typischen Tagesablauf! Wann geht es los? Was machen Sie genau? Was verdienen Sie? Was sind die Vor-und Nachteile davon?

# B Freizeit: Endlich mal entspannen!

# Freizeit

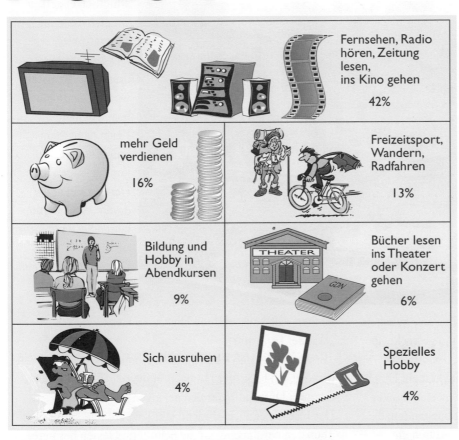

| | |
|---|---|
| Fernsehen, Radio hören, Zeitung lesen, ins Kino gehen | 42% |
| mehr Geld verdienen | 16% |
| Freizeitsport, Wandern, Radfahren | 13% |
| Bildung und Hobby in Abendkursen | 9% |
| Bücher lesen ins Theater oder Konzert gehen | 6% |
| Sich ausruhen | 4% |
| Spezielles Hobby | 4% |

1. Für Freizeit und Urlaub geben die Bundesbürger viel Geld aus, jedes Jahr mehr. Heute sind es rund 17% aller Ausgaben. Vor 10 Jahren waren es nur 13%.

2. Im Schnitt gibt eine durchschnittliche Familie (mittleres Einkommen, 2 Kinder) 5 075 Mark im Jahr für die Freizeit aus.

Die einzelnen Posten sind:
| | |
|---|---|
| Urlaub | : 30% |
| Auto | : 15% |
| Radio/Fernsehen | : 11% |
| Bücher/Zeitungen | : 9% |
| Sport/Camping | : 8% |
| Garten/Tiere | : 8% |
| Spiele | : 5% |
| Heimwerken | : 4% |
| Theater/Kino | : 3% |
| Foto/Film | : 2% |
| Verschiedenes | : 5% |

## 99 SO WIRD'S GESAGT 66

### Statistiken erklären

Ein Substantiv im Singular erfordert ein Verb im Singular.

- 16 Prozent aller Deutschen **verbringen** ihre Freizeit . . .
- Ein relativ niedriger Prozentsatz der Engländer **geht** ins Kino.
- Ein sehr hoher Prozentsatz der Deutschen **verbringt** . . .
- Jeder dritte/vierte Deutsche **liest** regelmäßig ein Buch.
- Knapp die Hälfte **hat** irgendein spezielles Hobby.

**12**  Schreiben Sie mit Hilfe der Statistik und den Ausdrücken oben einen kurzen Bericht über die Deutschen und ihre Freizeit.

**13**  Machen Sie eine Umfrage unter Ihren Freunden zum Thema Freizeit. Erfinden Sie Ihre eigenen Fragen. Nehmen Sie die Umfrage als Basis. Benutzen Sie dann die Ausdrücke (S.7), um die Ergebnisse Ihrer Umfrage mit den deutschen Ergebnissen zu vergleichen.

## Heinrich Böll: *Anekdote zur Senkung der Arbeitsmoral*

In einem Hafen an einer westlichen Küste Europas liegt ein ärmlich gekleideter Mann in seinem Fischerboot und döst. Ein schick angezogener Tourist legt eben einen neuen Farbfilm in seinen Fotoapparat, um das idyllische Bild zu fotografieren: blauer Himmel, grüne See mit friedlichen schneeweißen Wellenkämmen, schwarzes Boot, rote Fischermütze. Klick. Noch einmal: klick, und da aller guten Dinge drei sind und sicher sicher ist, ein drittes Mal: klick. Das spröde, fast feindselige Geräusch weckt den dösenden Fischer, der sich schläfrig aufrichtet, schläfrig nach seiner Zigarettenschachtel angelt; aber bevor er das Gesuchte gefunden, hat ihm der

eifrige Tourist schon eine Schachtel vor die Nase gehalten, ihm die Zigarette nicht gerade in den Mund gesteckt, aber in die Hand gelegt, und ein viertes Klick, das des Feuerzeuges, schließt die eilfertige Höflichkeit ab. Durch jenes kaum meßbare, nie nachweisbare Zuviel an flinker Höflichkeit ist eine gereizte Verlegenheit entstanden, die der Tourist – der Landessprache mächtig – durch ein Gespräch zu überbrücken versucht.

„Sie werden heute einen guten Fang machen."

Kopfschütteln des Fischers.

„Aber man hat mir gesagt, daß das Wetter günstig ist."

Kopfnicken des Fischers.

„Sie werden also nicht ausfahren?"

Kopfschütteln des Fischers, steigende Nervosität des Touristen. Gewiß liegt ihm das Wohl des ärmlich gekleideten Menschen am Herzen, nagt an ihm die Trauer über die verpaßte Gelegenheit.

„Oh, Sie fühlen sich nicht wohl?"

Endlich geht der Fischer von der Zeichensprache zum wahrhaft gesprochenen Wort über. „Ich fühle mich großartig", sagt er. „Ich habe mich nie besser gefühlt." Er steht auf, reckt sich, als wolle er demonstrieren, wie athletisch er gebaut ist. „Ich fühle mich phantastisch."

Der Gesichtsausdruck des Touristen wird immer unglücklicher, er kann die Frage nicht mehr unterdrücken, die ihm sozusagen das Herz zu sprengen droht: „Aber warum fahren Sie dann nicht aus?"

Die Antwort kommt prompt und knapp. „Weil ich heute morgen schon ausgefahren bin."

„War der Fang gut?"

„Er war so gut, daß ich nicht noch einmal auszufahren brauche, ich habe vier Hummer in meinen Körben gehabt, fast zwei Dutzend Makrelen gefangen …"

Der Fischer, endlich erwacht, taut jetzt auf und klopft dem Touristen beruhigend auf die Schultern. Dessen besorgter Gesichtsausdruck erscheint ihm als ein Ausdruck zwar unangebrachter, doch rührender Kümmernis.

„Ich habe sogar für morgen und übermorgen genug", sagt er, um des Fremden Seele zu erleichtern.

„Rauchen Sie eine von meinen?"

„Ja, danke."

Zigaretten werden in Münder gesteckt, ein fünftes Klick, der Fremde setzt sich kopfschüttelnd auf den Bootsrand, legt die Kamera aus der Hand, denn er braucht jetzt beide

⇨

Hände, um seiner Rede Nachdruck zu verleihen. „Ich will mich ja nicht in Ihre persönlichen Angelegenheiten mischen", sagt er, „aber stellen Sie sich mal vor, Sie führen heute ein zweites, ein drittes, vielleicht sogar ein viertes Mal aus und Sie würden drei, vier, fünf, vielleicht gar zehn Dutzend Makrelen fangen … stellen Sie sich das mal vor."

Der Fischer nickt.

„Sie würden", fährt der Tourist fort, „nicht nur heute, sondern morgen, übermorgen, ja, an jedem günstigen Tag zwei-, dreimal, vielleicht viermal ausfahren – wissen Sie, was geschehen würde?"

Der Fischer schüttelt den Kopf.

„Sie würden sich in spätestens einem Jahr einen Motor kaufen können, in zwei Jahren ein zweites Boot, in drei oder vier Jahren könnten Sie vielleicht einen kleinen Kutter haben, mit zwei Booten oder dem Kutter würden Sie natürlich viel mehr fangen – eines Tages würden Sie zwei Kutter haben, Sie würden …", die Begeisterung verschlägt ihm für ein paar Augenblicke die Stimme, „Sie würden ein kleines Kühlhaus bauen, vielleicht eine Räucherei, später eine Marinadenfabrik, mit einem eigenen Hubschrauber rundfliegen, die Fischschwärme ausmachen und Ihren Kuttern per Funk Anweisung geben. Sie könnten die Lachsrechte erwerben, ein Fischrestaurant eröffnen, den Hummer ohne Zwischenhändler direkt nach Paris exportieren – und dann …", wieder verschlägt die Begeisterung dem Fremden die Sprache. Kopfschüttelnd, im tiefsten Herzen betrübt, seiner Urlaubsfreude schon fast verlustig, blickt er auf die friedlich hereinrollende Flut, in der die ungefangenen Fische munter springen.

„Und dann", sagt er, aber wieder verschlägt ihm die Erregung die Sprache.

Der Fischer klopft ihm auf den Rücken, wie einem Kind, das sich verschluckt hat. „Was dann?" fragt er leise.

„Dann", sagt der Fremde mit stiller Begeisterung, „dann könnten Sie beruhigt hier im Hafen sitzen, in der Sonne dösen – und auf das herrliche Meer blicken."

„Aber das tu ich ja schon jetzt", sagt der Fischer, „ich sitze beruhigt am Hafen und döse, nur Ihr Klicken hat mich dabei gestört."

Tatsächlich zog der solcherlei belehrte Tourist nachdenklich von dannen, denn früher hatte er auch einmal geglaubt, er arbeite, um eines Tages einmal nicht mehr arbeiten zu müssen, und es blieb keine Spur von Mitleid mit dem ärmlich gekleideten Fischer in ihm zurück, nur ein wenig Neid.

*Heinrich Böll*

## 14 TEXTÜBERBLICK

Lesen Sie die Erzählung, und versuchen Sie, sie kurz (50 Wörter) zusammenzufassen.

## 15
Wie beschreibt Böll die Unterschiede zwischen dem Fischer und dem Touristen in den ersten 60 Zeilen *(bis: warum fahren Sie dann nicht aus?)* dieser Erzählung? Erstellen Sie für jeden eine Liste – notieren Sie Details über Aussehen, Reaktionen usw.

| Der Fischer | Der Tourist |
|---|---|
| ärmlich gekleidet | schick angezogen |
| ruhiges Kopfschütteln und -nicken | Nervosität |

**dösen** nicht ganz schlafen
**feindselig** sehr unfreundlich
**eilfertig** übermäßig hilfsbereit
**flink** schnell
**Nachdruck verleihen** betonen
**Neid** m das Gefühl, daß andere Leute es besser haben

**16** Stellen Sie sich vor, der Tourist muß aus irgendeinem Grund in dieser Hafenstadt bleiben und seinen Lebensunterhalt verdienen. Beschreiben Sie sein späteres Leben. Verwenden Sie das Präsens.

**17** **Was halten Sie davon?**

Was bedeutet Arbeit und Erfolg für diese beiden Männer? Was sind die Vor- und Nachteile ihrer Einstellungen?

Was ist der Sinn von Arbeit? Arbeitet man, um zu leben, oder lebt man, um zu arbeiten?

# **W**iederholung 1

## *Die Fälle*

### AKKUSATIV MIT DIREKTEM OBJEKT

Das direkte Objekt eines Verbs muß in den Akkusativ gesetzt werden (Siehe auch Seite 289)

1. Ich habe e.......... sehr schönen Pullover gekauft.
2. Hast du m.......... Vater gesehen?
3. Wir haben e.......... nette Französin in Deutschland kennengelernt.
4. Hast du d.......... Brief schon geschrieben?
5. Wir haben letzte Woche u.......... alten Wagen verkauft.
6. Sie haben d.......... ganze Flasche leergetrunken.
7. Wir haben alle e.......... Bratwurst gegessen.
8. Habt ihr eur.......... Onkel gesehen?
9. Das ist mein Freund. Kennst du i.......... ?
10. Liebst du m.......... ?
11. Wir haben ein.......... Haus am Stadtrand gebaut.
12. Zeig mir bitte d.......... Hausaufgabenheft.

# Verkehr - mit Höllentempo in den Verkehrsstau

## AUFBAU DES KAPITELS

A. *Wie fahren Sie am liebsten hin?*

B. *Eine Traumfahrt ins Blaue*

C. *Der Tempo-Freak*

## GRAMMATIK

- *Modalverben*
- *Verb + (zu) + Infinitiv*
- *Das Perfekt*
- *Kasus: Präpositionen (1)*

## KOMMUNIKATION

- *Vergleiche ziehen*
- *Rat geben/annehmen*
- *Pläne und Vorschläge machen*

# A Wie fahren Sie am liebsten hin?

## 1

- Sehen Sie sich die Fotos (S. 11) an. Welches Foto stellt für Sie die Wirklichkeit des Reisens dar?
- Welche dieser Szenarien haben Sie schon erlebt?
- Welche Verkehrsmittel sind Ihrer Meinung nach am sichersten?
- Gibt es vielleicht einen Grund, warum Sie bestimmte Verkehrsmittel nicht gebrauchen würden?

## 2 ▭

Hören Sie gut zu! Deutsche Teenager sprechen über Verkehrsmittel. Füllen Sie eine Kopie dieser Tabelle aus.

|  | **Wie reisen sie am liebsten?** | **Warum?** |
|---|---|---|
| Christa |  |  |
| Jens |  |  |
| Peter |  |  |
| Martin |  |  |
| Torsten |  |  |
| Amelie |  |  |

## 3 ▭ Das Problem mit dem Auto...

In fast allen Städten hat man Probleme mit dem Auto. Hier spricht ein Stadtrat über die besonderen Probleme von Calw, einer Stadt in einem engen Tal im Schwarzwald. Machen Sie Notizen unter folgenden Stichwörtern:

- die topographische Lage von Calw
- die Stadt selbst
- wie man das Verkehrsproblem löst
- was noch zu machen ist

Schreiben Sie dann einen kurzen Bericht darüber. Wie ist es in Ihrer Stadt? Hat man alle Verkehrsprobleme dort gelöst?

---

**99 SO WIRD'S GESAGT 66**

## *Vorteile und Nachteile ausdrücken*

Wenn man die Vor- und Nachteile der Verkehrsmittel zusammenfassen will, kann man folgende Ausdrücke benutzen:

Der Vorteil/Nachteil am Bahnfahren ist, daß . . .
Was ich schlecht/gut daran finde ist, daß . . .
Ich halte das für gut/schlecht, weil . . .
Auf der anderen Seite . . .
Die Bahn hat den Nachteil, daß . . .
Wir müssen die Vor- und Nachteile abwägen

Vergessen Sie nicht: Nach *daß* oder *weil* steht das Verb am Ende.

---

**4** Benutzen Sie diese Ausdrücke, um die Vor- und Nachteile der verschiedenen Verkehrsmittel zusammenzufassen.

# B Eine Traumfahrt ins Blaue!

Eine „Fahrt ins Blaue" ist eine Reise, die man unternimmt, ohne ein gewisses Ziel im Auge zu haben. Für junge Leute ist es heutzutage besonders interessant, neue Länder zu besuchen und neue Freunde zu finden.

**s. etw. anschaffen** kaufen
**Strecke f** Linie
**erfolgen** stattfinden
**berappen** (ungern) bezahlen
**ausgesprochen adj.** wirklich/deutlich
**beliebig** wann/so oft man will
**Erkundungsfahrt f** Ausflug, um die Gegend kennenzulernen

# TICKET TO RIDE

Wer in den Ferien mit der Bahn quer durch Deutschland oder Europa will, sollte genau prüfen, welches Ticket für seine Zwecke am besten geeignet ist. Das Angebot ist groß. Hier eine Übersicht und Planungshilfe

**BahnCard**

Plastikkarten sind groß in Mode. Jetzt auch bei der Bahn. Wer sich eine BahnCard anschafft, kann ein Jahr lang zum halben Preis mit der Deutschen Bundesbahn herumgondeln.

Die BahnCard lohnt sich nicht nur für Leute, die sehr viel unterwegs sind, sondern kann auch interessant sein, wenn man nur ab und an größere Strecken fährt. Zahlt man für die Fahrkarten nur den halben Preis, sind die Anschaffungskosten der Karte manchmal schnell wieder hereingeholt.

Vier- bis 17jährige zahlen für die BahnCard 2. Klasse 50 DM. 18- bis 22jährige sowie Schüler und Studenten bis 26 Jahre 110 DM. Für die BahnCard 1. Klasse muß man jeweils das Doppelte berappen.

### Eurotrain twen-tickets

Eurotrain-twen-tickets sind ermäßigte Fahrkarten und gelten in bestimmten Zügen, auch im internationalen Verkehr. Es gibt sie für Reiselustige bis 26 Jahre. Bei Inlandsfahrten sind einfache Fahrkarten 4 Tage, Hin- und Rückfahrkarten einen Monat lang gültig. Internationale Fahrkarten dagegen zwei Monate.

### InterRail

Das teure InterRail Ticket lohnt sich nur für Leute, die innerhalb eines Monats wirklich so viele Länder wie möglich bereisen wollen. Es kostet 580 DM, und man kann damit in 23 europäischen Ländern sowie Marokko und der gesamten Türkei ohne weitere Kosten Bahn fahren. Die Fahrt in Deutschland ist um 50 Prozent ermäßigt. Das InterRail Ticket gibt es nur für Leute bis 25 Jahre, es gilt einen Monat lang.

### Tramper-Monats-Ticket

Das Tramper-Monats-Ticket gibt es für Studenten bis 26 Jahre. Sie können damit einen Monat lang ohne weitere Kosten auf allen Strecken der Deutschen Bundesbahn reisen. Das Ticket gilt nur für die 2. Klasse. Es ist ein Angebot für ausgesprochene Vielfahrer, zum Beispiel Leute, die einen Monat lang Deutschland entdecken möchten.

Das Tramper-Monats-Ticket kostet 350 DM für alle Strecken der Deutschen Bahnen, wenn man auch die Möglichkeit haben möchte, die ICE-Züge zu benutzen, kostet es 465 DM.

Wer nur in den neuen Ländern, also nur auf den Strecken der Deutschen Reichsbahn, unterwegs ist, zahlt 300 beziehungsweise 410 DM.

### EuroDomino Junior

EuroDomino Junior ist ein neues interessantes Angebot. Das Ticket gibt es für verschiedene Länder. Es ist eine Art Netzkarte, mit der man in dem betreffenden Land an drei, fünf oder zehn Tagen innerhalb eines Monats beliebig Bahn fahren kann. Die Bahnfahrt innerhalb Deutschlands und durch die Transitländer ist 25 Prozent ermäßigt.

EuroDomino ist eine tolle Sache, wenn man beispielsweise in einem Land hauptsächlich Badeurlaub, aber auch ein paar Erkundungsfahrten machen möchte. Natürlich bietet es sich auch für Flugreisende an, die das Urlaubsland dann mit der Bahn entdecken.

Das EuroDomino Junior Ticket gibt es für Leute bis 26 Jahre. Die Preise sind je nach Land und Geltungsdauer verschieden.

| Land | 3 Tage | 5 Tage | 10 Tage |
|------|--------|--------|---------|
| **Preise jeweils 2. Klasse** | | | |
| Belgien | 68 | 80 | 145 |
| Dänemark | 100 | 151 | 203 |
| Finnland | 114 | 163 | 217 |
| Frankreich | 211 | 311 | 488 |
| Griechenland | 70 | 80 | 120 |
| Großbritannien | 181 | 279 | 384 |
| Irland | 90 | 151 | 201 |
| Italien | 187 | 235 | 392 |
| Kroatien | 54 | 60 | 118 |
| Luxemburg | 22 | 28 | 52 |
| Marokko | 58 | 86 | 171 |
| Niederlande | 54 | 90 | 181 |
| Norwegen | 161 | 231 | 301 |
| Österreich | 145 | 161 | 321 |
| Polen | 60 | 72 | 120 |
| Portugal | 155 | 193 | 289 |
| Schweden | 161 | 231 | 307 |
| Schweiz | 129 | 187 | 249 |
| Slowenien | 36 | 52 | 88 |
| Spanien | 185 | 303 | 486 |
| Tchechoslowakei | 76 | 104 | 181 |
| Türkei | 40 | 60 | 108 |
| Ungarn | 84 | 120 | 229 |
| ADN/HML (Fährverbindung Italien/ Griechenland) | 161 | 161 | 161 |

## 5    TEXTÜBERBLICK

Lesen Sie den Text und füllen Sie eine Kopie dieser Tabelle mit den wichtigsten
Einzelheiten aus.

| | Für wen bestimmt | | Preis | Wie lange gültig |
|---|---|---|---|---|
| BahnCard | | 2 Klasse: 4- bis 17jährige | | |
| | | 18- bis 22jährige | | |
| | | Erster Klasse | | |
| Tramper-Monats-Ticket | | Strecken der DB und der DR | | |
| | | Nur für Strecken der Deutschen Reichsbahn | | |
| Eurotrain twen-tickets | | | | |
| InterRail | | | | |
| EuroDomino Junior | | Ermäßigung innerhalb Deutschlands | | |
| | | 3 Tage in Frankreich | | |
| | | 10 Tage in der Türkei | | |

# 6  Wortwörtlich

Ersetzen Sie die kursivgedruckten Wörter und Sätze durch ein Wort oder einen
Ausdruck aus dem Text. Achten Sie dabei auf die Wortstellung.

1.  Plastikkarten sind *sehr modisch*.
2.  Wer eine BahnCard *kauft*, kann ein Jahr lang *zu fünfzig Prozent Ermäßigung*
    mit der Bahn *hin- und herfahren*.
3.  Die BahnCard ist *nicht nur* für Leute *günstig*, die viel unterwegs sind.
4.  Man muß *zweimal so viel bezahlen*.
5.  Das Ticket ist *nur* für die 2. Klasse *gültig*.
6.  Eurotrain-twen-tickets sind *besonders billige* Fahrkarten.
7.  Es gibt diese Karten für *Leute, die viel reisen wollen*.
8.  Man kann an drei, fünf oder zehn Tagen *im Monat so oft fahren wie man will*.
9.  EuroDomino ist *prima*, wenn man . . .
10. Die Karte *ist auch* für Flugreisende *ein gutes Angebot*, die . . .

---

### 99 SO WIRD'S GESAGT 66

## *Rat geben/bekommen*

● Wenn man einen Rat gibt, kann man folgende Ausdrücke verwenden.

Ich rate Ihnen, . . .
Da kann ich Ihnen . . . empfehlen
Ich empfehle Ihnen, . . .
Das beste für Sie wäre . . .
Am besten fahren Sie . . .
Am besten nehmen Sie . . .

● Wenn man einen Rat bekommt, kann man so reagieren:

Positiv:    Ja! Das ist eine gute Idee.
          Daran hätte ich nicht gedacht
          Vielen Dank für Ihre Hilfe
Negativ:   Eigentlich wollte ich nur . . .
          Das ist mir zu teuer
          Das muß ich mir überlegen

---

**7**    Können Sie diesen Leuten helfen? Sie sind alle am Bahnhof und bitten um eine Empfehlung. Welche Karte sollten sie kaufen? Sie können die Ausdrücke oben verwenden, um Ihren Partner zu beraten:

> Welche Karte empfehlen Sie jemandem, der Deutschland gut kennenlernen möchte? Ich habe vier Wochen Urlaub.

> Ich bin 25 Jahre alt und ich würde gerne meine Sommerferien in Europa verbringen. Ich hätte Lust, so viele Länder wie möglich zu besuchen. Ich habe vier Wochen Zeit.

> Ich fahre mit meinen Eltern auf Urlaub nach Spanien. Ich möchte das Land ein bißchen kennenlernen.

> Ich fahre nur selten mit der Bahn, nächste Woche muß ich aber von Hamburg nach München fahren. Ich bin 16 Jahre alt.

# Trampen mit der Eisenbahn

**M**ontag morgen 7.20 Uhr, Frankfurt Hauptbahnhof. Keine zwei Minuten bis zur Abfahrt. Gleis 26 liegt am anderen Ende der Halle. Der Rucksack ist ein Monster, aber ich schaffe es gerade noch. Zehn Sekunden vor dem „Bitte Türen schließen" springe ich in den Intercity „Sachsenroß", Abfahrt 7.22 Uhr. Vor mir liegen vier Wochen „Abenteuer Deutschland" mit dem „Tramper-Monats-Ticket" der Deutschen Bundesbahn. Damit kann jeder, der noch nicht 26 ist, einen Monat lang durch Deutschland fahren – für 350 Mark. Es ist die nationale Version des „Inter-Rail-Tickets".

TRAMPER-MONATS-TICKET A
ZWEITER (2.) KLASSE
Gültig vom 28.05.1986 bis 27.06.1986    007449
Inhaber(in) Name Anschrift  HOLGER ROENITZ
TEXTORSTRASSE 5
.6000 FRANKFURT 70
GEB. AM: 24.05.61
XX **245,00
FRANKFURT (MAIN) HBF    11070099

Phil, den ich im Zug kennenlerne, ist ein „Inter-Railer". Er hat schon 8000 Kilometer Europa hinter sich: London, Paris, Florenz und Athen. Zusammen fahren wir erstmal nach Hamburg. Die Jugendherberge liegt direkt an den Landungsbrücken am Hafen. Echte Seebären und -bärinnen treffen sich um 4 Uhr früh auf dem Hamburger Fischmarkt. Wer dabei sein will, muß zäh die Nacht überstehen oder einen privaten Schlafplatz haben, denn die Jugendherberge öffnet erst wieder um 7 Uhr.

Nach ein paar Tagen Großstadtluft fahre ich an die Ostsee: Ralph, Segellehrer und Surf-As aus Heiligenhafen, hat mich eingeladen. Ich habe ihn mal beim Trampen kennengelernt. Als „Hilfsausbilder" soll ich eine Woche bei ihm in der Segelschule mithelfen. Die Segelschüler geben mir einen Tip für die Fahrt nach Süden, Richtung München: Auf den Strecken Hamburg-München, Dortmund-München, Aachen-Kopenhagen und zurück fahren „Twen-Nachttramper". Für vier Mark bekommt man in diesen Zügen einen richtigen Schlafplatz im Liegewagen. Nur Insider kennen diese „rollende Jugendherberge". Wir feiern eine internationale Party auf Schienen. Am nächsten Tag trifft sich der harte Party-Kern in München wieder. Nach einem Frühstück mit Obstquark und Weißwürsten gehen wir dann in die Stadt. Olympia-Stadion, Deutsches Museum, Marienplatz oder Englischer Garten – München bietet für alle etwas. Mich zieht es ins Lenbachhaus

(Museum für alte Gemälde). Ein bißchen Ruhe und Kultur tanken kann nicht schaden, denke ich. Jede(r) zweite Tramper(in) reist allein. Einige fahren mit anderen zusammen weiter. Mit Christina, die ich im Zug kennenlerne, verbringe ich eine halbe Woche im Alpenvorland. Dann fährt sie ohne mich nach Florenz. John aus Birmingham darf nach den Ferien an der Oxford University studieren. Er ist ganz sicher, daß er bald ein berühmter Schriftsteller wird. Jetzt reist er erstmal durchs

→

„Goethe-country". Weil er noch ins Goethe-Haus nach Frankfurt will, gebe ich ihm eine Adresse von Freunden dort. Er verspricht mir dafür ein Exemplar seines ersten Bestsellers. Natürlich trifft man nicht nur Rucksack-Freaks in den Zügen. Auch die anderen Leute sind interessant. Warum soll man sich nicht mal die Sorgen einer sechsfachen Großmutter anhören oder mit einem Handelsvertreter über die „ach so faule" Jugend streiten. Mir macht es Spaß, denn hier erfahre ich mehr über die Deutschen als in drei Jahren „Gesellschaftskunde". Aber einen „typischen" Deutschen treffe ich nicht. Zwischen Hamburger Punks, Münchener Bankkaufleuten und Bochumer Bergarbeitern liegen Welten. Auch Leigh und Marvin, zwei Studenten aus Los Angeles, müssen ihr German-Bavaria-Lederhosen-Bild immer mehr korrigieren. Natürlich helfe ich ihnen dabei so gut ich kann. Nach einem Ausflug in die Altstadt von Tübingen und

einem Tag in der Stuttgarter Staatsgalerie (moderne Kunst) verlasse ich Süddeutschland in Richtung Aachen. Hier regnet es in Strömen. Ich bin froh, nicht auf der Autobahn zu trampen und fliehe vor dem Regen an die Ostsee: Noch ein paar Tage Seeluft und Sonne in Heiligenhafen, dann geht es zurück nach Hause.

Vier Wochen Deutschland-Abenteuer sind zu Ende. In Frankfurt hat sich nichts verändert. Aber bei mir eine ganze Menge ...

| Seebär m | *Ugs.* erfahrener Seemann |
| Kern m | die aktivsten Mitglieder |
| Sorge f | Problem |

## 8  TEXTÜBERBLICK

Lesen Sie den Text (S. 17/18).

In welcher Reihenfolge besucht er diese Städte: Aachen, Frankfurt, Stuttgart, Hamburg, München, Heiligenhafen, Tübingen? Schreiben Sie jetzt eine kurze Zusammenfassung von dem, was er alles in diesen Städten macht. Beginnen Sie folgendermaßen:

1. Holger beginnt seine Reise in Frankfurt, **wo** er mit seinem Rucksack in den Zug einsteigt.
2. Dann fährt er nach .......... , wo ...
3 ..........

**9**    Machen Sie jetzt eine Liste von den Leuten, die Holger unterwegs kennenlernte! Notieren Sie auf einer Kopie dieser Tabelle alles, was er über jeden schreibt!

| Name | Was er über ihn/sie erzählt |
|------|------------------------------|
| 1. Phil<br>2.<br>3.<br>4.<br>5. |  |

## 10    Was halten Sie davon?

„In Frankfurt hat sich nichts verändert. Aber bei mir eine ganze Menge. . ." Was kann sich in einem Menschen verändern, der eine solche Reise unternimmt? Was gewinnt man, wenn man eine solche Reise unternimmt?

## 11

Nach einer langen Suche haben Sie, Kriminalpolizist in Hamburg, die Wohnung eines Terroristen gefunden. Er selbst ist aber verschwunden! Sie entdecken in seiner Wohnung aber diese Gegenstände. Endlich wird er festgenommen und Ihr Kollege hat seine Aussage auf Kassette aufgenommen. Vergleichen Sie das, was er sagt, mit dem Beweismaterial, das Sie gefunden haben. Was stimmt hier nicht? Können Sie genau feststellen, was er im letzten Monat gemacht hat?

Schreiben Sie jetzt Ihren Polizeibericht!

## 12 Wortwörtlich

Im Deutschen hat man oft die Möglichkeit, Ideen mittels eines zusammengesetzten Wortes auszudrücken. Suchen Sie mindestens 20 Beispiele davon aus den Texten dieser Einheit, aber beachten Sie die folgenden Unterschiede:

1. Zusammengesetzte Worte aus dem Englischen:
   z.B. *„Tramper-Monats-Ticket"*
2. Zusammengesetzte Worte aus dem Deutschen:
   z.B. *„Personenverkehr"*
3. Zusammengesetzte Worte, kurz geschrieben:
   z.B. *„Mittag- und Abendessen"* = *„Mittagessen und Abendessen"*

Wie viele Beispiele können Sie finden?

---

**GRAMMATIK:** *Modalverben (S.300/301)*

● Die sechs Modalverben sind: können, müssen, dürfen, wollen, sollen, mögen.

z.B.

| ich | **kann** | wir | **können** |
|-----|----------|-----|------------|
| du | **kannst** | ihr | **könnt** |
| er/sie/es | **kann** | sie/Sie | **können** |

● Ein Modalverb erfordert fast immer einen Infinitiv am Ende des Satzes:

z.B. Ich *muß* diese Vokabeln *lernen.*
Wir *wollen* ins Kino *gehen.*
*Darf* ich hier *bleiben?*

● *Müssen* und *dürfen* + *nicht*

z.B. Du *darfst* spülen, wenn du willst, aber du *mußt nicht!*
In diesem Kino *darf* man *nicht* rauchen.

● **Vorschläge machen**
Wenn man etwas höflich vorschlagen will, verwendet man oft diese Formen der Modalverben:

z.B. Wir **könnten** vielleicht ins Kino gehen.
**Möchtest** du diesen Film sehen?
Ich **sollte** vielleicht auf ihn warten.

● **Verb + (zu) + Infinitiv**
Ein Modalverb erfordert nichts vor dem Infinitiv. Bei den meisten anderen Verben setzt man **zu** vor den Infinitiv.

z.B. Ich **möchte** in die Alpen **fahren.**
Ich **hoffe**, in die Alpen **zu fahren.**

(Siehe auch Grammatik S. 300/301.)

**13** Schreiben Sie drei oder vier Aussagen zu jedem Wort in dieser Liste. Verwenden Sie jedes Mal ein anderes Modalverb.

Fernsehen – Schule – Radfahren – Geld – Mode

> z.B.   Fernsehen: Ich **will** heute abend fernsehen.
> Man **soll** nicht zu lange vor der Glotze sitzen.

**14** Schreiben Sie fünf Ratschläge für einen neuen Lehrer in Ihrer Schule. Verwenden Sie dabei *Sie müssen . . .*, *Sie sollten . . .*, *Sie können . . .* usw.

**15** Arbeiten Sie mit einem Partner zusammen. Besprechen Sie Ihre Pläne für die nächsten Ferien. Was könnten Sie machen? Was möchten Sie machen? Was müssen Sie machen, um Ihre Pläne zu verwirklichen?

---

### 99 SO WIRD'S GESAGT 66

## *Vorschläge machen*

● **Einerseits**
Meiner Meinung nach sollten
 wir . . .
Natürlich müssen wir . . .
Es ist ja klar, daß wir . . .
Ich schlage vor, daß wir . . .

● **Andererseits**
Ich habe keine Lust, . . .
Das mag sein, aber ich
 denke, . . .
Ganz im Gegenteil: ich meine,
 wir sollten . . .
Mein Vorschlag ist, . . .

---

**16** Arbeiten Sie mit der ganzen Gruppe zusammen. Einer macht einen Vorschlag für heute abend oder für das Wochenende. Die nächste Person muß zeigen, daß sie damit nicht einverstanden ist. Die dritte Person reagiert dann negativ auf den zweiten Vorschlag . . . Verwenden Sie dabei die Ausdrücke oben, Modalverben usw.

**17** **Simulation**

Sie und Ihre Freunde wollen im Sommer eine Europareise unternehmen und haben beschlossen, ein Inter-Rail-Ticket zu kaufen. Die einzige Schwierigkeit ist: wohin werden Sie alle fahren? Alle haben ganz verschiedene Vorstellungen. Jeder bekommt seine Prioritätenliste – auf Ihrer Liste sind die Sehenswürdigkeiten, die Sie am liebsten besuchen würden. Besprechen Sie zusammen den Urlaub und fassen Sie einen Entschluß. Benutzen Sie die Ausdrücke, die oben angegeben sind. Für die Simulation bekommen Sie Ihre Rolle von Ihrem Lehrer.

# **C** Der Tempo-Freak

Einer der Nachteile des Autofahrens ist bestimmt das Unfallrisiko. Im nächsten Artikel lesen Sie die Geschichte eines Jungen, der seine Freunde in einem Autounfall in den Tod fuhr.

**es juckt ihm unter der Sohle** er will ausgehen, etwas unternehmen
**Volltreffer m** Erfolg
**abweisen** „nein" sagen
**Wimmern n** Leises Weinen
**Aufprall m** Kollision
**Schädel m** Kopf ohne Haut, Augen usw.
**Opfer n** jd, der durch einen Unfall stirbt/leidet
**Raserei f** sehr schnelles Fahren
**hämisch** mit Schadenfreude
**sich nichts vormachen** keine falschen Ideen haben

**18** Sehen Sie sich zuerst das Foto an, das mit dem Artikel erschienen ist. Was ist die wahrscheinlichste Ursache dieses Unfalls? Woran denken Sie, wenn Sie ein solches Bild sehen?

● der Fahrer war betrunken?
● der Fahrer hatte seine Fahrprüfung eben erst bestanden?
● das Auto ist auf Glatteis ins Schleudern gekommen?
● er fuhr viel zu schnell in die Kurve?
● eine Katze ist vor ihm über die Straße gelaufen?
● der Fahrer ist am Steuer eingeschlafen?

Können Sie Ihre Wahl begründen?

## 19jähriger Tempo-Freak fuhr seine zwei besten Freunde tot

BRAVO REPORT

Mit Höllentempo 160 über die Landstraße

GTI, noch nagelneu, erst eine Woche alt. Lange hat der Jüngste von insgesamt drei Geschwistern für diese Imagekarosse gespart. Viele Überstunden auf dem Bauernhof seiner Eltern waren nötig, um sich diesen Traum endlich leisten zu können.

Die Nacht war mal wieder ein Volltreffer. Die Boys flirteten, lachten, tranken und tanzten ausgelassen. In Sachen Alk blieb Franz standhaft: „Ich muß ja noch fahren" wies er immer wieder das Angebot für ein weiteres Glas Bier ab. Es blieb für ihn in dieser Nacht bei nur einem Pils. Vorbildlich!

### Franz trank nur ein einziges Pils

**S**amstag in Höhnhardt, einem 1500 Seelen-Nest in Österreich. Wie an jedem Wochenende juckt es den drei Freunden unter der Sohle. Es soll mal wieder in die nur wenige

Kilometer entfernte Discothek im Örtchen Thalgau gehen. Dort ist die beste Musik, locken die hübschesten Girls des Landkreises. Gegen 20 Uhr startet Franz sein 'Geschoß', einen

Dann doch die Katastrophe: Kurz nach sieben am Sonntagmorgen reißt ein dumpfer Knall die Bewohner eines Hauses im Örtchen Enzersberg aus den Betten. Sie blicken nach draußen

⇨

Franz überlebte als einziger, liegt jetzt in einer Salzburger Klinik

Franz fuhr immer schon voll ab auf Autos und Geschwindigkeit. Bis zu dem Morgen, an dem er für seine beiden besten Freunde Hannes und Manfred zum „Henker" hinterm Lenkrad wurde und sein VW Golf GTI zum Blechsarg . . .

Tot: Hannes (18) Tot: Manfred (18)

und werden vor Erschrecken kreidebleich. Nur wenige Meter von ihrem Haus entfernt liegt vor einem Baum ein rauchender Schrotthaufen. Ein leises Wimmern dringt aus dem Innern des Autowracks. Es ist Franz, der Fahrer. Fünf Minuten später hängt er an Infusionsflaschen. Zuvor hatten ihn Rotkreuzhelfer mit einer Blechschere zwischen Lenkrad und Sitz befreien können. Die Diagnose: schwere Gehirnerschütterung, blaues rechtes Auge, beide Oberarme gebrochen. Tödlich und grauenvoll war hingegen das, was mit Kfz-Mechaniker Hannes und Schlosser Manfred geschehen war, die im Wagen hintereinander saßen. Ihre Köpfe waren beim Aufprall mit so unbeschreiblicher Wucht zu sammengekracht, daß ihre Schädel gespalten waren.

## Mit Vollgas gegen den Baum

Obwohl die beiden Unfallopfer angeschnallt waren, starben sie binnen Sekunden. Schuld an dieser Tragödie: die reine Lust an der Raserei, Geschwindigkeitsrausch. Rauf aufs Gas und hinein ins Grab. Franz W. muß in dieser Unglücksnacht mit einer irrsinnigen Geschwindigkeit die Landstraße entlanggebraust sein. Zwei Augenzeugen gibt es, auch Discothekenbesucher. Sie hatten, genauso dumm und unverantwortlich wie der Fahrer des Flitzers vor ihnen, versucht, mit 150 Sachen Anschluß an den rasenden GTI zu halten. Plötzlich, bei einer Autobahnauffahrt in einer Linkskurve verlor Franz die Gewalt über das Fahrzeug. Für drei Menschen wurde es zur Schleuderrampe. Der Flug wurde durch eine Baumreihe gestoppt.

## Angst vor der Entlassung

Und jetzt? Jetzt liegt Franz in einer Salzburger Unfallklinik, hat Alpträume, Schuldgefühle und Angst. Angst, irgendwann entlassen zu werden, zurückkehren zu müssen in sein Heimatdorf, wo die Leute schon auf den Bastard warten, der zwei nette Jungs totgefahren hat. Franz' Familie muß bereits tagtäglich mit dieser Welle des Hasses leben. Es ging schon ein Tag nach der Katastrophe los. Dazu Mutter Katharina: „Hämisch riefen mich die Leute an, ob sie mir die Morgenzeitung bringen sollten. Da stünde etwas Schönes über unseren jüngsten Sohn drin. Franz solle sich ja nichts vormachen. Für ihn würde das wahre Leiden erst beginnen, wenn er wieder nach Höhnhardt zurückkäme."

„Ich weiß nicht, was ich den Eltern meiner zwei totgefahrenen Freunden sagen soll, wenn ich ihnen begegne", so Franz. Genauso fürchtet er sich vor dem ersten Gang zum Grab seiner Kumpels. Daß er sicherlich auf Lebenszeit seinen Führerschein los ist und ihm die Eltern der Opfer höchstwahrscheinlich den Prozeß machen, ist beinahe schon Nebensache für ihn. Wenn seine Freunde bloß noch leben würden...

---

## 19   TEXTÜBERBLICK

Für jeden Absatz notieren Sie einen Ausdruck im Text oder zwei/drei Wörter, die den Absatz am besten zusammenfassen.

z. B.: *Samstag . . . in einem 1500-Seelen-Nest*

## 20 Wortwörtlich

a) Finden Sie für diese Ausdrücke und Worte Synonyme im Text:

1. sie haben große Lust, loszufahren
2. sehr neu
3. ein großer Erfolg
4. ein leiser Schlag
5. ein kaputtes Auto
6. wenn man im Auto den Sicherheitsgurt anhat
7. ein schönes Gefühl, das man beim schnellen Autofahren hat
8. sehr schnell fahren
9. jemand, der den Unfall sieht
10. die Stelle, an der man auf die Autobahn fährt ·
11. er konnte das Auto nicht mehr steuern

b) Füllen Sie die Lücken mit Verben aus:

1. Gegen 20 Uhr .......... er sein „Geschoß".
2. Franz .......... immer wieder das Angebot ab.
3. Ein dumpfer Knall .......... die Bewohner des Hauses aus den Betten.
4. Ein leises Wimmern .......... aus dem Innern des Autos.
5. Die Rotkreuzhelfer haben ihn aus dem Auto .......... .
6. Die Leute sind böse auf den Jungen, der die zwei Jungs .......... hat.
7. Die Eltern der zwei Opfer werden ihm den Prozeß .......... .

c) Und jetzt mit Adjektiven/Adverbien:

1. Viele Überstunden waren .......... .
2. Sie werden vor Erschrecken .......... .
3. Sie tanzten und tranken .......... .
4. Der Unfall war für seine Freunde .......... und .......... .
5. Er war an dieser Tragödie .......... .
6. Es ist .......... und .........., mit 150 zu fahren.

## 21 Wortwörtlich

Machen Sie eine Wortfeldskizze zum Thema „Unfall".

z.B

## GRAMMATIK: *Das Perfekt*

Wenn man in Konversationen oder in einem Brief über ein **Ereignis in der Vergangenheit** berichtet, verwendet man normalerweise das Perfekt. Sie finden eine ausführliche Erklärung des Perfekts auf Seite 297/98, aber hier ist das wichtigste:

| *haben/sein* | + *Partizip Perfekt* |
|---|---|
| ich habe, du hast, *usw.* | **ge**kauft |
| | **ge**schrieb**en** |
| ich bin, du bist, *usw.* | **ge**reist |
| | **ge**fahr**en** |

- Das Partizip von *schwachen* Verben endet mit **-t**
  Das Partizip von *starken* Verben endet mit **-en**
- Man verwendet *sein* als Hilfsverb,
  wenn das *intransitive* Verb eine Bewegung *zu* einem Ort beschreibt, oder
  wenn das *intransitive* Verb eine Änderung des Zustands beschreibt:

  *z.B.   fahren, wachsen, sterben. [Intransitiv* heißt: das Verb hat kein Objekt.]

  *z.B.   Ich* **bin** *nach London gefahren.*
  *Ich* **habe** *das Auto nach London gefahren. (* **fahren** ist in diesem Satz transitiv)
  *Sie* **ist** *mit 60 gestorben.*
  *Letzten Sommer* **bin** *ich oft* **mit** *meiner Jacht gesegelt.*
  *(mit meiner Jacht* ist kein Objekt sondern ein Adverb)

- Für Beschreibungen verwendet man das Imperfekt: (S. Seite 298)

  *z.B.   Als ich angekommen bin,* **saß** *er im Stuhl und* **las**

**22**   Sie sind Reporter einer lokalen Zeitung, und Sie machen ein Interview mit dem unglücklichen Franz. Ihr Partner ist Franz. Hier sind einige Fragen. Wie antwortet er darauf? Denken Sie sich weitere Fragen aus und nehmen Sie Ihre Konversation auf Kassette auf.

1. Wo sind Sie hingefahren?
2. Warum wollten Sie dorthin?
3. Was für ein Auto hatten Sie?
4. Wann haben Sie es gekauft, und wo hatten Sie das Geld her?
5. Haben Sie was getrunken?
6. Was ist genau passiert?

7. Sind Sie verletzt worden?
8. Waren Sie angeschnallt?
9. Können Sie Ihr Auto noch fahren?
10. Wie geht es Ihnen jetzt?
11. Wovor haben Sie Angst?
12. Fühlen Sie sich schuldig an dem Unfall? Warum?

## 23

Auf der Kassette hören Sie von einem Unfall, der einem jungen Teenager passiert ist. Er beschreibt, was passiert ist. Beantworten Sie diese Fragen!

1. Was war die Ursache des Unfalls?
2. Warum ist das Reh nicht weggelaufen?
3. Was waren die Folgen des Unfalls?

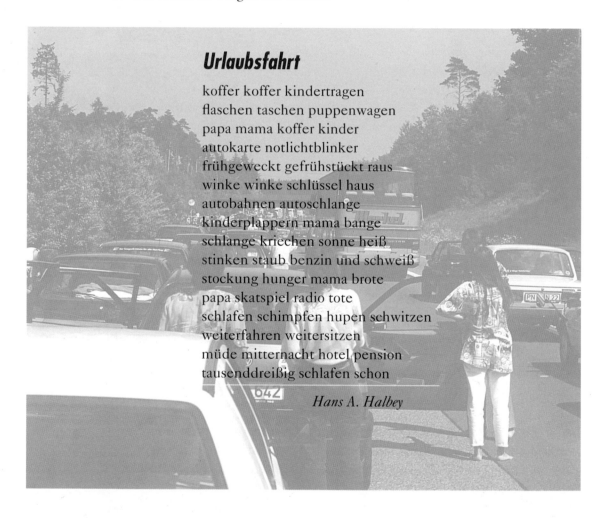

### Urlaubsfahrt

koffer koffer kindertragen
flaschen taschen puppenwagen
papa mama koffer kinder
autokarte notlichtblinker
frühgeweckt gefrühstückt raus
winke winke schlüssel haus
autobahnen autoschlange
kinderplappern mama bange
schlange kriechen sonne heiß
stinken staub benzin und schweiß
stockung hunger mama brote
papa skatspiel radio tote
schlafen schimpfen hupen schwitzen
weiterfahren weitersitzen
müde mitternacht hotel pension
tausenddreißig schlafen schon

*Hans A. Halbey*

## 24　　　　TEXTÜBERBLICK

Ist diese Situation (in „Urlaubsfahrt") für Ihre Familie typisch? Erzählen Sie in vollen Sätzen die Geschichte dieser Fahrt, als ob Sie dabei gewesen wären. Natürlich verwenden Sie dabei das Perfekt.

**25** Machen Sie das "Stau-Spiel"!

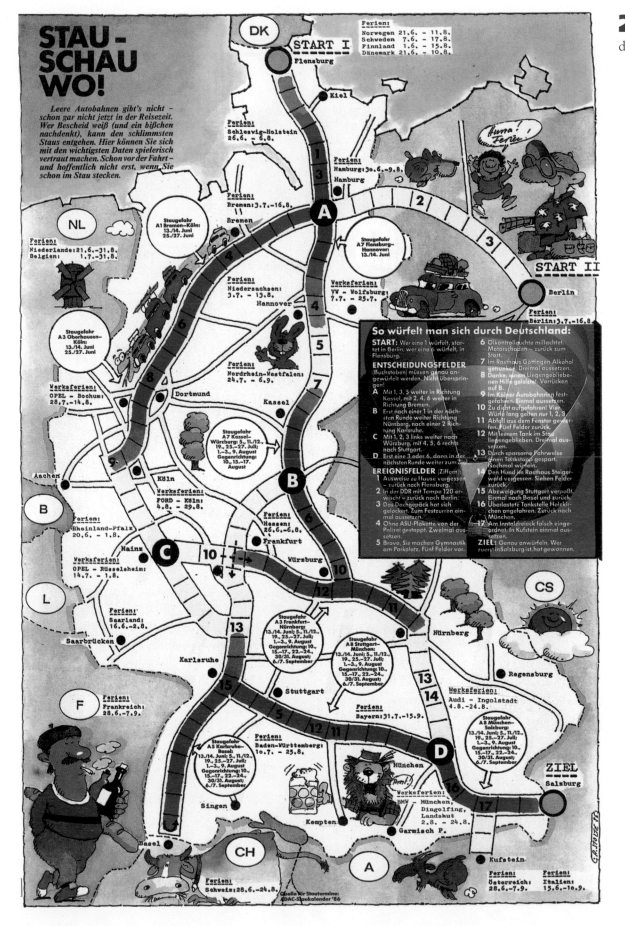

# STAU-SCHAU WO!

*Leere Autobahnen gibt's nicht – schon gar nicht jetzt in der Reisezeit. Wer Bescheid weiß (und ein bißchen nachdenkt), kann den schlimmsten Staus entgehen. Hier können Sie sich mit den wichtigsten Daten spielerisch vertraut machen. Schon vor der Fahrt – und hoffentlich nicht erst, wenn Sie schon im Stau stecken.*

## So würfelt man sich durch Deutschland:

**START:** Wer eine 1 würfelt, startet in Berlin, wer eine 6 würfelt, in Flensburg.

**ENTSCHEIDUNGSFELDER** (Buchstaben) müssen genau angewürfelt werden. Nicht überspringen!

**A** Mit 1, 3, 5 weiter in Richtung Kassel, mit 2, 4, 6 weiter in Richtung Bremen.

**B** Erst nach einer 1 in der nächsten Runde weiter Richtung Nürnberg, nach einer 2 Richtung Karlsruhe.

**C** Mit 1, 2, 3 links weiter nach Würzburg, mit 4, 5, 6 rechts nach Stuttgart.

**D** Erst eine 3 oder 6, dann in der nächsten Runde weiter zum Ziel.

**EREIGNISFELDER** (Ziffern)

**1** Ausweise zu Hause vergessen – zurück nach Flensburg.

**2** In der DDR mit Tempo 120 erwischt – zurück nach Berlin.

**3** Das Dachgepäck hat sich gelockert. Zum Festzurren einmal aussetzen.

**4** Ohne ASU-Plakette von der Polizei gestoppt. Zweimal aussetzen.

**5** Bravo, Sie machen Gymnastik am Parkplatz. Fünf Felder vor.

**6** Ölkontrolleuchte mißachtet. Motorschaden – zurück zum Start.

**7** Im Rasthaus Göttingen Alkohol getrunken. Dreimal aussetzen.

**8** Danke, einem Liegengebliebenen Hilfe geleistet. Vorrücken auf B.

**9** Im Kölner Autobahnring festgefahren. Einmal aussetzen.

**10** Zu dicht aufgefahren! Vier Würfe lang gelten nur 1, 2, 3.

**11** Abfall aus dem Fenster geworfen. Fünf Felder zurück.

**12** Mit leerem Tank im Stau liegengeblieben. Dreimal aussetzen.

**13** Durch sparsame Fahrweise einen Tankstopp gespart. Nochmal würfeln.

**14** Den Hund im Rasthaus Steigerwald vergessen. Sieben Felder zurück.

**15** Abzweigung Stuttgart verpaßt. Einmal nach Basel und zurück.

**16** Überlastete Tankstelle Holzkirchen angefahren. Zurück nach München.

**17** Am Inntaldreieck falsch eingeordnet. In Kufstein einmal aussetzen.

**ZIEL:** Genau anwürfeln. Wer zuerst in Salzburg ist, hat gewonnen.

### Map labels

START I — Flensburg
DK
Kiel

Ferien:
Norwegen 21.6. – 11.8.
Schweden 7.6. – 17.8.
Finnland 1.6. – 15.8.
Dänemark 21.6. – 10.8.

Ferien:
Schleswig-Holstein 26.6. – 6.8.

Ferien:
Hamburg 30.6. – 9.8.
Hamburg

Ferien:
Bremen 3.7. – 16.8.
Bremen

NL

Ferien:
Niederlande 21.6. – 31.8.
Belgien 1.7. – 31.8.

Staugefahr A1 Bremen–Köln: 13./14. Juni; 25./27. Juni

Staugefahr A7 Flensburg–Hannover: 13./14. Juni

Werksferien: VW – Wolfsburg: 7.7. – 25.7.

Ferien:
Niedersachsen 3.7. – 13.8.
Hannover

START II — Berlin

Ferien:
Berlin 3.7. – 16.8.

Staugefahr A3 Oberhausen–Köln: 13./14. Juni; 25./27. Juni

Ferien:
Nordrhein-Westfalen 24.7. – 6.9.

Werksferien:
OPEL – Bochum: 28.7. – 14.8.

Dortmund
Kassel

Staugefahr A7 Kassel–Würzburg: 5., 11./12., 19., 25.–27. Juli; 1.–3., 9. August Gegenrichtung: 10., 15.–17. August

Aachen
Köln

Werksferien:
FORD – Köln: 4.8. – 29.8.

B

Ferien:
Rheinland-Pfalz 20.6. – 1.8.

Mainz
C

Ferien:
Hessen: 26.6. – 6.8.
Frankfurt
Würzburg

Werksferien:
OPEL – Rüsselsheim: 14.7. – 1.8.

L

Ferien:
Saarland: 16.6. – 2.8.
Saarbrücken

Staugefahr A3 Frankfurt–Nürnberg: 13./14. Juni; 5., 11./12., 19., 25.–27. Juli; 1.–3., 9. August Gegenrichtung: 10., 15.–17., 22.–24., 30./31. August; 6./7. September

Staugefahr A8 Stuttgart–München: 13./14. Juni; 5., 11./12., 19., 25.–27. Juli; 1.–3., 9. August Gegenrichtung: 10., 15.–17., 22.–24., 30./31. August; 6./7. September

Nürnberg

CS

Regensburg

Werksferien:
Audi – Ingolstadt 4.8. – 24.8.

Karlsruhe
Stuttgart

Ferien:
Bayern: 31.7. – 15.9.

F

Ferien:
Frankreich: 28.6. – 7.9.

Staugefahr A5 Karlsruhe–Basel: 13./14. Juni; 5., 11./12., 19., 25.–27. Juli; 1.–3., 9. August Gegenrichtung: 10., 15.–17., 22.–24., 30./31. August; 6./7. September

Ferien:
Baden-Württemberg: 10.7. – 25.8.

Staugefahr A8 München–Salzburg: 13./14. Juni; 5., 11./12., 19., 25.–27. Juli; 1.–3., 9. August Gegenrichtung: 10., 15.–17., 22.–24., 30./31. August; 6./7. September

D
München
ZIEL — Salzburg

Singen
Kempten

Werksferien:
BMW – München, Dingolfing, Landshut 2.8. – 24.8.

Basel
CH
Garmisch P.

A
Kufstein

Ferien:
Schweiz: 28.6. – 24.8.

Ferien:
Österreich: 28.6. – 7.9.

Ferien:
Italien: 15.6. – 10.9.

Quelle für Stautermine: ADAC-Staukalender '86

# Wiederholung 2

## Die Fälle

### AKKUSATIV MIT PRÄPOSITIONEN

Diese Präpositionen fordern immer einen Substantiv im Akkusativ: *bis, durch, entlang, für, gegen, ohne, um.*

1. Das Geschenk ist für m.......... Mutter.
2. Wir sind durch d.......... Wald gegangen.
3. Sie spielen gegen unser.......... Mannschaft.
4. Sie ist um d.......... Ecke gegangen.
5. Geh nicht ohne dein .......... Mantel aus.
6. Meine Mutter ist d.......... Straße entlang gelaufen.
7. Meine Familie ist ohne mi.......... nach Frankreich gefahren.
8. Die Blumen sind für di.......... .

### DATIV MIT PRÄPOSITIONEN

Diese Präpositionen erfordern immer den Dativ: *aus, außer, bei, entgegen, gegenüber, mit, nach, seit, von, zu.*

1. Ich bin aus d.......... Auto gestiegen.
2. Wir sind mit d.......... Zug nach Bonn gefahren.
3. Außer m.......... waren wir alle krank.
4. Gehst du heute z.......... Supermarkt?
5. Unser Haus liegt gegenüber d.......... Kirche.
6. Wir haben bei mein.......... Tante übernachtet.
7. Kommst du mit u.......... ?
8. Kennst du Peter? Wir waren gestern abend bei i.......... .
9. Ich wohne seit d.......... Krieg in London.
10. Nach d.......... Schule gehen wir alle ins Kino.

# Urlaub: Über allen Gipfeln ist Ruh

1

2

5

3

4

# A Warum fahren wir weg?

| Tapetenwechsel m | eine neue Umgebung haben |
|---|---|
| Kraft f | Energie |
| Eindruck m | Impression |
| verwöhnen | jmdm jeden Wunsch erfüllen |
| s. etw. widmen | sehr viel mit etw. arbeiten |

**1** Sehen Sie sich die Fotos auf S.29 an. Welches Reiseziel würden Sie wählen und warum? Was ist das Attraktive an jedem Bild: die Natur? die Wärme? die Sonne? die See? der Sport? die Exotik? die Kultur? das Abenteuer?

# Ferienwünsche

Der Studienkreis für Touristik in Starnberg gibt alljährlich eine Reiseanalyse heraus. Darin werden auch Reisemotive und Urlaubserwartungen bei den Ferienreisenden untersucht. Eine Frage an die Urlauber lautet: „Worauf kam es Ihnen bei Ihrer (Haupt-)Urlaubsreise eigentlich besonders an?" Und das sind die Antworten:

65% – Abschalten, ausspannen
59% – Aus dem Alltag herauskommen/Tapetenwechsel
49% – Frische Kraft sammeln
47% – Natur erleben
42% – Zeit füreinander haben
39% – In die Sonne kommen, dem schlechten Wetter entfliehen
37% – Mit anderen Leuten zusammen sein, Geselligkeit haben
36% – Gut essen

35% – Viel Spaß und Unterhaltung haben, sich vergnügen, amüsieren
35% – Tun und lassen können, was man will, frei sein
33% – Ganz neue Eindrücke gewinnen, etwas anderes kennenlernen
33% – Viel erleben, Abwechslung haben
32% – Reinere Luft, sauberes Wasser, aus der verschmutzten Umwelt herauskommen
30% – Andere Länder erleben, viel von der Welt sehen
30% – Sich Bewegung verschaffen, leichte sportliche und spielerische Aktivitäten
28% – Viel ausruhen, nichts tun
26% – Sich verwöhnen lassen, sich etwas gönnen, genießen
23% – Urlaubsbekanntschaften machen
23% – Etwas für die Schönheit

tun, braun werden
21% – Viel herumfahren, unterwegs sein
20% – Den Horizont erweitern, etwas für Kultur und Bildung tun
19% – Sich eigenen Interessen widmen
18% – Etwas für die Gesundheit tun, Krankheiten vorbeugen
18% – Erinnerungen auffrischen
16% – Verwandte, Bekannte, Freunde wiedertreffen
14% – Sich auf sich selbst besinnen, Zeit zum Nachdenken haben
12% – Aktiv Sport treiben, sich trimmen
10% – Auf Entdeckungsreise gehen, ein Risiko auf sich nehmen, etwas Außergewöhnlichem begegnen
7% – Hobbys, Liebhabereien nachgehen

Weil die gleiche Person mehrere Reisemotive nennen konnte, ergibt die Summe der Meinungsäußerungen mehr als 100% (= Mehrfachnennungen). Die Zahlen sind auf- bzw. abgerundet.

## 2 TEXTÜBERBLICK

Stellen Sie Ihre eigene Reihenfolge zusammen. Welche fünf Ferienwünsche
sind für Sie die wichtigsten? Machen Sie eine Umfrage unter zehn Freunden;
stellen Sie die Ergebnisse als Diagramm dar.

# Motive des Reisens: Warum fahren wir überhaupt in Urlaub?

Das Bedürfnis, eine Urlaubsreise zu machen, drückt den Wunsch nach Selbstverwirklichung und nach einem anderen, besseren Leben aus, als es der Alltag bietet. Der Urlaub soll das Gegenbild zur Arbeitswelt sein, frei von Streß, Konkurrenzkampf und Fremdbestimmung. Im gewählten Urlaub (Erholungsreise, Strand- und Bildungsurlaub, Aktivurlaub bzw. Cluburlaub, der immer mehr in Mode kommt) steht der Kontakt zu anderen Menschen und der Wunsch nach Erlebnissen im Kreis Gleichgesinnter noch vor dem Bedürfnis nach Ruhe und Erholung an erster Stelle. Dabei werden der soziale Freiraum sowie die Möglichkeiten des Kultur- und Erfahrungsaustausches selten genutzt.

Vorurteile, die durch persönliche Erfahrungen noch verstärkt werden, haben den Reiseländern ein Image verschafft, das neue Eindrücke vorbestimmt: Italien and Spanien sind Länder mit Sonne und Meer, gelten als billig und anspruchslos im Komfort, Frankreich gilt als teuer, Österreich als gemütlich und gastfreundlich, die Schweiz als sauber und gepflegt und Dänemark als ruhig und erholsam.

## 3 TEXTÜBERBLICK

Warum fährt man in Urlaub?
Versuchen Sie im ersten Absatz des Textes „Motive des Reisens" die
Schlüsselwörter zu finden. Beginnen Sie mit:

> 1. *anderes, besseres Leben*      2. *Gegenbild zur Arbeitswelt*
> usw.

Wie drückt man diese Ideen im Text „Ferienwünsche" aus?

**4**  Was verstehen Sie unter: Erholungsreise, Strandurlaub, Bildungsurlaub,
Aktivurlaub, Cluburlaub?
Können Sie diese Ausdrücke definieren?

---

**Bedürfnis n** Gefühl, daß man etw.
braucht
**Gleichgesinnte (pl)** Leute, die ähnlich
denken
***sie** gelten als **billig*** *die meisten Leute*
*meinen, daß sie billig sind*
**gepflegt** ordentlich
**Vorurteil n** feste aber nicht objektive
Meinung

---

## GRAMMATIK: *weil/um . . . zu . . .*

- Wenn man das Motiv einer Aktion erklären will, verwendet man oft
  ***wenn/weil*** oder ***um . . . zu*** (+Infinitiv)

- z.B. *Wir fahren nach Italien,* ***weil*** *es dort immer sonnig* ***ist****.*
  *Wir fahren nach Italien,* ***um*** *schönes Wetter* ***zu*** *finden.*

**5** Schreiben Sie für einige Motive in Ihrer Liste in Aufgabe 3 zwei Sätze: einen mit **weil**, den anderen mit **um . . . zu . . .**

> z.B. *Man fährt in den Urlaub,* **weil** *man ein besseres Leben sucht.*
> *Man fährt in den Urlaub,* **um** *ein besseres Leben* **zu** *finden.*

**6** TEXTÜBERBLICK

Der Text „Motive des Reisens" spricht von Assoziationen – schreiben Sie für jedes Land die im Text erwähnten Assoziationen ein.

1. Italien = Sonne und Meer        2. Spanien =
3. Frankreich =                     4. Österreich =
5. die Schweiz =                    6. Dänemark =

Was denken Sie? Haben Sie auch solche Assoziationen?
Und wie ist es in anderen Ländern? Was würden Sie zu diesen Ländern schreiben? Unten im Kästchen sind ein paar Ideen für Sie; natürlich sollten Sie auch die Wörter verwenden, die Sie bis jetzt gefunden haben!

7. Griechenland =                   8. Kenia =
9. Deutschland =                    10. Irland =

> *Vorschläge:*
> Schmutz, Erholung, Strand, interessante Leute, guter Wein, herzhaftes Essen, interessante Geschichte, malerische Landschaft, Gastfreundschaft, viele Sehenswürdigkeiten, viele Touristen

**7 Was halten Sie davon?**

Warum fahren Sie in Urlaub? Worauf freuen Sie sich am meisten? Welche Motive spielen bei Ihnen eine Rolle? Wohin sind Sie in den letzten Ferien gefahren? Warum dorthin?

**8**

a) Hören Sie sich das Tonband an – Sie hören drei Schüler, die sich kurz nach den Ferien wiedertreffen. Diese besprechen ihre Erfahrungen, aber in welcher Reihenfolge hören Sie die folgenden Äußerungen?

1) wir sind also ganz kurzfristig zusammen losgedüst
2) . . . war echt gut!
3) es war ein herrlich guter Urlaub
4) ich (habe) mich manchmal mit Freunden getroffen
5) ich habe mich darum wieder zu spät gekümmert
6) da kannst du dich wenigstens ausruhen fünf Wochen lang, oder?
7) das war also 'ne sehr kurzfristige Notlösung

8)  da lernt man die Schule schätzen

9)  gearbeitet habe ich die Sommerferien über

10)  ich bin eigentlich nicht der Fan vom Wandern

11)  es war teilweise ein bißchen kalt

12)  das ist schlimmer als jede Fabrik – da kriegt man ja nichts dafür

13)  mir war nix besseres eingefallen

b)  Was waren die „Motive des Reisens" dieser Schüler?

## 9

Sie hören jetzt einen Auszug aus einer „Talk-Show" im Fernsehen. Fünf junge Leute, die ein Jahr im Ausland verbracht haben bzw. verbringen wollen, beschreiben ihre Motive und Vorstellungen.

| Name | Reiseziel | Motive |
|------|-----------|--------|
| 1 | | |
| 2 | | |
| 3 | | |
| 4 | | |
| 5 | | |

**Schlinge f** etw., mit dem man Tiere fängt
**häuten** die Haut eines Tieres abziehen
**Kugel f** Projektil aus einer Pistole
**Lichtung f** Stelle ohne Bäume in einem Wald
**Vorrat m** Reserve
**Pranke f** Fuß eines Bären
**Witterung f** Geruch eines Tiers
**Zentner m** 50 kg
**zerren** mit Schwierigkeit ziehen
**Richtfest n** Party beim Bau eines Hauses

## 10
Was meinen Sie dazu? Möchten Sie auch ein Jahr im Ausland verbringen? Wohin würden Sie fahren? Was wäre für Sie am schwierigsten?

# In der Wildnis von Kanada

Andreas Schmidt zog an einen See in der Wildnis von Kanada – weitab von jeder Zivilisation. Nur ein Hund begleitete ihn. Hier Auszüge aus dem Tagebuch.

Ich arbeite wie ein Verrückter. Acht Stämme fallen. Am Abend gibt es Bratkartoffeln mit Speck und Zwiebeln. George und ich haben abgenommen. Ich sehe seine Rippen. Wir müssen jagen. Wir brauchen Stärkung.
**Der 28. Tag:** Die Schlingen sind immer noch leer. Während der Arbeit drehe ich mich ständig um. Gestern nacht habe ich eine Motorsäge gehört. Mitten in der Einsamkeit? Bin ich nicht allein? Angst. Wir brauchen Fleisch. Gemeinsam steigen George und ich den Berg hinter der Hütte hinauf. Ich sehe Fußspuren. Mit beiden Füßen passe ich in einen einzigen Abdruck. Ein Bär? Die Spur führt in ein Dickicht. Bloß nicht ausflippen.
**Der 31. Tag:** Meine Angst ist größer geworden. Jede Nacht die Säge. Die Säge ist in meinem Kopf.
**Der 32. Tag:** Der Bau der Hütte lenkt mich ab. Die Arbeit geht gut voran. Die Hütte ist fast schon mannshoch. Am Nachmittag sehe ich einen Kojoten in 300 Meter Entfernung auf dem Eis: Fleisch.
Die erste Kugel spritzt weit vor ihm auf. Der Kojote bleibt stehen. Ich schieße wieder. Er steht immer noch. Dann dreht er sich um und trottet langsam über das Eis ans Ufer und verschwindet im Wald. Kein Fleisch. Ich möchte heulen.
**Der 42. Tag:** Heute ist Richtfest. Der letzte Balken liegt auf dem Dach. Erschöpft, glücklich. Meine Hände sind voller Schwielen. Es ist Mai. Das erste Grün: Die Birken zeigen zarte Knospen. Zwei Hasen sind gestern in die Schlingen gegangen. Ein Festbraten. Ich häute sie, nehme sie aus und brate sie am Stock über dem offenen Feuer. Zum erstenmal habe ich das Gefühl, es in der Wildnis geschafft zu haben.

**Der 49. Tag:** Der Rucksack ist gepackt. Meine Tochter Sarah hat bald Geburtstag. Ich will ihr ein Telegramm schicken. Dafür muß ich 150 Kilometer durch die Wildnis nach Mackenzie. Das letzte Stück Speck, etwas Reis, ein kleiner Topf und die Wasserflasche. Der Schlafsack bleibt hier. Ich will nicht zuviel schleppen. Der Tag graut. Ich zerre das Boot über Felsen und Baumstümpfe zwei Kilometer am Ufer entlang – bis das Wasser endlich offen ist. Fünf Kilometer bis auf die andere Seite. Wir marschieren nach Kompaß. Der Rucksack ist schwer. Schmerzen.

Der Abend. Wir erreichen den Anfang eines Trails, der laut Karte in eine Forststraße mündet. Meine Füße schmerzen, die Knöchel sind geschwollen. Ich darf die Stiefel nicht ausziehen. Sonst passen sie mir morgen nicht mehr.

**Der 51. Tag:** Jeder Schritt schmerzt. Ich weiß nicht, wie weit es noch ist. Noch 50 Kilometer? Noch 70? Nicht hinsetzen, nicht ausruhen.

Am Nachmittag kreuze ich eine Lichtung: ein Luchs. Er sieht unverwandt zu mir hinüber. Ein herrliches Tier. Ich halte George fest, bis der Luchs verschwunden ist.

**Der 52. Tag:** Seit drei Tagen marschiere ich. Immer nur vorwärts. Plötzlich ein Geräusch. Ein grüner Ford. Ein Forstbeamter kommt von einem Holzfäller-Camp im Westen. Ich werfe den Rucksack auf die Ladefläche. Zwei Stunden später sind wir in Mackenzie.

**Der 72. Tag:** Die Tage ziehen ruhig dahin. Ich stehe spät auf, bastle etwas an der Hütte herum, liege in der Sonne, lese und schreibe. Jeden Abend ein phantastischer Sonnenuntergang. Tiefes Rot. Heute nacht werde ich am Strand schlafen. Über mir ein unendlicher Himmel. Und ein Satellit. Leise plätschern die Wellen ans Ufer – Frieden.

**Der 87. Tag:** Das Kanu läuft knirschend auf den Strand. Etwas stimmt nicht. George rennt bellend zur Hütte. Schon aus der

Entfernung sehe ich, daß das Dach aufgerissen ist. Ein Bär. Ich reiße die Tür auf. Alles ist kurz und klein geschlagen. Der Bär ist durch das Dach in die Hütte gekommen, hat sämtliche Vorratssäcke aufgerissen. Mehl, Reis, Bohnen und Erbsen sind verstreut, der Tisch ist umgeworfen, das Vorratsregal auseinandergebrochen. Ich bin wütend. George rennt aufgeregt rund um die Hütte, nimmt Witterung auf. Ich folge ihm. George hat ihn gestellt. Er steht da, faucht, brummt, knurrt, hebt die Pranken. Ein Braunbär, gut fünf Zentner schwer. George umkreist ihn und bellt. Der Bär ist noch 40 Meter von mir entfernt. In seinem Fell sind weiße Flecken. Mein Mehl. Er geht auf die Hinterbeine. Der erste Schuß trifft ihn in die Brust. Ein zweiter Schuß. Er wankt. Ich schieße wieder. Da bricht er zusammen. Meine Hände sind feucht.

**Der 88. Tag:** Ich mache mir Vorwürfe. Er hat mich nicht angegriffen. Ich hätte ihn nicht töten müssen. Ein Schuß in die Luft hätte wahrscheinlich genügt. Am Nachmittag häute ich den Bären.

**Der 111. Tag:** Ein Sturm peitscht über den See. Wellen schlagen mit rollendem Donner ans Ufer. Fast zwei Meter hoch. Gedanken über den Winter. So, wie innerhalb weniger Tage der Frühling einzog, wird auch der Winter kommen. Ich muß mich entscheiden.

**Der 151. Tag:** Ich packe meine Sachen in der Hütte zusammen. Die Nächte werden wieder kälter. Ich muß zurück. Alles was hineinpaßt kommt in das Kanu. Zelt, Schlafsack, Gewehr, meine Kleidung und George. Ich werde den See soweit wie möglich nach Süden fahren. Dann nach Mackenzie marschieren. Der Abschied fällt mir schwer.

### 11    T E X T Ü B E R B L I C K

Vergleichen Sie Andreas Schmidts Urlaub mit einer „typischen" Pauschalreise!
Machen Sie Notizen unter folgenden Stichwörtern:

- Unterkunft
- Transport
- Essen
- Nachtleben
- Gesellschaft

**12**    Zeichnen Sie eine Skizze von Andreas Schmidts Reise nach Mackenzie,
150 Kilometer entfernt, (49. und 52. Tag) mit den wichtigsten Ereignissen
darauf – Tiere, Seen usw.

## 13   Wortwörtlich

**Substantive – Verben:** Oft findet man Verben, mit denen ein Substantiv eng
verbunden ist. Wenn man also das Verb schon kennt, kann man leicht erraten,
was das damit verbundene Substantiv auch bedeutet, und umgekehrt. Suchen Sie
für diese Substantive ein passendes Verb (bzw. ein Substantiv für die Verben) aus.

| | Substantive | Verben |
|---|---|---|
| 1 | die Jagd | *jagen* |
| 2 | die Ablenkung | |
| 3 | der Schuß | |
| 4 | die Haut | |
| 5 | | fühlen |
| 6 | der Marsch | |
| 7 | | anfangen |
| 8 | | schreiten |
| 9 | die Vorwürfe | |
| 10 | die Peitsche | |
| 11 | | denken |
| 12 | | sich verabschieden |

**14**    Sie sind Reporter einer
Zeitung und interviewen Andreas
Schmidt. Schreiben Sie fünf bis zehn
Fragen auf, die Sie Andreas stellen
wollen. Fragen Sie ihn über seinen
Urlaub, die Motivation dazu usw. Ihr
Partner bzw. Ihre Partnerin übernimmt
die Rolle von Andreas und versucht,
die Fragen zu beantworten.

Mögliche Fragen:

- Wo sind Sie hingefahren?
- Wo haben Sie gewohnt?
- Wer hat Sie in die Wildnis
  begleitet?
- Was haben Sie gegessen?
- Warum wollten Sie Urlaub in der
  Wildnis machen?
- Haben Sie sich nie gelangweilt?
- Hatten Sie vielleicht ein bißchen
  Angst?

Können Sie sich andere Fragen
ausdenken?

## 15  Was halten Sie davon?

- Würden Sie Ihren Urlaub auch gern „weitab von jeder Zivilisation" verbringen?
- Was gefällt Ihnen nicht?
- Was fehlt ihm, was Sie bei einem Urlaub voraussetzen würden? Benutzen Sie die Formulierungen rechts, um Ihre eigenen Meinungen zu diesem etwas außergewöhnlichen Urlaub zu äußern.

### 99 SO WIRD'S GESAGT! 66

#### *Motive erklären*

Wenn man seine Motive erklären will, dann kann man die folgenden Ausdrücke benutzen. Passen Sie aber auf: Diese Ausdrücke brauchen einen Infinitivsatz mit **zu**!

- **Ich hätte keine Lust**, Tiere **zu** töten.
- **Es würde mir nichts ausmachen**, Tiere **zu** töten.
- **Es würde mir nicht gefallen**, Tiere **zu** töten.
- **Es würde mir (nicht) schwerfallen**, Tiere **zu** töten.
- **Ich könnte es mir nicht erlauben**, Tiere **zu** töten.
- **Ich würde es gar nicht wagen**, Tiere **zu** töten.

# B Kommen Sie zu uns!

Der folgende Artikel erschien in einem deutschen Reiseprospekt über Großbritannien.

**sich reihen** in einer Reihe liegen
**atemberaubend** sehr schön, imponierend
**Trubel m** dort, wo viele Menschen, viel Lärm ist
**s schlängeln** nicht direkt fließen
**s erstrecken** liegen

# *Fahren Sie doch mal nach England!*

Entdecken Sie Südostengland! East Sussex, Kent, Surrey und West Sussex bilden zusammen eines der schönsten Gebiete Englands, reich an Geschichte und Naturschönheiten, mit berühmten alten Kathedralen, einem abwechslungsreichen Küstenabschnitt und einer hügeligen grünen Binnenlandschaft.

## East Sussex

Hier vermischen sich Land und See auf vollkommene Weise: An der See belebte Badeorte mit vielen Hotels und Unterhaltungsmöglichkeiten und im Landesinnern die stille Schönheit der South Downs. Beliebte Badeorte reihen sich an der 120 km langen Küste mit den atemberaubenden Klippen von Beachy Head und denen der Seven Sisters aneinander. Brighton ist das ganze

Jahr über einer der beliebtesten Ferien- und Badeorte in Großbritannien. Berühmt sind der eigenartige Royal Pavilion im orientalischen Stil und die malerischen alten Gassen, die Lanes.

## Kent

Kent, der „Garten Englands" ist wegen seiner Äpfel- und Kirschgärten berühmt. Kent ist auch eine der geschichtsreichsten Grafschaften Englands. Im Landesinnern liegen die historischen Städte Rochester, Sandwich, Canterbury und Tunbridge Wells.

## Surrey

Surrey, eine der kleinsten und doch hübschesten Graftschaften Englands, ist genau das Richtige für Ferien fern von allem Trubel, in denen man durch eine unberührte

Landschaft wandern oder fahren kann. Von den steilen Bergen der North Downs hat man eine schöne Aussicht über Heide- und Waldländer. Südlich der Themse schlängelt sich der Fluß Wey durch die alte Grafschaftsstadt Guildford. Sehenswert sind die historische High Street, die Burg und die Guildhall.

## West Sussex

Auch hier erstreckt sich eine bezaubernde Landschaft in südlicher Richtung bis zur Küste mit einer Reihe von Badeorten, die ideal für Familienferien sind. An der westlichen Küste erstrecken sich die Buchten des Chichester Harbour, die ein Gebiet außergewöhnlicher Schönheit und ein Paradies für Segler und Vögel darstellen.

# 16 Wortwörtlich

a) Finden Sie Adjektive in „Entdecken Sie Südostengland", die sich von diesen Substantiven herleiten (benutzen Sie dabei auch ein Wörterbuch)

> z.B.  1. der Reiz: *reizvoll, reizend*

| | | |
|---|---|---|
| 2. der Preis | 3. die Vollkommenheit | 4. die Liebe |
| 5. der Maler | 6. die Sehenswürdigkeit | 7. die Ruhe |
| 8. der Zauber | 9. die Berührung | 10. der Ruhm |
| 11. die Abwechslung | 12. das Leben | |

b) Machen Sie jetzt eine Liste von allen Wörtern und Ausdrücken, die in diesem Text überzeugend oder attraktiv wirken!

> z.B. *landschaftlich reizvolle Gegenden*

c) Benutzen Sie Ihre Liste der Adjektive und verbinden Sie sie mit diesen Substantiven!

| | | |
|---|---|---|
| a) ein Gebiet | b) Vögel | c) die Küste |
| d) die Bucht | e) die Landschaft | f) Ferien- und Badeorte |
| g) die Kathedrale | h) die Stadt | i) die Grafschaft |
| j) die Berge | k) der Fluß | l) die Gasse |

**17** Sie arbeiten im Verkehrsamt. Ein Partner spielt die Rolle eines deutschen Kunden, der alles mögliche über Südostengland wissen will. Sie beraten den Kunden. Wie beanworten Sie seine Fragen? Um die Fragen zu beantworten, lesen Sie den Text „Entdecken Sie Südostengland" noch einmal durch. Die Rollen bekommen Sie von Ihrem Lehrer/Ihrer Lehrerin.

---

**GRAMMATIK:** *Adjektive + Substantive*

- Vergessen Sie nicht, daß die Endungen vom Fall (Nominativ, Akkusativ usw.), vom Geschlecht des Hauptwortes und vom Artikel (z.B. *der, die, das/ein, eine*) abhängig sind! (Sehen Sie Grammatik auf Seite 289)
- Wenn es aber keinen Artikel gibt, dann werden diese besonderen Endungen eingesetzt:

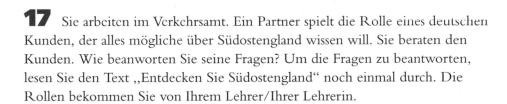

| | Maskulinum | Femininum | Neutrum | Plural |
|---|---|---|---|---|
| **Nominativ** | gut**er** Wein | gut**e** Limonade | gut**es** Brot | gut**e** Brötchen |
| **Akkusativ** | gut**en** Wein | gut**e** Limonade | gut**es** Brot | gut**e** Brötchen |
| **Genitiv** | gut**en** Weines | gut**er** Limonade | gut**en** Brotes | gut**er** Brötchen |
| **Dativ** | gut**em** Wein | gut**er** Limonade | gut**em** Brot | gut**en** Brötchen |

# Besuchen Sie die Schwäbische Alb!

## Dischingen, 463 m, 4200 Einwohner

Staatlich anerkannter Erholungsort im Egautal; barocke Pfarrkirche (1769) von Josef Dossenberger; Heimatmuseum; Ländliche Bildergalerie; Schloß Thurn- und Taxis (18. Jahrhundert) mit Jagdkundemuseum und Englischem Wald (große Parkanlage); Jagdschloß Duttenstein (14. Jahrhundert) mit Damwildpark; Burg Katzenstein (11. Jahrhundert). Härtsfeldsee (Bootfahren, Segeln, Surfen); Drachenfliegen; Golfplatz (9-Loch-Anlage); Zeltplatz.

## Tuttlingen, 647 m, 33 000 Einwohner

Kreisstadt am Eingang zum romantischen Donautal. Weltbekannte Präzisionsindustrie. Idealer Stützpunkt für Fuß- und Autowanderungen. Lohnende Ziele für Spaziergänge sind Aussichtsturm Ruine Honberg, die Ruinen Luginsland, Wasserburg und Konzenberg. Fahrten an den Bodensee und in den Schwarzwald. Einzigartige Donauversickerung oberhalb von Tuttlingen beim Stadtteil Möhringen (staatlich anerkannter Luftkurort.)

**18**  Finden Sie die Adjektive im Text oben, die mit diesen Substantiven verbunden sind. Beachten Sie aber die richtige Endung!

1. .......... Erholungsort
2. .......... Bildergalerie
3. Schloß mit .......... Wald
4. Stadt am Eingang zum .......... Donautal
5. .......... Stützpunkt für . . .
6. .......... Ziele
7. ..........Luftkurort

**19**  Verwenden Sie die Wörter und Ausdrücke, die Sie bis jetzt gelernt haben, um diese etwas trockenen Texte über Dischingen und Tuttlingen auszufüllen!

**20**  Schreiben Sie jetzt eine Anzeige für Ihre eigene Gegend oder Stadt. Vergessen Sie nicht all die Sehenswürdigkeiten, Sportmöglichkeiten usw. Ihre Beschreibung muß so attraktiv wie möglich wirken.

Seit der Wiedervereinigung 1990 fahren immer mehr Urlauber sowie in den östlichen Teil Deutschlands als in den westlichen.

# DAS NEUE DEUTSCHLAND ENTDECKEN

Ausgangspunkt der Entdeckungsreise ist der urdeutsche Rhein. Entlang der Burgen und Schlösser, durch Weindörfer zur Loreley, erschließt sich das romantische Deutschland. Nach dem Besuch von Bonn läßt sich das Wissen über die römische Geschichte anhand vieler erhaltener und wieder ausgegrabener Bauten und der Museen in Köln vertiefen. Ein eigenes Kapitel ist dem Ruhrgebiet gewidmet.

Die Scharen amerikanischer und japanischer Touristen belegen, daß Heidelberg unangefochten die Hitparade romantischer süddeutscher Städte anführt. Die Industriezentren um Mannheim und Ludwigshafen, die Landeshauptstadt Stuttgart und viele kleine Orte ließen das Bundesland Baden-Württemberg auch zum cleveren Spitzenreiter deutscher Technologie werden.

Abseits der großen Städte liegen die uralten Siedlungen Frankens. Auf der Romantischen Straße von Würzburg bis zum Märchenschloß Neuschwanstein lernt man einen der charmantesten Teile der Republik kennen. Die Tour um den Bodensee und zum Schwarzwald wendet sich bewußt von den großen Straßen ab. Der südlichste Teil der Reise führt zu den grandiosen Pfaden durch die deutschen Alpen. Nach dem Besuch Münchens schlagen wir vor, die alten Städte und tiefen Wälder Ostbayerns zu besuchen.

Die Reise in den Norden starten wir in der Bankenmetropole Frankfurt und folgen den Spuren der Brüder Grimm durch Hessen und das Weserbergland. Eine ganz andere Siedlungsstruktur begegnet uns entlang der Küste der Nord- und Ostsee: Große Einzelgehöfte, weites Land, das Wattenmeer und Strandkörbe bestimmen die Szenerie. Die Handelsstadt Hamburg verbindet moderne Weltstadtatmosphäre mit hanseatischem Understatement.

Die klassische Kultur stellen wir auf dem Weg von Kassel durch das grüne Herz Deutschlands, den Thüringer Wald, nach Weimar vor. Ausschweifendster Barock kennzeichnet das wiederaufgebaute Dresden. Den mittleren Teil der ehemaligen DDR, Magdeburg, den Harz und das industrielle Zentrum Ostdeutschlands um Halle und Leipzig, lernen Sie durch eine Fahrt kennen, die in die älteste und aktuellste Geschichte Deutschlands zurück versetzt. Von Berlin aus führen Touren zur Küste der Ostsee und in die Mecklenburgische Seenplatte, das am dünnsten besiedelte Gebiet des Landes.

**sich erschließen** verständlich werden
**anhand** mit Hilfe von
**Schar f** Gruppe von Menschen
**belegen** beweisen/zeigen, daß
**unangefochten** ohne Konkurrenz
**Spitzenreiter m** der Beste
**Gehöft n** Bauernhof

## 21 TEXTÜBERBLICK

Wo findet man diese Sehenswürdigkeiten? Lesen Sie den Text „Das neue Deutschland entdecken" durch, und verbinden Sie die Attraktionen mit der entsprechenden Stadt, bzw. dem Gebiet Deutschlands.

**die Sehenswürdigkeiten**

- das Wattenmeer
- die Weindörfer
- tiefe Wälder
- ausgegrabene Bauten
- Museen
- uralte Siedlungen
- einer der charmantesten Teile Deutschlands
- ausschweifendstes Barock
- große Einzelgehöfte
- die Burgen und Schlösser
- moderne Weltstadtatmosphäre
- die Loreley (ein Felsen)

**Gebiete**

- der Rhein
- Hamburg
- Dresden
- Köln
- die Romantische Straße
- die Küste der Nord- und Ostsee
- Franken
- Ostbayern

# C Schön ist es nicht immer

| |
|---|
| **sich die Füße vertreten** aufstehen, sich bewegen |
| **auftauchen** plötzlich da sein |
| **ehe er sich versieht** plötzlich |
| **einleuchten** logisch erscheinen |
| **Wegelagerer** m Straßenräuber |
| **arglos** ahnungslos |
| **auflauern (+Dat)** auf jmn warten, um ihn anzugreifen |

Für viele Menschen ist der Urlaub äußerst stressig. Dieser Artikel schildert Probleme, die immer häufiger auftauchen.

### Erst lesen, dann reisen!

## Vorsicht! So werden Touristen überfallen und ausgeraubt

Einmal im Leben im Wohnmobil nach Südspanien! Darauf hatte sich Klaus M. aus Westfalen schon lange gefreut. Doch die Reise endete schon wenige Kilometer hinter der französischen Grenze: Als sich der Urlauber an einer einsamen Landstraße nur kurz die Füße vertreten wollte, tauchten urplötzlich zwei maskierte Männer auf. Während einer ihm ein Messer an die Kehle setzte, räumte der andere seelenruhig den Wagen aus. Kleidung, neue Angelausrüstung, teure Kamera und Radiorecorder – alles weg.

Blauer Himmel über Mallorca, strahlender Sonnenschein, Urlaubsstimmung – und zwei hübsche Spanierinnen, die Touristen auf der Hafenpromenade von Palma rote Rosen anbieten: „Nur 20 Pfennig!" In Spendierlaune zückt Urlauber Andreas B. aus Frankfurt das Portemonnaie – und ehe er sich versieht, sind alle Scheine weg. Die Mädchen natürlich auch!

Daß eine Jeep-Safari in Kenia tödlich enden kann, daß Sahara-Touren in Nordafrika lebensge-

⇨

fährlich sind, daß Rio de Janeiro ein heißes Pflaster für Touristen ist und man Krisengebiete wie Jugoslawien besser meidet, leuchtet ein. In Europa dagegen sind Touristen oft allzu sorglos, vor allem im Süden. Ob Balearen, Kanarische Inseln oder Festland: Spanien hält schon seit Jahren zwei Rekorde. Es steht neben Österreich ganz oben auf der Hitliste der beliebtesten Auslands-Reiseziele der Deutschen. Gleichzeitig rangiert es aber auch in punkto Urlaubskriminalität an der Spitze, gefolgt von Italien und Frankreich. In allen Touristenzentren und Badeorten rund ums Mittelmeer gilt: Vorsicht, wenn Ihnen jemand Kleid oder Hose bekleckert und unter wortreichen Entschuldigungen am Fleck herumreibt, wenn sich jemand

## DAS geht uns alle an!

als ortskundiger Stadtführer anbietet (und Sie dann in dunkle Gassen lockt) oder Sie zu einem Drink einlädt (der vielleicht K.-o.-Tropfen enthält): Oft haben es die freundlichen Fremden nur auf Ihre Brieftasche abgesehen.

Aber selbst im Auto sind Urlauber nicht mehr sicher. Wegelagerer verfolgen und stoppen arglose Ausländer unter fadenscheinigen Ausreden, leiten sie mit gefälschten Umleitungsschildern in Sackgassen, lauern ihnen auf einsamen Rastplätzen auf oder provozieren Auffahrunfälle, um sie auszurauben. Besonders berüchtigt:

die A7 zwischen französischer Grenze und Tarragona. Alle Vorsichtsmaßnahmen (s. Kasten) helfen allerdings wenig, wenn ein neuer Trick aus USA auch in Europa Schule macht: In Florida schlagen brutale Auroräuber mit Stahlklauen die Scheiben von Touristen-Mietwagen ein und krallen sich Geld und Gepäck.

Sicherer mit der Bahn? Nicht in Südfrankreich und in den Zügen nach Italien. Kaum macht der Reisende ein Nickerchen, sind Gepäck und Brieftasche weg. Jetzt sollen zusätzliche Schaffner für mehr Sicherheit sorgen. Aber selbst die wurden im letzten Jahr von Zugräubern mit Tränengas schachmatt gesetzt.

Feuer (brennende Zeitung unterm Auto) lenkt den Urlauber ab, der Dieb greift zu

Ablenkungsmanöver: Ein Ganove fragt nach dem Weg (o.)

Mopedgangster haben's auf Handtaschen abgesehen

Hintere Türen nicht verriegelt – da haben Diebe beim Stopp an der Ampel leichtes Spiel

## Tips von Polizei und ADAC

- Räuber täuschen – durch eine Extra-Brieftasche mit kleineren Scheinen, alten Ausweisen (abgelaufener Reisepaß), Briefen (mit falscher Adresse), die bereitwillig herausgerückt wird.
- Gepäck, Handtasche, Wertgegenstände nie sichtbar im Wagen liegen lassen; alles im Kofferraum verschließen.
- Nie an einsamen Orten halten oder übernachten. Auto nur auf bewachten Parkplätzen oder in Garagen abstellen; Lenkradschloß einrasten lassen.
- Vorsicht, wenn Fremde Sie an den Straßenrand winken (Panne, Unfall), nach dem Weg fragen oder Hilfe anbieten. Zur nächsten Tankstelle/Raststätte/Polizeistation weiterfahren.
- Bei Staus oder Ampelstopps Fenster und Türen verriegeln.
- Wenig Bargeld mitnehmen, Wertsachen und Papiere immer im Hotelsafe deponieren.

## 22 TEXTÜBERBLICK

Machen Sie mit Hilfe folgender Stichwörter kurze zusammenfassende
Notizen über:   ● die besonders gefährlichen Länder
● die Tricks, die Diebe einsetzen

# 23 Wortwörtlich

Welche Präpositionen fehlen hier? Sie sind alle im Text zu finden.

1. Klaus hatte sich ......... den Urlaub gefreut.
2. Er setzt ihm ein Messer ......... die Kehle.
3. Spanien steht ganz oben ......... der Hitliste.
4. Es rangiert ......... der Spitze.
5. Sie laden uns ......... einem Drink ein.
6. Sie haben es nur ......... die Brieftasche abgesehen.
7. Sie stoppen Urlauber ......... falschen Ausreden.
8. Zusätzliche Schaffner sorgen ......... Sicherheit.

## GRAMMATIK: *Der Imperativ*

| Verb | Du-Form | Ihr-Form | Sie-Form |
|------|---------|----------|----------|
| gehen | Geh! | Geht! | Gehen Sie! |
| essen | Iß! | Eßt! | Essen Sie! |
| sich setzen | Setz dich! | Setzt euch! | Setzen Sie sich! |

● Wie man Befehle gibt oder Ratschläge erteilt:

*Bleiben Sie (nicht) . . .*          *Bleibt (nicht) . . .*
*Kaufen Sie (nicht) . . .*          *Kauf (nicht) . . .*
*Übernachten Sie (nicht) . . .*          *Übernachte (nicht) . . .*
*Besuchen Sie  (nicht) . . .*          *Besucht (nicht) . . .*

● Man benutzt Imperativ-Formen natürlich auch, wenn man lockende
Texte in Reiseprospekten schreibt:

*Entdecken Sie Südengland*
*Besuchen Sie . . .*

● In Betriebsanleitungen und in Kochrezepten wird der Infinitiv als
Imperativ benutzt.

*Die Karotten klein schneiden, das Wasser erhitzen und die Karotten zehn Minuten
kochen lassen.*
*Nicht hinauslehnen!*          *Bitte anschnallen!*

**24**  Sie waren letztes Jahr in Spanien und jetzt schreibt Ihr deutscher Brieffreund, er möchte dieses Jahr dorthin fahren. Schreiben Sie fünf Tips auf, die ihm behilflich sein könnten, wenn er mit einem sicheren Gefühl nach Spanien fahren möchte.

**25**  Stellen Sie sich mal vor, Sie sind der „Spanienurlauber" in der Telefonzelle rechts, der seine Frau anruft. Alles ist gestohlen worden – was erzählen Sie Ihrer Frau? Ein Partner (eine Partnerin) übernimmt die Rolle der Frau, die gerne wissen möchte:

- was passiert ist?
- wie die Diebe ausgesehen haben?
- was sie angehabt haben?
- was sie gestohlen haben?
- ob Sie den Tips der Polizei gefolgt sind? Wenn nicht: was haben Sie (nicht) gemacht?

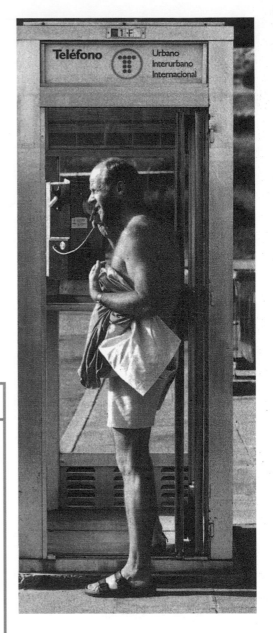

---

## 99 SO WIRD'S GESAGT! 66

### *Eine Geschichte erzählen*

Wenn man eine Geschichte erzählt, dann braucht man Wörter, mit denen man seine Ideen logisch und konsequent, eine nach der anderen, ausdrücken kann. Hier sind ein paar Beispiele:

| **1. Ideen ordnen** | **2. Ideen hinzufügen** |
|---|---|
| erstens, zunächst | auch |
| zweitens | dazu |
| am Anfang | außerdem |
| später | übrigens |
| schließlich | sowie |
| folgendermaßen | natürlich |
| endlich | |
| dann | |
| kurz darauf | |
| bald | |

---

**26**  Schreiben Sie einen Bericht oder einen Brief, in dem Sie dieses unglückliche Geschehen im Foto beschreiben. Benutzen Sie dabei das Perfekt.

**1 Du hast eine Urlaubsreise gewonnen. Bilder 1 bis 6 stehen für verschiedene Reiseziele. Suche Dir eines aus.**

| | | |
|---|---|---|
| Indianerreservat, USA | (Bild 1) | A |
| Afrika | (Bild 2) | B |
| Fernöstliche Reise | (Bild 3) | C |
| New York | (Bild 4) | D |
| Rom | (Bild 5) | E |
| Badeurlaub | (Bild 6) | F |

**2 Du planst eine Reise. Was würdest Du in jedem Fall mitnehmen?**

| | |
|---|---|
| Kompaß | A |
| Reiseführer | B |
| Gitarre | C |
| Sonnenöl | D |
| Fotoapparat | E |
| Lippenstift | F |

**3 „Ich kam an und ein ungeheures Glücksgefühl durchströmte mich. Ich fühlte es: Das ist mein Platz!" Zu welchem der Bilder 1 bis 6 paßt Deiner Meinung nach dieser Satz?**

| 1 | 2 | 3 | 4 | 5 | 6 |
|---|---|---|---|---|---|
| A | B | C | D | E | F |

**4 Du bekommst einen Reiseprospekt. Auf dem Umschlag ist Bild 4. Was geht Dir durch den Kopf?**

| | |
|---|---|
| Mein Traum | A |
| Dort haben sie auch die Indianer vertrieben | B |
| Viel zuviel Streß | C |
| Da brauch ich aber einen Bodyguard | D |
| Die haben doch keine Kultur | E |
| Auf einem Wolkenkratzer bin ich dem Himmel näher | F |

MANCHE FAHREN JEDES JAHR NACH MALLORCA. ANDERE ZIEHT ES IMMER WIEDER NACH ITALIEN. HAT JEDER MENSCH EIN BESTIMMTES REISEZIEL? UNSER PSYCHO-TEST GIBT ANTWORT. SCHAU DIR DIE FOLGENDEN SECHS BILDER AN UND BEANTWORTE DIE FRAGEN GANZ SPONTAN. DU KANNST JEWEILS NUR EINE ANTWORT ANSTREICHEN.

# WAS BIST DU FÜR EIN URLAUBSTYP?

**27**    Was bist du für ein Urlaubstyp? Füllen Sie diesen Fragebogen aus!

➡

**8** Du bekommst von einer Freundin eine Postkarte mit dem Bild 5. Was denkst Du?

| | |
|---|---|
| Angeberin, die liegt bestimmt nur am Strand | A |
| Uih, da will ich auch mal hin  ! | B |
| Wie kann man nur in einer Stadt mit so viel Smog leben? | C |
| Viel zu alt und langweilig | D |
| Wauh, dieses Bauwerk steht seit über tausend Jahren | E |
| New York find ich toller | F |

**5** Wie bewegst Du Dich im Urlaub am liebsten?

| | |
|---|---|
| Im Jeep | A |
| Barfuß | B |
| Gar nicht, ich liege am liebsten herum | C |
| Im Taxi | D |
| Auf einem Pferd | E |
| In einer Kutsche | F |

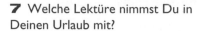

**6** Wo würdest Du in den Ferien am liebsten wohnen?

| | |
|---|---|
| In einem alten Kloster | A |
| In einem modernen Hotel inmitten der City | B |
| In einem Zelt | C |
| In einer Hütte | D |
| In einem Strandhotel | E |
| In einer alten Hotelsuite | F |

**7** Welche Lektüre nimmst Du in Deinen Urlaub mit?

| | |
|---|---|
| Fantasy | A |
| Abenteuer | B |
| Heldensagen | C |
| Wildwest | D |
| Moderne Liebesgeschichten | E |
| Nichts, ich will im Urlaub faulenzen | F |

**9** Sicher hast Du Dich auch schon gefragt, wie es mit unserer Erde weitergeht. Hier ein paar Alternativen. Entscheide Dich für eine!

| | |
|---|---|
| Es geht zurück zur Natur | A |
| Es geht immer weiter vorwärts | B |
| Ohne Glauben wird die Welt untergehen | C |
| Wir müssen wieder von ganz vorne beginnen | D |
| Man weiß gar nichts. Wozu also sich aufregen? | E |
| Wir können nur mit echten, alten Werten überleben | F |

Die Auswertung bekommen Sie von Ihrem Lehrer.

**in einem Zug** auf einmal
**aufstrebend** mit vielen hohen
Gebäuden
**die Nase voll haben** etw. satt haben
**Pulle f** Flasche

Der Text unten wurde im Berliner Dialekt geschrieben. Einige Worte werden so buchstabiert, wie sie in Berlin ausgesprochen werden:

- ick = ich
- uff = auf
- jejangen = gegangen

# Reisebericht eines Berliners

"Wie ick uff die Idee jekommen bin, diese Reise zu machen? Jerade nach Spanien? Det war 'ne Studienreise mit entsprechenden Kulturmenschen, und da hab' ick mir anjeschlossen. Et jing von Braunschweig aus, und ick bin eben mitjefahren.

Der Bus fuhr von Brüssel, Paris (natürlich immer mit Aufenthalt) bis nach Biarritz, San Sebastian, Burgos, wo die Kämpfe waren, herunter bis Madrid. Dazwischen kam ja wohl noch Toledo, dann hinunter bis Cadiz und Gibraltar. Nicht verjessen, vorher war'n wir ja noch in Sevilla. Det war natürlich 'ne tolle Reise – quer durch, mit allen kunsthistorischen Schätzen!

Dann jing et weiter an der Küste entlang nach Marbella, Malaga, hoch nach Granada und Barcelona und dann wieder weiter nach Freiburg.

Und diese ganze Reise war so herrlich, det ick etwas Unvergeßliches miterlebt habe und – vielleicht etwas Entscheidendes: Ick hab sozusagen in einem Zug alles gesehen und erlebt, wat man in Spanien überhaupt sehen und erleben kann. [...]

Und an der Küste machten wir dann halt. Dort sahen wir nun alle die modernen, jetzt aufstrebenden Bäder, die alle sich dort große Kästen hinsetzen. Die sind so groß, daß man sich eigentlich sagt, wenn die alle mit Menschen gefüllt sind, ist wohl kaum noch für sie alle Platz, daß sie ins Wasser gehen können. [...]

Viele, die ihren Urlaub da verleben wollen, finden es schön. Was mir selber anjeht, so hab' ick nun Spanien gesehen und nicht etwa die Nase voll, aber ick möchte nich noch einmal dahin fahren. Denn in dieser ungeheuren Menschenmasse, die Spanien jetzt durch die Vergrößerung in allem braucht, in Hochhäusern, in den riesigen Hotelkästen, in den Tavernen dort, Kneipe an Kneipe, da stehen die enorm vielen Menschen rum und tun gar nichts, das ist nichts Richtiges für uns. Und im ganzen besehen, ist die Sache außerdem auch noch recht staubig.

Und wenn man die Schönheit von Deutschland sieht, gerade Freiburg, wo wir ja wieder nach Deutschland reinkamen, ist das doch einfach fast unvergleichlich; die wunderbare Autobahn, die wunderschöne Landschaft und Natur weit und breit, und man konnte alles übersehen, und alles war sauber und propper.

Und dann die schönen Rasthäuser an der Autobahn. Und da gab es dann endlich mal wieder ein herrliches helles Bier. Der viele Rotwein, der ja in Spanien vorzüglich war, und ebenso der spanische Cognac, der wirklich ausgezeichnet war – da kostet die janze Pulle bloß vier oder fünf Mark, fabelhaft, aber eben keen Bier! [...]

Spanien war sehr schön, nischt dajegen zu sagen, aber ich bin doch nich blöd, ich fahr nich noch mal hin, hab' ja alles jesehen!"

## 28    TEXTÜBERBLICK

Wie urteilt der Berliner über Spanien und die Spanier? Machen Sie eine Liste von seinen Anmerkungen und vergleichen Sie sie mit dem, was er von seinem eigenen Land hält.

## 29   Wortwörtlich

In diesem Gedicht „Gute Vorsätze" sieht man, wie viele deutsche Worte aufgebaut werden. Oft hat ein zusammengesetztes Wort eine ganz andere Bedeutung als das Stammwort. „Benehmen" hat zum Beispiel wenig mit „nehmen" zu tun.

Finden Sie noch weitere zusammengesetzte Verben, die sich von diesen Verben hier herleiten (nehmen, hören usw.). Welche haben eine ganz andere Bedeutung? Verwenden Sie dabei ein Wörterbuch. (Tip: Schlagen Sie zuerst die Präfixe nach. Die untrennbaren Präfixe sind zum Beispiel be-, ent-, emp-, ver-, – und die trennbaren Präfixe aus-, ein-, an-, bei-, usw.)

|          | Trennbare Verben | Untrennbare Verben |
| -------- | ---------------- | ------------------ |
| nehmen   |                  |                    |
| hören    |                  |                    |
| greifen  |                  |                    |
| stehen   |                  |                    |
| leben    |                  |                    |
| achten   |                  |                    |
| lachen   |                  |                    |
| antworten |                 |                    |
| finden   |                  |                    |

## Gute Vorsätze

Be-nehmen statt nehmen
zu-hören statt hören
be-greifen statt greifen
ver-stehen statt da-stehen
be-gegnen statt ent-gegnen
er-leben statt aus-leben
achten statt ver-achten
lachen statt aus-lachen
fragen statt antworten
suchen statt finden.

## 30   Erklären Sie einem Partner/einer Partnerin, wie man sich im Urlaub benehmen sollte und wie man sich nicht benehmen sollte. Warum sollte man sich gerade so benehmen? Verwenden Sie dabei den Imperativ.

# Wiederholung 3

## Die Fälle

### AKKUSATIV ODER DATIV MIT PRÄPOSITIONEN

Einige Präpositionen fordern entweder Akkusativ oder Dativ. Wird Bewegung ausgedrückt, dann verwendet man den Akkusativ. Wird aber keine Bewegung ausgedrückt, dann wird der Dativ-Fall verwendet. (Siehe auch Seite 288/89)

1. Er ging über d......... Straße und in d......... Bahnhof.
2. Wir sind über d......... Brücke gefahren.
3. Sie sitzt in d......... Wohnzimmer, aber ihr Mann ist in d......... Küche gegangen.
4. Wir sind in d......... Berge gefahren.
5. Das Haus befindet sich in d......... Berge......... .
6. Ich bin allein in d......... Disco gegangen.
7. Mein Haus liegt in d......... Stadtmitte.
8. Die Lampe steht in mein......... Zimmer auf d......... Tisch.
9. Mein Bett steht vor d......... Tür neben d......... Schrank.
10. Der Spiegel hängt an d......... Wand.
11. Mein Auto steht vor d......... Haus.
12. Ich bin in d......... Auto eingestiegen.
13. Mein Lehrer hat hinter u......... im Kino gesessen.
14. Unser Haus ist zwischen d......... Bäume......... .
15. In d......... Sommerferien sind wir nach Italien gefahren.

# Liebe: Nur wer die Sehnsucht kennt . . .

1

2

3

4

5

6

# A Kennenlernen

**1** Sehen Sie sich die Fotos (S.49) an.

- Wo findet das alles statt?
- Was findet das Mädchen Ihrer Meinung nach an dem Jungen (und umgekehrt) interessant?
- Was denkt jeder auf jedem Bild?
- Was sagen sie zueinander, wenn sie endlich an demselben Tisch sitzen?

**2** Wo lernt man am besten neue Leute kennen:

- Im Cafe?
- Im Museum?
- An der Schule/An der Volkshochschule (VHS)?
- In der Kneipe?
- In der Disco?
- Am Bahnhof?
- Im Zug/Bus?
- Am Strand?

Wie würden Sie jemanden ansprechen? Was würden Sie sagen?

# Wer wagt den ersten Schritt?

In der Disco, in der Eisdiele, auf einer Fete, im Bus oder am Arbeitsplatz- überall kannst Du Deinem Traumtyp begegnen. Aber was dann? Wie reagieren, wenn er nicht reagiert? Was machen, wenn er Dich nicht anmacht? BRAVO hat junge Leute gefragt, wie sie in einer solchen Situation handeln — oder nicht....

**Anja, 16**

,,Ich habe lange genug gewartet. Früher war ich immer der Meinung, ich muß dem Jungen die Initiative überlassen. Und was ist dabei rausgekommen? Gar nichts! Die meisten Jungs trauen sich doch gar nicht, ein Mädchen, das ihnen wirklich gefällt, anzusprechen. Seitdem ich das begriffen habe, gilt für mich: 'Ran an den Mann'. Ich gehe hin, frag' ihn, wie er heißt und was er so macht. Klar, da gehört schon Mut dazu. Aber: bisher habe ich mir noch nie einen direkten Korb geholt. Kann sein, daß sich im Lauf der Zeit rausstellt, daß nichts läuft, aber den einen oder anderen guten Freund habe ich auf die Art auch schon kennengelernt..."

**Doris, 15**

,,Ich bin wahnsinnig schüchtern. Ich traue mich einfach nicht, von mir aus auf einen Jungen zuzugehen. Vielleicht steckt da noch die alte Überzeugung dahinter, daß er den Anfang zu machen hat. Das ist zwar altmodisch, aber ich stehe dazu. Mir gefällt es einfach, wenn ein Junge um mich wirbt, sich so richtig Mühe gibt mit mir. Einer hat mir mal Blumen geschenkt, mich zum Eis eingeladen und ist mit mir stundenlang spazierengegangen. So richtig romantisch — aber leider war er einfach nicht der Richtige. Trotzdem, jetzt weiß ich, daß es so was noch gibt — und deshalb warte ich gern, bis meine große Liebe kommt..."

⇨

**Markus, 15**

sucht ein total romantisches Mädchen. „Ansprechen oder nicht — das finde ich egal. Wenn mir eine gefällt, sage ich ihr das, auch wenn ich dabei Hemmungen habe. Aber eine Zigarette anbieten, oder einen Vorwand für ein Gespräch suchen — das brauche ich nicht. Wenn mich ein Mädchen anspricht, find ich das auch in Ordnung. Das finde ich praktizierte Gleichberechtigung. Nur wenn eine am ersten Abend mit mir knutschen will — da werde ich vorsichtig. Wie gesagt, für sowas bin ich viel zu romantisch."

**Dieter, 16**

kann es aber überhaupt nicht leiden, wenn sich ein Mädchen emanzipiert gibt. „Nur das nicht" , stöhnt er. „Ich will ein Mädchen erobern können, alles andere ist uninteressant. Ein gutes Gespräch, ein guter Charakter und aussehen sollte es auch nach was — nur das alleine zählt für mich."

## 3        TEXTÜBERBLICK

Schreiben Sie für jede dieser Aussagen, wer sie gesagt hat (Anja, Doris, Markus oder Dieter)! Schreiben Sie dann Ihre eigene Meinung auf! Stimmen Sie mit den Aussagen überein, oder haben Sie vielleicht eine andere Meinung?

|  | Wer sagt das? | Ihre Meinung |
|---|---|---|
| "Ich traue mich einfach nicht, allein einen Jungen anzusprechen" | | |
| "Ich kann es überhaupt nicht leiden, wenn ein Mädchen sich emanzipiert geben will" | | |
| "Ich habe mir noch nie einen direkten Korb geholt" | | |
| "Für mich gilt: 'Ran an den Mann'" | | |
| "Ich glaube, der Mann muß den Anfang machen" | | |
| "Ansprechen oder nicht - das finde ich egal" | | |
| "Wenn mich ein Mädchen anspricht, find' ich das auch in Ordnung" | | |
| "Ich bin wahnsinnig schüchtern" | | |
| "Ich warte gern, bis meine große Liebe kommt" | | |

# B Der direkte Weg zum Partner

# 4 Wortwörtlich

a) Für jedes Adjektiv in der Liste unten suchen Sie mit Hilfe eines Wörterbuchs das Substantiv oder Verb, das:

i) das Grundwort des Adjektivs ist     ii) sich aus dem Adjektiv herleitet.

*z.B: häuslich    i) das Haus    ii) die Häuslichkeit*

> **Adjektive**
> 1. häuslich 2. natürlich 3. strebsam 4. zurückhaltend 5. temperamentvoll 6. ehrgeizig 7. humorvoll 8. romantisch 9. großzügig 10. sparsam 11. kinderlieb 12. naturverbunden 13. tierlieb 14. zärtlich 15. anpassungsfähig.

b) Finden Sie die Wörter aus dem Computer-Bogen („Wie Sie jetzt Ihren Partner finden können") auf Seite 52, die zu diesen Definitionen passen:

1. Jemand, der nicht sehr schlank ist, ist ..........
2. Jemand, der zu Hause gerne mithilft, ist ..........
3. Jemand, der gerne Witze macht, ist ..........
4. Jemand, der mit allen anderen Menschen gut auskommt, ist ..........
5. Jemand, der für seine Geliebte oft rote Rosen kauft, ist ..........
6. Jemand, der im Beruf immer sehr strebsam ist, ist ..........
7. Jemand, dessen Ehepartner gestorben ist, ist ..........

c) Finden Sie jetzt Ihre eigenen Definitionen für folgende Wörter:
vollschlank, zierlich, zurückhaltend, zärtlich, modisch, sparsam, tierlieb, kinderlieb, temperamentvoll, geschieden, ledig.

**5** Sehen Sie sich die Fotos der Partnertypen an. Wie würden Sie die Männer beschreiben? Und die Frauen? Verwenden Sie die Adjektive auf dem Computerbogen in Aufgabe 4.

**6** Wie würden Sie selbst diesen Bogen ausfüllen? Füllen Sie den Coupon aus, und beschreiben Sie sich selbst.

Oder: Füllen Sie den Coupon für einen Bekannten/Freund/eine andere der ganzen Klasse bekannten Person aus, und lesen Sie Ihre Beschreibung vor. Die anderen müssen dann raten, wer beschrieben wird.

## GRAMMATIK: *Relativsätze*

Wenn man eine Beschreibung ergänzen will, dann benutzt man oft einen Relativsatz. Dabei muß man aber sehr gut aufpassen, denn die Relativpronomen müssen dazu passen. In der Aufgabe 4 auf Seite 53 waren schon einige Beispiele, bei denen aber nur der Nominativ eingesetzt wurde. Sehen Sie sich nun diese Beispiele an:

**MASK.:** Nominativ: Er ist ein Mann, **der** sehr bescheiden ist.

Akkusativ: Er ist ein Mann, **den** ich sehr gut kenne.

Das ist der Freund, für **den** ich einen Kuli kaufen muß.

Genitiv: Er ist der Mann, **dessen** Auto ich gekauft habe

Dativ: Er ist der Mann, **dem** ich einen Kuli geschenkt habe.

**FEM.:** Nominativ: Sie ist eine Frau, **die** sehr bescheiden ist.

Akkusativ: Sie ist eine Frau, **die** ich sehr gut kenne.

Genitiv: Sie ist die Frau, **deren** Auto ich gekauft habe.

Dativ: Sie ist die Frau, **der** ich einen Kuli geschenkt habe.

Sie ist die Frau, mit **der** ich ins Kino gehen würde.

NB. Siehst du, **was** drüben ist? *(Kein Substantiv)*

Sehen Sie sich auch die Grammatik (Seite 293) an.

**7** Definitionen-Quiz! Wer kann am schnellsten die Wörter finden, die zu diesen Definitionen passen?

1. Der Mann, der in Washington im „Weißen Haus" wohnt, ist der . . .
2. Jemand, der nicht sehr fleißig ist, ist . . .
3. Ein Mann, der in einem Cafe arbeitet, ist ein . . .
4. Ein Mann, der seine Stelle verloren hat, ist . . .
5. Die Frau, die im Buckingham-Palast wohnt, ist die . . .
6. Eine Frau, die in einem Krankenhaus arbeitet, ist eine . . .
7. Ein Haustier, das im Wasser lebt, ist ein . . .
8. Ein Vogel, den man essen kann, ist ein . . .
9. Zwei Leute, die die gleichen Eltern wie ich haben, sind meine . . .
10. Ein Instrument, das man mit einem Bogen spielt, ist eine . . .
11. Ein Laden, in dem man Fleisch kaufen kann, ist eine . . .
12. Die Zeit, in der ich außer meinen Hobbys nichts zu tun habe, ist meine . . .
13. Zwei Scheiben Brot, zwischen denen eine Scheibe Wurst ist, sind ein . . .
14. Ein Gebäude, in dem man während der Ferien wohnt, ist ein . . .
15. Ein Mann, von dem man Brot kaufen kann, ist ein . . .
16. Geschäfte, in denen man alles mögliche zu essen kaufen kann, sind . . .
17. Eine Frau, deren Mann gestorben ist, ist eine . . .
18. Ein Mann, dessen Frau gestorben ist, ist ein . . .
19. Etwas, was ich für mein Auto immer wieder kaufen muß, ist . . .

**8** Setzen Sie die richtigen Relativ-Pronomen in die Lücken ein.

1. Ein Metzger ist ein Mann, ......... Fleisch verkauft.
2. Eine Ärztin ist eine Frau, ......... in einem Krankenhaus arbeitet.
3. Biologie ist ein Schulfach, ......... mit Tieren und Pflanzen zu tun hat.
4. Der Lehrer, ......... ich am wenigsten mag, unterrichtet Philosophie.
5. Die Frauen, ......... hier arbeiten, verdienen viel mehr als die Männer.
6. Der Mann, bei ......... ich wohne, ist gerade in Amerika.
7. Meine Frau, ......... Vater eben gestorben ist, bleibt ein paar Tage bei ihrer Mutter.
8. Die Leute, mit ......... wir in Urlaub fahren, haben einen Wohnwagen gekauft.
9. Alles, ......... er mir erzählt hat, ist Unsinn.

**9** Schreiben Sie jetzt Ihre eigenen Definitionen für bekannte Gegenstände, Berufe oder Leute. Schreiben Sie dabei einen Relativ-Satz wie in der letzten Aufgabe. Dann müssen die anderen in der Gruppe den Gegenstand erraten. (Siehe Grammatik auf Seite 293.) Sie sollen zehn Definitionen schreiben.

Männer und Frauen, die alleine leben, suchen oft durch eine Heiratsanzeige in einer Zeitschrift einen Partner. Hier sind einige Beispiele.

## Sie sucht Ihn ♥

**Petra,** 19 J., 170 cm, Köchin, reitet gern, humorvoll, sparsam, kinderlieb und anpassungsfähig. Nr. 1112011

**Iris,** 26 J., 168 cm, Bürokauffrau, lange, lockige braune Haare, schlank, gepflegt, modisch, liebt Tanz und Musik. Nr. 0638 628

**Hilfloser Vater möchte** seine 27jährige adrette Tochter endlich an den Mann bringen. Sie kann sehr lieb, fröhlich, chic, kochfreudig und manchmal, wortgewaltig sein - allerdings auch weniger lieb, traurig und morgenmuffrig - es kommt halt auf den Mann an. Gegenwärtig arbeitet sie nicht, hat eine kleine, feine Wohnung drei Minuten vom elterlichen Haus (ist nicht als

Drohung zu verstehen). Roswitha ist 172 cm groß, blond, keinesfalls mager und raucht. Neugierig geworden? Dann Zuschr. an: LVZ, 04088 Leipzig unter Chiffre A 5370/y.

**Nette gutaussehende Witwe,** 49 J., gepflegt, charmant, sympatisch, herzlich, humorvoll, gute Hausfrau, finanziell versorgt, gute Autofahrerin su. netten älteren Herrn, der nicht allein bleiben möchte u. Lust auf gemeins. Unternehmungen hat. Sie ist nicht ortsgebunden, liebt Tiere u. die Natur u. kann sich gut anpassen. Bitte schreibe unt. L/93/08/04 PV Interpart, M.-Erzberger-Str. 67, 04425 Taucha, Tel. 034798/35326 o. 0172/3409785 (auch Sa. + So.).

**Ich bin die Jenny, 23 J., ledig,** sehe hübsch aus, bin Floristin und suche einen lieben, treuen Freund fürs Leben. Abenteuer suche ich keine. Ich bin häuslich, natürlich, fröhlich, der Haushalt macht mir viel Spaß, ich ziehe auch zu Dir, egal ob Stadt oder Land. Ein Auto und etwas gespart habe ich auch, nur Du fehlst mir noch. Laß mich nicht warten, schreib schnell über LZ 5390, P. I. Partner, Prager Str. 16, 04103 Leipzig od. ruf an Tel.: 03 41/7 16 72 27, tgl. v. 10.00 b. 20.30 Uhr, auch Sa. u. So.

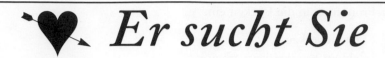

# Er sucht Sie

**Walter**, 47 J., 185 cm, Architekt, warmherzig, zurückhaltend, zärtlich u. humorvoll. Nr. 8405008

**Bodo**, 39 J., 180 cm, bescheiden, fleißig u. lieb, sucht Partnerin oder Mini-Familie, gern vom Lande. Nr. 7253009

**Liebst Du erholsame** Abende in einem gemütlichen Heim? Hast Du Freude an einem blühenden Garten und den Schönheiten der Natur? Möchtest Du auch hin und wieder den Reiz der Ferne genießen? Er, 30, 167, ehrlich, treu, kinderlieb, kein Discotyp, aus Großraum Rhein-Main, möchte Dir dies und manches mehr bieten. Akzeptierst Du auch noch, daß mir bereits einige Kopfhaare fehlen, obschon Dynamik für mich kein Fremdwort ist? Unser gemeinsames Glück wartet. Vielleicht lebenslänglich!!! Ernstgemeinte Zuschr. an LVZ, 04008 Leipzig Chiffre Z 5412/y.

**Heiko**, 25/1,80 m, schlank, kein Traumprinz, aber akzeptabel, Energieingenieur, ruhig, empfindsam, aber nicht ohne Temperament, schätze Ehrlichkeit, Treue u. Zärtlichkeit, vielseitig int. Hobbys: Gesellschaftstanz - suche Sie „Partnerin, Freundin und Geliebte". Zuschrift an: LVZ, 04088 Leipzig unter Chiffre Z 5431/y.

**Millionär**, sehr sportlich, 40/183, geschieden, sucht junge gutaussehende sportliche Sie für einen Neuanfang. Top-Wohnung in Leipzig vorhanden. Nur ernstgemeinte Bildzuschriften werden beantwortet. Zuschr. an: LVZ, Petersssteinweg 19, 04088 Leipzig unter Chiffre Z 5087/y.

## 10 TEXTÜBERBLICK

Lesen Sie die Heiratsanzeigen. Sind folgende Aussagen richtig oder falsch?

1. Petra mag Pferde
2. Iris arbeitet als Verkäuferin
3. Roswitha ist schlank
4. Die Witwe ist hübsch
5. Jenny will ein bißchen Abenteuer im Leben
6. Walter ist schüchtern
7. Bodo möchte vom Lande wegziehen
8. Er möchte viel reisen
9. Heiko ist sensibel
10. Der Millionär wohnt ganz oben in einem Wohnblock

## 11 Wortwörtlich

a) Definieren Sie diese Wörter/Ausdrücke mit Hilfe eines Wörterbuches!
   - gepflegt
   - adrett
   - wortgewaltig
   - finanziell gesichert
   - nicht ortsgebunden
   - gemütlich
   - vielseitig interessiert

b) Gibt es in diesen Anzeigen Wörter und Ausdrücke, die einen negativen
Eindruck vermitteln können?

z.B. *sparsam*: könnte bedeuten, daß man geizig ist.

**12** Erfinden Sie eine Szene zwischen dem „hilflosen Vater" und seiner
Tochter.

**13** 🔊 **Freundschaft**

Wir haben verschiedene Leute zum Thema Freundschaft interviewt. Hören Sie
ihre Aussagen auf der Kassette und füllen Sie eine Kopie dieser Tabelle aus.

| | **Was für ein Mensch ist diese/r beste Freund/in?** | **Warum verstehen sie sich so gut?** |
|---|---|---|
| Marion | | |
| Sebastian | | |
| Julia | | |

🔊 **Welche Eigenschaften sind für dich die wichtigsten an einem Partner?**

**14** Sehen Sie sich den Partner–Wunschcoupon an. Hören Sie sich die
Kassette an. Welche von den Eigenschaften werden von Inge erwähnt? Welche
Gründe gibt sie für ihre Wahlen?

**15** Wie drückt Inge ihre Gedanken aus? Können Sie diese Aussagen
vollenden?

a) „Dann wäre für mich ..........."
b) „Dann glaub' ich auch ..........."
c) „Tja, das wäre schon eigentlich ..........."
d) „Ich würde nicht sagen ..........."
e) „Das sind beispielsweise ..........."
f) „Ich finde, da sollte man ..........."
g) „Das kommt doch ein bißchen auf ..........."

**16** Wie beantwortet sie die anderen Fragen? Machen Sie kurze Notizen.

a) Ja, und sollten Partner, außer diesen wichtigen Eigenschaften, dieselben
Eigenschaften haben oder gegensätzliche?
b) Und gemeinsame Hobbys, gemeinsame Interessen?
c) Und wie erkennt man eine gute Partnerschaft bei anderen Menschen?

## 17  Was halten Sie davon?

Schreiben Sie die fünf Eigenschaften auf, die Sie für eine Freundschaft besonders wichtig finden. Vergleichen Sie Ihre Liste mit denen Ihrer Klassenkameraden – haben Frauen andere Werte als Männer?
Erwähnen Sie die Eigenschaften im Computer-Test oder in den Heiratsanzeigen. Hier sind noch einige Eigenschaften für Sie:

> Treue, Sauberkeit, Wärme, Herzlichkeit, Humor, gut kochen können, sexuelle Anziehungskraft, Sparsamkeit, Ritterlichkeit, Fleiß.

Begründen Sie Ihre Wahl. Unter welchen Umständen wären die einzelnen Eigenschaften besonders wünschenswert? Geben Sie Beispiele.

### GRAMMATIK: *Adjektive*

● Wenn man sich selbst oder andere Leute beschreiben will, dann benutzt man ein Adjektiv. Wenn dieses Adjektiv vor dem Substantiv steht, setzt man natürlich die richtigen Endungen ein (siehe S.289):

> *sie ist ein **nettes** Mädchen*
> *ich habe einen sehr **freundlichen** Mann kennengelernt*
> *ich bin mit einer sehr **schüchternen** Frau ins Kino gegangen*

● Wenn aber diese Adjektive allein im Satz stehen, dann braucht man keine Endungen:

> *sie ist sehr **nett***
> *er ist sehr **freundlich***
> *sie ist sehr **schüchtern***

## 18  Schreiben Sie eine Heiratsanzeige für sich selbst! Benutzen Sie dabei einige dieser Formulierungen:

● Wo bist Du, . . .
● Der 25jährige . . . sucht Dich!
● Eine Partnerin/Einen Partner kennenzulernen, die/der . . . ist, wäre für ihn/sie das höchste Glück.
● Er kann über ein überdurchschnittliches Einkommen verfügen
● Er/sie soll . . . sein.

### GRAMMATIK: *Die Personalpronomen*

*z.B.. ,,Kennst du **Peter**? **Er** ist ein guter Freund von **Anna**. **Sie** geht heute abend mit **ihm** ins Kino.“*

● Wenn wir uns auf eine vorher genannte Sache oder Person beziehen, verwenden wir oft ein Personalpronomen.

| Nominativ | Akkusativ | Dativ |
|-----------|-----------|-------|
| ich | mich | mir |
| du | dich | dir |
| er | ihn | ihm |
| sie | sie | ihr |
| es | es | ihm |
| wir | uns | uns |
| ihr | euch | euch |
| sie | sie | ihnen |
| Sie | Sie | Ihnen |

● Wenn ein Pronomen nach einer Präposition steht und sich **nicht** auf eine Person bezieht, schreibt man **damit, darauf**, usw.

> *z.B. Wo ist mein Kuli - ich will damit schreiben.*

**19** Schreiben Sie drei Aussagen über die folgenden Themen. In jeder Aussage müssen Sie eine andere Form desselben Pronomens verwenden.

> z.B. **Mein Hund**: **Er** *heißt Haro.*
> *Wir haben* **ihn** *seit 5 Jahren.*
> *Ich gehe oft mit* **ihm** *spazieren.*

1. Ich
2. Meine Mutter
3. Unsere Klasse
4. Unsere Nachbarn
5. Du

**20** Füllen Sie die Lücken mit einem Pronomen im Nominativ, Akkusativ oder Dativ aus:

1. Und wie soll der Traummann sein? Intelligent und kultiviert muß .......... sein.
2. Marianne sucht einen Mann, der .......... Sicherheit geben kann.
3. Einen Mann finden, sich in .......... verlieben, mit .......... eine Familie gründen, das ist ihr Traum!
4. Als er dein Foto bekam, schrieb er .......... dreimal ohne Erfolg. Dann rief er .......... an!
5. Wir wollen unsere Freunde um .......... haben.
6. Du hast meinen Kuli. Gib .......... .......... bitte zurück!
7. Sein Freund und .......... waren auf der Durchreise.
8. Meine Eltern möchten einen Porsche kaufen. .......... ist .......... aber zu teuer.
9. Das ist schwer für euch! Soll ich .......... helfen?
10. Mein Bruder ist jünger als .........., aber ich bin kleiner als .......... .

**21** Wählen Sie einen Gegenstand oder etwas abstraktes. Sie können Ihrem Partner drei Hinweise geben. Jeder davon soll eine andere Form des Pronomens haben. Ihr Partner muß das Wort erraten.

> z.B. **Sie** *finden alle vier Jahre statt.*
> *Ein Franzose hat* **sie** *am Ende des letzten Jahrhunderts neu gegründet.*
> *Jeder Sportler will* **daran** *teilnehmen.*
>
> *Antwort: Die Olympischen Spiele*

# C Wie romantisch!

gestehen offen sagen
vergehen (Zeit) vorbeigehen
s. verhalten reagieren
es ist ihm etw zugestoßen er hat
  einen Unfall gehabt
jdm Aufmerksamkeit f schenken jdm
  Interesse zeigen
verlegen ängstlich, unsicher
Vertrautheit f gute Freundschaft
Verlauf m Richtung, Entwicklung
schätzen jdn sehr gern haben
täuschen einen falschen Eindruck
  geben
schweigsam ohne zu sprechen

Vor kurzem veröffentlichte eine bekannte deutsche Frauenzeitschrift romantische Liebesgeschichten „die das Leben schrieb". Es waren Liebesgeschichten, die von Leserinnen geschrieben wurden und die diesen tatsächlich passiert waren. Hier lesen Sie eine davon.

*Leserinnen berichten: So fand ich meinen Traummann*

**Zauberhafte Liebesgeschichten, die das Leben schrieb**

Susanne Schulte*, Krankengymnastin:

## „Bei der Kahnpartie gestand mir Peter seine Liebe"

An jenem Abend war mir der zweite junge Mann am Tisch nicht aufgefallen. Später lud er mich zu einer Kahnpartie ein . . .

Als ich meinen Traummann traf, erkannte ich es nicht einmal. Ich hatte mich nämlich in einen anderen unsterblich verliebt und nur noch Augen für ihn. Und so fing alles an:

Über der Tanzfläche schaukelten bunte Lampions in den Bäumen. Es war ungewöhnlich warm für einen Abend im Mai. Eigentlich hatte ich in dem Restaurant nur eine Kleinigkeit essen wollen. Doch dann blieb ich sitzen und sah den tanzenden Paaren zu.

Irgendwann fiel mein Blick auf den Nebentisch, auf einen gutaussehenden jungen Mann.

„Darf ich bitten?" fragte er mit einer leichten Verbeugung. Erst zögerte ich, doch dann ließ ich mich auf das Holzpodium führen.

„Mein Freund und ich sind auf der Durchreise." Der Fremde zeigte auf seinen Tisch. Jetzt entdeckte ich den anderen jungen Mann. Ich hatte ihn einfach übersehen.

Wir tanzten, bis die Kapelle eine Pause machte. „Es wäre nett, wenn wir Ihnen Gesellschaft leisten dürften", meinte mein Partner.

Ohne meine Antwort abzuwarten, brachte er Weinflasche und Gläser an meinen Tisch. Ich merkte, daß sein Freund zögerte, doch dann setzte auch er sich.

⇨

Holger Steiner erzählte so amüsant, daß die Stunden wie im Flug vergingen. „Wir wollten morgen früh in die Schweiz weiterfahren", sagte er. „Aber nun überlege ich mir, ob wir nicht doch ein paar Tage am Bodensee bleiben sollen."

Bei diesen Worten hielt er meine Hand. „Sehen wir uns morgen wieder?" fragte er.

Ich wußte nicht recht, wie ich mich verhalten sollte. Schließlich konnte ich mich nicht einfach mit einem wildfremden Menschen verabreden. Aber Holger Steiner gefiel mir sogar sehr.

So kam es, daß wir uns eine Woche lang täglich trafen. Wir verbrachten glückliche Stunden. Dann, an einem Sonntag, wartete ich vergeblich auf ihn in unserem kleinem Café. Ob ihm etwas zugestoßen war, fragte ich mich.

Schließlich stand ich auf. Auf dem Weg zur Tür traf ich Holgers Freund, jenen stillen jungen Mann, dem ich nicht besonders viel Aufmerksamkeit geschenkt hatte.

„Es tut mir sehr leid", sagte er bedauernd, „aber Holger mußte überraschend abreisen."

„Hat er . . . hat er keine Nachricht für mich hinterlassen?"

Ich sah, daß diese Frage dem Mann peinlich war. Verlegen schüttelte er den Kopf.

Es fiel mir schwer, meine Enttäuschung zu verbergen.

„Ich weiß, daß Ihnen nicht viel an meiner Gesellschaft liegt", meinte er freundlich lächelnd, „aber ich begleite Sie gerne ins Hotel zurück."

Schweigsam gingen wir nebeneinander her.

„Wann reisen Sie ab?" fragte ich beiläufig.

„Holger hat unsere Urlaubspläne ziemlich durcheinandergebracht", antwortete er. „Es lohnt sich nicht mehr, in die Schweiz zu reisen. Ich werde noch zehn Tage bleiben. Es gefällt mir ganz gut."

In den folgenden Tagen merkte ich, daß Peter ein besonders netter junger Mann war. Er redete nicht viel, aber er konnte zuhören. Irgendwie hatte ich das Gefühl von Vertrautheit in seiner Nähe.

„Sie sind ein feiner Kerl", sagte ich ihm eines Abends ehrlich. Vor Freude über das Kompliment errötete er doch tatsächlich.

Einen Tag vor der Abreise lud er mich zu einer Kahnpartie ein.

„Rudern wir nicht zu weit hinaus?" fragte ich besorgt.

„Wir dürfen auf keinen Fall die Fähre verpassen. Sonst kommen wir nicht mehr nach Lindau zurück."

„Es sind noch zwei Stunden Zeit", beruhigte er mich.

„Ich möchte, daß wir uns in Berlin wiedersehen, Susanne", sagte er plötzlich. „Sie bedeuten mir sehr viel."

Das Gespräch nahm einen Verlauf, der mir nicht paßte. Am liebsten wäre ich ihm aus dem Weg gegangen. Aber ich konnte ja nicht.

„Peter, ich schätze dich als Mensch, aber . . ." Wie sollte ich ihm erklären, daß er mir einfach zu ruhig war, zu unentschlossen. Ich mochte Männer wie Holger. Selbstsicher, zielstrebig, charmant.

„Ruder mich bitte zurück!" sagte ich kühl. Ich wußte mir nicht anders zu helfen.

Er warf einen Blick auf seine Uhr und kehrte um.

Als wir am Ufer ankamen, war der Steg menschenleer. Um diese Zeit warteten

sonst immer ganze Menschenmassen auf die Fähre.

Ich warf Peter einen fragenden Blick zu. Sein breites Lächeln verunsicherte mich.

„Die Fähre ist weg", sagte er.

„Hast du das etwa mit Absicht getan?" Ich war wütend.

„Nun hör mal zu, Susanne. An dem Abend, als wir uns zum erstenmal sahen, konnte ich kaum glauben, daß ein nettes Mädchen wie du auf Holger hereinfällt. In deinem Alter sollte man sich nicht mehr so täuschen lassen. Du meine Güte, es ist immer die gleiche Schau, die er abzieht. Zu Hause hat er Frau und Kind."

Ich starrte Peter ungläubig an.

„Aber . . . aber was hat das alles mit der Fähre zu tun?"

„Ich brauche Zeit, um dir zu zeigen, daß ich auch ganz nett bin. Jetzt sind wir hier, und du mußt mir zuhören. Komm, da drüben ist ein sehr hübsches Restaurant . . ."

Seine Hand auf meinen Arm war fest. Das Sprichwort „Stille Wasser sind tief" fiel mir ein. Wie tief, das mußte ich herausfinden . . .

Ja, und heute sind wir verheiratet und sehr glücklich.

*Die Namen wurden aus verständlichen Gründen von der Redaktion geändert

## 22 Wortwörtlich

Verbinden Sie diese Substantive mit einem Verb aus dem Text ("So fand ich..."):

1. sich in einen Mann ..........
2. die bunten Lampions ..........
3. eine Kleinigkeit ..........
4. eine Pause ..........
5. die Stunden ..........
6. sich mit einem wildfremden Menschen ..........
7. glückliche Stunden ..........
8. jemandem viel Aufmerksamkeit ..........
9. es fiel mir schwer, meine Enttäuschung zu ..........
10. wir dürfen die Fähre nicht ..........
11. das Gespräch .......... einen Verlauf
12. einen Blick auf die Uhr ..........

**23** Sehen Sie sich die Liebesgeschichte noch einmal an. Wie viele Wörter finden Sie darin, mit denen man einen Menschen beschreiben könnte?

---

### 99 SO WIRD'S GESAGT! 66

## *Das Imperfekt*

- Wenn man in der Literatur (und oft in der Presse) über Ereignisse oder Situationen in der Vergangenheit berichtet, verwendet man das Imperfekt.

    z.B.   *Als ich meinen Traummann* **traf, erkannte** *ich es nicht einmal . . .*
    *Es* **war** *ungewöhnlich warm.*

- Wie bildet man das Imperfekt?

| *Schwache Verben z.B.* **fragen** | | | | *Starke Verben* – *z.B.* **sehen** | | | |
|---|---|---|---|---|---|---|---|
| ich | sag**te** | wir | sag**ten** | ich | sah | wir | sah**en** |
| du | sag**test** | ihr | sag**tet** | du | sah**st** | ihr | sah**t** |
| er/sie/es | sag**te** | sie/Sie | sag**ten** | er/sie/es | sah | sie/Sie | sah**en** |

Sehen Sie auch S. 298 *(Grammatik)*

---

**24** Machen Sie eine Liste der *starken* Verben im Imperfekt in der Liebesgeschichte „So fand ich meinen Traummann". Suchen Sie mit Hilfe eines Wörterbuchs die Infinitivformen.

**25** a) Beschreiben Sie Ihr Leben vor 10 Jahren:

z.B. *Wir wohnten damals in . . . Ich ging in die Grundschule. Ich konnte noch nicht . . .*

b) Wählen Sie eines der folgenden Themen: Straßen und Verkehr; die Schule; Meine Stadt; meine Großeltern (vor 50 Jahren!)
Wie war das vor 50 oder 100 Jahren? Schreiben Sie einen Bericht.

z.B. *Vor 50 Jahren waren viel weniger Autos auf den Straßen . . .*

**26** **TEXTÜBERBLICK**

Hier sind die Schlüsselwörter dieser Geschichte. Bringen Sie sie in die richtige Reihenfolge und erzählen Sie selbst die Geschichte von Susanne und Peter.

a) den tanzenden Paaren zusehen  b) zur Kahnpartie einladen  c) Fähre weg  d) Weinflasche und Gläser bringen  e) „Wir bleiben am Bodensee"  f) im Cafe warten  g) der Freund, Peter, kam an  h) gutaussehender junger Mann  i) auf das Holzpodium führen  j) „Holger mußte abreisen"  k) „Ich möchte, daß wir uns wiedersehen . . ."  l) Holger hat Frau und Kind  m) zum Restaurant gehen  n) „Stille Wasser sind tief"

**27** Versuchen Sie jetzt die Geschichte zu analysieren – später können Sie versuchen, Ihre eigene Geschichte zu schreiben.

- Wo und wann findet die Geschichte statt?
- Was suchte er in seinem Leben? Was suchte sie?
- Was für einen Mann wollte sie? Was für eine Frau wollte er?
- In jeder Liebesgeschichte gibt es Enttäuschung und Freude. Wo sind Enttäuschung und Freude in dieser Geschichte?
- Wo liegt der Höhepunkt der Geschichte?
- Muß eine solche Geschichte ein glückliches Ende haben?
- Was trägt zu der Stimmung bei? (Was wird beschrieben? Was kann man sehen?)
- Was braucht man für eine romantische Stimmung?

**28** 📼 **Ferienliebe**

Sie hören jetzt eine Frau, die einem Talk-Show-Moderator erzählt, wie sie sich in einen Griechen verliebte – und was danach passierte.
Machen Sie Notizen, und fassen Sie die Geschichte zusammen. Versuchen Sie, ihre Motive zu erklären.

**29** Schreiben Sie selbst eine Liebesgeschichte – die Geschichte eines Mannes und einer Frau, die sich „unsterblich ineinander verlieben"! Natürlich kann Ihre Geschichte lustig sein!
Wenn Sie wollen, kann das die Geschichte eines der Menschen sein, deren Heiratsanzeigen Sie auf S. 55/56 gelesen haben.

# Der Spinnerin Nachtlied

Es sang vor langen Jahren
Wohl auch die Nachtigall.
Das war wohl süßer Schall,
Da wir zusammen waren.

Ich sing und kann nicht weinen
Und spinne so allein
Den Faden klar und rein,
Solang der Mond wird scheinen.

Als wir zusammen waren
Da sang die Nachtigall.
Nun mahnet mich ihr Schall,
Daß du von mir gefahren.

So oft der Mond mag scheinen,
Denk ich wohl dein allein,
Mein Herz ist klar und rein,
Gott wolle uns vereinen.

Seit du von mir gefahren,
Singt stets die Nachtigall,
Ich denk bei ihrem Schall,
Wie wir zusammen waren.

Gott wolle uns vereinen.
Hier spinn ich so allein,
Der Mond scheint klar und rein,
Ich sing und möchte weinen.

*Clemens Brentano*

# Das verlassene Mägdlein

Früh, wann die Hähne krähn,
Eh die Sternlein verschwinden,
Muß ich am Herde stehn,
Muß Feuer zünden.

Schön ist der Flammen Schein,
Es springen die Funken;
Ich schaue so drein,
In Leid versunken.

Plötzlich, da kommt es mir,
Treuloser Knabe,
Daß ich die Nacht von dir
Geträumet habe.

Träne auf Träne dann
Stürzet hernieder;
So kommt der Tag heran –
O ging er wieder!

*Eduard Mörike*

**30**   Die Gedichte (S.64) handeln von zwei Frauen und ihren
Liebesbeziehungen.

- Was haben die Frauen in den zwei Gedichten gemeinsam?
- Wie versuchen sie, die Zeit zu verbringen, ohne an ihr Leid denken zu
  müssen?
- Was wünschen sich die beiden am Ende jedes Gedichtes?
- Wofür könnten die Nachtigall (in „Der Spinnerin Nachtlied") und die
  Flammen (in „Das verlassene Mägdlein") ein Symbol sein?
- Welches Gedicht gefällt Ihnen besser? Warum?

# Wiederholung 4

## Die Fälle

### GENITIV: BESITZ

Wenn man zeigen will, wem etwas gehört, dann benutzt man den Genitiv.

1. Das ist das Auto mein.......... Vater.......... .
2. Die Farbe d.......... Bluse gefällt mir nicht.
3. Das Haus d.......... alten Dame ist sehr alt.
4. Am Rand d.......... Tisch.......... lag ein Kuli.
5. In der Mitte d.......... Dorf.......... war ein altes Bauernhaus.
6. Der Freund mein.......... Schwester arbeitet bei BMW.
7. Der Vater dein.......... Freundin liegt im Krankenhaus.

### GENITIV MIT PRÄPOSITIONEN

Einige Präpositionen erfordern immer den Genitiv (mit Pronomen einen
Dativ). Diese sind:

*statt, außerhalb, innerhalb, trotz, während, wegen.*

1. Wegen d.......... schlechten Wetter.......... sind wir zu Hause geblieben.
2. Wegen sein.......... Unfall.......... konnte meine Mutter nicht kommen.
3. Trotz mein.......... Krankheit bin ich einkaufen gegangen.
4. Wir wohnen außerhalb d.......... Dorf.......... .
5. Während d.......... Tag.......... haben wir viele Museen besucht.
6. Der Wald liegt nördlich d.......... Stadt.
7. Wegen i.......... haben wir das Spiel gewonnen.

# Familie: Vater werden ist nicht schwer . . .

1

2

## AUFBAU DES KAPITELS

A. ,,Die Frau ist doch dafür geboren''

B. . . . Vater sein degegen sehr

## GRAMMATIK

- Satzstellung (Nebensatz + Hauptsatz)
- Konditional und wenn – Sätze
- wegen und weil
- Wiederholung: Verben + Dativ

## KOMMUNIKATION

- Vergleiche ziehen
- Schlußfolgerungen ziehen
- Änderungen erklären
- Meinungen ausdrücken

3

4

# A "Die Frau ist doch dafür geboren"

**1** Was macht jede Person auf den Fotos auf S. 67?
Wer erledigt diese Aufgaben bei Ihnen? Notieren Sie für jede: ich, mein Vater, meine Mutter usw. Vergleichen Sie Ihre Antworten mit einem Partner/einer Partnerin.
Welche anderen Aufgaben gibt es im Haushalt?

**2**  **Haushalt**

Auf der Kassette hören Sie einige deutsche Teenager, die sich zum Thema „Haushalt" geäußert haben. Hören Sie gut zu und füllen Sie eine Kopie dieser Tabelle aus.

|  | Was macht der Vater im Haushalt? | Was machen die anderen Geschwister? | Wird darüber gestritten? Wenn ja, warum? |
|---|---|---|---|
| Ulla |  |  |  |
| Michael |  |  |  |
| Gerd |  |  |  |
| Eva |  |  |  |

| Männlicher Anteil an der Hausarbeit (in %): | |
|---|---|
|  | **Deutschland** |
| ● Geschirrspülen | 38 |
| ● Einkaufen | 41 |
| ● Hausputz | 40 |
| ● Kochen | 21 |
| ● Waschen | 16 |
| ● Bügeln | 10 |
| (Quelle: Synapse-RES) |  |

**3** Wir haben unten auf S. 68 eine Liste von den wichtigsten Aufgaben im Haushalt aufgestellt. Die Ergebnisse einer deutschen Umfrage sind für Sie gegeben.

a) Was für Ergebnisse würden Sie von einer solchen Umfrage in Ihrem Land erwarten?
b) Welche Tätigkeiten erfordern den größten Zeitaufwand?
c) Fragen Sie zehn Freunde, wer diese Tätigkeiten bei ihnen erledigt. Füllen Sie dann eine Kopie dieser Tabelle aus.
d) Vergleichen Sie Ihre Resultate mit den Ergebnissen der deutschen Umfrage. Benutzen Sie die Ausdrücke unten.

---

### 99 SO WIRD'S GESAGT! 66

## *Vergleiche ziehen*

Wenn man Vergleiche machen will, dann benutzt man folgende Ausdrücke:

**Im Vergleich zu** den Deutschen ist der Engländer . . .
**Im Gegensatz zu** den Deutschen ist der Engländer . . .
**Relativ gesehen ist** die Lage in Deutschland . . .
Die deutschen Männer sind immer noch **verhältnismäßig** faul . . .
**Einerseits** kann man schon sagen, daß . . .; **andererseits** . . .
Die Deutschen sind ziemlich faul, **dagegen** sind Engländer . . .
**Während** die Deutschen relativ . . . scheinen, sind die . . .

---

### 99 SO WIRD'S GESAGT! 66

## *Schlußfolgerungen ziehen*

Oft wollen wir Schlüsse ziehen oder Verallgemeinerungen machen. In diesen Fällen benutzt man folgende Ausdrücke:

**Vor allem** ist es immer noch der Mann, der . . .
**Hauptsächlich** sind es die Frauen, die . . .
**In den meisten Fällen** putzt die Frau . . .
**In der Regel** ist die Mutter für . . . zuständig
**Die Statistik macht deutlich, daß . . .**
**Im allgemeinen** ist der Vater derjenige, der . . .
**Im Grunde genommen** ist die Mutter für den Haushalt da . . .
**Es steht fest, daß . . .**
**Ohne Zweifel** ist es der Mann, der . . .

---

**4** Wie bewerten Sie Ihre Ergebnisse? Sind es immer die Frauen, die den größten Teil der Hausarbeit übernehmen? Schreiben Sie 10 Sätze darüber. Verwenden Sie die Ausdrücke oben.

# Zu Hause immer noch stinkfaul

**W**as Männer im Haushalt (nicht) machen:

84% bügeln nie
79% waschen nie die Wäsche
73% putzen nie Fenster
65% wischen nie den Boden auf
64% machen nie das Bad sauber
55% gießen nie die Blumen – nicht mal das!

Laßt uns Frauen mal träumen. Von einem Mann, der genausoviel tut wie wir. Waschmaschine ein- und ausräumen, Wäsche aufhängen, das Badezimmer saubermachen, Kartoffeln schälen, Knöpfe annähen, Blusen bügeln, Fenster putzen. Laßt uns von einem Mann träumen, der ein Ei kocht und ein Schnitzel brät, der den Staub aus den Ecken kriegt und die Betten macht.

Er tut das alles vielleicht nicht besonders gern. Das macht nichts, wir haben da ja auch unsere Schwierigkeiten. Wir beide könnten die Hausarbeit zusammen tun. Er würde nicht bloß „helfen". Würde nie fragen, wohin gehören die Gläser, oder wo sind meine Socken. Er würde vom Einkaufen Salz mitbringen, weil er wüßte, das keines mehr da ist. Wir wüßten beide, wo alles ist und wie alles läuft: unser Haushalt, unser Berufsleben, unsere Freizeit. Wir wären Partner.

Ein schöner Traum. Die Wirklichkeit ist anders. Das Ergebnis der großen repräsentativen Brigitte-Untersuchung „Der Mann" läßt keinen Zweifel. Wir haben Männer zwischen 20 und 50 nach ihren Wünschen und ihrer Einstellung zu Frauen befragt. Und wir stellen allen die gleiche Frage: „Wie hältst du's mit der Hausarbeit?" Die Antwort fiel immer sehr ähnlich aus – gleichgültig, wo in der Bundesrepublik sie gegeben wurde, auf dem Land, in der Stadt – egal, ob sie von Studenten, Handwerkern oder Beamten kam; Männer machen so gut wie keine Hausarbeit. Die Dortmunder Soziologinnen Prof. Sigrid Metz-Göckel und Dr. Ursula Müller, die die Untersuchung für Brigitte durchführten: „Die Sache mit der Hausarbeit ist ein Skandal." Typisch der 31jährige Beamte aus Bochum, der sagt: „Den Haushalt macht die Frau, klar. Das kann sie besser, schließlich hat sie diese Sachen ja als Mädchen gelernt. Leider bin ich nicht in der Lage, weil ich beruflich viel um die Ohren habe." Seine Frau ist Filialleiterin in einem Brotladen.

Oder ein 40jähriger Ingenieur aus München, Vater von zwei Kindern: „Ich bin – äh – nicht der Typ dafür." Seine Frau hat eben angefangen, Medizin zu studieren.

Immer noch das alte Lied. Er hat keine Zeit, er ist nicht in der Lage, er ist überhaupt nicht der Typ – alles klar. Die Frauen putzen, waschen, kochen, weil sie es besser können, weil sie geschickter sind, einen größeren Überblick haben – um solche Lobpreisungen sind die Männer nicht verlegen, wenn es darum geht, uns, den Frauen zu zeigen, wo unser von der Natur vorgesehener Platz ist: im Haushalt. In Hamburg sagte einer sogar: „Weil die Frau doch mehr oder weniger dafür geboren ist."

---

**Einstellung f (zu)** Meinung (über)
**viel um die Ohren haben** viel Arbeit haben
**das alte Lied** das übliche Problem
**Lobpreisung f** sehr positive Reaktion auf eine Tat

## 5      TEXTÜBERBLICK

Lesen Sie den Text "zu Hause immer noch stinkfaul" durch und machen Sie Notizen zu den folgenden Stichpunkten:

- Beschreiben Sie den „idealen Mann", so wie er im Text beschrieben wird
- Was für Ausreden erfinden die Männer, um um die Hausarbeit herumzukommen?

# 6 Wortwörtlich

Verbinden Sie die Substantive mit einem passenden Verb, und umgekehrt:

| | Substantiv | Verb |
|---|---|---|
| 1 | der Traum | |
| 2 | | untersuchen |
| 3 | | zweifeln |
| 4 | | wünschen |
| 5 | die Frage | |
| 6 | die Antwort | |
| 7 | die Durchführung |  |
| 8 | der Anfang | |
| 9 | der Student | |
| 10 | | loben/preisen |

**7**  Wir haben einen Polizisten aus Nürnberg gefragt, was er im Haushalt macht. Hier seine Antwort:

„Naja, zu Hause gibt es eine ganze Menge zu tun und ich bin natürlich dafür, daß man seiner Frau ein bißchen hilft. Jeden Tag hänge ich das Badezimmer auf, putze die Blumen und räume die Fenster aus. Ich bin auch für die Küche zuständig – das ist selbstverständlich meine Sache. Am Abend schäle ich die Knöpfe und dann bügele ich ein Schnitzel oder so. Zum Frühstück wische ich normalerweise ein Ei auf, dann muß ich den Staub in den Ecken saubermachen. Vielleicht brate ich dann ein paar Blusen bevor ich zur Arbeit gehe. Ich verstehe die Männer überhaupt nicht, die im Haushalt nichts machen. Ich sehe nicht ein, warum die Frau immer alles machen muß."

Woher wissen Sie, daß er nicht die Wahrheit sagt?

## 8 🔊 Sollten Mütter arbeiten?

Sie hören einige Studenten, die das Thema „Gleichberechtigung für Frauen"
besprechen. Welche dieser Ausdrücke sind zu hören?

a)   . . . würde ich nicht nur ständig zu Hause sitzen wollen.

b)   Ich finde, jede Frau hat daheim genug zu tun.

c)   Im Prinzip sollten Frauen den gleichen Lohn für die gleiche Arbeit
bekommen.

d)   Frau in die Küche und ins Haus, und Mann geht arbeiten, finde ich nicht
gut.

e)   Wenn sie arbeiten würden, dann wären sie gleichberechtigt mit dem Mann.

f)   Wenn Frauen nicht arbeiten würden, dann gäbe es weniger Arbeitslosigkeit.

g)   Es ist erwiesen, daß Frauen psychisch stärker sind als Männer und Schmerzen
eher ertragen können als Männer.

h)   Kinder brauchen eine Mutter, die zu Hause bleibt.

i)   Ich als Mann übernehme die Verantwortung für mich und für meine Frau.

j)   Ich sag' nicht, sie ist gleich, sondern sie ist gleichwertig.

k)   Das ist ja 'was aus dem letzten Jahrhundert.

l)   Erst mal arbeiten und dann Kinder haben.

m)  Das geht davon aus, daß die Frau das schwächere Wesen ist von uns beiden.

n)   Ich bin aber genau so intelligent wie du! Warum sollte ich nicht arbeiten?

o)   Ich werte sie damit net ab, wenn ich sage, sie soll nicht arbeiten.

## 9

Welche der Aussagen oben sind für die Gleichberechtigung der Frauen und
welche sind dagegen? Schreiben Sie zwei Listen auf. Gibt es andere Argumente
auf beiden Seiten?

## 10   Was halten Sie davon?

Was denken Sie? Stimmen Sie diesen Meinungen zu, oder lehnen Sie sie ab?
Schreiben Sie Ihre Ansichten auf.

a)   Die Kindererziehung ist eine Aufgabe für Frauen.

b)   Eine Mutter sollte immer für die Familie da sein.

c)   Kinder brauchen ihren Vater erst wirklich, wenn sie älter sind.

d)   Für eine Frau sollte die Familie wichtiger als persönlicher Ehrgeiz sein.

e)   Der Vater muß in der Familie das letzte Wort haben.

f)   Kinder sind sehr wichtig für eine glückliche Ehe.

g)   Eine Frau sollte die Berufsarbeit aufgeben, wenn sie Mutter wird.

h)   Berufstätige Partner sollten die Hausarbeit teilen.

i)   Frauen haben mehr Sinn für Hausarbeit.

j)   Eine Mutter hat eine engere Beziehung zu ihrem Kind als ein Vater.

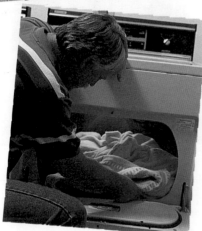

**11**   Schreiben Sie einen Aufsatz zum Thema: "Die Rolle von Mann und
Frau in der Familie".

## Mir fällt die Decke auf den Kopf

**12**   Sehen Sie sich diese Karikatur an. Lesen Sie dann die Argumente, die
die Frau präsentiert, und verbinden Sie jedes Argument mit einer Antwort ihres
Mannes.

**Argumente der Frau**

**A** Sie will arbeiten gehen
**B** Sie will ein Kindermädchen anstellen
**C** Sie bezahlt das Kindermädchen nicht allein: die Kosten
    werden geteilt
**D** Sie hat zu viel zu tun
**E** Es gibt viele Ausländer, die einen solchen Job suchen
**F** Ihre Freundinnen haben alle einen Job
**G** Ihr Mann will seine eigene Frau sicherlich nicht
    ausbeuten

**Gegenargumente des Mannes**

**1** Eine Ausländerin anzustellen ist reine Ausbeutung
**2**  Keine Antwort!
**3** Wenn seine Frau arbeitet, dann vernachlässigt sie die
    Kinder
**4** Bis jetzt haben sie nie ein Kindermädchen nötig gehabt
**5** Wenn sie ein Kindermädchen haben, dann kostet das
    viel Geld

## 13   Simulation

Stellen Sie sich mal vor, die Frau in der Karikatur auf S. 73 hat jetzt eine Stelle gefunden. Ihr Mann hat aber inzwischen seine Stelle verloren und ist jetzt arbeitslos. Er sitzt den ganzen Tag im Wohnzimmer, und als sie wieder nach Hause zurückkommt, ist alles im Haushalt durcheinander. Übernehmen Sie die Rolle der entsetzten Frau, während Ihr Partner/Ihre Partnerin die Rolle des Mannes spielt.

## 14

Hören Sie sich den Song „Männer" von Herbert Grönemeyer an. Füllen Sie die Lücken mit einem Wort aus der Liste unten aus.

> dünnes, bestechen, Geborgenheit, Herzinfarkt, heimlich, leicht, lügen, Lässigkeit, genau, Muskeln, Kriege, Raketen, verletzlich, sonderbar, Strom, weich, schlau, Wand, Streiter, Zärtlichkeit

# Männer

1 Männer nehmen in den Arm
Männer geben ———
Männer weinen ———
Männer brauchen viel ———
Oh, Männer sind so ———
Männer sind auf dieser Welt einfach unersetzlich

2 Männer kaufen Frau'n
Männer stehen ständig unter ———
Männer baggern wie blöde
Männer ——— am Telefon
Oh, Männer sind allzeit bereit
Männer ——— durch ihr Geld und ihre
———

3 Männer haben's schwer – nehmen's ———
Außen hart und innen ganz ———
werden als Kind schon als Mann geeicht
Wann ist Mann ein Mann?

4 Männer haben ———
Männer sind furchtbar stark
Männer können alles
Männer kriegen 'nen ———
Oh, Männer sind einsame ———
müssen durch jede ———, müssen immer weiter

5 Männer führen ———
Männer sind schon als Baby blau
Männer rauchen Pfeife
Männer sind furchtbar ———
Männer bau'n ———
Männer machen alles ganz, ganz ———

6 Männer krieg'n keine Kinder
Männer krieg'n ——— Haar
Männer sind auch Menschen
Männer sind auch ———
Männer sind so verletzlich
Männer sind auf dieser Welt einfach unersetzlich

*Herbert Grönemeyer*

## 15

## 16   Was halten Sie davon?

Warum schrieb Grönemeyer diesen Song?
Was für Gegensätze würden Sie in einem Song über Frauen einbeziehen?

a) Welche Ideen in diesem Song gehören nicht zum Image eines „echten" Mannes?

b) In diesem Song sind mehrere ironische Gegensätze.

*Männer können alles, aber sie kriegen einen Herzinfarkt*

Finden Sie weitere Beispiele dafür! Nicht alle springen so leicht ins Auge!

# B „... Vater sein dagegen sehr" *

**17**    Sehen Sie sich diese Fotos an. Eins stammt aus dem letzten Jahrhundert, und eins stellt eine moderne Familie dar. Was hat sich im Laufe der letzten 100 Jahre Ihrer Meinung nach verändert? Welche Unterschiede erkennt man auf den Fotos? Denken Sie an ...

- Beziehungen zwischen Eltern und Kindern
- Disziplin in der Familie
- Freizeit/Hausarbeit usw.

Benutzen Sie die folgenden Ausdrücke:

---

**99 SO WIRD'S GESAGT! 66**

## *Veränderungen erklären*

| | |
|---|---|
| damals | heutzutage |
| früher | inzwischen |
| vor hundert Jahren | in diesem Jahrhundert |
| in früheren Generationen | |
| zu der Zeit als ... | |
| anno dazumal | |

---

\* "Vater werden ist nicht schwer, Vater sein dagegen sehr"  Wilhelm Busch

# was nervt euch?

### Anja Schroeter (16 Jahre) aus Dortmund

**A**nja wohnt mit ihrer Mutter Ursula, ihrem Vater Hermann, ihrer älteren Schwester Martina und dem Hund Cora in einem Haus mit großem Garten. Mit ihren Eltern versteht sie sich „eigentlich ganz gut". Anja findet es toll, daß Ursula und Hermann so tolerant sind. Sie darf in Discos, Freunde besuchen und im nächsten Jahr (wahrscheinlich) auch allein in den Urlaub fahren. „Der Vater

meiner Freundin ist viel strenger."
Ursula und Hermann Schroeter glauben, daß sie mit ihrer Kindererziehung richtig liegen. „Wenn Kinder zu knapp gehalten werden, sind sie viel aufsässiger." Doch es gibt auch Probleme. „Anja ist nicht so ordentlich", ärgert sich ihre Mutter. Vater Hermann kann das nur bestätigen: „Immer wirft sie alles so rum. Sie kauft sich lieber was Neues, als die alten Sachen in Ordnung zu halten."
Aber auch Anja hat einen Wunsch: „Es wäre schön, wenn wir Ausflüge machen würden; mal an die See fahren oder gemeinsam spazierengehen. Wir unternehmen zuwenig."

### Tobias Kurth, 16 Jahre, Schüler, aus Wiesbaden

„Meine Mutter ist ungerecht zu mir. Wenn zum Beispiel im Haushalt etwas zu tun ist, muß ich immer mehr machen als meine Schwester. Das find ich unerträglich! Schlimm finde ich auch an meiner Mutter, daß sie sich über vieles sehr schnell aufregt. Vor allem, wenn ich Sachen nicht gleich wegräume.
Ich finde gut an meinen Eltern, daß sie versuchen, alles für mich zu erreichen. Zum Beispiel haben sie mir einen Ferienjob gesucht."

### Isabell Maria Kurth 20 Jahre, Kürschnergesellin

„Ich finde, meine Eltern – besonders meine Mutter – sollten toleranter auf mich und meine Freunde reagieren. Positiv ist, daß sie unsere Intimsphäre wahren. Das heißt, sie öffnen keine Post und gehen auch nicht in unsere Zimmer, um ,herumzuschnüffeln'. Sie sagen nur immer, ich soll mein Zimmer aufräumen – ,echt ätzend'. Überhaupt regt mich ihr Ordnungs-Fimmel auf. Es nervt mich auch, daß ich immer kämpfen muß, um etwas zu erreichen. Ich möchte nach meiner Kürschnerausbildung gerne Design studieren. Bis jetzt sind sie der Meinung, das ist eine brotlose Kunst. Das bedeutet also: wieder kämpfen."

### Roswitha, die Mutter

„Im Moment kann ich mehr Negatives als Positives über meine Kinder sagen. Es ist die ganze Einstellung, die die Kinder haben – dieses Egal-Gefühl. Sie glauben, es fällt ihnen alles zu. Tobias zum Beispiel ist absolut faul in der Schule. Ich sehe nicht ein, warum wir uns immer ,abbuckeln' müssen, und die Kinder tun von alleine überhaupt nichts. Später wird für sie ja auch niemand da sein, der ständig hinter ihnen steht und sie antreibt.

**zu knapp halten** jm zu wenig Freiheit geben
**unerträglich** sehr schlimm, unangenehm
**Kürschner m** jemand, der Pelzmäntel macht
**eine brotlose Kunst** Arbeit, für die man wenig verdient
**s. abbuckeln** sehr hart arbeiten
**es fällt ihnen alles zu** sie brauchen nichts zu machen
**nachtragend** lange böse sein
**erpressen** mit Geld/einer Drohung zwingen
**Mauerblümchen n** jd, der sehr schüchtern ist

➯

Aber wirklich gut finde ich, daß meine Kinder sehr ehrlich sind. Lieb können sie auch sein – wenn sie wollen."

## Bernd, der Vater (Kürschnermeister)

„Unordentlichkeit und Unpünktlichkeit: Das sind Seiten an meinen Kindern, die ich sehr negativ finde. Die Aufmachung meiner Tochter Isabell finde ich gut und toleriere sie. Aber für sie selber hat es nur Nachteile. Denn wenn sie im Leben vorwärtskommen will, muß sie sich mit ihrem Outfit zurückhalten. Es sei denn, sie ist ganz oben – dann kann sie alles machen.

Meine Kinder sind an allem interessiert. Sie sind sehr stolz und überhaupt nicht nachtragend. Auch wenn es mal Streit gibt. Das finde ich toll an ihnen."

Ann-Kathrin Seidel (20 Jahre, Schülerin auf einer Wirtschaftsschule aus Wiesbaden)

„Wir sind sehr streng erzogen worden und hatten nicht viele Freiheiten. Meine Freundinnen zum Beispiel durften abends lange weggehen. Ich mußte schon viel früher zu Hause sein. Das hat mir ganz schön gestunken. Dann hab ich mir gedacht: ‚Scheiß-Eltern, was für ein Mist...‘ Aber heute sehe ich an einigen Freundinnen,

daß solche Freiheiten manchmal gar nicht so gut sind. Darum bin ich eigentlich froh, daß ich nicht alles tun durfte, was ich wollte.

Heute stören mich andere Dinge. Wenn die Eltern von der Arbeit kommen, sind sie manchmal total ‚angenervt‘. Manchmal habe ich das Gefühl, meine Eltern erpressen mich ein wenig. Zum Beispiel wohne ich mit meinem Freund zusammen, den sie nicht so gerne mögen. Sie sagen: ‚Du kannst gerne wieder nach Hause kommen. Dann bekommst du auch wieder Geld von uns. Sonst eben nicht.‘ Ich versuche nun – soweit es geht – selber zurechtzukommen. Jetzt kann mir keiner vorrechnen: ‚Ich hab dir dies und das bezahlt.‘

Auf der anderen Seite kann ich mit allen Problemen zu meinen Eltern kommen. Zum Beispiel, wenn ich ein Kind kriegen würde ... oder Drogen nehmen würde. Sie sind immer für mich da.

Aber meine Eltern sollten versuchen, uns besser zu verstehen. Sie sollten sich mehr in uns hineinfühlen. Das ist mein Wunsch."

## Barbara, die Mutter (Besitzerin einer Tanzschule)

„Meine Kinder sind sehr selbständig. Das kommt sicher daher, daß mein Mann und ich beide arbeiten. Sie sind sehr fröhlich und haben einen guten Geschmack. Alle Eltern erleben mit ihren Kindern

Höhen und Tiefen, wenn sie in ein bestimmtes Alter kommen. Ich bin sehr froh, daß sie die schlimmsten Dinge ausgelassen haben. Damit meine ich Alkohol, Rauschgift ... usw.

Das weniger Erfreuliche an meinen Kindern kann ich genau sagen: es ist die Schule. Ich wünsche mir, daß sie Spaß am Lernen haben, daß sie konzentriert arbeiten und richtig zuhören. Vielleicht ist es auch nur eine Frage des Alters. Wenn sie später ein bestimmtes Ziel haben, werden sie das auch können."

## Gunther, der Vater (Architekt)

„Ich finde toll an meinen Kindern, daß ... sie genauso hübsch sind wie ich! –

Sie haben viele Freunde. Ich freue mich, daß sie keine Mauerblümchen sind. Sie interessieren sich für alles mögliche, aber für keine Sache besonders stark. Doch wenn es um den Beruf geht, wird das schwierig. Ich meine, auch die Kinder müssen etwas leisten. Aber das sollen sie nicht für uns machen, sondern nur für sich selbst. – Wir haben ja nichts davon.

Wenn ich zum Beispiel nicht ins Büro gehe und nicht arbeite, verdiene ich auch kein Geld. Und wenn meine Tochter die Physikstunden schwänzt, kann sie nichts lernen. So einfach ist das. Das müssen sie eben lernen. – Sonst finde ich meine Kinder prima!"

**18** Machen Sie Notizen unter den folgenden Stichpunkten:

| | Familie Schroeter | Familie Kurth | Familie Seidel |
|---|---|---|---|
| Was nervt die Kinder an ihren Eltern? | | | |
| Was finden die Kinder gut an ihren Eltern? | | ⊘ | |
| Was nervt die Eltern an ihren Kindern? | | | |
| Was finden die Eltern gut an ihren Kindern? | | | |

# 19 Wortwörtlich

**Präpositionen**

Bei Präpositionen muß man stets gut aufpassen: Oft wird ein anderes Wort eingesetzt als das, was man erwarten würde. Füllen Sie die Lücken aus – die Antworten finden Sie alle im Text:

1. .......... ihren Eltern versteht sie sich ganz gut.
2. Sie darf allein .......... den Urlaub fahren.
3. Meine Mutter ist ungerecht .......... mir.
4. Die Kinder tun .......... alleine überhaupt nichts.
5. Sie sollten sich mehr .......... uns hineinfühlen.
6. Ich sehe .......... einigen Freundinnen, daß zu viele Freiheiten manchmal nicht so gut sind..
7. Ich wünsche mir, daß sie Spaß .......... Lernen hat.
8. Meine Kinder sind .......... allem interessiert.
9. Sie interessieren sich .......... alles mögliche.
10. Wenn es .......... den Beruf geht, wird es schwieriger.

**20** **Was halten Sie davon?**

Benutzen Sie nun diese Formulierungen rechts, um Ihr eigenes Verhältnis zu Ihren Eltern zu beschreiben. Wie könnte man das noch verbessern?

## 99 SO WIRD'S GESAGT! 66

### *Seine Meinung ausdrücken*

Diese Ausdrücke kann man benutzen, um seine Meinung auszudrücken. Passen Sie aber auf die Wortstellung gut auf:

**Ich finde gut an meinen Eltern, daß** sie mir viel Freiheit **geben**.
**Ich sehe nicht ein, warum** ich nicht ausgehen **darf**.
**Positiv ist, daß** wir uns unterhalten **können**.
**Ich bin stolz darauf, daß** sie intelligent **ist**.

**GRAMMATIK:** *Satzstellung*

Bei *wenn, weil, daß* usw. steht das Verb am Ende des Nebensatzes. Wenn der Nebensatz am Anfang steht, kommt das Verb des Hauptsatzes sofort nach dem Komma.

> *z.B.  Ich muß zu Hause bleiben, weil ich kein Geld **habe**.*
> *Weil ich kein Geld **habe**, **muß** ich zu Hause bleiben.*

**21** a) Lesen Sie wieder den Text „Was nervt euch?" und vollenden Sie diese *wenn*-Sätze. Notieren Sie auch, wer das sagt, und über wen.

1. Wenn Kinder zu knapp gehalten werden, . . .
2. Wenn zum Beispiel im Haushalt etwas zu tun ist, . . .
3. Wenn sie im Leben vorwärtskommen will, . . .
4. Sie sind sehr stolz und überhaupt nicht nachtragend, auch wenn . . .
5. Wenn die Eltern von der Arbeit kommen, . . .
6. Wenn sie später ein bestimmtes Ziel haben, . . .
7. Doch wenn es um den Beruf geht, . . .
8. Wenn ich zum Beispiel nicht ins Büro gehe und nicht arbeite, . . .
9. Wenn meine Tochter die Physikstunden schwänzt, . . .

b) Schreiben Sie jetzt ein paar Sätze so wie diese hier über Ihre Familie!

**GRAMMATIK:** *Wenn-Sätze + Konditional*

*z.B.  Wenn ich viel Geld **hätte**, **würde** ich ein Auto **kaufen**.*

- Sätze im Konditional beschreiben irreelle Situationen – es ist möglich, daß ich in der Zukunft so etwas mache, aber es ist ein Wunschtraum.

- Man verwendet dafür den ***Konditional***. Er wird für schwache sowie starke Verben mit

  **würde + Infinitiv** gebildet.

  > *z.B.  Ich würde gern reisen / schlafen / lesen*

- **ABER!** Mit *sein, haben* und den Modalverben (*können* u.s.w) verwendet man nur die Konjunktiv-2 Formen:

| | |
|---|---|
| sein: ich **wäre** | dürfen: ich **dürfte** |
| haben: ich **hätte** | mögen: ich **möchte** |
| können: ich **könnte** | müssen: ich **müßte** |
| wollen: ich **wollte** *(nicht ö)* | sollen: ich **sollte** *(nicht ö)* |

Sehen Sie sich auch. S. 299/300 (Grammatik) an.

**22**   Erfinden Sie möglichst viele
Endungen zu diesen Sätzen:

1. Ich würde mich freuen, wenn ...
2. Mein Lehrer wäre enttäuscht,
   wenn ...
3. Ich würde in die Antarktis fahren,
   wenn ...
4. Wenn ich in der Lotterie 1 000DM
   gewänne, ...
5. Wenn ich genial wäre, ...
6. Ich wünsche, ich ...

**23**   Was wünschen die Eltern im Text von ihren Kindern (und umgekehrt)?
Wie könnten sie ihr Familienleben verbessern? Machen Sie Vorschläge.

*z.B. Es wäre besser, wenn Anja ordentlicher wäre. / Anja sollte ordentlicher sein.*

---

**99 SO WIRD'S GESAGT! 66**

## *Wünsche ausdrücken*

● Wenn man seinen Wunsch ausdrücken will, dann benutzt man natürlich
  einen Ausdruck wie:

  Ich möchte jetzt in die Stadt gehen.
  Wollen wir heute ins Kino gehen?
  Hast du Lust, heute nachmittag Fußball zu spielen?

● Wenn man aber darauf bestehen will, daß ein anderer etwas tut, dann
  muß man Ausdrücke wie diese benutzen:

  Das Mädchen **will**, **daß** die Eltern mit ihr ins Kino gehen.
  Sie **möchte**, **daß** die Eltern mit ihr ins Kino gehen.
  Sie **besteht darauf**, **daß** die Eltern mit ihr ins Kino gehen.
  Die Eltern **wollen**, **daß** ihre Tochter vor elf Uhr nach Hause kommt.
  Die Eltern **möchten**, **daß** ihr Sohn keine Freunde mit nach Hause bringt.

---

**24**   Arbeiten Sie mit der ganzen Gruppe zusammen. Sitzen Sie im Kreis.
Jede zweite Person ist „Teenager", die anderen sind „Vater" (bzw. „Mutter").
Jede Person hat ein Blatt Papier und einen Kuli. Stellen Sie sich die folgende
Situation vor:

*Teenager: Sie waren auf einer tollen Party. Sie hatten versprochen, bis Mitternacht wieder
zu Hause zu sein. Es ist jetzt drei Uhr morgens. Sie machen die Haustür sehr, sehr leise
auf und wollen genauso leise nach oben schleichen. Aber hinter der Tür sitzt Ihr/e
Vater/Mutter . . .*

*Vater/Mutter: Ihr Sohn im Teenageralter war auf einer Party. Er hatte versprochen, bis
Mitternacht wieder zu Hause zu sein. Es ist jetzt drei Uhr morgens. Sie haben versucht,
die Gastgeber anzurufen, aber ohne Erfolg. Sie wollen eben die Polizei anrufen, aber Sie
hören plötzlich ein Geräusch. Jemand macht die Haustür sehr, sehr leise auf . . .*

Was sagen Sie? Jeder schreibt, was er sagen würde und gibt das Papier weiter.
Die nächste Person liest die letzte Aussage, schreibt seine Reaktion (z.B. eine
Frage, einen Ausruf) darauf, faltet sorgfältig das Papier, damit nur die letzte
Aussage zu sehen ist, und gibt das Papier weiter. Nach fünf Minuten werden die
Papiere eingesammelt und dann vorgelesen.

# Großer Bravo Psycho-Test

Hast Du eigentlich ein gutes Verhältnis zu Deinen Eltern? Stimmt Ihr in den Grundfragen überein – was Ausgehen, Sex, Freundschaften, Kleidung und Schule betrifft? Wenn nicht, gibt's immer wieder Krach wegen der gleichen Kleinigkeiten. Aber das muß ja wirklich nicht sein.

Unser Test zeigt Dir, ob und wo es bei Dir zu Hause kriselt, wo die – vielleicht unbewußten – „wunden Punkte" liegen. Wenn Du erst weißt, wo der Haken ist, fällt es leichter, die Probleme zu lösen. Denn bist Du Dir wirklich sicher, daß Du keine Angst vor den Eltern hast? Oder ob Dir tatsächlich der „Draht" zu ihnen fehlt? Wie auch immer – hier kannst Du mehr über Deine Beziehung zu Deinen Eltern erfahren und sie damit auch harmonischer gestalten ...

1 Du bist am Samstagnachmittag mit Deiner Clique verabredet. Wenn Du aus dem Haus gehst, machen Deine Eltern bestimmt irgendeine Bemerkung. Welche der folgenden könnte für sie typisch sein?
 a) „Und du kommst pünktlich zurück, verstanden?"
 b) „Viel Spaß!"
 c) „Paß gut auf dich auf und benimm dich anständig!"
 d) Ich glaube, meinen Eltern fällt gar nicht auf, wenn ich gehe.

2 Bei einer Party geht's hoch her. Du möchtest Deine Ausgehzeit um eine Stunde überziehen. Wie stellst Du's an?
 a) Ich rufe zu Hause an und informiere meine Eltern, daß ich später komme.
 b) Ich rufe zu Hause an und bettle so lange, bis ich länger bleiben darf.
 c) Ich bleibe einfach länger. Meine

Eltern haben sowieso nichts dagegen.
 d) Ich werde auf jeden Fall nach Hause gehen. Sonst gibt's nämlich Ärger.

3 Seit kurzem bist Du mit einem Jungen/Mädchen fest befreundet. Wie sagst Du's Deinen Eltern?
 a) Gar nicht. Das ist denen sowieso egal.
 b) Gar nicht. Ich könnte nämlich Ausgehverbot bekommen.
 c) Ich stelle ihn/sie meinen Eltern vor.
 d) Ich erwähne meine Freundschaft nur beiläufig. Sonst geht nämlich diese ewige Fragerei wieder los ...

4 Du willst Dich am Sonntag mit ein paar Leutchen in der Stadt treffen. Deine Kleidung: „poppige" Jeans, auf der einige flotte Sprüche stehen, dazu ein schreiend-buntes T-Shirt. Was könnten Deine Eltern dazu sagen?
 a) „Ich würde in diesem Aufzug nicht auf die Straße gehen – aber wenn's dir gefällt ..."
 b) „So kommst du mir nicht aus dem Haus!"
 c) "Toll - sind das die Klamotten, die wir letzte Woche zusammen ausgesucht haben?"
 d) Die sagen gar nichts. Ich kann mich anziehen, wie ich will.

5 Thema Ordnung: Wie bringen Dich Deine Eltern dazu, Dein Zimmer aufzuräumen?
 a) Indem sie ständig meckern. Meist macht's meine Mutter dann selbst.
 b) Für uns kein Thema! Ich sorge selber für eine gewisse Ordnung, weil's dann in meinem Zimmer

gemütlicher ist.
 c) Ganz einfach: Wenn ich bis zu einem bestimmten Zeitpunkt keine Ordnung geschaffen habe, darf ich z.B. nicht aus dem Haus.
 d) Der Zustand meines Zimmers ist einzig und allein meine Sache.

6 Kannst Du mit Deinen Eltern über Sexualität reden?
 a) Generell schon, aber nicht über meine eigene.
 b) Nicht so gut, meine Eltern sind da etwas verklemmt.
 c) Das Thema scheint meine Eltern nicht besonders zu interessieren.
 d) Na klar, meine Eltern sind da sehr aufgeschlossen.

7 Stell Dir vor, Du hast in einem Kaufhaus eine Schallplatte „gemopst" und bist erwischt worden. Wie reagieren Deine Eltern?
 a) Sie wären bestimmt nicht begeistert, würden mit mir aber in Ruhe über das Problem sprechen.
 b) Sie würden sagen: „Sieh zu, wie du die Suppe auslöffelst!"
 c) Ich glaube, ich müßte mir tagelang ihre Vorwürfe anhören.
 d) Ich müßte mit einer gesalzenen Strafe rechnen!

8 Du hast in der Schule eine Klassenarbeit verhauen. Wie bringst Du's Deinen Eltern bei?
 a) Ich verheimliche ihnen die Klassenarbeit.
 b) Ich sage es ihnen bei passender Gelegenheit – aber mir ist dabei nicht so wohl in meiner Haut.
 c) Vielleicht erzähle ich es ihnen, vielleicht auch nicht. Meine Eltern interessieren sich nämlich nicht sonderlich für meine Schulangelegenheiten.

⇨

d) Kein Problem! Ich überlege mit meinen Eltern gemeinsam, wie ich meine Leistungen verbessern kann und wie ich mir das vorstelle.

9 Wahrscheinlich wirst Du später selber Kinder haben. Welchen der folgenden Erziehungsgrundsätze würdest Du vor allem vertreten?
  a) Man sollte versuchen, jedes Problem in einem offenen Gespräch zu lösen.
  b) Kinder müssen ihre Grenzen kennenlernen. Das läßt sich am besten durch sinnvolle Strafen erreichen.
  c) Jede Erziehungssituation ist anders. So muß man sicherlich mal schimpfen und strafen. Aber man sollte dem Kind auch zeigen, daß man es mag.
  d) Kinder sollen möglichst früh lernen, ohne Hilfe der Erwachsenen ihren eigenen Weg zu finden.

10 Zum Abschluß noch ein Gedankenspiel: Mit welchem Tier hat Deine Mutter am meisten Ähnlichkeit?
  a) Löwe
  b) Giraffe
  c) Hund
  d) Igel

**25** Beantworten Sie selbst die Fragen im Psycho-Test! Die Auswertung bekommen Sie von Ihrem Lehrer.
Sind diese Fragen realistisch? Hat es auch bei Ihnen so was gegeben?
Wie kann man solche Mißverständnisse lösen?
Was bedeuten die Antworten zu Frage 10?

Wissenschaftler haben Umfragen durchgeführt, um herauszufinden: was sind die Situationen, die in Kindheit und Jugend zum Streit mit den Eltern führten?

|  | Jugend der 50er Jahre | | Jugend der 80er Jahre | |
|---|---|---|---|---|
|  | Rang | % | Rang | % |
| weil ich meinen Eltern etwas vorgeschwindelt habe | 1 | 52 | 3 | 58 |
| wegen meinen Leistungen in der Schule | 2 | 47 | 2 | 62 |
| wegen dem Ausgehen abends | 3 | 43 | 4 | 56 |
| wegen meiner Unpünktlichkeit | 4 | 28 | 14 | 28 |
| weil ich mich beim Essen nicht richtig benommen habe | 5 | 26 | 8 | 36 |
| wegen meiner Unordentlichkeit | 6 | 26 | 1 | 64 |
| weil ich mich nicht richtig gewaschen habe | 7 | 24 | 19 | 12 |
| wegen dem Naschen | 8 | 22 | 17 | 19 |
| wegen meiner Kleidung | 9 | 21 | 5 | 44 |
| wegen dem Taschengeld | 10 | 20 | 16 | 25 |
| wegen dem Rauchen | 11 | 20 | 10 | 35 |
| wegen Jungenbekanntschaften (nur Frauen) | 12 | 19 | 18 | 15 |
| weil ich nicht sparsam war | 13 | 18 | 11 | 35 |
| weil ich so viele Dinge kaufen wollte | 14/15 | 13 | 7 | 36 |
| wegen dem Schminken (nur Frauen) | 14/15 | 13 | 8 | 21 |
| weil ich keine guten Umgangsformen hatte | 16 | 13 | 12 | 32 |
| wegen meiner Frisur | 17 | 12 | 9 | 35 |
| wegen der Musik, die ich hören wollte | 13 | 11 | 15 | 25 |
| wegen meinem „schlechten Umgang" | 19 | 11 | 13 | 29 |
| wegen Mädchenbekanntschaften (nur Männer) | 20 | 10 | 20 | 9 |
| wegen Doktorspielen | 21 | 7 | 22 | 3 |
| wegen dem Fernsehen | 22 | 2 | 6 | 40 |

**26** Welche dieser Situationen auf S. 82 kommen bei Ihnen vor? Welche kommen gar nicht vor? Stellen Sie Ihre eigene Rangliste zusammen – an erster Stelle kommt diejenige Situation, die am häufigsten zu Streitigkeiten in Ihrer Familie führt. An letzter Stelle kommen diejenigen Situationen, die bei Ihnen gar nicht zutreffen.

---

**GRAMMATIK:** *wegen und weil*

Wenn man Ursachen und Folgen ausdrücken will, dann benutzt man entweder . . .

**wegen** + Substantiv (Genitiv oder Dativ)
ODER
**weil** + Verb (am Ende des Satzes bzw des Satzteiles)

z.B.     *Es gibt Krach wegen dem Ausgehen abends*
         *. . . , weil ich abends immer ausgehe*

---

**27**     Schreiben Sie für fünf „Weil"-Sätze in der Tabelle oben jeweils einen Satz mit „wegen" und umgekehrt.

**nichts taugen** wertlos sein
**schmökern** Unterhaltungsliteratur (z.B. Krimis, Horror) lesen
**Glieder pl** Arme und Beine
**Gebrechen** (oft körperliche) Behinderung
**ehrerbietig** respektvoll

# Was ein Kind gesagt bekommt

Der liebe Gott sieht alles.
Man spart für den Fall des Falles.
Die werden nichts, die nichts taugen.
Schmökern ist schlecht für die Augen.
Kohlentragen stärkt die Glieder.
Die schöne Kinderzeit, die kommt nicht wieder.
Man lacht nicht über ein Gebrechen.
Du sollst Erwachsenen nicht widersprechen.
Man greift nicht zuerst in die Schüssel bei Tisch.
Sonntagsspaziergang macht frisch.
Zum Alter ist man ehrerbötig.
Süßigkeiten sind für den
    Körper nicht nötig.
Kartoffeln sind gesund.
Ein Kind hält den Mund.

**Bertolt Brecht**

## 28

a) Was bekommen Sie gesagt?

b) Lesen Sie das Gedicht auf S. 83 und dann die Liste von Erziehungszielen unten. Welche Erziehungsziele werden im Gedicht betont?

| | |
|---|---|
| gutes Lernen/Fleiß | Gehorsam |
| Höflichkeit | Ehrlichkeit |
| Ordnungsliebe | Hilfsbereitschaft |
| Selbständigkeit | Respekt |
| Pünktlichkeit | Reinlichkeit |
| Sparsamkeit | |

## 29 Was halten Sie davon?

Wenn Sie Kinder hätten, wie würden Sie diese erziehen? Welche sind die drei wichtigsten Erziehungsziele in der Liste in Aufgabe 28? Schreiben Sie einen kurzen Bericht, in dem Sie Ihre Meinung rechtfertigen.

# **W**iederholung 5

## *Die Fälle: Verben mit Dativ*

Einige Verben fordern einen Substantiv im Dativ,

z.B. *antworten, danken, folgen, gehören, glauben, passen, schmecken, zuhören, gefallen, helfen, zusehen.*

1. Ich glaube es d.......... nicht.
2. Ich haben d.......... Lehrer geantwortet.
3. Das Fleisch hat u.......... nicht geschmeckt.
4. Die Vorstellung hat m.......... nicht gefallen.
5. Hast du dein.......... Vater gestern viel geholfen?
6. Der Rock paßt m.......... nicht.
7. Wir sind i.......... gefolgt.
8. Dieser Computer gehört mein.......... Mutter.
9. Kannst du m.......... bitte helfen?
10. Wie geht es dein.......... Großmutter?

# Werbung: Information oder Manipulation?

**1**

**2**

*Hallo,*
*Geburtstagskind,*
zu Deinem 19. Geburtstag,
liebe Jacqueline,
alles Gute, Gesundheit, Glück.

*Deine Tante Sigrid, Onkel Gerd*
*und Mireille*

## PFORTIMEX
Deutsch-rumänischeFirma

**JEDEN SAMSTAG DURCH ÖSTERREICH, TSCHECHEI**
oder **SLOWAKEI**
Von Tür zu Tür mit VWLT-28-Kleinbussen mit Klimaanlage.

**SCHNELL - SICHER - BEQUEM**
Auskünfte und Vormerkungen: **TÄGLICH** von 8-17 Uhr.
**TEMESWAR**: Mihai-Viteazul-Boulevard 21, Tel. 056/
11.93.86 - 056 / 19.00.05
**PFORZHEIM**: Kaiser-Friedrich-Str. 3, Tel. 07231 / 2.23.23

**3**

**Zukunftorientiertes Wohnen...**

...offerieren wir Ihnen in unseren

**EIGENTUMSWOHNUNGEN MATTENBACH WINTERTHUR**

In ruhigem Quartier, zentrumsnah, mit öffentlichen Verkehrsmitteln bestens erschlossen, erstellen wir grosszügige und qualitativ hochstehende 3½-Zimmer-Wohnungen. Geschickte, alle Bedürfnisse abdeckende Grundrisse, eigener, 13 m² grosser Wasch- und Trocknungsraum mit Tageslicht und gut durchlüftet, 15 m²-Keller, Abstellraum in der Wohnung, direkter, interner Zugang zur sicheren und hellen Tiefgarage, alles stufenlos erreichbar – kurz: Eine Wohnung für viele Ansprüche. Bezug Ende 1994. Käuferwünsche können noch berücksichtigt werden. **Festpreis bis Bauvollendung ab Fr. 575 000.–. Günstige Finanzierung durch Schweiz. Grossbank.**

Unterlagen bei der beauftragten Unternehmung

**4**

Walter Siegmann Holding

**UTONOVA AG**
DÖRFLISTRASSE 50, POSTFACH, 8050 ZÜRICH
TELEFON 01 313 06 08, TELEFAX 01 313 02 06

## Wohnungstausch

**Biete altersgerechte 2-R.-Whg.** in L.-Möckern, AWG, Nachtspeicherofen, 2. Etage, Miete 249,- DM. Suche 3-4-R.-Whg., nur AWG, mögl. Balkon, mod. Heizung, auch renov.-bed., außer Grünau u. Paunsdorf. Christian Schlegel, Jup-Müller-Str. 11, 04159 Leipzig.

## Wohnungsgesuche

**Schweizer Studentin su.** 1- bis 2-Zi.-Whg. (evtl. möbl.) od. möbl. Zi. m. Bad/Küchenben. in Leipzig ab 1. Okt. '93 bis Ende März '94. LVZ, 04088 Leipzig unter Chiffre Z 5132/y.

## ZU VERKAUFEN

**VW Passat**, 90, TÜV neu, 5-Gang, elektrisches Schiebedach, Colorverglasung, 1. Hand, unfallfrei, scheckheftgepflegt, nur 16900,- DM. Autocenter Colditz. Tel.: 034381/6273.

**Verkaufe Trab. 601**, Bj. 85, TÜV 4/94, ASU 6/84, Glashubdach, Anhängerk., Radio, Top Top Zustand, sehr gepflegt, VB 750,- DM. Tägl. ab 17 Uhr. Lange, Eisenbahnstr. 21, 04315 Lpz.

**5**

Heute entschlief plötzlich, für uns alle unfaßbar, in den frühen Morgenstunden mein lieber Mann, unser guter Bruder, Schwager, Onkel, Großonkel und Vetter

## Heinz Fingerhut

\* 3. 7. 1922      † 29. 4. 1986

In stiller Trauer:
Otti Fingerhut geb. Kampmann

4000 Düsseldorf 1, Lindenstraße 2
Sottrum und Bremen

Die Beerdigung findet am Montag, dem 5. Mai 1986, um 10.20 Uhr von der Kapelle des Südfriedhofes aus statt.

AB105902

**6**

Plötzlich und unerwartet verstarb unser ehemaliger Mitarbeiter

## Heinz Fingerhut

Er war ein pflichtbewußter Mitarbeiter, der von allen, die ihn kannten, geschätzt und geachtet wurde.
Wir werden ihn nicht vergessen.

Geschäftsleitung
Mitarbeiter und Personalrat
der

## Kaufmännischen Krankenkasse–KKH

Die Trauerfeier mit anschließender Beisetzung findet am Montag, dem 5. Mai 1986, um 10.20 Uhr in der Friedhofskapelle des Südfriedhofes Düsseldorf statt.

AE91370

**7**

### Wir heiraten

*Sabine Niesse*
*Dr. Heribert Roos*

Brühler Weg 9
4005 Meerbusch 1

*Beate Niesse*
*Uwe Nahr*

Merkurstraße 4
4000 Düsseldorf 1

*3. Mai 1986*

*Trauung: St. Bonifatius, Düsseldorf-Bilk, 14 Uhr*

*Tagesanschrift: Restaurant Haus Landsknecht, Poststraße 7, 4005 Meerbusch 1*

AN65181

**AWG** Wohnung in einem alten Haus
**evtl., eventuell** vielleicht
**TÜV** Sicherheitsprüfung für Autos usw.
**scheckheftgepflegt** keine Kosten
  wurden gescheut

# A Inserieren bringt Gewinn

### 1 TEXTÜBERBLICK

Welche dieser Inserate (S. 85/86) haben den Zweck, etwas zu verkaufen? Welche Inserate vermitteln irgendwelche Informationen?

**2** Sie rufen Ihren Partner an und wollen mehr über sein Inserat erfahren, das Sie in der Zeitung gesehen haben! Sie müssen ihm Fragen stellen, um genau zu prüfen, ob alles in seinem Inserat stimmt! Ihr Partner muß den Artikel/die Wohnung genau beschreiben.

**3** Hinter jedem Inserat steckt eine Geschichte. Wählen Sie ein oder zwei
Inserate und erzählen Sie in einem Brief an einen Freund, was passiert ist.

# B Warum nicht auch Sie?

1

2

3

4

ERSTES ABENTEUER

5

## 4 TEXTÜBERBLICK

a) Sehen Sie diese Anzeigen an. An was für Leute richten Sie sich?
   - nach Geschlecht (Mann oder Frau?)
   - nach Alter (wie alt sind sie?)
   - nach Einkommensschicht (wieviel verdienen sie?)

b) Wie versucht die Reklame, den Leser anzusprechen? Womit wird das
   Produkt verbunden –
   - mit dem glücklichen Familienleben?
   - mit einem gewissen Lebensstil?
   - mit der Liebe?
   - mit dem Sachverstand?
   - mit beruflichem Erfolg?

- mit Natur/Gesundheit?
- mit schönen Körpern/mit Sex-Appeal?
- mit Kindern?
- mit der Eigenliebe?
- mit Humor?

Wählen Sie für jede Reklame eine oder mehrere Verbindungen. Begründen Sie Ihre Wahl.

**6**

**7**

**8**

**5** Suchen Sie den passenden Werbespruch für jede Reklame aus! Begründen Sie Ihre Wahl.
Die Werbesprüche bekommen Sie von Ihrem Lehrer.

## 6 ◉⊙ **Warum kaufen Sie das?**

Hören Sie sich die Interviews an und notieren Sie die Antworten zu diesen Fragen:

a) Welche Produkte fallen Ihnen ein, wenn Sie an Werbung denken?
b) Kaufen Sie diese Produkte?
c) Warum?
d) Brauchen wir die Werbung, Ihrer Meinung nach?

Beantworten Sie diese Fragen für sich selbst!

**7** Die zehn Wirtschaftsbereiche in der Bundesrepublik Deutschland, die 1992 am meisten für die Werbung ausgaben, waren:

1. Automarkt
2. Handelsorganisationen

3. Schokoladen- und Süßwaren-Industrie
4. Pharmazie
5. Banken und Sparkassen
6. Brauerei (Bier)
7. EDV (Elektronische Datenverarbeitung)
8. Körperschaften
9. Konserven, Fleisch, Fisch
10. Kaffee, Tee, Kakao

Nennen Sie für die Bereiche 1, 3, 4, 6, 9 und 10 mindestens ein Produkt, das Sie in den letzten 24 Stunden verwendet haben. Warum haben Sie genau diese Produkte verwendet, und nicht die von anderen Firmen? Welche Produkte sind die besten und die bekanntesten in jedem Bereich? Woher wissen Sie, daß diese die besten sind?

**8** Hier ist eine Auswahl verschiedener Wörter und Ausdrücke, die in Werbungen in diesen Bereichen (siehe Aufgabe 6) benutzt wurden. Welche Ausdrücke passen in welchen Bereich und zu welchen Produkten?

| | | |
|---|---|---|
| einmalig | brandneu/nagelneu | lässig und cool |
| lecker | leicht verständlich | bequem |
| hochprozentig | für jeden das Richtige | schick |
| ein volles Aroma | vielseitig | das fällt .......... |
| nach Großmutters Art | spricht jeden an | pflegeleicht |
| | erweitert den Horizont | Was richtiges für .......... |
| schnell zubereitet | der letzte Schrei | |
| frisch | | |

| | |
|---|---|
| Wollen Sie anders sein? | Kaufen Sie .......... |
| Probieren Sie .......... | Erfahren auch Sie .......... |
| Entdecken Sie ......... | Versuchen Sie .......... |
| Lassen Sie sich verführen | Lesen Sie ......... |
| Kosten Sie .......... | Für alle, die .......... |
| Wer ......... will, der kauft .......... | |

Sehen Sie sich die Werbesprüche (Aufgabe 5) nochmal an. Können Sie weitere Beispiele dieser „Werbesprache" finden?

**GRAMMATIK:** *Komparativ und Superlativ*

• Wenn man Vergleiche zieht, verwendet man die **Komparativ-** oder **Superlativ-Form** vom Adjektiv/Adverb:

| vor dem Substantiv | nach dem Verb |
|---|---|
| *Im Mai hat man* **warmes** *Wetter* | *Im Mai ist das Wetter* **warm** |
| *Im Juni hat man* **wärmeres** *Wetter* | *Im Juni ist das Wetter* **wärmer** |
| *Im Juli hat man* **das wärmste** *Wetter* | *Im Juli ist das Wetter* **am wärmsten** |

● Im Vergleichssatz sieht es so aus:

*Mein **jüngerer** Bruder lebt noch zu Hause.*
*Ich bin **kleiner als** er, aber **nicht so groß wie** sie.*
*Sie ist **so alt wie** ich.*
*Das ist eins der **interessantesten** Bücher, die ich je gelesen habe.*

● Der **Superlativ** kann man auch durch ein Präfix implizieren:

hoch–:      *Hochbegabte Schüler haben es nicht immer leicht.*
super–:    *Diese Hausaufgaben waren superleicht!*
aller–:     *Das war der allerbeste Film, den ich je gesehen habe!*

● Merken Sie sich auch diese implizierten Superlative:

| | | |
|---|---|---|
| *bildhübsch* | *nagelneu* | *steinreich* |
| *blutjung* | *schneeweiß* | *todsicher* |
| *eiskalt* | *spottbillig* | |

**9**   Vergleichen Sie die Substantive, indem Sie das gegebene Adjektiv verwenden.

> *z.B.   Rhein, Themse, Amazonas; **lang***
> *Der Rhein ist **länger** als die Themse, aber **nicht so lang** wie der Amazonas.*
> *Der Rhein ist ein **längerer** Fluß als die Themse, aber der **allerlängste** Fluß ist der Amazonas/der Amazonas ist am **allerlängsten**.*

1. Auto, Haus, Fahrrad; *billig*
2. Rover, Mercedes, Bentley; *teuer.*
3. Zugspitze, Mont Blanc, Everest; *hoch.*
4. London, Hamburg, Stockholm; *nördlich.*
5. Deutschland, die USA, China; *viele* Einwohner.

**10**   a) Arbeiten Sie mit zwei oder drei Partnern zusammen. Jeder von Ihnen schreibt den Namen von einem Produkt aus der Liste auf, die er/sie für Aufgabe 6 bereitete. Jedes Produkt muß aus demselben Bereich stammen.
Versuchen Sie, möglichst viele (auch witzige) Vergleiche zu ziehen!

> *z.B.   Kaffee ist raffinierter als Kakao.*
> *Tee ist am erfrischendsten.*

b)   Das können Sie auch mit je drei Produkten je aus einem anderen Bereich machen!

> *z.B.   Pralinen sind romantischer als Bier!*

**11**  🔘🔘

Sie bekommen den Text von ein paar Werbespots von Ihrem Lehrer. Füllen Sie die Lücken aus.

**12** Die Werbespots wurden im Fernsehen aufgenommen. Was für Bilder begleiteten sie, Ihrer Meinung nach?

| | |
|---|---|
| **Voraussetzung f** Basis für etwas | |
| **Werbeaussage f** Werbeslogan | |
| **entspannt** ruhig, ohne Sorgen | |

# Die Gestaltung der Werbung

**V**oraussetzung einer erfolgreichen Werbung sind Verständlichkeit, leichte Wiedererkennbarkeit und die Möglichkeit der Identifikation des Konsumenten mit der Werbeaussage. Als Blickfang werden Bilder so eingesetzt, daß sie einen positiven emotionalen Eindruck erwecken. Produkte oder ihre Anwendung werden häufig in einer unrealistischen, angenehmen Umgebung gezeigt (z.B. Autos in grüner Landschaft, nicht jedoch im Straßenverkehr; Margarine vor dem Hintergrund einer Frühlingswiese). Werden Menschen bei der Arbeit gezeigt, machen sie einen entspannten Eindruck.

## 13 Was halten Sie davon?

a) Denken Sie an eine Fernsehreklame, die Sie oft gesehen haben. Warum ist sie so leicht „wiedererkennbar"?

b) Zwei Beispiele einer „unrealistischen" Umgebung für Produkte werden im Text angegeben. Denken Sie an weitere Beispiele, die Sie gut kennen!

c) Denken Sie an eine Fernsehreklame, die „einen positiven emotionalen Eindruck erweckt"! Wodurch wird ein solcher Eindruck erweckt?

## Werbestrategien

**Vokabeln:**

    **Prestigewörter:** „Lord", „klassisch", „königlich"

    **Fremdwörter** (*vor allem Englisch und Französisch*)

    **Kunst/Ästhetik:** „eine neue Form von Sensibilität"

    **Fachwörter:** „mit laser–optimierten Membranen"

    **Phantasie-Abkürzungen:** „jetzt mit FD-System", „Bio-"

**Werbetext:**

    **Erregt die Aufmerksamkeit:** Wortspiele, lustige Überschriften

    **Identifikation:** spricht die Zielgruppe an, erweckt einen positiven emotionalen Eindruck

    **Bilder:** Zielgruppe muß sich auch durch die Bilder mit dem Produkt identifizieren können. (Siehe S. 87)

**14** Wählen Sie einige Reklame für einen bestimmten Produkt (Sekt, Autos, Margarine) aus einer deutschen Zeitschrift. Analysieren Sie die Werbestrategie.

**15** Wählen Sie ein Produkt aus und schreiben Sie dann Ihre eigene Reklame! Das kann entweder für eine Zeitung oder für das Fernsehen/Radio sein. Vergessen Sie nicht, daß die Reklame „verständlich und „leicht wiedererkennbar" sein muß, auch daß der Konsument sich mit der Werbeaussage identifizieren muß". Benutzen Sie dabei auch die Vokabeln auf Seite 89.

# C Die Wirkung der Werbung

**selig** sehr glücklich
**wie ein Buch reden** ohne Pause (und dumm) reden
**verführerisch** attraktiv, reizvoll (Aussehen)
**begehren** etw. unbedingt haben wollen
**Nachsicht f** Toleranz
**entgegennehmen** akzeptieren
**wissen, wo's langgeht** wissen, wie man in e-r Situation reagieren muß

# Frauen und Männer in der Werbung

Eine Selbstverständlichkeit unseres Alltagslebens, die wir ohne viel darüber nachzudenken hinnehmen, ist die Werbung: die Werbeanzeigen in Zeitschriften, Illustrierten und auch Tageszeitungen, die Werbeplakate auf der Straße und die Werbespots in Fernsehen und Radio. Und diese Werbung vermittelt uns implizite Aussagen über Männer und Frauen, das heißt es wird uns ständig suggeriert, wie Frauen und Männer von Natur aus „sind" oder zu sein haben.

Liste von Inhalten und Aussagen der Fernsehwerbung an einem einzigen Abend:

| | **Frau** | | **implizite Aussage** |
|---|---|---|---|
| 1 | kriegt schlechtes Gewissen, weil sie nicht „das" Mittel verwendet hat | a | jetzt hat sie's endlich geschafft, sie kann auf Anerkennung und höchstes Lob rechnen |
| 2 | ist restlos selig über Weichheit der Wäsche, Bodensauberkeit, Glanz im Bad | b | Frauen sind von Natur aus unwissend, sie brauchen jemanden, der ihnen das Richtige beibringt |
| 3 | ist uninformiert, fragend, unaufgeklärt, oder ein bissel dumm, – redet wie ein Buch | c | das eben ist es, wonach es Frauen begehrt |
| 4 | hilft bei den Hausaufgaben der Kinder, richtet das Frühstück, schenkt Kaffee ein, winkt den „Lieben" nach | d | weil sie keine richtige „Frau", d.h. Hausfrau ist |
| 5 | ist verführerisch, strahlend, kokett, bewundernswert | e | Frauen sind, indem sie im Hause wirken und für die anderen da sind, erst richtig „Frau" |
| 6 | läßt sich Kleider und Schmuck und überhaupt Schönes schenken | f | Frauen legen alles darauf an, einem Mann zu gefallen, ihn herumzukriegen |

| | **Mann** | | **implizite Aussage** |
|---|---|---|---|
| 7 | macht Vorwürfe, weil die Frau nicht richtig geputzt, gewaschen, gespült hat | g | Männer nehmen in milder Nachsicht entgegen, was ihnen „zusteht" |
| 8 | löst technische Probleme | h | sein eigentliches Leben findet „draußen" statt, wo's um Bewährung geht |
| 9 | überlegt und plant, erteilt souveränen Rat | i | Männer verfügen über die Finanzen, sie sind die „huldvoll" Gebenden |
| 10 | kommt im dunklen Anzug, feiert mit Cognac seine Verdienste . . . stapft als einsamer Cowboy durch die Lande | j | ohne ihn klappt nichts richtig, er muß sich um alles kümmern, er hat ein Recht auf gute Versorgung |
| 11 | Männer gestatten dies großmütig | k | er kann halt systematisch denken |
| 12 | schenken Schmuck etc., gewähren ersehnte Freude | l | Dominanz und Macht in Männerhänden . . . nur Männer wissen, wo's lang geht |

## 16    TEXTÜBERBLICK

Verbinden Sie den Inhalt (1–12) mit der „impliziten Aussage" (a–l).

**17**    Suchen Sie drei oder vier Illustrierte aus und schauen Sie sich die
Werbung genau an. Wie werden Männer und Frauen dargestellt? Benutzen Sie
eine Kopie dieses Arbeitsblatts, um jede Reklame zu analysieren:

|  | **Männer** | **Frauen** |
|---|---|---|
| Die abgebildeten Personen befinden sich<br>— am Arbeitsplatz<br>— bei der Hausarbeit<br>— in der Freizeit |  |  |
| Sie haben wahrscheinlich folgende Stellung:<br>— Hausfrau/-mann<br>— untergeordnete Hilfskräfte<br>— Angestellte<br>— höhere Positionen |  |  |
| Die abgebildeten Männer und Frauen<br>— gehen partnerschaftlich miteinander um<br>— Frauen sind von den Männern abhängig<br>— Männer sind von den Frauen abhängig |  |  |

Fassen Sie dann das Ergebnis kurz zusammen. Finden Sie ein Beispiel, das für Ihr
Ergebnis typisch ist, und analysieren Sie es.

## 18    Was halten Sie davon?

Brauchen wir die Werbung?
Werden wir überhaupt von der Werbung beeinflußt?
Gibt es einen Unterschied zwischen Werbespots im Fernsehen und
Inseraten in der Zeitung?
Sind Sie für oder gegen die Werbung im öffentlichen Fernsehen?

**19**    Suchen Sie sich heute abend mindestens fünf Werbespots aus einer
Werbesendung aus. Stellen Sie sich einen ganzen Tag vor, an dem alles wie in
diesen Fernsehwerbungen vor sich geht, und an dem die Leute genau wie in der
Werbung sind: die Sonne scheint, die Margarine ist natürlich perfekt und Muttis
Hände sind so weich . . .

## MEIN EINKAUFSNETZ MUSS LÖCHER HABEN

Im Supermarkt kaufte ich
Zahnpasta, Zigaretten, Brot,
Seife, Weinbrand, Parfum,
Haushaltstücher, Marmelade,
Tiefkühlgerichte, Badezusätze,
Kekse und noch allerlei ...

Zuhause suchte ich zwischen
Verpackungen und Produkten
nach der Freiheit,
der Frische,
nach den Abenteuern
und der Liebe
und all den anderen
Stimmungen und Gefühlen,
die man mir
(nach Erwerb dieser Dinge)
versprochen hatte.

Als ich dann den Sekt für Verliebte
alleine trank,
abenteuerduftende Zigaretten vor'm
TV-Western rauchte,
als sich niemand sofort in mich verliebte,
obwohl ich das betörendste Parfum trug
(so stand es auf der Packung),
und als ich feststellte, daß die
Haushaltstücher und die Putzmittel
die Arbeit doch nicht von allein machten,
sagte ich mir:

## MEIN EINKAUFSNETZ MUSS LÖCHER HABEN

**20** **TEXTÜBERBLICK**

Lesen Sie das Gedicht "Mein Einkaufsnetz..."

a) Die Frau erwähnt viele Produkte, die sie kauft, und jedes Produkt verspricht ihr etwas. Machen Sie eine Liste der Produkte und verbinden Sie mit jedem Produkt eine Versprechung (einige Versprechungen werden im Text nicht erwähnt. Dafür brauchen Sie etwas Phantasie!)

b) Erfinden Sie einen Werbeslogan für die Produkte, die im Gedicht erwähnt werden!

c) Warum heißt das Gedicht „Mein Einkaufsnetz muß Löcher haben"?

# Wiederholung 6

## Die Fälle

### VERBEN MIT AKKUSATIV UND DATIV

Folgende Verben fordern oft einen Akkusativ und einen Dativ: *bringen, erklären, erzählen, reichen, sagen, schenken, schicken, verkaufen, zeigen, bieten*

1. Kannst du m......... bitte ein......... Kuli kaufen?
2. Hast du es dein......... Freund gesagt?
3. Ich habe mein......... Freund mein......... Wagen verkauft.
4. Kannst du m......... bitte dein......... Heft zeigen?
5. Ich habe mein......... Mutter ein......... Brief geschickt.
6. Hast du m......... d......... Geschichte erzählt?
7. Ich habe i......... ein......... Blumenstrauß geschenkt.
8. Er hat d......... alten Dame d......... Pfeffer gereicht.

# Fit werden, fit bleiben

## GRAMMATIK

● *Reflexivverben (Akkusativ/Dativ)*

## KOMMUNIKATION

● *eine Statistik interpretieren*

● *Rat geben*

**1** • Wie zufrieden sind Sie zur Zeit mit Ihrer körperlichen Fitneß?
- Trauen Sie sich zu, mit dem Fahrrad 10 km in einer halben Stunde zu schaffen?
- Trauen Sie sich zu, 3 km in 20 Minuten zu joggen, ohne völlig erschöpft zu sein?
- Haben Sie sich vorgenommen, etwas mehr für Ihre körperliche Fitneß zu tun?
- Was machen Sie?
- Wie oft sind Sie sportlich aktiv?
  - täglich
  - mehrmals pro Woche
  - etwa einmal pro Woche
  - mehrmals im Monat
  - mehrmals im Jahr
  - seltener
  - weiß nicht

In einer Emnid-Umfrage für BUNTE nach den in der Bundesrepublik am häufigsten betriebenen Sportarten wurde folgende Zehn-Besten-Liste ermittelt:

| | Sportart | % |
|---|---|---|
| | 1. Schwimmem | 36,61% |
| | 2. Radfahren | 19,02% |
| | 3. Dauerlauf | 15,42% |
| | 4. Fußball | 12,59% |
| | 5. Tennis | 10,50% |
| | 6. Wandern | 10,44% |
| | 7. Gymnastik | 10,41% |
| | 8. Kegeln | 7,91% |
| | 9. Skilaufen | 6,50% |
| | 10. Tischtennis | 4,72% |

Genannt wurden 26 Möglichkeiten sportlicher Freizeitgestaltung. Am Ende dieser Umfrage standen das Schlittschuh- und Rollschuhlaufen mit 1,29 Prozent, der Ski-Langlauf mit 1,20 Prozent und das Bodybuilding mit 1,01 Prozent.

# Fitneß - Zufriedenheit

**2** „Die Deutschen sind gut drauf!" In einer neuen Umfrage präsentierten sich die Deutschen als ein emsiges Volk von Trimmern, Schwimmern, Joggern, Radlern. 67 Prozent der Bundesbürger treiben Sport oder halten sich körperlich fit, nur jeder dritte ist ein Sportmuffel. Aber wie ist es bei Ihnen? Sind Sie auch so fit wie die Deutschen? Machen Sie eine Umfrage unter Ihren Mitschülern und vergleichen Sie Ihre Ergebnisse mit den Ergebnissen der deutschen Umfrage. Wenn man vergleichen will, kann man folgende Ausdrücke benutzen:

**Herausforderung f** schwierige Aufgabe
**großgeschrieben** wichtig
**Gesellige m** jd, der mit anderen Menschen gern zusammen ist
**Fettpolster n** unnötiges Fett am Bauch usw.
**Wettkampf m** Kampf um die beste Leistung
**anschließend** nachher
**ausgeglichen** ruhig
**Spannung f** Streß

---

**99 SO WIRD'S GESAGT! 66**

## *Statistiken interpretieren*

In Deutschland **zieht man vor, . . . zu . . . , während** man in . . . **lieber . . .**
**Im Vergleich zu** den Deutschen
**Im Gegensatz zu** den Deutschen
**Relativ gesehen sind** die Deutschen . . .
Die Deutschen **sind dazu geneigt, . . . zu . . .**
**ein höherer/niedriger Anteil** der Freizeit wird in Deutschland dem . . . gewidmet
Die Deutschen **verbringen mehr/weniger Zeit beim . . .**

---

# Welcher Sport-Typ sind Sie?

### Sport-Typ 1: Der Herausforderer

**Er** liebt das Risiko und hat sich den erlebnisreichsten sportlichen Gegner überhaupt ausgesucht: die Natur. Im Extremfall schrecken ihn Windstärken und schwindelerregende Höhen und Tiefen nicht. Er sucht die Herausforderung.

### Sport-Typ 2: Der Gesunde

Er hat mit Unfallgefahren kaum zu rechnen. Ganz im Gegenteil, er will bewußt etwas für seine Gesundheit tun. Die Ruhe und die gleichmäßige körperliche Aktivität sind seine Herausforderung. Kondition und Fitness sind bei ihm großgeschrieben.

⇨

### Sport-Typ 3: Der Gesellige

Er kann am einsamen Wald nun wieder überhaupt nichts finden. Er sucht Geselligkeit. Sport bedeutet für ihn immer auch gemeinsam aktiv zu sein mit Freunden, der Familie, Kollegen oder Nachbarn.

### Sport-Typ 4: Der Figurbetonte

Er erhofft sich etwas ganz Persönliches vom Sport. Er findet sich ein wenig aus der Form geraten und möchte entweder sein Gewicht reduzieren oder vielleicht nur gewisse Fettpolster durch Muskeln ersetzen.

### Sport-Typ 5: Der Wettkämpfer

Seine Devise lautet: Ich will mich mit anderen messen, ich brauche eine Herausforderung, einen Gegner im Sport.

### Sport-Typ 6: Der Ruhige

Er sucht in der Freizeit die Entspannung und Ruhe. Wer beispielsweise eine halbe Stunde laufend den Wald durchstreift, fühlt sich mit Sicherheit anschließend ruhiger und ausgeglichener. Schon nach kurzer Zeit spürt man, wie der Kopf frei wird und Spannungen sich lösen.

# 4 Wortwörtlich

Finden Sie Synonyme für diese Wörter und Ausdrücke im Text „Welcher Sport-Typ sind Sie?"

1. absichtlich
2. für ihn sehr wichtig
3. er findet ... ganz uninteressant
4. er schließt sich gern anderen an.
5. er hält sich für unfit
6. abnehmen
7. ich will feststellen, wer stärker ist
8. man beruhigt sich

**5** Was ist Ihre Einstellung zum Sport? Was für ein Sport-Typ sind Sie? Wählen Sie einen Sport aus und halten Sie ein Referat vor der Klasse. Was sind die Vor- und Nachteile dieser Sportart, braucht man eine teure Ausrüstung oder eine lange Ausbildung, wo kann man sie betreiben usw?

# B Auf Ihre Gesundheit!

| | |
|---|---|
| **künstlich** | nicht natürlich |
| **regelmäßig** | oft, z.B. alle paar Tage |
| **Zwerchfell n** | Diaphragma; Muskelwand zwischen Brust und Bauchhöhle |
| **seufzen** | hörbar ausatmen |
| **grübeln** | lange und ängstlich über etwas nachdenken |

# 30 Tips – so bleiben Sie länger gesund

1. Halten Sie Ihr Normalgewicht – auch wenn's schwerfällt.
2. Vermeiden Sie zuviel Zucker und andere schnell umsetzbare Kohlehydrate.
3. Essen Sie so wenig Fett wie möglich.
4. Drosseln Sie Ihren Fleischverbrauch.
5. Essen Sie abwechslungsreich, viel Gemüse und Getreideprodukte.
6. Meiden Sie Speisen mit künstlichen Geschmacksstoffen und chemischen Zusätzen.
7. Essen Sie pflanzenfaserreiche Kost wie Obst, Gemüse und grobes Brot.
8. Essen Sie so wenig Salz wie möglich, am besten nicht mehr als 4 bis 5 Gramm täglich.
9. In Ihrer Nahrung sollten viele Vitamine, Mineralien sein.
10. Wenig Alkohol trinken.
11. Hören Sie auf zu rauchen. Wenn Sie Nichtraucher sind: gar nicht erst damit anfangen.
12. Gönnen Sie sich viel Bewegung in frischer Luft.
13. Nehmen Sie nicht unnötig Medikamente.
14. Lernen Sie, richtig und regelmäßig auszuspannen.
15. Recken und strecken Sie sich mehrfach täglich.
16. Atmen Sie häufiger am Tag ganz tief ein, und lassen Sie das Zwerchfell mitarbeiten. Wenn Sie dabei seufzen müssen, schadet das gar nichts.
17. Hören Sie auf, sich unnötig zu ärgern. Was geschehen ist, kann niemand mehr aus der Welt schaffen.
18. Zwingen Sie sich, das Grübeln aufzugeben.
19. Denken Sie positiv.
20. Leben Sie so abwechslungsreich wie möglich.
21. Lachen Sie oft.
22. Werden Sie nie wütend.
23. Seien Sie nicht verbissen.
24. Setzen Sie sich nicht jeden Abend vor den Fernseher.
25. Lassen Sie beim Arzt Ihren Blutdruck kontrollieren.
26. Schlafen Sie immer genug.
27. Achten Sie auf Ihr Sexualleben, sonst gerät ihr ganzes Dasein in Unordnung.
28. Hüten Sie sich vor Schmutz jeglicher Art.
29. Gehen Sie regelmäßig zum Arzt.
30. Machen Sie das Beste aus Ihrem Dasein. Bitte gleich ab heute. Denn heute ist nun mal der erste Tag vom Rest Ihres Lebens.

## 6 TEXTÜBERBLICK

Sehen Sie sich die Fotos (1–4) rechts an und lesen Sie die 30 Tips. Welche Ratschläge würden Sie jedem dieser ungesunden Typen auf den Fotos geben? Wählen Sie für jedes Foto zwei oder drei Tips aus und erklären Sie Ihre Wahl! Vergleichen Sie dann Ihre Wahl mit anderen aus Ihrer Gruppe!

1

## 7 Wortwörtlich

In Zeitschriften usw. verwendet man den Infinitiv (statt des Imperativs), um eine Anweisung oder einen Tip zugeben.
Setzen Sie das richtige Verb ein.

1. Schnell umsetzbare Kohlehydrate ..........
2. So wenig Salz wie möglich ..........
3. Zu rauchen ..........
4. Speisen mit künstlichen Geschmacksstoffen ..........
5. Häufiger tief ..........
6. Sich den Blutdruck ..........
7. Nicht verbissen ..........
8. Den Fleischverbrauch ..........
9. Sich viel Bewegung ..........
10. Positiv ..........
11. Das Grübeln ..........
12. Auf das Sexualleben ..........
13. Ihr Dasein .......... in Unordnung
14. Sich vor Schmutz ..........

3

## 8

a) Schreiben Sie jetzt fünf Tips für jemanden, der zu dünn ist und gerne zunehmen würde! Verwenden Sie dabei den Imperativ.
   Benutzen Sie dabei jedesmal ein anderes Verb!
   Zum Beispiel: „Vermeiden Sie zu viele Salate".
b) Welche fünf Tips würden Sie für sich selbst auswählen?

**9** Stellen Sie sich das tägliche Leben von jemandem vor, der fit und gesund bleiben will, indem er all die 30 Tips anwendet . . .

4

# Ernährung

In den westlichen Industrieländern gehört die übermäßige oder falsche Ernährung zu den Hauptursachen für das zunehmende Auftreten bestimmter Krankheiten wie Bluthochdruck, Kreislaufbeschwerden, Zuckerkrankheit oder Gicht. Neue Trends in der Ernährung sprechen für das Bemühen vieler Verbraucher, sich gesünder zu ernähren.

Gemessen an der erforderlichen Energiezufuhr durch Nahrungsmittel von durchschnittlich 2 400 kcal pro Tag nahmen die Bundesbürger 1981 mit knapp 3 000 kcal pro Tag zuviel Nahrung zu sich. Die Zusammensetzung der Nahrung ist darüber hinaus mit zuviel Fett und zu wenig Kohlehydraten unausgewogen. Ein Vergleich der Ernährungsgewohnheiten in der BRD 1953 und 1983 verdeutlicht den Wandel (Graphik). Eier und Fleisch werden mehr als doppelt so oft verzehrt wie vor 30 Jahren, der Verbrauch von Brot und Kartoffeln ging dagegen stark zurück.

Zu den am weitesten verbreiteten Folgen übermäßiger bzw. unausgewogener Ernährung zählen:
– Übergewicht (daran leiden ca. 60% aller Bundesbürger
– Verstopfung (ca. 30%)
– Bluthochdruck (ca. 10–20%)
– Erhöhter Blutfett-(Cholesterin-) Spiegel (ca. 30%)
– Karies (95%)
– Diabetes mellitus (Zuckerkrankheit, ca. 6%)
– Rheuma (ca. 15–20%)

**Kreislauf m** Zirkulation des Bluts
**Gicht f** Arthritis
**erforderlich** was man braucht
**darüber hinaus** außerdem
**Wandel m** Veränderung
**verdeutlichen** klar/verständlich machen
**verzehren** essen

---

**GRAMMATIK:** *Reflexivverben*

● Sie finden zwei Sorten von Reflexviverben:

> *Ich wasche **mich**.*
> *Ich wasche **mir** die Haare.*

● „Reflexiv" heißt: Subjekt und Objekt von dem Verb beziehen sich auf dieselbe Person (bzw. auf denselben Gegenstand).

● Wenn das Verb zwei Objekte hat (wie im zweiten Beispiel oben), steht das Reflexivpronomen im Dativ.

| **sich waschen (Akkusativ)** | **sich die Haare waschen (Dativ)** |
|---|---|
| *ich wasche **mich*** | *ich wasche **mir** die Haare* |
| *du wäschst **dich*** | *du wäschst **dir** die Haare* |
| *er/sie wäscht **sich*** | *er/sie wäscht **sich** die Haare* |
| *wir waschen **uns*** | *wir waschen **uns** die Haare* |
| *ihr wascht **euch*** | *ihr wascht **euch** die Haare* |
| *sie/Sie waschen **sich*** | *sie/Sie waschen **sich** die Haare* |

## 10

a) Wählen Sie jedes Mal eins der beiden eingeklammerten Wörter, um den Satz zu beenden.
1. Ich setze (mich/mir) hin.
2. Ich ziehe (mich/mir) die Hose an.
3. Ich habe (mich/mir) die Haare gewaschen.
4. Ich habe (mich/mir) gezwungen, ins Kino zu gehen.
5. Hast du (dich/dir) die Zähne geputzt?
6. Dann habe ich es (mich/mir) erlaubt, eine Zigarette zu rauchen.
7. Hast du (dich/dir) noch nicht angezogen?
8. Ich habe (mich/mir) weh getan!

b) In den Texten in dieser Einheit finden Sie viele Beispiele von Reflexivverben von beiden Sorten. Machen Sie zwei Listen davon: eine von Verben mit Akkusativpronomen, eine mit Dativpronomen.

| 1953 | | 1983 |
|---|---|---|
| 7.9 | -- Eier -- | 17.0 |
| 23.3 | -- Fett -- | 26.1 |
| 24.1 | -- Zucker -- | 36.1 |
| 41.2 | -- Fleisch -- | 87.9 |
| 43.9 | -- Gemüse -- | 69.0 |
| 72.7 | -- Obst u -- -- Südfrüchte | 121.2 |
| 84.8 | Brot (Mehl) -- | 86.6 |
| 143.3 | -- Milch -- | 95.7 |
| 170.0 | -- Kartoffeln | 73.8 |

## 11    TEXTÜBERBLICK

Lesen Sie den Text "Ernährung" auf S. 100.
Sind diese Sätze falsch oder richtig?

1. In den westlichen Ländern steigt die Anzahl der Krebskranken.
2. Der Grund für dieses wachsende Problem ist das, was man ißt.
3. Der normale Mensch braucht nur 3000 Kalorien am Tag.
4. Heutzutage essen die Deutschen 600 Kalorien pro Tag zu viel.
5. Im Vergleich zu den 50iger Jahren essen die Deutschen zweimal so viel
   Fleisch und Eier.
6. Heutzutage ißt man viel weniger Brot und Kartoffeln als vor 30 Jahren.
7. Die Mehrzahl der Deutschen ist zu dick.
8. An Kreislaufbeschwerden leidet nur jeder zehnte Deutsche.


## 12    Vergleichen Sie die Verbrauchsdaten für die Jahre 1953 und 1983
(S.100). Warum sind diese Änderungen so groß? Glauben Sie, daß jetzt gesünder
gegessen wird als früher oder nicht?


## 13 🔘

Auf der Kassette hören Sie deutsche Teenager, die über ihre Gesundheit
sprechen. Füllen Sie eine Kopie dieser Tabelle aus!

| Name | Wie bleiben sie gesund? | Was für Sport treiben sie, und warum? | Was tun sie für ihre Gesundheit, was nicht gut ist? |
|------|-------------------------|----------------------------------------|------------------------------------------------------|
| Martina | | | |
| Maria | |  | |
| Ewert | | | |
| Julius | | | |


# C Rauchen verboten 🚭

## 14 🔘    **Warum rauchen Jugendliche so viel?**

Hören Sie sich das Tonband an! Sie finden auf S. 102 verschiedene Gründe,
warum geraucht bzw. nicht geraucht wird. Welche werden von den Teenagern
auf dem Tonband erwähnt?

**Ich rauche ..........**

1. weil meine Freunde es
   machen.
2. wegen der Werbung
3. weil es mir schmeckt.
4. weil es einen lässigen
   Eindruck macht.
5. weil es mir Spaß macht.
6. weil ein Vorbild von
   mir geraucht hat.
7. weil ich sonst so nervös bin.
8. weil mein(e) Freund(in)
   raucht.

**Ich rauche nicht ..........**

a) weil es stinkt.
b) weil meine Kleider
   stinken würden.
c) weil es so viel kostet.
d) weil meine Eltern es
   verbieten.
e) weil es asozial ist.
f) weil ich viel Sport treibe
   und das Rauchen ungesund
   ist.
g) wegen der Krebsgefahr.
h) weil es den
   Geschmackssinn verdirbt.

**s. verstümmeln** sich verletzen
**Frevler m** jd, der keinen Respekt zeigt
**verpetzen** denunzieren
**Selbstgerechtigkeit f** Glaube, daß
 man immer recht hat
**unbestritten** anerkannt; es steht fest
**müffeln** riechen, stinken
**die Geister scheiden sich** es gibt
 verschiedene Meinungen
**Einsatz m** aktives Interesse
**es auf den Punkt bringen** den Nagel
 auf den Kopf treffen

# 15   Was halten Sie davon?

Sind Sie Raucher? Wenn ja, wann und warum haben Sie begonnen, zu
rauchen? Falls nicht, warum rauchen Sie nicht?

# Streit ums Rauchen

Sie sind eine Minderheit. Sie stinken. Verpesten die Umwelt. Verstümmeln sich selbst, um später der Mehrheit auf der Tasche zu liegen. Verdienen solche Frevler – fragen ihre Gegner gar – überhaupt ein christliches Begräbnis? Rauchen ist out, ist altmodisch. Es wurde vor kurzem ein „Weltnichtrauchertag" gefeiert und im Fernsehen heftig über „Freier Rauch für freie Bürger?" diskutiert. Nichtraucher haben aber mobil gemacht und das altdeutsche Hobby des Denunzierens vereint die militanten Non-Smokies von Nord bis Süd. Flugblätter und Vereinsbroschüren rufen dazu auf, Raucher bei jeder passenden Gelegenheit zu verpetzen – zum Beispiel rauchende Lehrer, Schalterbeamte oder Kollegen.

Die notorische Selbstgerechtigkeit der Nichtraucher speist sich seit einigen Jahren auch aus ökologischen Quellen. „Nichtraucher sind Umweltschützer, Raucher dagegen Umweltverschmutzer", befindet der Freiburger „Aktionskreis Nichtrauchen" kategorisch. Und setzt noch einen drauf: „Unbestritten ist für Jugendliche die Zigarette Einstiegsdroge zu Hasch, Heroin und anderen Rauschgiften."

Heute aber beklagen sich viele Nichtraucher nicht bloß über Geruchsbelästigungen und müffelnde Klamotten, sondern auch über das „Passivrauchen". Alle Experten sind einig, daß Rauchen generell gesundheitsschädlich und für zahlreiche Krebs- und Kreislauferkrankungen verantwortlich ist. Beim „Passivrauchen" scheiden sich aber die Geister.

Während etwa der Mannheimer Krebsexperte Prof. Dr. Ferdinand Schmidt – wegen seines unermüdlichen Einsatzes für eine qualmfreie Welt auch „Anti-Raucher-Papst" genannt – unfreiwilliges Mitrauchen zur Krankheitsursache erklärte, hielten andere Forscher dies für keineswegs ausgemacht.

Es gibt aber eine andere Seite. Denn die Einnahmen aus der Tabaksteuer betragen 14,5 Milliarden Mark, auch hängen Hunderttausende von Arbeitsplätzen direkt oder indirekt von der Raucherei ab. Erfrischend offen brachte es der irische Wirtschaftswissenschaftler James S. McCormick im April 1985 auf den Punkt: „Rauchen mag zwar gesundheitsschädlich sein, aber wirtschaftlich ist es zu begrüßen. Es ist gut für die Wirtschaft, weil es einerseits Arbeitsplätze schafft und andererseits zu frühzeitigem Tod führen kann."

## 16    TEXTÜBERBLICK

Lesen Sie den Text "Streit ums Rauchen".
Beantworten Sie folgende Fragen:

Absatz 1: Was werfen „Non-Smokies" den Rauchern vor?
Absatz 2: Welche zwei anderen Sünden werden Rauchern in diesem Absatz
      vorgeworfen?
Absatz 3: Was ist die große Streitfrage, die in diesem Absatz behandelt wird?
Absatz 4: Warum ist das Rauchen „wirtschaftlich zu begrüßen"?

## 17   Wortwörtlich

Finden Sie Synonyme für diese Wörter und Ausdrücke im Text.

1. der kleinere Teil einer Gruppe
2. sich schwer verletzten
3. jemand, der etwas bekämpft
4. die Meinung, daß man immer recht hat.
5. jeder gibt zu, daß...
6. eine Droge, die zum Mißbrauch anderer, härterer Drogen führt
7. sich beschweren
8. stinkend
9. da gibt es unterschiedliche Meinungen
10. rauchfrei
11. unfreiwilliges Mitrauchen

## 18   Was halten Sie davon?

Einige der militantesten Nichtraucher haben eine Liste von möglichen „raucherfeindlichen Bestrebungen" zusammengestellt. Hier sind einige Beispiele – welche begrüßen Sie und welche halten Sie für unannehmbar? Machen Sie eine Umfrage zu diesem Thema und präsentieren Sie Ihre Resultate den anderen in der Klasse!

- Rauchverbot am Arbeitsplatz
- Rauchverbot in öffentlichen Verkehrsmitteln
- Rauchverbot in Kinos, Theatern usw.
- Rauchverbot in Gaststätten
- Rauchverbot in der Schule (für Schüler und für Lehrer)
- die jährliche Steigerung der Tabaksteuer
- andere

## 19   Was halten Sie davon?

Führen Sie eine Debatte zu einem der folgenden Themen:
- Glauben Sie, daß die Nichtraucher jetzt zu weit gegangen sind?
- Glauben Sie, daß es einen „Psychoterror gegen Raucher" für ältere Schüler gibt? Gibt es so was auch bei Ihnen? Glauben Sie, daß die (in deutschen Schulen übliche) „Raucherecke" eine gute Idee ist?
- Sind Sie auch der Meinung, daß Rauchen auch zu Rauschgiftkonsum führt?
- Kosten Zigaretten zu viel oder zu wenig?

## 20 Simulation

Arbeiten Sie mit einem Partner zusammen. Sie sitzen beide in einem Restaurant an gegenüberstehenden Tischen. Einer von Ihnen ist Nichtraucher und der andere ist Raucher, der plötzlich Lust auf eine Zigarette bekommt.
Er zündet sie an, aber der Nichtraucher ist empört. Was sagen Sie zueinander? Wie endet der Streit?
Oder: Arbeiten Sie zu viert – an jedem Tisch sitzen zwei Leute.
Oder: Arbeiten Sie zu dritt. Der dritte spielt die Rolle des Kellners, der diesen Streit irgendwie zu einem friedlichen Ende bringen will. (Das Restaurant hat übrigens keine Vorschriften, die das Rauchen verbieten.)

## 21 Was halten Sie davon?

a) Schreiben Sie einen Aufsatz zu einem dieser Themen.
  – „Die wirtschaftlichen Vorteile des Rauchens bringen es mit sich, daß man das Rauchen nie abschaffen wird." Was meinen Sie dazu?
  – „Meine Gesundheit ist meine Sache!" Was meinen Sie dazu?
b) Oder: Schreiben Sie einen Brief an den Herausgeber des „Stern"-Magazins – entweder als Raucher, der gegen den Artikel „Streit ums Rauchen" Stellung nimmt, oder als Nichtraucher, der mit den im Artikel ausgedrückten Meinungen einverstanden ist.

---

**Ungeziefer n** schädliches Insekt
**verwandeln** jmdn. so verändern, daß er ganz anders aussieht
**gewölbt** rund
**kläglich** enttäuschend; so, daß man Mitleid empfindet
**flimmern** zittern
**zappeln** kurze schnelle Bewegungen machen
**Jucken n** einen Reiz auf der Haut empfinden, die man kratzen will
**unverkennbar** sehr deutlich zu erkennen
**belassen** unverändert lassen
**derart** so sehr

---

# Die Verwandlung

Als Gregor Samsa eines Morgens aus unruhigen Träumen erwachte, fand er sich in seinem Bett zu einem ungeheueren Ungeziefer verwandelt. Er lag auf seinem panzerartig harten Rücken und sah, wenn er den Kopf ein wenig hob, seinen gewölbten, braunen, von bogenförmigen Versteifungen geteilten Bauch, auf dessen Höhe sich die Bettdecke, zum gänzlichen Niedergleiten bereit, kaum noch erhalten konnte. Seine vielen, im Vergleich zu seinem sonstigen Umfang kläglich dünnen Beine flimmerten ihm hilflos vor den Augen.

›Was ist mit mir geschehen?‹ dachte er. Es war kein Traum. Sein Zimmer, ein richtiges, nur etwas zu kleines Menschenzimmer, lag ruhig zwischen den vier wohlbekannten Wänden. Über dem Tisch, auf dem eine auseinandergepackte Musterkollektion von Tuchwaren ausgebreitet war – Samsa war Reisender –, hing das Bild, das er vor kurzem aus einer illustrierten Zeitschrift ausgeschnitten und in einem hübschen, vergoldeten Rahmen untergebracht hatte. Es stellte eine Dame dar, die, mit einem Pelzhut und einer Pelzboa versehen, aufrecht dasaß und einen schweren Pelzmuff, in dem ihr ganzer Unterarm verschwunden war, dem Beschauer entgegenhob. Gregors Blick richtete sich dann zum Fenster, und das trübe Wetter – man hörte Regentropfen auf das Fensterblech aufschlagen – machte ihn ganz melancholisch. ›Wie wäre es, wenn ich noch ein wenig weiterschliefe und alle Narrheiten vergäße‹, dachte er, aber das war gänzlich undurchführbar, denn er war gewöhnt, auf der rechten Seite zu schlafen, konnte sich aber in seinem gegenwärtigen Zustand nicht in diese Lage bringen. Mit welcher Kraft er sich auch auf die rechte Seite warf, immer wieder schaukelte er in die Rückenlage zurück. Er versuchte es wohl hundertmal, schloß die Augen, um die zappelnden Beine nicht sehen zu müssen, und ließ erst ab, als er in der Seite einen noch nie gefühlten, leichten, dumpfen Schmerz zu fühlen begann.

›Ach Gott‹, dachte er, ›was für einen anstrengenden Beruf habe ich gewählt! Tagaus, tagein auf der Reise. Die geschäftlichen Aufregungen sind viel größer als im eigentlichen Geschäft zu Hause,

⇨

und außerdem ist mir noch diese Plage des Reisens auferlegt, die Sorgen um die Zuganschlüsse, das unregelmäßige, schlechte Essen, ein immer wechselnder, nie andauernder, nie herzlich werdender menschlicher Verkehr. Der Teufel soll das alles holen!‹ Er fühlte ein leichtes Jucken oben auf dem Bauch; schob sich auf dem Rücken langsam näher zum Bettpfosten, um den Kopf besser heben zu können; fand die juckende Stelle, die mit lauter kleinen weißen Pünktchen besetzt war, die er nicht zu beurteilen verstand; und wollte mit einem Bein die Stelle betasten, zog es aber gleich zurück, denn bei der Berührung umwehten ihn Kälteschauer.

Als er dies alles in größter Eile überlegte, ohne sich entschließen zu können, das Bett zu verlassen – gerade schlug der Wecker drei Viertel sieben –, klopfte es vorsichtig an die Tür am Kopfende seines Bettes. »Gregor«, rief es – es war die Mutter –, »es ist drei Viertel sieben. Wolltest du nicht wegfahren?« Die sanfte Stimme! Gregor erschrak, als er seine antwortende Stimme hörte, die wohl unverkennbar seine frühere war, in die sich aber, wie von unten her, ein nicht zu unterdrückendes, schmerzliches Piepsen mischte, das die Worte förmlich nur im ersten Augenblick in ihrer Deutlichkeit beließ, um sie im Nachklang derart zu zerstören, daß man nicht wußte, ob man recht gehört hatte. Gregor hatte ausführlich

*Franz Kafka*

**22**   Stellen Sie sich vor, Sie werden plötzlich psychisch oder körperlich krank. Wie reagiert man darauf, wenn man nicht mehr „normal" ist? Wie reagieren Verwandte und Freunde? In dieser Erzählung untersucht Kafka solche Probleme.

**23**       **TEXTÜBERBLICK**

a)   In den ersten zwei Absätzen besteht ein Kontrast zwischen der Normalität des Schlafzimmers und Gregors neuem Aussehen. Notieren Sie die Unterschiede.
b)   Wenn man aufwacht, denkt man nicht sehr schnell. Wie wird sich Gregor seiner neuen Situation bewußt? Notieren Sie die Phasen.

**24**   Die Klasse arbeitet in zwei Gruppen oder mehreren Paaren zusammen. Eine Gruppe oder die Hälfte der Paare diskutiert, wie sie auf Leute reagieren, die behindert, alt oder auf Dauer krank sind. Wie gehen sie mit solchen Menschen um?
Die anderen fragen sich, wie es ist, wenn man zwar wie andere Menschen denkt, aber durch Alter, Behinderung oder lange Krankheit nicht an allem teilnehmen kann. Tauschen Sie nachher Ideen aus.

**25**   Wie geht die Geschichte Gregor Samsas weiter? Wie wird seine Mutter darauf reagieren, wenn sie sieht, was ihrem Sohn passiert ist? Stellen Sie sich die nächsten paar Stunden, Wochen, Monate vor. Nutzen Sie dabei Ideen aus Ihren Diskussionen in der letzten Aufgabe. Lesen Sie nachher die ganze Erzählung von Kafka.

Wie streßanfällig bin ich?

# Der Streß-Test

Dieser Fragebogen, von den Psychologen Lyle H. Miller und Alma Dell Smith von der Universität Boston entwickelt, zeigt Euch, wie gestreßt Ihr seid. Gebt bei jeder Frage eine Ziffer von 1 (fast immer) bis 5 (niemals) an, je nachdem, wie zutreffend die Aussage für Euch ist.

**1.** Ich esse mindestens einmal am Tag eine warme vollständige Mahlzeit. ① ② ③ ④ ⑤

**2.** Ich schlafe 7 bis 8 Stunden, zumindest an 4 Nächten einer Woche. ① ② ③ ④ ⑤

**3.** Ich gebe und empfange regelmäßig Zuneigung. ① ② ③ ④ ⑤

**4.** Ich habe zumindest einen entfernten Verwandten innerhalb von 80 km Entfernung, auf den ich mich verlassen kann. ① ② ③ ④ ⑤

**5.** Ich trainiere mindestens zweimal pro Woche körperlich, bis hin zum Schweißausbruch. ① ② ③ ④ ⑤

**6.** Ich begrenze das Rauchen auf weniger als eine halbe Schachtel pro Tag. ① ② ③ ④ ⑤

**7.** Ich trinke weniger als fünf Gläser eines alkoholischen Getränks pro Woche. ① ② ③ ④ ⑤

**8.** Ich habe das richtige Körpergewicht für meine Körpergröße. ① ② ③ ④ ⑤

**9.** Ich habe ein für mich ausreichendes Einkommen bzw. genug Taschengeld. ① ② ③ ④ ⑤

**10.** Ich beziehe aus meinem religiösen Glauben Kraft. ① ② ③ ④ ⑤

**11.** Ich bin ziemlich engagiert und gehe gern auf Feten. ① ② ③ ④ ⑤

**12.** Ich habe zahlreiche Freunde und Bekannte. ① ② ③ ④ ⑤

**13.** Ich habe einen oder mehrere Freunde, mit denen ich über persönliche Dinge reden kann. ① ② ③ ④ ⑤

**14.** Ich bin in gutem Gesundheitszustand (einschließlich Augen, Ohren, Zähne). ① ② ③ ④ ⑤

**15.** Ich bin in der Lage, offen über meine Gefühle zu sprechen, auch wenn ich wütend oder besorgt bin. ① ② ③ ④ ⑤

**16.** Ich unterhalte mich regelmäßig mit den Menschen, mit denen ich lebe, über Probleme in der Familie. ① ② ③ ④ ⑤

**17.** Mindestens einmal in der Woche tue ich etwas zu meinem Vergnügen. ① ② ③ ④ ⑤

**18.** Ich bin in der Lage, meine Zeit richtig einzuteilen. ① ② ③ ④ ⑤

**19.** Ich trinke weniger als 3 Tassen Kaffee (oder andere koffeinhaltige Getränke) am Tag. ① ② ③ ④ ⑤

**20.** Ich gönne mir im Laufe des Tages etwas Ruhe für mich selbst. ① ② ③ ④ ⑤

# Die Presse: Glauben Sie alles . . . ?

# A Informationszeitalter oder Zeit der Dauerglotzer?

**im Schnitt** im Durchschnitt
**Auflage f** Zahl der gedruckten
  Exemplare einer Zeitung usw
**überdurchschnittlich** mehr als normal
**Beschäftigung f** Aktivität

**1** Sehen Sie sich die Fotos auf S. 107 an. Was machen die Familien auf den Fotos? Welches stellt am besten die Situation in Ihrer Familie dar? Was sind die Argumente für und gegen jede Betätigung?

## AUF DEM WEG INS INFORMATIONSZEITALTER ODER MITTEN IN DER KOMMUNIKATIONSREVOLUTION?

Noch vor zehn Jahren gab es in der Bundesrepublik Deutschland nur zwei nationale Fernsehstationen. Heute sind es 28, und die Zuschauer haben die Wahl zwischen rund 100 Kanälen. In ein paar Jahren wird das digitale Fernsehen für mehrere hundert Programme sorgen. Die Zahl der Fernsehgeräte stieg von 10 000 im Jahr 1953 auf 40 Millionen, 70 Millionen Deutsche können TV-Programme sehen. Mehr als 10 000 Zeitungen und Zeitschriften erscheinen in Deutschland, es gibt 300 Hörfunk-Kanäle. Von einer „Kommunikationsrevolution" spricht das Nachrichtenmagazin „Der Spiegel" und stellt die Diagnose „Überinformation" für das Dilemma des postmodernen Menschen. Das explosionsartig sich vermehrende Wissen und die Flut von Informationen, die die Medien täglich aufbereiten, könne niemand mehr gänzlich aufnehmen. – In einer Langzeitstudie untersuchten Marie-Luise Kiefer und Klaus Berg die Mediennutzung der Deutschen (Massenkommunikation IV, Baden-Baden 1992): Fast fünfeinhalb Stunden am Tag widmen sie sich heute den Medien, vor allem den elektronischen, im Schnitt wird eine Stunde länger ferngesehen als 1964 und anderthalb Stunden länger Radio gehört. Die Zeit, die für das Lesen der Tageszeitung bleibt, änderte sich kaum. Keine starke Veränderung zeigt auch die Auflage der Tageszeitungen – ganz im Gegensatz zu den Zeitschriften (Wer liest was?). Bei dem meistgenutzten Medium TV sehen die Zuschauer nach Angaben der GfK Fernsehforschung Nürnberg am häufigsten Serien und Spielfilme (Wer sieht was?). Eine überdurchschnittliche Sehbeteiligung weisen im Vergleich zu ihrer Angebotsstruktur hingegen Nachrichten- und Informationssen -dungen auf. Meinungsforscher fanden heraus, daß vor allem junge und alte Menschen viel Zeit vor dem Fernseher verbringen, bei den 40- bis 60jährigen geht der TV-Konsum deutlich zurück. Fernsehen nutzen die Verbraucher im Gegensatz zu Printmedien oder Radio, das sie oft neben anderen Beschäftigungen einschalten, nur in der freien Zeit.

Trotzdem ist es mehr als eine bloße Freizeitbeschäftigung. Für die meisten Menschen ist Fernsehen die Form, in der sie Gegenwartsgeschichte erleben. Vor allem aber für Kinder werde es immer schwieriger, Realität und Fiktion auseinanderzuhalten, fürchten Soziologen. Untersuchungen in Schweden ergaben, daß 40 Prozent der 6- bis 10jährigen überzeugt waren, daß Menschen ausschließlich durch Mord und Totschlag starben. „Medienkompetenz" wird in Zukunft ein wichtiges Schlagwort sein: die Fähigkeit, aus der Fülle des Angebots zwischen wichtigen Nachrichten und Info-Müll zu unterscheiden.

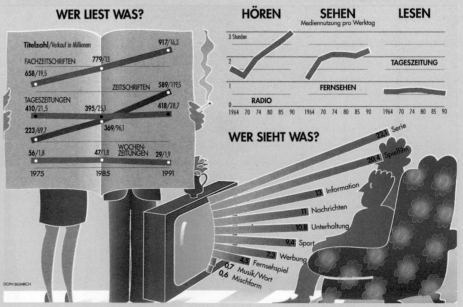

# 2 TEXTÜBERBLICK

Diese Meinungen stehen alle im Text auf S. 108, aber nicht in dieser
Reihenfolge. Bringen Sie diese Sätze in die richtige Reihenfolge. Wie werden
sie im Text ausgedrückt?

1. Die deutschen Fernsehzuschauer haben eine viel größere Auswahl an
   Programmen und Sendungen als vor zehn Jahren.
2. Für Kinder ist es ein Problem, Wirklichkeit und Fiktion zu unterscheiden.
3. Viele hören Radio und machen gleichzeitig etwas anderes.
4. Heute wird mehr Radio gehört als vor dreißig Jahren.
5. Die meisten Leute verbringen genausoviel Zeit mit dem Lesen einer
   Zeitung als vor dreißig Jahren.
6. Niemand kann alles sehen, erfahren oder wissen.
7. Spielfilme sind in Deutschland besonders beliebt.
8. Leute zwischen 40 und 60 wollen nicht mehr so viel fernsehen wie früher.
9. Das Problem heutzutage ist, daß wir alle von Information überflutet werden.
10. Das Fernsehen ist vor allem das Medium, das uns hilft, unsere Welt zu
    verstehen.

# 3 Wortwörtlich

Finden Sie Adjektive, Substantive und Verben, die in diese Tabelle passen. Die
meisten finden Sie schon im Text auf S. 108, aber am besten benutzen Sie auch
ein Wörterbuch!

| Substantiv | Verb |
| --- | --- |
| 1 | zuschauen |
| 2 | wählen |
| 3 die Erscheinung | |
| 4 | informieren |
| 5 die Aufnahme | |
| 6 die Untersuchung | |
| 7 | schneiden |
| 8 die Änderung | |
| 9 | anbieten |
| 10 | vergleichen |
| 11 | beschäftigen |
| 12 das Erlebnis | |

---

**99 SO WIRD'S GESAGT 66**

## *Trends und Entwicklungen*

Wenn man Trends oder Entwicklungen beschreiben will, dann kann man folgende Ausdrücke benutzen:

● **Etwas wird größer:**

die Zahl der . . . steigt (ist gestiegen)/nimmt zu (hat zugenommen)/erhöht sich (hat sich erhöht)/ist größer geworden
die Zahl der . . . steigt **auf** 70 Millionen

● **Etwas wird kleiner:**

die Zahl der . . . fällt (ist gefallen)
       geht zurück (ist zurückgegangen)
       stagniert (ist stagniert)
       ist rückläufig (ist rückläufig gewesen)

● **Etwas bleibt stabil:**

die Zahl der . . . ändert sich nicht (hat sich nicht geändert)
keine starke Veränderung zeigt die Zahl der . . .

---

**4** Wie können Sie die Statistik erläutern? Welche dieser Ausdrücke sind falsch, und welche sind richtig? Sehen Sie sich die Grafik auf S. 108 noch einmal an!

1. Zwischen 1964 und 1970 ging die Zahl der Radiohörer zurück.
2. Zwischen 1970 und 1985 stieg die Nutzung des Fernsehens eines Durchschnittsmenschen auf drei Stunden pro Tag.
3. Zwischen 1985 und 1991 ging der Verkauf von Fachzeitschriften deutlich zurück.
4. Von 1975 bis 1991 erlebten wir keine wesentliche Änderung in der Nutzung der Zeitschriften.
5. Zwischen 1975 und 1991 blieb der Verkauf von Wochenzeitungen stabil.
6. Im Vergleich zu 1964 sehen wir immer mehr fern.
7. Die Deutschen verbringen immer weniger Zeit damit, zu lesen.

**5** ⊙⊙ **Die Rolle der Presse**

Ein paar junge Deutsche haben sich zu dieser Frage geäußert. Notieren Sie ihre Antworten. Was meinen Sie dazu?

# Einstellung zu Fernsehen, Hörfunk und Tageszeitung

1. Bringt die neuesten Nachrichten besonders schnell
2. Gibt einen vollständigen Überblick über alle wichtigen Entwicklungen in der Politik und im Zeitgeschehen
3. Berichtet klar und verständlich über politische Ereignisse
4. Berichtet wahrheitsgetreu und gibt die Dinge immer so wieder, wie sie in Wirklichkeit sind
5. Berichtet ausführlich über alle Ereignisse innerhalb meiner näheren Umgebung
6. Ist oft eine wertvolle Hilfe, wenn man eine eigene Meinung bilden will
7. Hilft vielen Menschen, sich in der heutigen Welt zurechtzufinden
8. Bringt viele interessante Dinge, über die man anderswo kaum etwas erfahren kann
9. Gibt Anregungen und Stoff zum Nachdenken
10. Trägt dazu bei, daß man die Sorgen und Probleme anderer Menschen kennenlernt
11. Bringt viele Dinge, über die man sich mit Freunden und Bekannten unterhalten kann
12. Sorgt für Entspannung und Ablenkung
13. Hilft manchmal, die Sorgen und Probleme des Alltags zu vergessen
14. Hat für fast alle Gebiete hervorragende Fachleute

## 6  TEXTÜBERBLICK

Neulich hat man eine Umfrage über die Rolle der Medien in Deutschland gemacht. Die Aussagen oben waren diejenigen, die am häufigsten erwähnt wurden. Notieren Sie die Stichwörter für jede Aussage.

*z.B. 1. die neuesten Nachrichten.*

## 7  Was halten Sie davon?

a) Was „bringt die neuesten Nachrichten besonders schnell", Ihrer Meinung nach? Schreiben sie für jede Aussage entweder „Fernsehen", „Radio", oder „Tageszeitung". Vergleichen Sie dann Ihre Antworten mit Ihrem Partner oder mit den anderen in der Gruppe.

b) Versuchen Sie jetzt, für jede Aussage ein paar Beispiele zu geben. Wenn Sie zum Beispiel meinen, daß Fernsehen Ihnen hilft, die Probleme der anderen besser zu verstehen, geben Sie ein Beispiel an.

## 8 ⊙⊙ Spielt die Presse eine wichtige Rolle? Zu dieser und anderen Fragen haben junge Deutsche Stellung genommen. Notieren Sie ihre Antworten.

|  | Zeitung | |
|---|---|---|
|  | **Vorteile** | **Nachteile** |
| Peter |  |  |
| Martina |  |  |
| Andrea |  |  |

**9** Machen Sie eine Umfrage zum Thema Mediennutzung. Sie sollten mindestens zehn Leute fragen, wieviel Zeit sie beim Fernsehen, beim Radiohören und beim Zeitungslesen verbringen. Kombinieren Sie Ihre Ergebnisse mit denen in Ihrer Gruppe und stellen Sie sie in Diagrammform dar. Vergleichen Sie dann Ihre Resultate mit der Lage in Deutschland.

**10**   **Was halten Sie davon?**

Stellen Sie sich mal vor, es gäbe kein Fernsehen, kein Radio und keine Zeitungen. Wie würde die Welt dann aussehen? Wie würde sich Ihr Leben ändern?

# B Frisch aus der Presse

POLITISCHE UMSCHAU

FERNSEHEN UND FUNK

WISSENSCHAFT UND BILDUNG

HEUTZUTAGE

DÜSSELDORFER FEUILLETON/DÜSSELDORFER SPORT

DÜSSELDORFER STADTPOST

Technik und Verkehr

Humor und Rätsel

WIRTSCHAFT UND BÖRSE

Das neue Buch

REISE-JOURNAL

Deutschland und die Welt

**11** Oben sehen Sie die Seitenüberschriften einer Düsseldorfer Zeitung und auf Seite 113 einige Artikel, die auf diesen Seiten erschienen. Lesen Sie zuerst die Artikel. Welche Berichte würden Sie auf welcher Seite finden? (Suchen Sie für jeden Bericht eine passende Überschrift aus.)

Welche Seiten würden sich wahrscheinlich im lokalen Teil dieser Zeitung befinden?

**23 Seiten Stellen / 20 Seiten Immobilien / 13 Seiten Auto**

Ausgabe D / Preis 1,20 DM

# RHEINISCHE POST

*Düsseldorfs größte Zeitung*

### ZEITUNG FÜR POLITIK UND CHRISTLICHE KULTUR

☆ ☆

| FF 6 | hfl 1,75 | Lire 1.300 | Pts. 120 |
| öS 12 | sfr 1,60 | bfrs 35 | i.C. 130 |

| JAHRGANG 41 | SAMSTAG – 3. MAI 1986 | Nr. 102 |

Nr. 103 – Montag, 5. Mai 1986

Stadt-Düsseldorf-Post-Zeitung  **DÜSSELDORFER STADTPOST** Düsseldorfer Zeitung.

# Müssen alte Autos bald jährlich zum TÜV?

## KURZ BERICHTET

**Borussia Dortmund verpflichtete** den Stürmer Norbert Dickel (bisher 1. FC Köln) für zwei Jahre. Die Ablösesumme soll 300 000 Mark betragen.

**Wegen einer Magenoperation,** der er sich in seiner Heimatstadt Wien unterziehen wird, steht Trainer Ernst Happel dem Fußball-Bundesligisten Hamburger SV auf der bevorstehenden Amerika-Reise nicht zur Verfügung.

## CHRONIK

**Der japanische Kirchenmusikverein** Senadi-Morioka singt morgen um 20 Uhr in der Kreuzkirche, Collenbachstraße, das Oratorium „Der Messias" von Händel.

**Joe Jackson** gastiert morgen um 20 Uhr in der Philipshalle.

**„Schlieren des Innenlebens** — Farbaußenwelten" ist der Titel einer Ausstellung von Winfried Schmitz-Linkweiler, die der Künstler am Montag, 5. Mai, um 20 Uhr im Rondell, Lewittstraße 2, eröffnet.

**„Confederacy of Fools"** spielt in englischer Sprache am Montag, 5. Mai, um 20 Uhr das Stück „Intercourse" in der „jab", Heinrich-Heine-Platz.

### Benrath mit „Markise"

## Hinein ins Freibad

### Von Rudolf H. Kanemeier

Man tummelt sich wieder in Düsseldorfs Freibädern — zwar noch nicht in allen, aber immerhin. Termingerecht hatte die Sonne ihr Heizwerk angekurbelt, waren die Frühlingstemperaturen auf wohltuende Höhen geklettert: Am 1. Mai wurden die Bäder in Benrath, Stockum und Flingern wieder eröffnet.

## Freundschaftsfest

In der Aula der Heinrich-Heine-Gesamtschule, Graf-Recke-Straße 170, wird am Samstag, 10. Mai, ab 19 Uhr ein internationales Jugendfreundschaftsfest veranstaltet. Organisator ist die Jugendgruppe des Türkischen Arbeitervereins an der Erkrather Straße. Auf dem Programm stehen Musik, Folklore, Speisen und Getränke.

Der Hund von Florenz
Von Felix Salten

## BÖRSE

### Weiter schwach

**Düsseldorf** — Trotz einer mehr uneinheitlichen Kursentwicklung im Sitzungsverlauf schwächten sich die Notierungen am Düsseldorfer Aktienmarkt zum Wochenschluß überwiegend etwas ab. Deutlich unter Druck standen dabei die Elektrowerte, die sich unter Führung von Siemens um bis zu 21 DM verbilligten.

## BV Hassels überraschte

Die Überraschung bei den Fußballspielen der zweiten Kreispokalrunde war der 2:0-Erfolg des Kreisligisten BV Hassels über den Tabellensechsten der Bezirksliga, DSV 04. Orbe und Sons schossen die Tore.

**„Endstation Hölle"** (Skyjacked, USA 1972, Regie: John Guillermin, mit Charlton Heston, Yvette Mimieux, James Bronin): Mit seinem Land und dessen Politik unzufriedener amerikanischer Vietnam-Veteran an Bord eines Flugzeugs will per Bombendrohung eine Kursänderung.

**„Der Tiger parfümiert sich mit Dynamit"** (Frankreich 1965, Regie: Claude Chabrol, mit Roger Hanin, Michel Bouguet): Im Original ist das eine zynisch satirische Variante der üblichen Terroristen-Filme.

## Daimler will die Pkw-Kapazität erhöhen

**Stuttgart** — Die Nachfrage nach dem gesamten Mercedes-Pkw-Programm, nicht zuletzt der neuen Mittelklasse, ist so stark, daß die erweiterten Kapazitäten des Daimler-Konzerns bereits heute wieder voll ausgelastet sind.

## Kurz aber wichtig

**FESTGENOMMEN.** Auf dem Amsterdamer Flughafen Schiphol haben Sicherheitskräfte gestern einen 33jährigen Japaner verhaftet, der nach Angaben der Polizei „kiloweise" Sprengstoff in seinem Gepäck hatte. Der Mann war mit einer Maschine der jugoslawischen Fluggesellschaft JAT aus Belgrad gekommen. Außerdem fand die Polizei bei der Durchsuchung seines Reisegepäcks zwei Zündmechanismen, die der Japaner in Transistorradios mit sich führte.

**AUSSIEDLER.** Im April sind 2734 Aussiedler aus Ostblockländern in die Bundesrepublik gekommen, gegenüber 2847 im April 85. Wie das Bayerische Sozialministerium gestern in München weiter mitteilte, reisten 1720 aus Polen ein gegenüber 1447 im April 1985. Aus Rumänien kamen 849 (April 85: 1223). Aus der Sowjetunion reisten 69 (73) ein, aus der Tschechoslowakei 48 (54), aus Ungarn 25 (39), aus Jugoslawien 19 (sieben). Über das westliche Ausland reisten drei ein (April 1985: vier).

## 12  TEXTÜBERBLICK

Finden Sie in den Texten (S.113) Synonyme für die unterstrichenen Wörter oder Ausdrücke:

1. Ernst Happel muß eine Operation *haben*.
2. Joe Jackson *ist* diese Woche *der Gast* in der Philipshalle.
3. In Düsseldorf sind die Temperaturen *gestiegen*.
4. In einer Düsseldorfer Gesamtschule wird ein Freundschaftsfest *organisiert*.
5. Am Düsseldorfer Aktienmarkt sind die Preise alle *gesunken*.
6. In Amsterdam haben *Polizisten* einen Japaner *festgenommen*.
7. Das Bayerische Sozialministerium *informierte* gestern, daß im April 2734 Asylbewerber aus Osteuropa kamen.

*Sie haben gewonnen!*

Profi knackt Auto: 23 400 Mark Schaden

**Sonniges Wochenende**

# Zwei Abschleppwagen ausgebrannt

**Schmuggler von Giftstoffen vor Gericht**

**Polizei faßt sechs junge Ausreißer**

Weißer Hai spuckt Opfer wieder aus

**Bamberg: Noch keine Spur von Tobias**

**13** Fassen Sie für einen Freund die Nachrichten in diesen Schlagzeilen zusammen.
Sie müssen diese Fragen beantworten:

---

### 99 SO WIRD'S GESAGT 66

*Fragewörter*

Wer? Für wen? Mit wem?       Wann?

Was?  Was für?       Warum?

Wo? Wohin? Woher?       Wieviel? Wie viele?

Wie?

**GRAMMATIK:** *Perfekt und Imperfekt*
*(in Zeitungsberichten)*

In Zeitungen berichtet man sehr oft über die Ereignisse der letzten 24 Stunden. In Zeitungen ist es allgemein üblich, den ersten Satz eines Berichts im Perfekt zu schreiben, dann aber im Imperfekt fortzufahren.

*z.B. Ein 120-Zimmer-Hotel in Mexiko **ist** gestern **zusammengebrochen**. Rettungsmannschaften **suchten** den ganzen Tag in den Trümmern nach Opfern und **fanden** . . .*

## 14

a) Suchen Sie in den Texten weitere Beispiele davon. Gibt es auch Ausnahmefälle, wo man nicht mit dem Perfekt beginnt? Suchen Sie mit Hilfe eines Wörterbuchs die Infinitive der Verben, die Sie nicht kennen.

b) Wählen Sie eine der Schlagzeilen auf S. 114. Schreiben Sie einen kurzen Bericht. Der erste Satz muß im Perfekt sein, der Rest im Imperfekt.

# C Glauben Sie alles, was in der Zeitung steht?

**friedlich** ohne Gewalt/Krieg
**Erkenntnisse pl** Informationen, Wissen
**im Griff sein** unter Kontrolle sein
**löschen** nicht weiterbrennen lassen

# Atom-Wolke noch 1 Woche

Leider – die Gefahr ist noch nicht vorbei: Die Atom-Wolke aus dem sowjetischen Kernkraftwerk Tschernobyl wird noch eine Woche über Deutschland und Europa treiben. Wie stark wir von der Radioaktivität getroffen werden, hängt vom Wind ab. Denn: Satellitenfotos zeigen weiter Rauch über Tschernobyl, der Reaktor brennt weiter. Große Sorgen bei uns, immer wieder dieselben Fragen: Kann ich noch Milch trinken, Gemüse essen? Dürfen Kinder, vor allem Babys, überhaupt noch raus? Große Berichte und Experten-Antworten auf alle Fragen – Seiten 2 bis 7

**Die große Angst** ▶ **Antworten auf alle Fragen** : Milch Gemüse Babys

## Nach dem Reaktorunglück bei Kiew schwanken die Angaben über die Zahl der Toten zwischen 2 und 2000

# Katastrophe von Tschernobyl ist noch nicht unter Kontrolle

## Zehntausende evakuiert / Moskau bat auch in Bonn um Hilfe

Von unseren Nachrichtendiensten

**Bonn/Moskau** – Das Reaktorunglück in dem ukrainischen Atomkraftwerk Tschernobyl ist offensichtlich die größte Katastrophe, die sich bisher auf dem Gebiet der friedlichen Nutzung der Kernenergie ereignet hat. Nach bisher vorliegenden Erkenntnissen ist der Reaktorkern durchgeschmolzen. Ein solches Unglück wird in der nuklearen Fachsprache als „Super-GAU" bezeichnet – GAU steht für „Größter Anzunehmender Unfall". Moskau sprach gestern erstmals von einer Katastrophe und bat in der Bundesrepublik und in Schweden um Hilfe. Offenbar ist das im Reaktor befindliche Graphit in Brand geraten. Solange das Feuer nicht im Griff sei, hieß es in

Expertenkreisen, komme es zu weiteren Kettenreaktionen mit der Freisetzung von Radioaktivität. Der Brand könne nicht mit normalen Mitteln, sondern nur bei völligem Luftabschluß gelöscht werden. In Schweden und Finnland ist nach dem Unfall eine bis zu zehnfache Erhöhung der Radioaktivität in der Luft festgestellt worden; im Norden der Bundesrepublik wurde eine leichte Zunahme der Strahlung gemessen. Das Bundesinnenministerium betonte aber, es bestehe keine akute Gefahr. Experten befürchten allerdings, daß die radioaktive Wolke bei anhaltendem Ostwind auch die Bundesrepublik erreichen könnte.

**Der Katastrophen-Reaktor**

Schemazeichnung eines Leichtwasser-Graphit-Reaktors

Graphitblock brennt

Kühlwasser

Brennstäbe geschmolzen

INDEX FUNK 2252

**DIE BRENNSTÄBE** des Reaktors in Tschernobyl sind geschmolzen. Nach den vorliegenden Meldungen ist der Graphit-Block in Brand geraten.
Bild: Index

## 15    TEXTÜBERBLICK

Lesen Sie den Text (*Katastrophe von Tschernobyl . . .*) durch. Sind diese
Behauptungen falsch oder richtig?

1. Die Rheinische Post behauptet, 2 000 Leute seien gestorben.
2. Die Rheinische Post stellt fest, daß mehr als zehntausend Menschen
   evakuiert worden seien.
3. Die Rheinische Post behauptet, dies sei die größte Katastrophe auf dem
   Gebiet der Kernenergie.
4. In der Rheinischen Post steht, daß der Reaktorkern durchgeschmolzen sei.
5. Die Rheinische Post behauptet, die Sowjetunion habe die deutsche
   Regierung um Hilfe gebeten.
6. Die Rheinische Post sagt, das Reaktorfeuer sei jetzt im Griff.
7. Die Rheinische Post behauptet, man könne den Reaktorbrand nicht
   löschen.
8. Die Rheinische Post hat festgestellt, daß in Schweden die normale
   Radioaktivität ums Zehnfache gestiegen sei.
9. Die Rheinische Post behauptet, man habe in Deutschland keine hohen
   radioaktiven Werte gemessen.
10. Die Rheinische Post berichtet, daß die radioaktive Wolke die
    Bundesrepublik schon erreicht habe.

# 16  Wortwörtlich

a) Verbinden Sie die Adjektive (in der linken Spalte) mit einem Substantiv aus
dem Texts.

b) Schreiben Sie für jedes Paar einen
Satz. In jedem Satz muß das Paar
in einem anderen Kasus sein –
Nominativ, dann Akkusativ usw.

| Adjektiv | Substantiv |
|---|---|
| 1  leicht | *die Zunahme* |
| 2  radioaktiv | |
| 3  anhaltend | |
| 4  weiter | |
| 5  groß | |
| 6  ukrainisch | |
| 7  friedlich | |
| 8  nuklear | |
| 9  zehnfach | |
| 10  solch | |

## GRAMMATIK: *Indirekte Rede*

Wenn man berichten will, was jemand sagt oder sagte, kann man die indirekte Rede verwenden. Dazu braucht man den Konjunktiv I.

| Direkte Rede | Indirekte Rede |
|---|---|
| • Experten sagten: „Das Feuer ist nicht im Griff." | • Experten meinten, das Feuer **sei** nicht im Griff. |
| • Experten sagten: „Es kommt zu weiteren Kettenreaktionen …" | • Experten meinten, es **komme** zu weiteren Kettenreaktionen … |
| • Sie sagten: „Der Brand kann nicht mit normalen Mitteln gelöscht werden" | • Sie sagten, der Brand **könne** nicht mit normalen Mitteln gelöscht werden. |

Wie funktioniert die indirekte Rede?

● Ist **die ursprüngliche Aussage** im Präsens, in der Vergangenheit (Perfekt/Imperfekt), oder im Futur? Der Satz in der indirekten Rede ist es auch – aber im Konjunktiv I. z.B.

| | Direkte Rede | Indirekte Rede |
|---|---|---|
| Präsens | Er sagte: „Ich **kaufe** ein Buch." | Er sagte, er **kaufe** ein Buch. |
| Vergangenheit | Er sagte: „Ich **habe** ein Buch **gekauft**." Er sagte: „Ich **kaufte** ein Buch." | Er sagte, er **habe** ein Buch **gekauft**. |
| Futur | Er sagte: „Ich **werde** ein Buch **kaufen**." | Er sagte, er **werde** ein Buch **kaufen**. |

● Suchen Sie die richtige **Form des Verbs im Konjunktiv 1** (Grammatik S299/300). Es geht meistens um die 3. Person: **er/sie/es**, **sie**, wie in den Beispielen. Im Plural ist diese Form dem Indikativ gleich: dann verwendet man den Konjunktiv 2 (oder *würde* + *Infinitiv*, besonders in der Umgangssprache), um klarzumachen, daß es indirekte Rede ist.

z.B.  *Der Experte meint, er **habe** keinen Beweis für diese Theorie.*
   *Die Experten meinen, sie **hätten** keinen Beweis für diese Theorie.*
   *(nicht: **haben**)*
   *Unser Lehrer sagte, Schüler **würden** heutzutage zu wenig arbeiten.*
   *(nicht: **arbeiten, arbeiteten**)*

● **Fragen** und **Bitten** in der indirekten Rede funktionieren so:

*Er fragte: ,,Wo kann man so etwas kaufen?"*  *Er fragte, wo man so etwas kaufen* **könne.**

*Er fragte: ,,Kann man so etwas hier kaufen?"*  *Er fragte, ob man so etwas hier kaufen* **könne.**

*Er sagte: ,,Rufen Sie mich morgen an!"*  *Er sagte, ich* **solle** *ihn morgen anrufen*

● Vergessen Sie nicht, **Pronomen** (wie *ich, mich, mein*) zu ändern!

*Sie sagte: ,,Ich schicke* **dir mein** *Foto. "*
*Sie sagte, sie schicke* **mir ihr** *Foto.*

**17**   Suchen Sie weitere Beispiele von indirekter Rede, in Zeitungsberichten, im Text auf Seite 116. Notieren Sie sie. Was waren die ursprünglichen Aussagen?

**18**   Arbeiten Sie mit einem Partner zusammen. Ohne daß er Ihr Blatt Papier sieht, schreiben Sie ihm (und er Ihnen) eine kurze Nachricht – eine Aussage (z.B. *Ich habe zur Zeit zu viele Hausaufgaben*), eine Frage (*z.B. Wohin fährst du in Urlaub?*), oder eine Bitte (*Kommst du heute mit ins Kino?*). Ihr Partner schreibt eine Antwort darauf . . . Wenn die Korrespondenz aus 6 oder 8 Zeilen besteht, bereiten Sie einen Bericht in der indirekten Rede:
*Ich habe Richard gesagt, ich hätte zu viele Hausaufgaben. Er sagte mir, er komme damit zurecht . . .*

**19**   Arbeiten Sie mit Ihrer Gruppe zusammen. Interviewen Sie jemanden aus der Gruppe über z.B. seine Interessen, die letzten Ferien, seine Zukunftspläne. Die anderen notieren kurz seine Antworten. Nachher müssen Sie einen Bericht in der indirekten Rede schreiben.

**20**  Vergleichen Sie die zwei Artikel auf S. 115/16 unter folgenden Stichwörtern:

● Layout

● Inhalt: Tatsache/Interpretation

● Wortschatz

● Standpunkt

● Satzlänge

● Ton

● Leserschaft

# „KÖNIGIN KOCHT UND PHILIP SPÜLT"

Eine Legende kommt in die Jahre. Am 21. April feiert Elizabeth II. von Großbritannien, seit 1952 im Amt, ihren 60. Geburtstag. Seit über drei Jahrzehnten ist sie auch die gekrönte Königin der Klatschpresse, mit gutem Grund. Im Gegensatz zu den Seeräuber-Nachfahren des Hauses Monaco, die Presseorgane schon mal auf kräftigen Schadensersatz verklagen, dementiert die vornehme Royal Family nahezu niemals den Unfug, der über sie verbreitet wird.

Und der ist beträchtlich. Allein in Frankreich, so ergab eine Auszählung, wurden der Queen in einem Zeitraum von 14 Jahren 63 Abdankungen, 149 Unfälle, 43 unglückliche Nächte, 92 Schwangerschaften und 31 Beinahe-Nervenzusammenbrüche nachgesagt, 112mal hatte sie angeblich „alles satt", 73mal wollte sie sich von ihrem Ehemann trennen, und 29mal erhielt sie Morddrohungen. Auch im deutschen Blätterwald sorgt die Queen seit jeher für Frohsinn, Spannung und Unterhaltung. Kostproben aus der heimischen Gerüchteküche:

**1957** „Königin kocht und Philip spült"
*Bild*

**1959** „Afrikanischer Name für das dritte Kind?" *Welt*

**1966** „Die Queen macht so gern das Schweinegrunzen nach"
*Hamburger Abendecho*

„Immer wenn Elizabeth getrunken hat, wischt sie sorgfältig Lippenstiftabdrücke von den Gläsern, Tassen und Sektkelchen ab. Denn sie hat erfahren, daß eine amerikanische Kosmetikfirma seit Jahren hinter dem Abdruck ihrer Lippen herjagt, den sie für Werbezwecke verwenden will"
*Hamburger Abendecho*

**1970** „Die Queen verliebte sich mit 14 in Philip – dann sah sie nie mehr einen anderen an" *Express*

„Elizabeth ist eifersüchtig auf Philips hübsche Sekretärin" *Neue Post*

**1971** „Entpuppt sich ihr Großonkel als Jack The Ripper?" *Neue Post*

„Königin Elizabeth trennt sich von ihrem Mann" *7 Tage*

„Königin Elizabeth will abdanken. Am 14. November 1973, seinem 25. Geburtstag, soll Prinz Charles zum König gekrönt werden" *Neue Welt*

„Krebs? Große Sorgen um Königin Elizabeth" *Neues Blatt*

**1972** „Elizabeth erwartet ihr fünftes Kind!" *frau aktuell*

„Dankt die Queen ab? Elizabeth ist beim Volk nicht beliebt. Charles soll

nicht erst mit 60 wie Eduard VII. König werden"
*Bild am Sonntag*

**1973** „Die Queen nahm sich einen neuen Leibarzt. Die Briten befürchten: Englands Königin hat eine geheimnisvolle Krankheit"
*7 Tage*

„Tritt die Queen bald zurück?" *Bild*

**1974** „Elizabeth II. besucht die Eltern ihrer künftigen Schwiegertochter Lady Jane Wellesly" *Münchner Abendzeitung*

„Gerüchte: Königin Elizabeth sei in Manhattan an einem Grundstück beteiligt, auf dem sich ein Pornoladen befindet"
*Hamburger Abendblatt*

„Königin Elizabeth: Mit 47 Jahren noch einmal Mutter?" *Neue Post*

„Das wird Königin Elizabeths letztes Weihnachtsfest im Buckingham Palast"                    *7 Tage*

**1975** „Queen Elizabeth läßt sich Billigkleider in Hongkong schneidern – der Hofcouturier ist sauer"
*Hamburger Morgenpost*

**1978** „Queen Elizabeth hat falsche Haare, wenn sie ihre Krone aufsetzt"                    *Bild*

„Auf Brautschau in Deutschland? Da sich die Deutschen nicht auf das Tee-Kochen verstehen, bringt die

Queen logischerweise ihr englisches Teewasser mit" ,                    *Bild*
„Die Königin mußte nicht"        *STERN*

**1980** „Die Königin absolvierte einen Heilpraktiker-Fernkurs und kurierte Philip von seinem Rückenleiden"                    *7 Tage*

**1981** „Königin Elizabeth dankt ab! Nun ist endlich Charles an der Reihe. Elizabeth enthüllt ihre Pläne: am 14. Juni soll Diana Königin werden"                    *Frau mit Herz*

**1983** „Queen im Bett abgehört. Kellner gab Band dem KGB"    *Bild*

„Unerkannt, getarnt mit Kopftuch und Sonnenbrille, spaziert sie durch die britische Hauptstadt, mischt sich unter die Leute – und freut sich diebisch, daß sie keiner erkennt"
*Bild am Sonntag*

„Queen heimlich zur Wunderheilerin. Auf Reisen nimmt sie einen Koffer mit Bienen und Schlangengift ... mit"    *Bild*

„Queen sprach mit ihrem toten Vater – Charles fotografierte schreienden Geist"    *Bild*

## 21    TEXTÜBERBLICK

a) Diese Gerüchte erschienen alle in deutschen Zeitungen und Zeitschriften. Welche haben mit
- Gesundheit
- einer eventuellen Scheidung der Königin
- den Kindern der Königin zu tun?

b) Schreiben Sie Ihren eigenen Bericht über das Bild der königlichen Familie, das in der deutschen Presse vermittelt wird.

**jn auf Schadenersatz verklagen**
Geld/Wiedergutmachung für einen Schaden/Verlust verlangen
**dementieren** etw für falsch erklären
**Unfug m** Unsinn
**beträchtlich** groß, wichtig
**abdanken** von einem Amt zurücktreten; nicht mehr herrschen

## Was für eine Zeitung lesen Sie?

## 22    TEXTÜBERBLICK

Was halten die drei Sprecher bei einer Zeitung für wichtig? Kreuzen Sie an!

|  | Jutta | Jens | Markus |
|---|---|---|---|
| Information über Politik |  |  |  |
| Kommentare |  |  |  |
| Kultur |  |  |  |
| lokale Ereignisse |  |  |  |
| Reportage |  | 🚫 |  |
| Bücherkritik |  |  |  |
| Information zu Themenbereichen |  |  |  |
| Sportberichte |  |  |  |
| Information über die Welt insgesamt |  |  |  |
| Information über die dritte Welt |  |  |  |
| Stellenangebote |  |  |  |

# 23     TEXTÜBERBLICK

Verbinden Sie die Satzhälften aus dem Text. Hören Sie gut zu.

| | |
|---|---|
| 1. Ich lese regelmäßig unsere Zeitung, . . . | a. . . . zu ganz bestimmten aktuellen politschen Ereignissen. |
| 2. Man muß wissen, wenn man den „Spiegel" liest, . . . | b. . . . daß es einigermaßen objektiv ist. |
| 3. Und dann als zweites auch noch Kommentare | c. . . . und sie sollten mich ausführlich und gut informieren. |
| 4. Zeitungen sollten in erster Linie objektiv über Ereignisse berichten . . . | d. . . . kritisch gegenüberstehen. |
| 5. Man muß jeder Zeitung, auch seiner Lieblingszeitung, . . . | e. . . ., daß er eben eine ganz bestimmte Richtung verfolgt. |
| 6. Also, in einer Zeitung ist für mich zunächst mal wichtig, . . . | f. . . . sondern auch was eben in der Dritten Welt vor sich geht. |
| 7. Also, es ist für mich sehr wichtig, . . . | g. . . ., die in der Stadt herausgegeben wird. |
| 8. Mich interessiert nicht nur also was jetzt in Deutschland vorgeht, . . . | h. . . . daß ich über die Politik weitere Auskünfte kriege. |

## 24 TEXTÜBERBLICK

a)  Die befragten Leute lesen nicht die Bild-Zeitung. Warum nicht? Sie finden
    hier einige Gründe, warum man eine Zeitung nicht kaufen würde. Welche
    werden hier erwähnt und von wem?

|  | Sprecher 1 | Sprecher 2 | Sprecher 3 |
|---|---|---|---|
| a)  subjektiv | | | |
| b)  Stimmungsmache | | | |
| c)  nicht sachlich | | | |
| d)  gute Sportberichte | | | |
| e)  kurze Sätze | | | |
| f)  nicht informativ genug | | | |
| g)  Schlagwörter | | | |
| h)  zusammenfassend | | | |
| i)  keine Argumentation | | | |
| j)  nicht ausführlich | | | |
| k)  reißerisch | | | |
| l)  viel „Sex und Crime" | | | |
| m) keine Auslandsberichte | | | |
| n)  keine Kreuzworträtsel | | | |
| o)  Information zu einfach dargestellt | | | |

b)  Unter welchen Umständen würden die drei Sprecher diese Art Zeitung
    vielleicht kaufen?

## 25 Pressefreiheit

Welche Grenzen sollte man der Pressefreiheit setzen? Hören Sie sich die
Interviews an, und notieren Sie die Argumente.

## 26 Was halten Sie davon?

Äußern Sie sich (entweder schriftlich oder mündlich) zu diesen Themen:

● „Jeder hat das Recht, seine Meinung in Wort, Schrift und Bild frei zu
  äußern und zu verbreiten" (Grundgesetz §5). Welche Einschränkungen hat
  die Pressefreiheit, Ihrer Meinung nach?
● „Jeder gebildete Mensch sollte eine gute Zeitung lesen". Was meinen Sie
  dazu?
● „Spielt die Boulevardpresse eine nützliche Rolle in unserer Gesellschaft?"

1974 schrieb Heinrich Böll eine Erzählung, in der er den Sensationalismus der Boulevardpresse kritisierte. Er schrieb sie als sachlichen Bericht.

# Die Verlorene Ehre der Katharina Blum – Heinrich Böll

Katharina lernt auf einer Party einen Mann kennen und verliebt sich in ihn. Sie erfährt erst später, daß er radikaler Rechtsbrecher ist, und daß er von der Polizei gesucht wird. Sie wird in großen Schlagzeilen in der „Zeitung" denunziert.

## AUSZUG A
### Der Bericht in der „Zeitung"

»Der ZEITUNG, stets bemüht, Sie umfassend zu informieren, ist es gelungen, weitere Aussagen zu sammeln, die den Charakter der Blum und ihre undurchsichtige Vergangenheit beleuchten. Es gelang ZEITUNGS-Reportern, die schwerkranke Mutter der Blum ausfindig zu machen. Sie beklagte sich zunächst darüber, daß ihre Tochter sie seit langer Zeit nicht mehr besucht hat. Dann, mit den unumstößlichen Fakten konfrontiert, sagte sie: ›So mußte es ja kommen, so mußte es ja enden.‹ Der ehemalige Ehemann, der biedere Textilarbeiter Wilhelm Brettloh, von dem die Blum wegen böswilligen Verlassens schuldig geschieden ist, gab der ZEITUNG noch bereitwilliger Auskunft. ›Jetzt‹, sagte er, die Tränen mühsam zurückhaltend, ›weiß ich endlich, warum sie mir tritschen gegangen ist. Warum sie mich sitzengelassen hat. DAS war's also, was da lief. Nun wird mir alles klar. Unser bescheidenes Glück genügte ihr nicht. Sie wollte hoch hinaus, und wie soll schon ein redlicher, bescheidener Arbeiter je zu einem Porsche kommen. Vielleicht (fügte er weise hinzu) können Sie den Lesern der

ZEITUNG meinen Rat übermitteln: So müssen falsche Vorstellungen von Sozialismus ja enden. Ich frage Sie und Ihre Leser: Wie kommt ein Dienstmädchen an solche Reichtümer. Ehrlich erworben kann sie's ja nicht haben. Jetzt weiß ich, warum ich ihre Radikalität und Kirchenfeindlichkeit immer gefürchtet habe, und ich segne den Entschluß unseres Herrgotts, uns keine Kinder zu schenken. Und wenn ich dann noch erfahre, daß ihr die Zärtlichkeiten eines Mörders und Räubers lieber waren als meine unkomplizierte Zuneigung, dann ist auch dieses Kapitel geklärt. Und dennoch möchte ich ihr zurufen: meine kleine Katharina, wärst du doch bei mir geblieben. Auch wir hätten es im Laufe der Jahre zu Eigentum und einem Kleinwagen gebracht, einen Porsche hätte ich dir wohl nie bieten können, nur ein bescheidenes Glück, wie es ein redlicher Arbeitsmann zu bieten hat, der der Gewerkschaft mißtraut. Ach, Katharina.‹ «

»Der völlig gebrochene ehemalige Ehemann der Blum, den die ZEITUNG anläßlich einer Probe des Trommler- und Pfeiferkorps Gemmelsbroich aufsuchte, wandte sich ab, um seine Tränen zu verbergen. Auch die übrigen Vereinsmitglieder wandten sich, wie Altbauer Meffels es ausdrückte, mit Grausen von Katharina ab, die immer so seltsam gewesen sei und immer so prüde getan habe. Die harmlosen Karnevalsfreuden eines redlichen Arbeiters jedenfalls dürften getrübt sein.«

## AUSZUG B
### Aus Katharinas Verhör

Im Jahre 1968 lernte ich den Textilarbeiter Wilhelm Brettloh kennen, den ich wenige Monate später heiratete. Wir wohnten in Gemmelsbroich.

Schon nach einem halben Jahr empfand ich unüberwindliche Abneigung gegen meinen Mann. Näheres möchte ich dazu nicht aussagen. Ich verließ meinen Mann und zog in die Stadt. . . .

Als sie gefragt wurde, warum sie ausgerechnet an diesem Tag, mit der Straßenbahn zu Frau Woltersheim gefahren sei, sagte Katharina Blum, sie habe nicht gewußt, ob sie viel oder wenig Alkohol trinken würde, und es sei ihr sicherer erschienen, nicht mit ihrem Wagen zu fahren. Gefragt, ob sie viel trinke oder gar gelegentlich betrunken sei, sagte sie, nein, sie trinke wenig, und betrunken sei sie nie gewesen, nur einmal sei sie – und zwar in Gegenwart und auf Veranlassung ihres Mannes bei einem geselligen Abend des Trommlerkorps – betrunken *gemacht* worden, und zwar mit einem Aniszeug, das wie Limonade schmeckte. Man habe ihr später gesagt, dieses ziemlich teure Zeug sei ein beliebtes Mittel, Leute betrunken zu machen.

## AUSZUG C
### Aus Frau Woltersheims Verhör

Ihr sei auch die Geschichte der völlig mißglückten Ehe bekannt. Sie habe ja von vornherein abgeraten,

$\Rightarrow$

Brettloh sei – sie bitte um Verzeihung für diesen Ausdruck – der typische Schleimscheißer, der sich weltlichen und kirchlichen Behörden gegenüber gleich kriecherisch verhalte, außerdem ein widerwärtiger Angeber. Sie habe Katharinas frühe Ehe als Flucht aus dem schrecklichen häuslichen Milieu betrachtet, und wie man sehe, habe sich ja Katharina, sobald sie dem häuslichen Milieu und der unbedacht geschlossenen Ehe entronnen sei, geradezu vorbildlich entwickelt.

\* Frau Woltersheim, Katharinas Bekannte

## AUSZUG D
### *Tötges – ZEITUNGS – Reporter*

Tötges hatte schon am Donnerstag in Gemmelsbroich nach der Adresse von Frau Blum geforscht, diese auch erfahren, aber vergebens versucht, zu ihr ins Krankenhaus vorzudringen. Er war vom Pförtner, von der Stationsschwester Edelgard und vom leitenden Arzt Dr. Heinen drauf aufmerksam gemacht worden, daß Frau Blum nach einer schweren, aber erfolgreichen Krebsoperation sehr ruhebedürftig sei; daß ihre Genesung geradezu davon abhängig sei, daß sie keinerlei Aufregungen ausgesetzt werde und ein Interview nicht in Frage käme. Den Hinweis, Frau Blum sei durch die Verbindung ihrer Tochter zu Götten ebenfalls »Person der Zeitgeschichte«, konterte der Arzt mit dem Hinweis, auch Personen der Zeitgeschichte seien für ihn zunächst Patienten. Nun hatte Tötges während dieser Gespräche festgestellt, daß im Hause Anstreicher wirkten, und sich später Kollegen gegenüber geradezu damit gebrüstet, daß es ihm durch Anwendung des »simpelsten aller Tricks, nämlich des Handwerkertricks« – indem er sich einen Kittel, einen Farbtopf und einen Pinsel besorgte –, gelungen sei, am Freitagmorgen dennoch zu Frau Blum vorzudringen, denn nichts sei so ergiebig wie Mütter, auch kranke; er habe Frau Blum mit den Fakten konfrontiert, sei nicht ganz sicher, ob sie das alles kapiert habe, denn Götten sei ihr offenbar kein Begriff gewesen, und sie habe gesagt: »Warum mußt das so enden, warum mußte das so kommen?«, woraus er in der ZEITUNG machte: »So mußte es ja kommen, so mußte es ja enden.« Die kleine Veränderung der Aussage von Frau Blum erklärte er damit, daß er als Reporter drauf eingestellt und gewohnt sei, »einfachen Menschen Artikulationshilfe zu geben«.

## *Auszug A*

### 27     TEXTÜBERBLICK

Lesen Sie zuerst den Bericht aus der „Zeitung" (auf der linken Seite auf S. 124). Notieren Sie die **Fakten**, die in diesem Bericht erscheinen.

### 28     Beschreiben Sie, wie Wilhelm Brettloh und Katharina hier geschildert werden. Auf wessen Seite steht der Bericht?

## 29   Wortwörtlich

Die „Zeitung" gibt sich als ehrlich und zuverläßig aus. Welche Wörter und Ausdrücke verwendet der Reporter, um diesen Eindruck zu vermitteln?

## *Auszüge B, C, D*

### 30     TEXTÜBERBLICK

Böll schrieb diese Erzählung als sachlichen Bericht. Was erfahren wir über Katharinas Ehe und den Besuch des Reporters im Krankenhaus? Wie helfen uns die Hintergründe, die Ereignisse besser verstehen?

**31** Vergleichen Sie diese Tatsachen mit dem Zeitungsbericht. Wie hat die „Zeitung" die Ereignisse verdreht?

## 32 Wortwörtlich

Die „Zeitung" vertritt einen bestimmten politischen Standpunkt. Können Sie ihn beschreiben? Wie versucht die „Zeitung", Mitleid unter seinen Lesern für diesen Standpunkt zu erwecken?

**33** Vergleichen Sie den schriftlichen Stil der beiden Berichte – z.B. Satzlänge, Vokabeln, indirekte Rede, Satzlänge, Inhalt, Standpunkt, Ton.

**34** Stellen Sie sich vor, Sie finden eines Tages *Ihren* Namen in der Schlagzeile einer Boulevardzeitung! Schreiben Sie einen (sachlichen oder reißerischen) Bericht darüber.

# War das ein schöner Fernsehabend!

JOSEPH FARRIS

**Wahre Geschichten**

# Zuviel Fernsehen?

**ständig** die ganze Zeit
**Stammtisch m** der Tisch in einem
Lokal, der für Gäste reserviert ist, die
das Lokal oft besuchen.
**locken** jd dazu bringen, irgendwohin
zu gehen
**aushalten** etwas Schwieriges
überstehen

**1** Sehen Sie sich die Karikatur auf S. 127 an.

a) Wie würden Sie den Mann vom Fernseher weg bekommen?
b) Erfinden Sie den Dialog (oder Monolog!) für diese Karikatur.
c) Wie geht die Geschichte weiter?

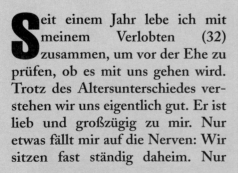

**streng vertraulich**

Wenn Sie Rat in einer
Lebenskrise benötigen, schreiben Sie mir bitte:
Vera Wagner, NEUE POST, Burchardstraße 11, 2000 Hamburg 1

# „Ich bekomme meinen Verlobten nicht vom Fernseher weg.‟

Seit einem Jahr lebe ich mit meinem Verlobten (32) zusammen, um vor der Ehe zu prüfen, ob es mit uns gehen wird. Trotz des Altersunterschiedes verstehen wir uns eigentlich gut. Er ist lieb und großzügig zu mir. Nur etwas fällt mir auf die Nerven: Wir sitzen fast ständig daheim. Nur Fußball und Stammtisch locken ihn aus dem Haus. Doch das ist Männerkram und meine Begleitung nicht willkommen. Sonst klebt mein Verlobter in der Freizeit am Fernsehgerät. Kommt er von der Arbeit nach Hause, wird sofort der Fernseher eingeschaltet. Das Essen schaufelt er nebenbei in sich hinein. Ich glaube, er merkt nicht mal, was er ißt. Sobald das Programm läuft, hat er nur dafür Augen und Ohren, liegt auf dem Sofa und behauptet, er wäre müde. Aber erst nach Programmschluß findet er ins Bett. Ich bekomme ihn nicht vom Fernseher weg. Das ist auf Dauer kaum auszuhalten.

## 2    TEXTÜBERBLICK

Lesen Sie den Leserbrief (S. 128).

Welche der folgenden Gründe sind für die Eheprobleme dieser Frau am meisten
verantwortlich? Ordnen Sie die Gründe zu: Geben Sie eine Eins für den
wichtigsten Grund und eine Zehn für den unwichtigsten.

1. Der Mann geht nur dann aus dem Haus, wenn er zum Fußballspiel geht.
2. Der eine Partner ist viel älter als der andere.
3. Sie (die Frau) darf nicht mitgehen, wenn er ins Lokal geht.
4. Er geht oft in die Kneipe.
5. Er genießt sein Essen nicht.
6. Er sagt, er sei immer müde.
7. Sie gehen nie zusammen aus.
8. Sie sind noch nicht verheiratet.
9. Er kommt erst spät ins Bett.
10. Sobald er von der Arbeit nach Hause kommt, schaltet er den Fernseher ein.

Finden Sie jetzt die genaue Stelle im Text, an der diese Tatsachen erwähnt
werden.


**3**    Wenn Sie der Mann dieser Frau wären, was würden Sie dazu sagen?
Warum sitzen Sie so lange vor der Glotze?


**4**    Schreiben Sie eine Antwort an diese Frau. Was würden Sie ihr empfehlen?


**5**    Stellen Sie sich vor, daß der Fernseher in dem Haus, in dem die Frau mit
ihrem Verlobten wohnt, am folgenden Freitagabend versagt! Was passiert am
Wochenende? Erstellen Sie einen Dialog, oder beschreiben Sie das
Wochenende.


## 6   Was halten Sie davon?

Sitzen wir alle zu lange vor der „Glotze"?
Was würde in Ihrer Familie passieren, wenn der Fernseher kaputtgehen würde?
Versuchen Sie, sich eine Welt ohne Fernseher vorzustellen. Beschreiben Sie sie!

# B Was kommt heute im Fernsehen?

 **SA** 9. April

| ① ARD | ◎ ZDF | RTL | SAT 1 |
|---|---|---|---|

**ARD**

8.00 eene meene mopel. Magazin für Kinder 8.30 Dr. Snuggles. Zeichentrickserie 9.00 Tagesschau 9.03 Käpt'n Blaubär Club 10.00 Tagesschau 10.03 Jagd um die Welt: Schnappt Carmen Sandiego! 10.30 Stich der Woche. Jugendmagazin 11.00 ○ Tennis: ATP-Turnier in Tokio (VPS 10.59). Halbfinale Herren-Einzel. Aufzeichnung 13.00 Tagesschau 13.05 Europamagazin 13.30 Tödliche Strahlen. Das heiße Erbe des kalten Krieges. Reportage

**14.00 Darf der das?** Hans Scheibner
Lieder, Dramen und Komödien

**14.45 ○ Extra light** Hit-Clips

**15.30 Weltreisen** Verloren im Atlantik
Die Kapverdischen Inseln ▶ Seite 6

**16.00 Tagesschau**

**16.05 Disney Club** Familienshow
Noch vor den Flugzeugen eroberten Luftschiffe den Himmel. Studiogast ist ein Luftschiffahrer, der anhand von Modellen die Besonderheiten dieses Gefährts erklärt. Danach messen zwei Teams ihr Wissen über Ozeane und deren Bewohner.

**17 Uhr**

**17.30 ⊡ Sportschau**

**18 Uhr**

**18.03 Tagesschau** Wetter

**18.10 ○ Mich laust der Affe**
Tierquiz mit Christoph Deumling

**18.40 Golden Girls** Serie
Ein Mann für Rose

**19 Uhr**

**19.05 Tagesschau**
Nachrichten, Wetter

**19.10 ○ Sportschau**
Fußball: Bundesliga

**19.50 ○ Ziehung der Lottozahlen**

**20 Uhr**

**20.00 ⊡ Tagesschau**

**20.15 ○ Geld oder Liebe** Show
Mit Jürgen von der Lippe

**21 Uhr**

Musikalische Gäste: Michael learns to Rock und Joshua Kadison

**21.55 Tagesthemen**

**22 Uhr**

**22.15 ⊡ Das Wort zum Sonntag**

**22.20 ★ ○ ⊡ Mörderischer Vorsprung** Kriminalfilm, USA 1988
Mit Sidney Poitier (105 Min.)
Bei der Verfolgung eines flüchtigen Verbrechers gerät ein FBI-Agent in das Abenteuer seines Lebens. Der Gangster hat eine Bergführerin in seine Gewalt gebracht.
0.05 Tagesschau 0.08 ★ Stunden der Angst. Psychothriller, England 1989. Mit Robin Givens, David Hewlett (95 Min.) ▶ Seite 19 1.45 Tagesschau 1.55 Z.E.N.

**ZDF**

8.00 Nachbarn in Europa 9.00 Tagesschau 9.03 Euro. Magazin 9.45 ○ Tele-Gym 10.00 Tagesschau 10.03 Globus 10.40 ARD-Kurzratgeber: Reise 11.00 Tagesschau 11.03 ⊠ 1 - 2 oder 3. Ratespiel für Kinder 11.30 Tim und Struppi. Zeichentrickserie 12.00 ●● Amanda und Betsy. Serie 12.30 Dr. Mag. Jugendmagazin 12.55 Presseschau 13.00 Tagesschau 13.05 Diese Woche

**13.25 ★ ⊡ Freddy, Tiere, Sensationen**
Spielfilm, Deutschland 1964
Mit Freddy Quinn (95 Min.)

**15.00 Reiselust** Magazin
Themen: Nord- und Ostsee – Was bietet die Vorsaison?; Reisetip – Links und rechts der Autobahn; Mit der Bahn nach Cinque Terre

**15.30 Lukas + Sohn** (Wh) Krimiserie

**16.15 Klassentreffen** Kurt Felix

**17.00 heute**

**17.05 Länderspiegel**
Mit Gaby Dietzen

**17.50 moment mal**
Neues aus dem ZDF

**18.00 Die fliegenden Ärzte** Serie
Eine Freundin von Johnno ist schwer krank und muß ihre Farm aufgeben. Johnno fehlt das nötige Geld, um das Anwesen zu kaufen.

**19.00 heute** Wetter (VPS 19.20)

**19.25 Die Stadtindianer** Krimiserie
Tödliche Herzen

Um für seine todkranke Tochter ein Spenderherz zu beschaffen, läßt sich ein Unternehmer auf Geschäfte mit einer Verbrecherorganisation ein.

**20.15 ⊡ Geld macht nicht glücklich** Komödie (1989)
Mit Carl Heinz Schroth, Klausjürgen Wussow, Hans Clarin
Weil Schuhmachermeister Schilling glaubt, bald sterben zu müssen, will er sein Vermögen verschenken. Aber das ist nicht so einfach.

**21.50 heute-journal**

**22.05 ○ Aktuelles Sport-Studio**
Mit Günther Jauch
Fußball-Bundesliga und anderes

**23.25 ★ Mord nach Maß**
Kriminalfilm, England 1971
Mit Hayley Mills, Hywel Bennett, Britt Ekland
Regie: Sidney Gilliat (95 Min.)
Nach Agatha Christie ▶ Seite 19
1.00 heute 1.05 ★ ○ Außer Atem. Gangsterfilm, Frankreich 1959. Mit Jean Seberg, Jean-Paul Belmondo. Regie: Jean-Luc Godard (85 Min.) (bis 2.30)

**RTL**

5.30 Bob, der Flaschengeist 5.55 Yogi-Bär 6.20 Die 6-Millionen-Dollar-Familie 7.15 Piff und Herkules 7.35 Samurai Pizza Cats 8.00 Comix 8.30 Pinocchio 8.55 Camp Candy 9.40 Die Dschungel-Patrouille 10.05 T-Rex 10.30 Lazer Patrol 11.00 Speed Racer. Letzte Folge 11.25 Teenage Mutant Hero Turtles. Letzte Folge 11.50 Katts & Dog – Ein Herz und eine Schnauze. Letzte Folge 12.15 Harry und die Hendersons 12.40 Full House 13.10 Eine starke Familie 13.40 Der Prinz von Bel-Air

**14.10 Major Dad** Serie
Liebeskummer

**14.45 Knight Rider** Serie
Tödliche Manöver

**15.45 Das A-Team** Serie
Hinter Gittern

**16.45 21, Jump Street – Tatort Klassenzimmer** Krimiserie
Ein Coach für alle Fälle
Penhall kümmert sich um einen Spieler des Baseballteams, der bei seinem Vater lebt, obwohl die Mutter das Sorgerecht besitzt.

**17.45 Beverly Hills, 90210** Serie
Die Mutprobe
Joe Wardlow beteiligt sich an einem gefährlichen Straßenrennen. Steve und Brandon setzen auf seinen Sieg.

**18.45 RTL aktuell** Nachrichten
Sport, Wetter

**19.10 Nur die Liebe zählt** Show
Eine Stunde voller Gefühl
Moderator Kai Pflaume arrangiert spektakuläre und originelle Liebeserklärungen.

**20.15 Das Paradies am Ende der Berge** Melodram, Deutschl. 1993

Paradies mit kleinen Fehlern: Fabrikantin Irmgard Hölzl (Morgan Fairchild) schmiedet fleißig Intrigen, und Graf Henry von Hohenlodern (George Hamilton) trauert um eine Liebe, die am Standesunterschied scheiterte.

**22.10 ○ Running Man**
Science-fiction-Thriller, USA 1987
Mit Arnold Schwarzenegger. Regie: Paul Michael Glaser (105 Min.)
Im Jahr 2019 müssen Sträflinge gegen Killer um ihr Leben kämpfen.

**23.55 Samstag Nacht**
Comedy-Show. Gast: Rudi Carrell
0.55 ★ Cinderella – Süß und sündig. Erotikfilm, USA 1990. Mit Raquel Darian (75 Min.) 2.10 ★ Running Man (Wh). Spielfilm 3.55 Beverly Hills, 90210 (Wh) 4.40 Das A-Team (Wh) (bis 5.30)

**SAT 1**

6.50 Drops! (VPS 6.40) 7.15 alles capito?! (VPS 7.40) 7.45 Silverhawks – Die Retter des Universums (VPS 8.10) 8.15 Peter Pan und die Piraten (VPS 8.35) 8.45 Die Astro-Dinos (VPS 9.05) 9.15 Eek, der Kater (VPS 9.35) 9.40 Don Coyote und Sancho Panda. Serie 10.05 James Bond jr. Zeichentrickserie 10.30 Games World (VPS 10.00) 11.00 Wirtschaftsforum. (VPS 10.55) 11.30 ★ Die nackte Kanone 2 1/2 (Wh). Kriminalkomödie

**13.15 ★ Lucas**
Komödie, USA 1986
Regie: David Selzer (115 Min.)

**15.10 ★ Stadt im Meer**
Science-fiction-Film, Engl./USA 1965
Mit Vincent Price. Regie: Jacques Tourneur (80 Min.) ▶ Seite 19
Anschließend Top News

**16.30 5 mal 5**
Wortspiel für Schnelldenker
Mit Bernd Schumacher

**17.00 Geh aufs Ganze!**
Spiel mit Jörg Draeger
Glück und Nerven entscheiden beim Gewinnspiel

**18.00 ○ ran** Fußball (VPS 17.59)
WM-Countdown

**18.05 ○ ran** Fußball (VPS 18.00)
Wattenscheid – Mönchengladbach
Leverkusen – Freiburg
Dresden – Schalke
Stuttgart – Karlsruhe
München – Frankfurt
Hamburg – Bremen

**19.20 SAT 1 Newsmagazin**

**19.30 Glücksrad-Gala** Gewinnshow

Mit der Münchner Freiheit (Bild), Wolfgang Petry, Tommy Steiner und anderen. Moderation: Peter Bond, Frederic Meisner und Gundis Zámbó

**21.30 Affengeil – Tierisch witzig**
(VPS 21.29)
Höhepunkte aus dem Programm
Anschließend Top News

**22.00 Jux & Dallerei**
Talkshow mit Karl Dall
Anschließend Top News

**23.00 ★ Elf Tage und elf Nächte**
Erotikfilm, Italien 1986
Mit Jessica Moore (95 Min.)
Elf Tage vor seiner Hochzeit trifft Michael seine Traumfrau. Sie zieht alle Register weiblicher Verführungskunst.
0.35 ★ Heiße Höschen (Wh). Erotikfilm 1.45 ★ Lucas (Wh). Komödie 3.30 ○ ran (Wh). Fußball-Bundesliga 5.05 ★ Stadt im Meer (VPS 4.40) (Wh) (bis 6.20)

| | | | | Super-zahl | | Super 6 | | Spiel 77 |
|---|---|---|---|---|---|---|---|---|

**7** Sehen Sie sich den Auszug (S. 130) aus dem Fernsehprogramm der *Hör zu* an. Finden Sie für jede Sendegattung wenn möglich ein Beispiel aus dem Programmangebot. Füllen Sie eine Kopie dieser Tabelle aus!

| Sendegattung | Titel der Sendung | Sender | Wann ausgestrahlt? |
|---|---|---|---|
| Abenteuerfilm | | | |
| Spielfilm | | | |
| Erotikfilm | | | |
| Kinderfilm | | | |
| Dokumentarfilm | | | |
| Sportsendung | | | |
| Nachrichtensendung | | | |
| Jugend-Serie | | | |
| Krimi-Serie | | | |
| Zeichentrickfilm | | | |
| Politiksendung | | | |
| Komödie | | | |
| Gewinnshow/Quizshow | | | |
| Unterhaltungssendung | | | |
| Talkshow | | | |

**8** Sehen Sie sich die Programmseite (S. 130) an. Die Familie Habedank sitzt nach dem Abendbrot im Wohnzimmer und bespricht, was sie jeweils im Fernsehen sehen wollen. Ihr Lehrer gibt Ihnen die Rolle, die Sie übernehmen müssen! Benutzen Sie die Formulierungen unten.

---

**99 SO WIRD'S GESAGT 66**

## *Was man vorzieht*

ich ziehe vor                           ich würde . . . vorziehen
ich würde lieber
am liebsten würde ich . . ./ . . . gefällt mir besser
was ich besonders interessant finde  ist . . .
ich habe Interesse an . . .                    ich interessiere mich für . . .

# C Fernsehen in Deutschland und Europa

# MEDIEN IN EUROPA

## Fernsehzeit

Fast drei Stunden pro Tag verbringt jeder Europäer, Mann, Frau oder Kind, vor dem Fernseher. Bei Portugiesen und Spaniern, die hier an erster Stelle stehen, sind es sogar dreieinhalb Stunden täglich. Die hohen Zahlen erklären sich durch die hier verbreiteten Nachmittagsserien, denen ein großes Publikum die Treue hält. An zweiter Stelle kommen die Engländer (200 Minuten), dann Belgier und Luxemburger (je 195), Franzosen und Iren ( je 188 Minuten). In Italien und Griechenland sind es genau drei Stunden. In der Bundesrepublik lockt das Fernsehen jeden Deutschen nur zweieinhalb Stunden vor den Bildschirm. Etwas länger, 170 Minuten, saßen die Deutschen in der früheren DDR vor ihrem Fernseher. Dänemark kommt nur auf 131 Minuten. Noch weniger Zeit, nämlich eine Stunde und 29 Minuten verbringen die Holländer davor.

## Fernsehen und Werbung

Sehr unterschiedlich ist der zeitliche Umfang der Werbung in den Ländern geregelt. In Italien sind dafür nur fünf Prozent der gesamten Sendezeit erlaubt, in Belgien und Irland zehn, in Luxemburg 20 Prozent. In Dänemark dürfen die Werbesendungen fünf Minuten pro Tag nicht überschreiten, etwa bei *TV2*, das seinen »Werbeblock« in die Zeit von 19 Uhr bis 19.05 Uhr gelegt hat und nur im Regionalprogramm weitere fünf Minuten zugestanden bekommt. In Frankreich beträgt die maximale Werbedauer täglich 18 Minuten, in Griechenland 30 und in der Bundesrepublik 90 Minuten. Andere Länder haben eine stundenweise Begrenzung eingeführt, zum Beispiel England mit maximal sechs Minuten Werbung pro Sendestunde oder Portugal mit entsprechend acht Minuten. Wieder eine andere Vorschrift hat Holland: Hier darf die Werbung drei Stunden pro Woche nicht überschreiten.

Vergleichende Werbung ist in Frankreich und in Deutschland verboten.

## Der verkabelte Kontinent

Im Jahr 1990 hingen insgesamt 20 Millionen Haushalte an irgendeinem Fernsehkabelnetz. Belgien hat so gut wie alle Haushalte (1987: 97 Prozent) ans Kabel angeschlossen. In Holland sind es nur 76 und in Luxemburg 67 Prozent. Auf den nächsten Plätzen folgen die Bundesrepublik (61), Dänemark (53) und Irland (48 Prozent). Noch weitgehend unverkabelt sind Frankreich, Spanien ( je 12) und England (7 Prozent).

## Die Hits: Spielfilme und Sport

Das Fernsehprogramm der Engländer und Deutschen zeigt eine höhere Vielfältigkeit als in Frankreich oder Italien. Der gemeinsame Nenner des Publikumsgeschmacks ist jedoch der Spielfilm bzw. die Spielfilm-Serie, deren Beliebtheit in Frankreich und Italien noch höher als anderswo ist.

Von den 20 Sendungen mit der höchsten Zuschauerzahl in Italien zwischen September 1988 und August 1989 waren elf Fußballspiele (1990, im Jahr der Fußballweltmeisterschaft in Italien, waren es vermutlich noch viel mehr), die also weit vor Serien, Shows oder Spielfilmen lagen. In der deutschen Beliebtheitsskala rangieren Unterhaltungs- und Game-Shows (Gewinnspiele) auf den ersten beiden Plätzen, danach erst kommen fünf Fußballspiele und sechs Serien, darunter die ›Schwarzwaldklinik‹. In der Regel werden zwischen 30 und 50 Prozent der Programmzeit in Deutschland mit Spielfilmen und Serien gefüllt.

Frankreich wählte im genannten Zeitraum auf seine Weise. Die Hitliste wird hier von zwölf Spielfilmen angeführt, zehn davon sind französische Filme. Die Engländer bevorzugen vor allem Serien wie ›Coronation Street‹, die bei ihnen die ersten neun der 20 Plätze einnehmen, noch vor Humor- und Unterhaltungs-Shows, Fernseh- und Spielfilmen.

Der nationale Erfolg einer Fernsehsendung läßt sich oft nicht einfach exportieren. Der 13teilige Film ›Heimat‹, eine deutsche Chronik zwischen 1918 und 1982, wurde von 15 bis 24 Prozent der deutschen Zuschauer gesehen, in Frankreich interessierten sich dafür lediglich drei Prozent. Umgekehrt: Die französische Familiensaga ›Châteauvallon‹ erreichte 31 Prozent der Franzosen, aber nur 2,5 Prozent der Engländer. Ein Umstand, der europäische Koproduktionen nicht gerade erleichtert.

---

**jm die Treue halten** loyal sein
**jegliche** alle
**Umfang m** Dimensionen
**Vielfältigkeit f** viele verschiedene Sorten

## 9    TEXTÜBERBLICK

Lesen Sie den Text „Medien in Europa" durch und füllen Sie eine Kopie dieser
Tabelle aus.

|  | D | GB | F | NL | IRL | DK | B |
|---|---|---|---|---|---|---|---|
| 1. Wieviel Zeit verbringt der Durchschnittsbürger vor dem Fernseher? | | | | | | | |
| 2. Wie lang ist die erlaubte Werbezeit? | | | | ⊘ | | | |
| 3. Wieviel Prozent der Haushalte sind verkabelt? | | | | | | | |
| 4. Was sind die beliebtesten Sendungen? | | | | | | | |

## 10   Wortwörtlich

Welche Wörter kommen in diese Lücken? Die Antworten finden Sie alle im
Text auf S. 132!

1. Jeder Europäer .......... fast drei Stunden pro Tag vor dem Fernseher.
2. Die Portugiesen und Spanier .......... an erster Stelle.
3. Bei ihnen sind es sogar dreieinhalb Stunden .......... .
4. Ein großes .......... hält die Treue an Nachmittagsserien.
5. Das Fernsehen .......... jeden Deutschen nur zweieinhalb Stunden vor den
   .......... .
6. 1990 .......... insgesamt 20 Millionen Haushalte an einem Fernsehkabelnetz.
7. Die .......... der Spielfilm-Serie ist höher in Frankreich und Italien als
   anderswo.
8. Fußballspiele hatten in Italien die höchste .......... .
9. In Deutschland .......... Unterhaltungs- und Spiel-Shows auf den ersten zwei
   Plätzen.

## 11   Schreiben Sie einen kurzen Bericht (oder halten Sie einen Vortrag vor der Klasse) zum Thema „Fernsehen in Europa".

**12** 🔘

Wie finden deutsche Teenager das Fernsehen? Hören Sie gut zu und füllen Sie eine Kopie dieser Tabelle aus!

|  | Ist Fernsehen für Sie wichtig? Warum (nicht)? | Lieblingssendungen? Warum? |
|---|---|---|
| Philip |  |  |
| Gerd |  |  |
| Peter |  |  |

Diskutieren Sie die Fragen in der Gruppe.

# D Terror auf allen Kanälen

**13** Wie reagieren Sie, wenn Sie die Fotos auf SS. 134/135 sehen? In welchen Sendungen sieht man solche Szenen?

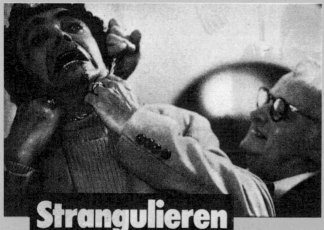

# Mit Hängen und Würgen

**Strangulieren**

War das ein schöner Fernsehabend. Zur Einstimmung um Viertel nach acht gab's eine Schlägerei, vier Feuergefechte, eine Vergewaltigung, diverse Bedrohungen und Handgreiflichkeiten. Bilanz des ZDF-Westerns „Man nannte ihn Hombre" vom 5. Oktober: zehn Gewaltakte von insgesamt 6.09 Minuten Dauer, fünf Tote, vier Verletzte. Die privaten Fernsehsender hielten mit. SAT 1 ließ in „Die Spur führt nach Soho" ab 22.15 Uhr gleich 19 Leichen purzeln und schob gegen Mitternacht den „Mörder ohne Maske" (fünf Tote) nach. „RTL plus" aus Luxemburg lieferte an diesem Samstag „Teufelskerl mit Schwert und Degen" und hinterließ sechs Tote und elf Verwundete. „Das Programm ist darauf angelegt, jede Verharmlosung und Verherrlichung von Gewalt auszuschließen" beschlossen 1978 die ARD-Intendanten. In Wahrheit wird Gewalt und Terror auf allen Kanälen vorgeführt, mal als komische Prügel-Oper, mal als sadistisches Spektakel. Wie gewaltsam die ARD und das ZDF sowie die Privatsender „SAT 1" und RTL plus ihre Zuschauer unterhalten, ließ der STERN untersuchen. Das Baden-Badener Institut für Medienanalysen „Media-Control" hat vom 1. bis 31. Oktober das abendliche Unterhaltungsprogramm – Spielfilme, Serien, TV-Spiele – der vier Sender auf 155 Videocassetten mit einer Gesamtspieldauer von 15 653 Minuten aufgezeichnet.

Ergebnis: Während 261 ausgewerteter Stunden „Unterhaltung" ließen die Beobachter 2253 Gewaltakte in einer Länge von 875

⇨

Minuten über sich ergehen. Ohrfeigen waren am häufigsten vertreten (428 Minuten), gefolgt von Schießereien (411), Autocrashs (73) und Messerstechereien (54). Einzig bei Sexverbrechen (5) hielten sich alle Sender zurück.

Die vier untersuchten Sender haben jeweils „gewaltarme" und „gewaltsame" Tage. So verlaufen Dienstage und Donnerstage in der ARD relativ friedlich, weil dann politische Magazine und Diskussionen ausgestrahlt werden. Eher zahm ist im ZDF der Donnerstag, bei „SAT 1" der Freitag, bei „RTL plus" der Mittwoch und der Sonntag.

Obgleich die Privaten weitaus mehr Gewalt zeigen als die öffentlich-rechtlichen, nehmen sie bei der Sendezeit Rücksicht. „RTL plus" geht

Hintergrund dafür ist finanzieller Natur: Am frühen Abend strahlen die Sender Werbeblöcke aus. Damit die Spots von möglichst vielen – besonders erwachsenen, kaufkräftigen – Zuschauern beachtet werden, muß das „Werberahmenprogramm" attraktiv sein.

Der STERN hat auch untersuchen lassen, welchen Stellenwert die vier Sender der „nonfiktiven Gewalt" in den Nachrichtensendungen einräumen (d.h. die Bereiche Krieg, Explosion, Katastrophe, Attentat, Schießerei, Mord, Entführung, Brandstiftung, Raub usw.). Ergebnis: ARD und ZDF machen gern mit Gewaltsamem auf – wie auch Tageszeitungen und Illustrierte. Im Oktober sendete die

**Schießen**

Spitzenmeldung brachte, an zehn Tagen an zweiter und an 11 Tagen an dritter Stelle. Weit zurück bei der nonfiktiven Gewalt lag „SAT 1". Die Streitfrage nach den Auswirkungen von Bildschirm-Brutalität auf den Zuschauer, beinahe so alt wie das Fernsehen, bleibt indes weiter offen. Für Heinz Ungureit, stellvertretender Programmdirektor beim ZDF, ist die Praxis der Sender „moderat". „Wenn ich zynisch wäre, würde ich fragen: Woher kamen bloß all die Kriege und Morde, als es noch kein Fernsehen gab?"

**Explosion**

in der Regel erst ab 19.30 Uhr in die vollen – vorher laufen Hitparaden, Quiz oder Studio-Stammtischpalaver. „SAT 1" bringt zwar schon ab 18 Uhr Uralt-Serien wie „Westlich von Santa Fe" doch die sind relativ gewaltfrei. Die Verwilderung der Vorabendprogramme von ARD und ZDF unterläuft die Programmrichtlinien beider Systeme, welche vorschreiben, daß das Programm bis 21 Uhr „grundsätzlich von der ganzen Familie" gesehen werden können muß. Der

„Tagesschau" um 20 Uhr an neun Tagen Gewalt an erster, an vier Tagen an zweiter und weiteren vier Tagen an dritter Stelle.

ARD und ZDF wurden aber von RTL plus übertroffen, der Gewalt an nicht weniger als 18 Tagen im Monat als

**Entführen**

**Feuergefecht n** kurzer Kampf mit Pistolen
**vergewaltigen** eine Frau mit Gewalt zum Sex zwingen
**Leiche f** toter Mensch
**purzeln** fallen
**zahm** mild
**ausstrahlen** senden
**unterlaufen** (Regel) nicht beachten
**Attentat n** Versuch, j-n zu töten

## 14 TEXTÜBERBLICK

Lesen Sie den Text "Mit Hängen und Würgen" durch und füllen Sie dann die Lücken in dieser Zusammenfassung aus.

Der Stern berichtet, daß an einem Abend eine (1).......... , viele (2).......... , fünf Tote, vier (3).......... in einem Film vorkamen. Das waren insgesamt zehn (4).......... von 6.09 Minuten Dauer. Obwohl die Fernsehsender beschlossen haben, Gewalt nicht zu (5).......... , gibt es immer mehr Gewalt, und zwar in allen Programmen. Das Ergebnis einer Medienanalyse war (6).......... : Innerhalb von 261 Stunden waren (7).......... 2253 Gewaltakte zu sehen. An der Spitze waren (8).......... und an zweiter Stelle kamen (9).......... mit 411 Minuten. Der Donnerstag scheint relativ (10).......... zu sein, was Gewalt betrifft. Die (11).......... der Sender sind klar: vor 21 Uhr sollten alle Sendungen für die ganze Familie (12).......... sein. Das ist aber nur so, weil die teuersten (13).......... früher ausgestrahlt werden müssen. Nicht nur (14).......... kann aber gewaltsam sein: auch in den Nachrichten kommt (15).......... vor. Der private Sender RTL begann seine Nachrichtensendung an 18 Tagen im Monat mit Gewalt. Es ist noch nicht klar, was für (16).......... diese Sendungen auf die Zuschauer haben könnten. Zyniker weisen aber darauf hin, daß es schon vor der Erfindung des Fernsehens auch (17).......... , Morde, Vergewaltigungen und Schießereien gab.

### Worte zur Auswahl

| | |
|---|---|
| Gewaltakte | Unterhaltung |
| insgesamt | Richtlinien |
| Bedrohungen | gewaltsamer |
| Auswirkungen | Gewalt |
| verharmlosen | senden |
| Verletzte | Kriege |
| geeignet | Werbungen |
| Ohrfeigen | Schießereien |
| Vergewaltigung | ruhig |
| erschreckend | verherrlichen |

## 15 Wortwörtlich

Ordnen Sie die Verben den entsprechenden Substantiven zu. Suchen Sie die Antworten aus dem Text „Mit Hängen und Würgen" aus.

| Verb | Substantiv(e) |
|---|---|
| 1 schlagen | |
| 2 bedrohen | |
| 3 vergewaltigen | |
| 4 ermorden | |
| 5 verherrlichen | |
| 6 | die Untersuchung |
| 7 | die Aufzeichnung |
| 8 erschießen | |
| 9 erstechen | |
| 10 | das Ergebnis |
| 11 | die Rücksicht |
| 12 | der Raub |

## 16 Erstellen Sie ein Wortfeld zum Thema „Gewalt" mit Hilfe des Textes.

> **GRAMMATIK:** *Verben mit Dativ*
>
> Einige Verben fordern einen Dativ statt eines Akkusativs. Sehen Sie auch die Grammatik auf Seite 303/04!
>
> *Pizza schmeckt* **mir** *am besten.*
> *Soll ich* **ihm** *glauben?*

**17**    Füllen Sie die Lücken in diesen Sätzen aus.

1. Das Fernsehen droht unser......... Kindern mit viel Gewalt.
2. Ich habe d......... Sendung nicht gesehen.
3. Wir sahen letzte Woche d......... Sendung „Baywatch" zu.
4. Ich hörte d......... Radio zu.
5. Solche Sendungen gefallen m......... nicht.
6. Hast du d......... Nachrichten gehört?
7. Es ist m......... nicht gelungen, den Geschäftsleiter zu sprechen.
8. Ich möchte d......... Schuldirektor nicht widersprechen.
9. Wir sollten versuchen, unser......... Kindern zu helfen.
10. Zuviel Gewalt kann d......... Zuschauer schaden.
11. Sie tat m......... sehr leid.
12. Die Jacke paßt I......... gut.

## 18  Was halten Sie davon?

Haben Sie in der letzten Woche viel Gewalt im Fernsehen gesehen? Geben Sie ein paar Beispiele an! Was tun Sie, wenn ein Film Gewalt zeigt?

## 19 ⊙⊙ Einige Jugendliche aus Deutschland haben sich auch zu diesem Thema geäußert

a)  In welcher Reihenfolge hören Sie diese Meinungen?

1. „Auch wenn die Gewalt spät am Abend gezeigt wird, in brutalen Filmen, denke ich, es ist viel zu viel Gewalt im Fernsehen."
2. „Programme . . ., wo sich die Leute gegenseitig abmetzeln und erschießen, . . . finde ich nicht gut."
3. „Die Hälfte der Kinder in der Grundschule sind schon teilweise gestörte, fernsehgestörte Kinder."
4. „Das liegt auch daran, daß die Leute, die kucken, sich nicht einteilen können, was sie schauen . . ."

b)   Was sollte man gegen Gewalt im Fernsehen machen? Notieren Sie die Antworten, die Sie auf der Kassette hören.

**20**    Wählen Sie eines der folgenden Themen. Schreiben Sie einen Aufsatz oder führen Sie eine Debatte in der Klasse:

- Es gibt zu viel Gewalt im Fernsehen.
- Der Fernsehzuschauer trägt die ganze Verantwortung: er allein kann ein – oder ausschalten.
- Das Fernsehen ist ein gefährlicher Luxus, auf den Familien lieber verzichten sollten.

**21** Ersetzen Sie einen Satzteil durch ein Partizip Präsens!

1. Ein Auto, das gut funktioniert.
2. Eine Untertasse, die fliegt.
3. Die Männer, die marschieren.
4. Eine Sendung, die Gewalt verharmlost.
5. Eine Frau, die sich ausruht.
6. Die Kinder, die zusammen spielen.

## GRAMMATIK: *Partizipien*

● Das **Partizip Präsens** bildet sich, indem man dem Infinitiv ein **d** hinzufügt. Dann verwendet man oft das Partizip als Adjektiv (natürlich mit der passenden Endung!), z.B.:

| Infinitiv des Verbs | Partizip Präsens | Als Adjektiv verwendet |
|---|---|---|
| 1. darstellen | darstellend | eine Fülle **gewaltdarstellender** Filme |
| 2. verherrlichen | verherrlichend | in **verherrlichender** Form |
| 3. unterschätzen | unterschätzend | ein nicht zu **unterschätzendes** Problem |

● Oft setzt man solche Partizipien als Adjektive ein, um dadurch einen ganzen Satzteil zu ersetzen, z.B.:

1. Eine Fülle gewaltdarstellender Filme = eine Fülle Filme, die Gewalt darstellen.
2. In verherrlichender Form = in einer Form, die Gewalt verherrlicht.
3. Ein nicht zu unterschätzendes Problem = ein Problem, das wir nicht unterschätzen sollten.

● Das gleiche gilt auch für das **Partizip Perfekt**: Es kann auch als Adjektiv verwendet werden, z.B.:

| Infinitiv des Verbs | Partizip Perfekt | Als Adjektiv verwendet |
|---|---|---|
| kaufen | gekauft | ein **gekauftes** Buch |
| ergreifen | ergriffen | die **ergriffenen** Maßnahmen |
| gefährden | gefährdet | die **gefährdeten** Kinder |

● Oft ersetzt dieses Partizip einen Passivsatz oder -satzteil:

1. Ein gekauftes Buch = das Buch, das gekauft worden ist.
2. Die ergriffenen Maßnahmen = die Maßnahmen, die man ergriffen hat .
3. Die gefährdeten Kinder = die Kinder, die gefährdet (worden) sind.

● Achtung bei **Reflexivpronomen**
Präsens: Schüler, die sich anstrengen - sich **anstrengende** Schüler.
Perfekt: Schüler, die sich angestrengt haben - **angestrengte** Schüler.

## Das Fernsehn

Das Fernsehn haben wir.
Die Mutter trinkt ein Bier.
Der Vater trinkt noch eins.
Die Kinder trinken keins.
Wir schweigen alle still.
Das Fernsehn redet viel.
Ein Mann redet herum.
Der Vater schaltet um.
Der Film ist wunderschön.
Die Ferne kann man sehn.
Die Sorgen sind ganz nah.
Drum ist das Fernsehn da.

*Peter Maiwald*

**22** Ersetzen Sie die Nebensätze durch ein Partizip Perfekt.

1. Eine Frau, die bedroht worden ist.
2. Ein Mann, der von Terroristen ermordet wurde.
3. Politische Magazine und Diskussionen, die ausgestrahlt werden.
4. Spielfilme, die auf Videokassetten aufgezeichnet werden.
5. Die Gewalt, die im Fernsehen gezeigt wird.
6. Eine Frau, die sich ausgeruht hat.

Suchen Sie weitere Beispiele von diesen Formen in einer deutschen Zeitung.

**23** Beschreiben Sie das Familienleben, wie es hier in dem Gedicht "Das Fernsehn" geschildert wird.

# Die Schule: Lust am Lernen

## AUFBAU DES KAPITELS

A. *Nicht für die Schule, fürs Leben lernen wir*

B. *Lehreralltag*

C. *Die Schulen in Deutschland*

## GRAMMATIK

● *zusammengesetze Wörter: damit und um . . . zu*

● *Konditional im Perfekt (1)*

● *Der Imperativ (Wiederholung)*

## KOMMUNIKATION

● *sich entschuldigen*

● *Emotional gefärbte Wörter*

# A „Nicht für die Schule, fürs Leben lernen wir'

**1** Sehen Sie sich die Bilder auf S. 139 an. Man hat Grundschüler gebeten, ihre Schule zu zeichnen oder zu malen, und auch ein paar Sätze dazu zu schreiben. Hier sind die Bilder, die sie malten, aber das, was sie schrieben, fehlt. Was für Eindrücke bekommen Sie von ihrer Schule? Was könnten die Kinder geschrieben haben? Haben Sie Ihre Grundschule immer noch in Erinnerung? Wie war Ihre Grundschule? Erinnern Sie sich an Ihren ersten Tag in der Grundschule oder in Ihrer jetzigen Schule?

**2** Lesen die Karikatur "Irre viel Englisch".
Stellen Sie sich mal vor, Sie befinden sich in einer Deutschstunde und haben Ihre Hausaufgaben nicht gemacht. Wie entschuldigen Sie sich? Denken Sie sich eine originelle Ausrede aus – die beste Ausrede in der Klasse gewinnt! Benutzen Sie die Formulierungen auf S. 141.

## 99 SO WIRD'S GESAGT! 66

### *Entschuldigungen!*

Tut mir **furchtbar leid**, aber . . .

**Entschuldige/Entschuldigen Sie**, daß . . .

**Leider** habe ich keine Zeit gehabt.

Ich **mußte** aber in die Stadt.

Ich **habe** wirklich **keinen Bock**.

Ich hatte furchtbare Kopfschmerzen und **konnte nicht** . . .

Ich bin leider gar **nicht dazu gekommen**.

Ich bin zur Zeit **sehr beschäftigt**.

Ich habe zu Haus **viel um die Ohren**.

## 3 ▭ Hausaufgaben

Sie hören Beiträge zu einer Fernsehdiskussion über das Thema „Hausaufgaben", und zwar von einer Schülerin, einer Landeskultusministerin und dem Vater eines Schülers. Nehmen sie dafür oder dagegen Stellung?

|  | Argumente für Hausaufgaben | Argumente gegen Hausaufgaben |
|---|---|---|
| Schülerin |  |  |
| Ministerin |  |  |
| Vater |  |  |

**4** Was finden Sie beim Lernen oder bei den Hausaufgaben am schwierigsten? Ordnen Sie diese fünf Elemente von eins (sehr schwierig) bis fünf (ziemlich leicht). Vergleichen Sie Ihre Liste mit dem Partner.

- Motivation
- Gedächtnis
- Lesen
- Konzentration
- Organisation

**dagegen ist kein Kraut gewachsen** man kann nichts dagegen tun
**wie im Schlaf** sehr leicht
**Überwindung kosten** Willenskraft brauchen
**angehen** sich befassen mit, anpacken
**bewältigen** sich befassen mit, anpacken
**sich zu etw. überwinden** sich zu etw. bringen/zwingen
**abschweifen\*** nicht beim Thema bleiben
**Aufwand m** Zeit u. Mühe, die man verwendet, um ein Ziel zu erreichen
**dumpf** nicht klar u. deutlich
**häppchenweise** in kleinen Teilen; nach und nach
**beliebig** wie Sie wollen

# Leichter lernen

1. Dagegen ist ein Kraut gewachsen. Du mußt nur Poster aufhängen. Es können sogar welche von Popstars sein – wichtig ist nur, daß Du oft drauf schaust. Auf diese Poster klebst Du gut lesbare Zettel mit den Problemwörtern oder Formeln. Nach drei Wochen ungefähr hängst Du neue dran – die alten kannst Du nämlich mittlerweile wie im Schlaf.

2. Versuch mal vierzehn Tage lang, immer zur gleichen Zeit mit der Arbeit anzufangen. Und zwar an einem Platz, an dem Du nichts anderes tust als arbeiten: also nicht stricken, nicht basteln, nicht lesen – Du bist an diesem Platz nur, wenn Du arbeitest. Ob Du's glaubst oder nicht: binnen kurzer Zeit wird es Dich kaum noch Überwindung kosten, Dich zur bestimmten Zeit an diesen bestimmten Platz zu setzen. Ein Gratistip oben drauf: Noch leichter fällt das, wenn Du Dir den Arbeitsplatz gemütlich gestaltest. Und noch was: fang Deine Hausaufgabe immer mit etwas Kurzem, Leichtem an: Auch Dein Kopf braucht eine Warmlaufphase – hast Du die erste Aufgabe erst mal hinter Dir, hast Du schon Dein erstes Erfolgserlebnis – die anderen kommen dann fast von allein.

3. Auch zu Hause gegen die Zeit arbeiten. Die einzelnen Arbeitsabschnitte zu Hause sollen ja in der Regel dreißig Minuten lang sein. (vgl. Tip 6) Also Wecker stellen, umdrehen und dann versuchen, die Arbeitsabschnitte so anzugehen, daß man auch tatsächlich nach dreißig Minuten fertig ist. Das trainiert nicht nur das Zeitgefühl, es ist auch ein guter Trick, mit dem man sich zwingt, konzentriert zu arbeiten. Das Wichtigste aber: Unter Zeitdruck zu arbeiten ist dann auch im „Ernstfall" etwas ganz normales.

# Vor dem Start diese Checkliste lesen:

**A** Die Hausaufgaben erdrücken mich, ich weiß nicht, wie ich sie bewältigen soll

**B** Ich kann mich nur schwer überwinden, mit den Hausaufgaben zu beginnen

**C** Der Zeitdruck bei Klassenarbeiten macht mich fertig

**D** Ich gerate beim Lernen oft in Tagträume, meine Gedanken schweifen ab

**E** Ich kann mir bestimmte Vokabeln, Formeln einfach nicht merken

**F** Bei Klassenarbeiten habe ich Dinge vergessen, die ich vorher genau wußte

4. Was man dagegen tun kann? Rechtzeitig Pause machen. Natürlich nicht einfach so mittendrin, aber regelmäßig nach jeder kleinen Arbeitseinheit. (Tip 6): nach jeder halben Stunde also gute fünf Minuten, nach eineinhalb Stunden mindestens 15 Minuten.
PS.: Um zwischen den Pausen noch konzentrierter zu sein, hilft der Trick mit dem Wecker (siehe Tip 3)

5. Wissenschaftliche Tests haben erwiesen, daß etwa zwei Stunden lang eine ganz beachtliche Menge Stoff aufgenommen wird, daß danach das Lernergebnis den Aufwand jedoch kaum noch lohnt. Es ist, als wollte man einen bereits triefnassen Schwamm immer noch weiter mit Wasser tränken. Aber es kommt noch schlimmer: Wer länger als drei Stunden versucht, Stoff in sich zu pressen, überdeckt bereits Gelerntes. So kommt es, daß man sich in der Klassenarbeit nur noch äußerst dumpf an den Stoff erinnern kann, keine Einzelheiten mehr weiß, dafür aber alle möglichen Fakten durcheinanderbringt.

6. Was hier hilft, ist nur „Aha" – arbeiten häppchenweise: Schreib Dir kurz, aber exakt auf, was eigentlich zu tun ist, ordne dabei der Wichtigkeit nach:
Damit ist der Arbeitsberg schon geschrumpft – und er ist übersichtlicher geworden. Jetzt gilt es, alle Fächer in kurze Arbeitseinheiten einzuteilen – jede etwa dreißig Minuten lang. Das zwingt Dich zunächst einmal dazu, den Stoff zu strukturieren, Dir klar zu machen, was eigentlich wichtig ist.
Du hast nicht mehr zig Stunden verzweifelter Arbeit vor Dir, sondern nur noch vier oder fünf Arbeitsblöcke von einer halben Stunde: die sind überschaubar, über den restlichen Tag beliebig verteilbar und vor allem: eine halbe Stunde ist genau die Zeitspanne, in der das Gehirn ohne Pause volle Leistung bringen kann.

## 5     TEXTÜBERBLICK

Lernen, das ist endloses Brüten und quälende Ochserei? Es geht auch anders, leicht und lässig sozusagen – man muß nur wissen wie. Dazu wollen Ihnen die Tips auf dieser Seite verhelfen. Suchen Sie für jedes Problem A–F den dazupassenden Tip 1–6.

**GRAMMATIK:** *Zusammengesetzte Substantive*

Auf Deutsch kann man sehr leicht längere Substantive bilden. Das macht man so:
Substantiv + Substantiv (manchmal mit -(e)s-, -(e)n- dazwischen)
    *z.B. Kaffeetasse, Geburtstag, Blumenkohl*
Adjektiv + Substantiv
    *z.B. Kleingeld, Fertighaus, Weißwein*
Verbstamm + Substantiv
    *z.B. Eßzimmer, Tankstelle, Lehrbuch*

# 6 Wortwörtlich

Bilden Sie die Substantive, die zu den Definitionen unten passen, aus den Wortteilen unten. Die Antworten stehen alle im Text.

PLATZ       SPANNE       EINHEIT       BERG       DRUCK

ARBEIT       ZEIT       LERN

TIP       KLASSE(N)       BLOCK       HAUS

PHASE       ABSCHNITT       GEFÜHL       PROBLEM

1. Dort, wo man seine Arbeit macht.
2. Wenn man bis morgen sehr viele Hausaufgaben machen muß, steht man unter ..........
3. Wenn man sehr viel Arbeit hat, die noch nicht fertig ist, spricht man von einem ..........
4. Die Einstiegszeit.
5. Wie man seine Arbeit aufteilt.

Können Sie aus dieser Liste weitere sinnvolle Substantive bilden und erklären?

---

**GRAMMATIK:** *Der Imperativ (Wiederholung)*

Wenn man jemandem einen Tip gibt, verwendet man oft den Imperativ. (Siehe S.298 und 299 *Grammatik*)

| | |
|---|---|
| Imperativ-Form | *Fang heute an!* |
| . . . oder ein Infinitiv | *Mut fassen!* |
| . . . oder **sollen** | *Sie sollten konzentriert arbeiten.* |

---

**7**   Finden Sie möglichst viele Beispiele für die drei Formen des Imperativs im Text.

---

**GRAMMATIK:** *damit/um . . . zu . . .*

Wenn man den Zweck oder die Absicht einer Handlung erklären will, verwendet man **damit** + finites Verb oder **um . . . zu . . .** + Infinitiv, z.B.

| Handlung | Zweck/Absicht |
|---|---|
| Verteile die Arbeit über die Woche, | **um** den Streß **zu** reduzieren.<br>**damit** du den Streß reduzierst. |
| Du solltest konzentrierter arbeiten, | **um** mehr Freizeit **zu** haben.<br>**damit** du mehr Freizeit hast. |

**8**    Versuchen Sie jetzt, die Absicht der anderen Tips auf S. 141/42 zu erklären – verwenden Sie **damit** und **um . . . zu . . .**

# B Lehreralltag

**9**    Möchten Sie Lehrer werden? Was fällt Ihnen ein, wenn Sie das Wort Lehrer hören?

**10** 🔊

Sie hören auf der Kassette das, was Herr Müller von dem Leben eines Lehrers hält. Beantworten Sie folgende Fragen:

> **sich auf dem laufenden halten** sich ständig über Neues informieren
> **Kniff m** Trick
> **bei der Stange halten** bewirken, daß jmd die Aufgabe nicht aufgibt
> **Draht m** Interesse, Verständnis
> **Aufhänger m** Anfang, Einführung
> **verabreichen** (z.B. Medikament) geben
> **autogenes Training** Übungen, mit deren Hilfe man sich entspannt

1. Wie findet er das Leben eines Lehrers?
2. Warum?
3. Wo hat der Lehrer ein besonders schweres Leben?
4. Womit soll sein Leben verbunden sein?
5. Was sind die Vorteile dieses Berufes?
6. Wie muß ein guter Lehrer sein?
7. Was für ein Gleichgewicht muß er halten können?

# *Lautstark gefragt*

1. Geschichtsstunde in der 8. Klasse der Brüder-Grimm-Schule in Dornheim (Hessen) – Thema: der Merkantilismus. Die Aufmerksamkeit der Schüler schwindet zusehends, nach kaum 20 Minuten ist sie auf den Nullpunkt gesunken.
2. Wie kann es dennoch gelingen, Hauptschülern Geschichte, Mathematik oder Religion beizubringen? Wie kann der Lehrer mit ihnen fertig werden? Ein Blick auf den Berufsalltag von Rainer Dreut gibt eine Antwort auf diese Fragen. Herr Dreut unterrichtet die 8. und 9. Klasse der Brüder-Grimm-Schule in Dorheim, einer hessischen Gemeinde südöstlich von Bad Nauheim. Mit 40 Jahren ist er der jüngste vollberuflich tätige Lehrer im Kollegium. Eigentlich hat er die Ausbildung eines Realschullehrers, doch tätig ist er seit Januar 1971 in Dorheim als Hauptschullehrer für die Klassen sieben bis neun. Er unterrichtet sie in fast allen Fächern.
3. „Die Schüler müssen den Stoff mit mir lernen, gegen sie habe ich keine Chance", erklärt Rainer Dreut. Der Unterrichtserfolg wäre gleich Null.

Der Lehrer muß daher von seinen Schülern akzeptiert werden. Das sei nur möglich, wenn er sich voll engagiere und es außerdem verstehe, seine Schüler auch im emotionalen Bereich anzusprechen. Herr Dreut versucht deshalb, sich in der Gedankenwelt seiner Schüler auf dem laufenden zu halten. „Ich bin regelmäßig Leser eines weitverbreiteten Jugendmagazins, auch wenn ich diese Zeitschrift manchmal am liebsten in die Ecke werfen würde", erzählt er. Der Slang der Jugendlichen ist ihm ebenso vertraut wie die Musik, die sie hören. Einige Erfahrung, etwas Schauspielerei und auch der eine oder andere pädagogische Kniff gehören zum Repertoire, auf das Rainer Dreut täglich zurückgreift, um seine Schüler bei der Stange zu halten.

4. „Die Schüler wollen singen, zeichnen, Sport treiben – sie wollen etwas tun! Für Fächer wie Geschichte, Mathematik oder Religion fehlt ihnen dagegen der richtige Draht." Hier geht es Herrn Dreut dann darum, einen Aufhänger zu finden, der die Schüler auch emotional anspricht. Der

➡

Unterricht selbst muß abwechslungsreich angelegt sein. Zuhören, Befragen, schriftliche Aufgaben, Gruppenarbeit wechseln einander ab. „Viele Schachzüge und Tricks habe ich hier dem Erfahrungsschatz der Kollegen abgeschaut", berichtet Rainer Dreut. „Er geht zum Beispiel auf einen Wunsch der Schüler ein, verabreicht ihnen ein „Bonbon" – damit sie nicht spüren, daß sie im nächsten Augenblick gefordert werden".

5. Um Aufmerksamkeit und die Erledigung von Hausaufgaben muß man kämpfen. Etwa ein Drittel der Schüler „vergißt" seine Hausaufgaben, so die leidvolle Erfahrung. Rainer Dreut notiert diese Fälle und versucht den Schülern klar zu machen, daß man seine Arbeiten erledigt. „Ich versuche den Schülern das Gefühl zu geben, daß eine Hausaufgabe keine Strafe ist", erklärt er. Er vermeidet es deshalb, im letzten Augenblick – wenn die Schulglocke bereits ertönt – noch schnell eine „Hausaufgabe um der Hausaufgabe willen" zu geben. Bewährt habe es sich vielmehr, den Schülern bereits zehn Minuten vor Unterrichtsschluß eine Aufgabe zu geben, die sie daheim vollenden sollen. Die Schüler befassen sich dann bereits mit der Sache und können den Lehrer bei Unklarheiten noch fragen.

6. Wenn freilich alle Überzeugungsarbeit nichts fruchtet, greift Rainer Dreut zum letzten Mittel: Er gibt einem hartnäckigen Hausaufgabenverweigerer eine miserable Fleiß-Note. Aber auch das kann fruchtlos sein, wenn die Eltern sich nicht um die Schulprobleme ihrer Kinder kümmern. „Wenn das Elternhaus teilnahmslos ist, hat man als Lehrer in solchen Fällen wenig Chancen", meint Rainer Dreut.

## 11 TEXTÜBERBLICK

a) Wir haben diesen Text (S. 144/45) in kleinere Stückchen geschnitten. Können Sie sagen, zu welchem Abschnitt jeder dieser Titel gehört? (Es gibt mehr Titel als Abschnitte.)

   a. „Sie wollen oft gar nicht ruhig sein."

   b. Keine Lust mehr – nach zwanzig Minuten!

   c. Ohne die Unterstützung der Eltern kann man nichts machen.

   d. Schlecht ist es nicht immer.

   e. Der Kampf um die Hausaufgaben.

   f. Der jüngste Lehrer in der Schule.

   g. „Meine Lektüre hilft mir, mit den Schülern in Kontakt zu kommen"

   h. „Man muß ein bißchen auf die Schüler eingehen"

b)  Richtig oder falsch?

1) Herr Dreut unterrichtet seit 40 Jahren.
2) Hauptschülern kann man Geschichte nicht beibringen.
3) Schüler müssen ihren Lehrer akzeptieren.
4) Wenn Herr Dreut eine Jugendzeitschrift findet, wirft er sie in die Ecke.
5) Herr Dreut war früher Schauspieler.
6) Abwechslung ist für Hauptschüler sehr wichtig.
7) Er gibt Hausaufgaben nur, wenn er es unbedingt muß.
8) Die Eltern von Hauptschülern kümmern sich kaum um die Schulprobleme ihrer Kinder.
9) Es gibt Stunden, in denen man nicht unterrichten kann.
10) Herr Dreut lädt seine Aggressionen zu Hause ab.

## 12  Wortwörtlich

a)  Finden Sie die richtigen Definitionen in B für die Wörter und Ausdrücke in A:

| A | | B | |
|---|---|---|---|
| 1. | gelingen | a) | bekannt |
| 2. | die Aufmerksamkeit | b) | die Diskussion, die Analyse |
| 3. | sich auf dem laufenden halten | c) | schaffen |
| 4. | vertraut | d) | das Interesse |
| 5. | jemanden bei der Stange halten | e) | er versucht |
| 6. | es geht ihm darum | f) | es bleibt ohne Erfolg |
| 7. | es fruchtet nichts | g) | sich ständig informieren |
| 8. | es geht schief | h) | das Interesse wahren |
| 9. | die Mühe | i) | die Anstrengung |
| 10. | alles in allem | j) | im großen und ganzen |
| 11. | die Auseinandersetzung | k) | es läuft schlecht |

b)  Das Wort „sagen" wird viel zu oft verwendet. Der Autor von „Lautstark gefragt" hat sich dafür viele Synonyme ausgesucht. Machen Sie eine Liste von den Verben, die der Autor statt „sagen" verwendet.
Suchen Sie jetzt im Wörterbuch den genauen Sinn dieser Verben.

## 13  Machen Sie Notizen zu den folgenden Aspekten von Herrn Dreuts Arbeit.

- Geistesarbeit
- Schulstunden
- Hausaufgaben
- Eltern
- Ärger

Möchten Sie in einer solchen Schule arbeiten?

# Der tägliche Klassenkampf

Lehrer werden oft beneidet: Sie haben einen sicheren Arbeitsplatz, jede Menge Ferien und sind fast immer schon mittags zu Hause. Doch für viele sind das teuer bezahlte Privilegien – die Angst vor den Schülern macht sie fix und fertig.

Rein randelmäßig läuft wenig an diesem Vormittag. Zwar gehen ein Gesamtschüler und ein Junge der benachbarten Hauptschule auf dem Hof mit einer Bierflasche aufeinander los – im Unterricht aber bleibt es heute ruhig. In einem Lehrerzimmer treffe ich Frau Meise, Mitte 30, lange, schöne Haare. Zierlich und zerbrechlich sieht sie aus, wenn sie vor den Schülern steht, die fast alle gut einen Kopf größer sind. Aber meist sitzen ihre Schüler ja, genauer: sie lümmeln sich auf ihren Stühlen. „Bitte", sagt Frau Meise, „bitte, seid doch mal ruhig." Keine Reaktion. Klaus liest seinen Comic ungerührt weiter, Gerd kaut teilnahmslos seinen Kaugummi, seine Banknachbarin blättert in der „Bravo". Zwei Mädchen unterhalten sich angeregt. Nach zehn Minuten klopft Frau Meise energisch auf ihr Pult, allmählich läuft der Unterricht an. „Ich habe oft das Gefühl, ich sitze vor Ölgötzen, die starren einen an, es kommt keine Reaktion auf meine Bemühungen. Ich frage etwas, und die glotzen nur teilnahmslos", klagt die Lehrerin. Einmal hat sie ihren Schülern einen Zettel auf das Pult gelegt. „Ich war Luft für euch, ihr habt mich nicht beachtet und weiter geschrien, geprügelt und gegessen. Ich bin jetzt im Lehrerzimmer und warte, bis ihr mich abholt", stand darauf. Ihre Hilfslosigkeit hat wohl Mitleid erregt. Die Schüler holten sie ab. Nach vierstündiger Unterrichtsbeobachtung bin ich total geschafft.

Die Schüler auch. „Es reicht, wenn wir pennen und den da vorne reden lassen", erklärt ein 16jähriger. „Wir können jeden Lehrer echt auflaufen lassen, wenn wir uns einig sind."

## 14     TEXTÜBERBLICK

a) Der Artikel „Lautstark gefragt" schildert das Leben eines Lehrers alles in allem ganz positiv. „Der tägliche Klassenkampf" schildert es dagegen sehr negativ. Vergleichen Sie die zwei Artikel unter folgenden Stichwörtern:

| | Lautstark gefragt | Der tägliche Klassenkampf |
|---|---|---|
| Stundenanfang | | |
| Aufmerksamkeit | | |
| Einstellung der Schüler | | |
| Aggressionen | | |

**beneiden** selbst haben wollen, was ein anderer hat
**zierlich** klein u fein
**s. lümmeln** so nachlässig sitzen, daß es frech wirkt
**Ölgötze m** jmd, der nicht reagiert oder spricht
**pennen** schlafen
**auflaufen lassen** jmdn in eine peinliche Situation bringen

**feilschen** lange um etw. handeln
**Ausstrahlung f** Charme
**Einfühlungsvermögen n** Fähigkeit,
 sich in die Situation eines Menschen zu
 versetzen
**Pauker m** Lehrer

b) Warum wirkt der zweite Artikel so negativ und der erste so positiv? Was für
einen Stil, welche Bilder und Vokabeln verwenden die Autoren, um ihre
Einstellung zu unterstreichen?

---

BRAVO BRAVO BRAVO BRAVO BRAVO BRAVO BRAVO BRAVO BRAVO BRAVO BRAVO BRAVO

Schule/Gymnasium........................................................ Schuljahr................

# KLASSENZEUGNIS

für Lehrer/in

Unterrichtet seit _____ die Klasse _____ im Fach _____
und hat seine/ihre Lehrer/innen-Pflicht erfüllt/nicht erfüllt.
Begründung: _____
_____
_____

Die Leistungen sind wie folgt beurteilt worden:

## Unterricht
☐ geht stur nach Lehrplan vor
☐ manchmal langweilig
☐ flott und lebendig

## Gerechtigkeit
☐ hat Lieblingsschüler, die er/sie sichtbar bevorzugt
☐ manchmal ist er/sie ungerecht
☐ bemüht sich, jeden gleich zu behandeln

## Notengebung
☐ ist hart, aber gerecht
☐ feilscht um jede Zehntelnote
☐ urteilt im Zweifelsfalle zugunsten des Schülers

## Fachwissen
☐ ist für jede Stunde gut vorbereitet
☐ liest nur aus den Büchern vor
☐ schwafelt oft belangloses Zeug und wirkt nicht sattelfest

## Ausstrahlung
☐ wirkt immer fröhlich und hebt die Stimmung in der Klasse
☐ wirkt an manchen Tagen muffig und übelgelaunt, und läßt eigene Probleme an den Schülern aus
☐ sehr launisch, man kann ihn/sie nie vorher einschätzen

## Menschlichkeit
☐ persönliche Probleme der Schüler interessieren ihn/sie nicht
☐ nimmt nur in Krisenfällen jemanden beiseite und spricht mit ihm
☐ man kann mit allen Problemen zu ihm/ihr kommen

## Hausaufgaben
☐ findet immer das richtige Maß
☐ gibt viel zuviel auf
☐ manchmal erträglich, manchmal zu viel

## Bestrafungen
☐ versucht mangelndes Rückgrat durch Strafarbeiten, Nachsitzen und Verweise zu verbergen
☐ ist großzügig und sieht über manches hinweg
☐ ist viel zu lasch und sollte besser durchgreifen

## Klassenführung
☐ strahlt schon durch seine/ihre Persönlichkeit Respekt aus
☐ läßt sich zu leicht auf der Nase rumtanzen
☐ versucht sich durch Drohungen durchzusetzen, aber hinterm Rücken wird er/sie ausgelacht

## Humor
☐ kann über nichts lachen
☐ ist für jeden Scherz zu haben
☐ hängt ganz von seiner/ihrer Laune ab, unberechenbar

## Einfühlungsvermögen
☐ modern in seinen/ihren Ansichten, kann sich in die Situation des Schülers versetzen
☐ eher spießig, autoritär
☐ total altmodisch, ein verknöcherter Pauker

## Kontaktfreudigkeit
☐ guter Kumpel, geht auf die Schüler zu
☐ unternimmt auch mal privat was mit den Schülern
☐ spielt den Unnahbaren

## Aussehen
☐ attraktive Erscheinung
☐ kleidet sich altmodisch
☐ macht übertrieben auf jung

Datum

BRAVO AKTION Lehrer-Test

Die Klasse:

_____    _____

Notenstufen: 1 = sehr gut, 2 = gut, 3 = befriedigend, 4 = ausreichend, 5 = mangelhaft, 6 = ungenügend

BRAVO BRAVO BRAVO BRAVO BRAVO BRAVO BRAVO BRAVO BRAVO BRAVO BRAVO BRAVO

## 15    TEXTÜBERBLICK

Was ist für Sie das Wichtigste an einem Lehrer? Suchen Sie die fünf wichtigsten Gebiete, in denen ein Lehrer erfolgreich sein muß, aus dem „Klassenzeugnis" (S. 146) aus.

**16**    Suchen Sie für jedes Gebiet die beste Bemerkung aus, die ein Lehrer sich erhoffen könnte. Drücken Sie die Bemerkungen mit eigenen Worten aus.

## 17   Wortwörtlich

a)    Positiv oder negativ? Bewerten Sie auf einer Kopie dieser Tabelle diese Wörter – welches Wort in jedem Paar ist positiv, welches negativ? Sie brauchen ein Wörterbuch dazu!

| | Positiv | Negativ |
|---|---|---|
| 1. ist flott, schwafelt<br>2. belanglos, großzügig<br>3. spießig, ein Kumpel<br>4. unberechenbar, gerecht<br>5. übertrieben, gut vorbereitet | | |

b)    Einige Wörter haben ungefähr die gleiche Bedeutung, dafür aber positive oder negative Werte. Es hängt vom persönlichen Standpunkt des Autors ab, *welches* eingesetzt wird.
Können Sie auch hier entscheiden, welche Wörter positiv wirken und welche Wörter negativ wirken?

| | Positiv | Negativ |
|---|---|---|
| 1. gründlich/stur<br>2. lebendig/oberflächlich<br>3. lasch/locker<br>4. solid/spießig<br>5. autoritär/streng<br>6. nachlässig/großzügig<br>7. nachgiebig/mangelndes Rückgrat<br>8. unberechenbar/anpassungsfähig | | |

**18**    Schreiben Sie ein Klassenzeugnis für Herrn Dreut. Beziehen Sie sich dabei auf den Text „Lautstark gefragt".

## 19 🔊 Woher kommt der Schulstreß?

Hören Sie sich die Kassette an. Deutsche Schüler diskutieren den Schulstreß und die Eigenschaften eines guten Lehrers. Unten finden Sie einige Aussagen aus der Diskussion: in jeder Aussage ist ein Wort durch ein Synonym ersetzt worden. Schreiben Sie die ersetzten Wörter auf.

1. Er sollte auch das Fach *unterrichten* können . . .
2. . . . wenn der Lehrer zu fies ist, sehr *unfair* ist gegenüber seinen Schülern . . .
3. Man kann in dem Fach keine gute Leistung *erreichen* . . .
4. . . . weil *die Beziehung* lockerer ist – nicht so gespannt . . .
5. . . . ich meine, die mündlichen Noten sind *notwendig* . . .
6. . . . dann *hört er nicht zu* im Unterricht . . .
7. Ein gewisser Leistungsdruck muß *da* sein . . .
8. Man lernt, in Zukunft mit *Streß* zu leben im Beruf . . .
9. Ich muß es jetzt machen, um Geld zu verdienen, meine Familie *versorgen* zu können . . .

Auf welche Gebiete im „Klassenzeugnis" beziehen sich die Schüler?

## 20 Was halten Sie davon?

Der Schulstreß in Deutschland kommt zum Teil von den wöchentlichen Arbeiten. Woher kommt der Schulstreß bei Ihnen? Wie kann man den Schulstreß vermindern?

# C Die Schulen in Deutschland

**zuständig** verantwortlich
**Beitrag m** eine Geldsumme
**Zensur f** Note
**Abschluß m** Prüfung am Ende der Ausbildung
**einbeziehen** als dazugehörend betrachten
**nachholen** etwas Versäumtes später machen

# Die Schulen

Grundlagen der Schule. Für wesentliche Teile des Bildungswesens sind in der Bundesrepublik Deutschland die Bundesländer zuständig.

Die Schulpflicht besteht vom vollendeten sechsten bis zum 18. Lebensjahr, also für zwölf Jahre. Dabei müssen neun (in einigen Bundesländern zehn) Jahre lang eine Vollzeitschule und danach die Berufsschule in Teilzeitform besucht werden. Die Lernmittel, vor allem Schulbücher, werden den Schülern zum Teil kostenlos überlassen.

Der Kindergarten. Er gehört nicht zum staatlichen Schulsystem. Im Mittelpunkt der erzieherischen Arbeit stehen Sprachförderung, die Entfaltung der kindlichen Persönlichkeit, soziale Erziehung und Spiel. Meist halten sich die Kinder nur vormittags im Kindergarten auf und sind nachmittags wieder bei der Familie. Es gibt jedoch auch Ganztagskindergärten und Kindertagesstätten.

Der Besuch des Kindergartens ist freiwillig; zumeist müssen die Eltern einen Beitrag zahlen. Die Kindergärten werden von Gemeinden, Kirchen, Wohlfahrtsverbänden, Betrieben oder von privater Seite unterhalten. Heute besuchen über 80 Prozent aller Kinder zwischen drei und sechs Jahren einen Kindergarten.

Das Schulsystem. Mit sechs Jahren kommen die Kinder in die Grundschule. Sie umfaßt im allgemeinen vier Jahre, in Berlin sechs Jahre. In den meisten Bundesländern erhalten die Kinder in den ersten beiden Schuljahren noch keine Zensuren, sondern allgemeine

⇨

Beurteilungen. Nach den vier gemeinsamen Jahren in der Grundschule wechseln die Schüler in eine andere Schulform. Dort besuchen sie zunächst eine Orientierungsstufe (Klasse 5 und 6), in der sie und ihre Eltern die Entscheidung für einen bestimmten Schultyp noch überdenken oder ändern können.

Rund ein Drittel der Kinder besucht im Anschluß an die Grundschule die Hauptschule. Wer sie nach neun oder zehn Jahren verläßt, tritt meist in die Berufsausbildung ein (und besucht daneben bis zum 18. Lebensjahr eine Berufsschule). Der erfolgreiche Abschluß der Hauptschule öffnet den Weg zu vielen Ausbildungsberufen in Handwerk und Industrie. Das Lernangebot der Hauptschule ist zunehmend anspruchsvoller geworden: So erhält beispielsweise heute fast jeder Hauptschüler Unterricht in einer Fremdsprache (meist Englisch) und in Arbeitslehre, um ihm den Weg in die Berufsausbildung zu erleichtern.

Die Realschule steht zwischen Hauptschule und höherer Schule. Sie umfaßt in der Regel sechs Jahre von der 5. bis zur 10. Klasse und führt zu einem mittleren Bildungsabschluß. Dieser Abschluß berechtigt zum Besuch einer Fachschule oder Fachoberschule. Er gilt als Voraussetzung für eine mittlere Laufbahn in Wirtschaft oder öffentlichem Dienst. Ein Drittel aller Schüler erreicht den mittleren Abschluß.

Das neunjährige Gymnasium (5. bis 13. Schuljahrgang) ist die traditionelle höhere Schule in Deutschland. Ihre frühere Gliederung in altsprachliches, neusprachliches und mathematisch-naturwissenschaftliches Gymnasium gibt es heute kaum noch. Die Regel ist heute die reformierte Oberstufe (11. bis 13. Schuljahr), in der das Kurssystem die herkömmlichen Klassen abgelöst hat. In den Kursen sollen sich die Schüler hauptsächlich mit den Fächern beschäftigen, die sie besonders interessieren. Damit soll ihnen der Übergang zur Hochschule erleichtert werden. Neben den Gymnasien mit reformierter Oberstufe gibt es noch Sonderformen wie z.B. das Wirtschaftsgymnasium oder das Technische Gymnasium.

Ein weiteres Modell ist die Gesamtschule, die die drei Schulformen zusammenfaßt. Sie betreut die Kinder in der Regel von der 5. bis zur 10. Klasse. Einige Gesamtschulen haben eine eigene Oberstufe, die wie die gymnasiale Oberstufe gestaltet ist. Der Schüler kann je nach Fähigkeit Kurse mit höheren oder einfacheren Anforderungen belegen. Berufskundlicher Unterricht wird in den Lehrplan einbezogen.

Kinder und Jugendliche, die wegen einer Behinderung in den allgemeinen Schulen nicht ausreichend gefördert werden können, werden an besonderen Schulen unterrichtet.

Der Zweite Bildungsweg bietet die Möglichkeit, Versäumtes nachzuholen. Abendgymnasien geben Berufstätigen die Möglichkeit, sich neben ihrer täglichen Arbeit in drei bis sechs Jahren auf die Reifeprüfung vorzubereiten. In gleicher Weise kann man in Abendschulen den Hauptschul- oder Realschulabschluß nachholen. Dieser Weg ist freilich schwierig und verlangt großen persönlichen Einsatz.

Neue Schulen in den neuen Bundesländern. Eine der zentralen kulturpolitischen Aufgaben wird in den nächsten Jahren die Einführung des westdeutschen Schulsystems in den neuen Bundesländern sein. Zu DDR-Zeiten war dort die zehnklassige allgemeinbildende Polytechnische Oberschule die staatliche Regel- oder Pflichtschule. Diese Schulform war ganz auf eine Erziehung zum Sozialismus im Sinne der herrschenden Ideologie ausgerichtet. Seit der Vereinigung werden die Lehrpläne entpolitisiert.

---

Schematische Gliederung des Bildungswesen

**WEITERBILDUNG**
(allgemeine und berufsbezogene Weiterbildung in vielfältigen Formen)

|  | | | |
|---|---|---|---|
| | | | Berufsqualifizierender Studienabschluß |
| | Berufsqualifizierender Abschluß | Allgemeine Hochschulreife | Universität/Technische Universität Pädagogische Hochschule Fachhochschule Verwaltungsfachhochschule |
| | Fachschule | Abendgymnasium/ Kolleg | Kunsthochschule Gesamthochschule |
| | Berufsbildender Abschluß | | Allgemeine Hochschulreife |
| 13 | Mittlerer Bildungabschluß | Fachhochschule | Gymnasiale Oberstufe |
| 12 | Berufsausbildung in Betrieb u. | Berufs- aufbau- Schule / Berufs- fach- Schule / Berufs- ober- Schule | (Gymnasium, Berufliches Gymnasium, Fachgymnasium Gesamtschule) |
| 11 | Berufsschule (Duales System) | | |
| 10 | Berufsgrundbildungsjahr | | |
| | Abschlüsse an Hauptschulen nach 8 oder 10 Jahren/Realschulabschluß | | |
| 10 9 | 10. Schuljahr | | |
| 8 7 | Sonder- Schule | Hauptschule   Realschule   Gymnasium   Gesamtschule | |
| 6 5 | Orientierungs-Stufe (Schulformabhängig oder schulformunabhängig) | | |
| 4 3 | Sonder- schule | Grundschule | |
| | | Kindergarten | |

Schuljahr

## 21 TEXTÜBERBLICK

### Die Schulen

Was paßt? Bilden Sie Sätze:

| | |
|---|---|
| 1. Das Abendgymnasium | a) ... ist die Prüfung, die man bestehen muß, um auf die Universität zu gehen. |
| 2. Die Hochschule. | b) ... ist eine Schule für behinderte Kinder. |
| 3. Der Kindergarten | c) ... ist eine Schule für Erwachsene. |
| 4. Die Grundschule | d) ... ist eine Schule für sechs- bis neunjährige Kinder. |
| 5. Die Hauptschule | e) ... ist die traditionelle Schulform, die zum Abitur führt. |
| 6. Das Gymnasium | f) ... ist eine Schule, die alle drei traditionellen Schultypen umfaßt. |
| 7. Die Berufsschule | g) ... ist eine Schule, in der man einen Beruf erlernen kann. |
| 8. Das Abitur | h) ... ist z.B. eine Universität. |
| 9. Eine Sonderschule | i) ... ist eine Schule für weniger intelligente Kinder. |
| 10. Die Gesamtschule | j) ... ist eine Spielschule für kleine Kinder. |

## 22 Wortwörtlich

Finden Sie im Text auf S. 150/51 Synonyme für diese kursivgedruckten Worte bzw. Ausdrücke.

1. Der Staat *hat die Verantwortung* für das gesamte Schulwesen.
2. Der Kindergarten ist *nicht ein Teil des* staatlichen Schulsystems.
3. Kinder kommen, *wenn sie sechs Jahre alt sind,* in die Grundschule.
4. Alle Kinder besuchen *zusammen* die Grundschule.
5. Nach der Grundschule besuchen Schüler *zuerst* eine Orientierungsstufe.
6. In der Orientierungsstufe können die Schüler *sich ihre Wahl überlegen*.
7. Nach der Hauptschule *geht* man in die Berusaufsbildung.
8. Das Abitur *erlaubt einem, auf eine Universität zu gehen.*
9. Die Gesamtschule betreut die Schüler *normalerweise* von der 5. bis zur 10. Klasse.
10. In der DDR *orientierte sich* das Schulwesen am herrschenden Kommunismus.

## 23 📼

a) Sie hören jetzt die ersten paar Minuten von einer Fernsehsendung über die Probleme der Schüler (und ihrer Eltern). Was sagt der Moderator zu den folgenden Stichworten? Machen Sie Notizen!

- Pause
- Abitur
- Rolle der Eltern
- Leistungsniveau
- Arbeitszeiten

b) Mit welchen Problemen wird das Schulsystem in Ihrem Land konfrontiert? Filmen Sie einen kurzen Bericht mit einer Videokamera!

## Betragen mangelhaft

Mein Klassenlehrer mochte mich, ohne ihn wäre ich sicher ein paarmal geflogen. Leider ist er im Kriege gefallen. Im Laufe der Jahre hat er mich dreimal gerettet. So oft hatte ich nämlich das Consilium abeundi. Das klingt gelehrter als es ist. Es bedeutet nichts als eine Lehrerkonferenz, die über einen Rausschmiß berät. Was die Herren sich für Umstände meinetwegen gemacht haben. Das erstemal, ich war zwölf Jahre alt, bekam ich es, weil ich ein schlechter Psychologe war. Ich hatte die Lehrer falsch eingeschätzt, d.h. eigentlich hatte ich sie richtig eingeschätzt, ich stolperte nur über die Ausnahme, ohne die die Regel angeblich nicht existieren kann. Das kam so: Ich hatte meinen Kameraden gegenüber behauptet, die Lehrer wären mittags genauso froh wie wir, daß die Schule vorüber sei, und wollten nichts als nach Hause. Sie sähen nichts und hörten nichts, und ich wäre bereit, mich mit einer brennenden Zigarette im Mund an den Lehrerausgang zu stellen, vor jedem die Mütze zu ziehen, und keiner würde bemerken, daß ich rauchte. Gesagt, getan. Es war eine Attikah. (Heute gibt es die Marke nicht mehr, also keine Schleichwerbung.) Ich stand, die brennende Zigarette im Mund, und wartete vor dem Lehrereingang. Meine Freunde schauten aus sicherer Entfernung zu. Der erste kam. Ich zog die Mütze – ein kurzes Nicken. Er eilte vorüber. Der zweite – ein zerstreuter Blick – vorbei. Der dritte – keine Reaktion. Und so ging's weiter, ich kam mir vor wie ein siegreicher Feldherr. Ein zwölfjähriger Bengel stand mit einer Zigarette im Mund da, grüßte vor der Schule seine Lehrer, und keiner merkte was. Man muß zugeben, das war schon ein Triumphgefühl wert. Dann kam einer, den wir gar nicht hatten, den es eigentlich doch überhaupt nichts anging. Einer, der nur in den höheren Klassen unterrichtete. Der sah mich, ging auf mich zu, klebte mir eine, daß die teure Attikah erschreckt das Weite suchte, ließ sich Namen, Klasse und Klassenlehrer sagen, murmelte etwas von einmaliger Unverschämtheit, von Zeigen-Wollen heutiger Jugend und so. Na ja, eben das, was sicher schon die Lehrer in der Ming-Zeit und im alten Ägypten gemurmelt haben. Meine Zigarette war aus, dafür brannte meine Backe, aber schlimmer war die Tatsache der Niederlage. Letzlich bin ich wirklich nur an der Ausnahme gescheitert. Aber mein Klassenlehrer rettete mich vorm Rausschmiß, ich bekam eine Strafarbeit und zwölf Stunden Arrest.

*Hans Joachim Kulenkampff*

**fliegen** hinausgeworfen werden
**jmdm eine kleben** jmdm mit der offenen Hand ins Gesicht schlagen
**Niederlage f** das Verlieren eines Kampfes (< >Sieg)
**scheitern** keinen Erfolg haben

## 24     TEXTÜBERBLICK

Lesen Sie den Text auf S. 153.

1. Was tat Herr Kulenkampff als Wette?
2. Warum verlor er die Wette?

---

**GRAMMATIK:** *Wenn-Sätze: Konditionalperfekt*

● Wir haben schon gesehen (Seite 79), wie man Bedingungsätze bildet:

Wenn ich reich **wäre**, dann **würde** ich . . . + Infinitiv
Wenn du kommen **würdest**, dann **würden** wir . . . + Infinitiv

● Man kann Bedingungsätze auch in der Vergangenheit bilden. Dabei spricht man über das, was hätte passieren können, wenn eine bestimmte Voraussetzung erfüllt worden wäre:

Wenn ich reich **gewesen wäre**, **dann wäre** ich nach Australien
    **gefahren**.
Wenn du **gekommen wärest**, **hätten** wir mit dem Auto fahren **können**.

● Achtung: Die Satzstellung im wenn-Satz mit einem Modalverb im Perfekt geht so:

Wenn wir mit dem Auto **hätten** fahren können . . .

---

**25**     Denken Sie an letztes Wochenende. Was hätten Sie anders gemacht? Wie hätten Sie Ihre Zeit besser organisieren können? Schreiben Sie fünf Sätze darüber.

> *z.B.*    *Ich wäre am Samstag viel früher aufgestanden. . . .*

**26**     Was hätten Ihre Lehrer in Ihrer Schule getan, wenn Sie es wie Herr Kulenkampff gemacht hätten? Bilden Sie Sätze, wie in ,,*So wird's gesagt*".

Fragen Sie auch Ihre Eltern, wie sie sich in der Schule verhalten haben. War die Schule damals anders? Wie hätten die Lehrer Ihrer Eltern wohl reagiert, wenn sie sich wie Herr Kulenkampff verhalten hätten?

# Ausbildung und Beruf: Mit Abi ist alles paletti

#  Ambition – nur Zukunftsmusik?

**1** Sehen Sie sich die Fotos (S. 155) an. Beurteilen Sie jeden Beruf unter folgenden Stichwörtern:

- Sicherheit
- Gehalt
- Beförderungschancen
- Zufriedenheit
- Erwartungen

**2** 🔊

Hören Sie gut zu! Auf der Kassette hören Sie drei junge Leute, die über ihre Zukunft sprechen. Füllen Sie eine Kopie dieser Tabelle aus!

| | Was wollten sie werden, als sie jünger waren? | Warum? | Wie sehen sie jetzt ihre Zukunft? |
|---|---|---|---|
| Julius | | | |
| Susanne | | | |
| Peter | | | |
| Elke | | | |

## GRAMMATIK: *Das Futur und Pläne*

Auf deutsch hat man zwei Möglichkeiten, wenn man über die Zukunft sprechen will:

a) Das Präsens + Zeitadverb
   z.B. *Morgen* **besuche** *ich Peter*
   *Ich* **gehe** *nächstes Jahr auf die Uni.*
b) werden + Infinitiv
   z.B. *Ich* **werde** *hoffentlich an der Uni studieren* **können**.
   *Sie* **wird** *im Sommer* **heiraten**.
   Die Formen von *werden* finden Sie auf Seite 298 (Grammatik)

⇨

Die Zukunft ist aber unsicher! Wir wissen oft nicht, ob unsere Pläne zu verwirklichen sind. Anstatt das Futur zu verwenden, benutzen wir oft einen anderen Ausdruck:

*Wenn man ziemlich feste Ideen hat:*
Ich **habe vor**, eine Lehre zu machen.
Ich **beabsichtige**, Rechtsanwalt zu werden.
Ich **würde gern** auf die Uni gehen.
Ich **möchte gern** eine Famile gründen.
Ich **muß** weiterstudieren.
*Wenn man nicht ganz sicher ist:*
Ich **habe noch keine so festen Pläne**, aber . . .
Ich **werde sehen**, was . . .
Es **steht noch nicht fest**, was ich . . .
Ich **kann nicht so genau sagen**, was ich . . .
Ich **weiß nicht genau**, . . .

# 3

a) Was für Pläne haben Sie für das Wochenende und nächste Woche? Schreiben Sie einen kurzen Bericht darüber. Für feste Termine verwenden Sie das Futur, sonst einen anderen Ausdruck:

   z.B.   *Am Montag werde ich zum Zahnarzt gehen. Am Dienstag würde ich gern ins Kino gehen.*

b) Zwischen Schule und Uni legen viele Leute ein Jahr ein, in dem sie arbeiten oder um die Welt reisen. Schreiben Sie einen Bericht von ca. 100 Wörtern über Ihre Ideen für ein solches Jahr.

   z.B.   *Ich werde ein Jahr lang um die Welt reisen. Ich weiß noch nicht genau wohin, aber ich werde bestimmt . . .*

## Was wollt ihr werden?

# 4 oo

Hören Sie sich das Tonband an. Im *ersten* Teil hören Sie drei Schüler, die ihre Pläne diskutieren; im *zweiten* Teil sind es nur zwei. In welcher Reihenfolge hören Sie die folgenden Ausdrücke?

## Teil 1

a) Mein Vater unterstützt mich dann voll damit.
b) Mir stehen meine Eltern auf keinen Fall im Wege.
c) In der Richtung würd' ich auch mal studieren und den Beruf ergreifen.
d) Wenn ich ein gutes Abi mache, dann sind die Chancen auf jeden Fall da.
e) Ich sehe gute Chancen, daß das klappt.
f) Da streb' ich zumindest auch hin.
g) Ich werde diese Tradition auf keinen Fall fortsetzen.
h) Bis dann ändert sich wahrscheinlich relativ viel.

**Teil 2**

a)  Ich will mir das Studium zahlen lassen.
b)  Ich bewerbe mich beim Betrieb.
c)  Bei der Bundeswehr krieg' ich auch einen Lohn dafür.
d)  Wahrscheinlich im Computerbereich . . .
e)  Ich hab' drei Möglichkeiten.

**5**  Stellen Sie sich mal vor, Sie sind einer der befragten Schüler. Wie beantworten Sie diese Fragen?

a)  Haben Sie ein festes Berufsziel?
b)  Wollen Sie auf die Uni gehen, weiterstudieren?
c)  Was wollen Sie vielleicht studieren?
d)  Wie lange werden Sie dann studieren müssen?
e)  Gibt es bei Ihnen solche Familientraditionen?

Verwenden Sie dabei die Ausdrücke auf S. 157.

**6** 〰️

Hören Sie noch einmal den zweiten Teil der Aufnahme an. Dieter hat drei Möglichkeiten – zu studieren, in den Betrieb einzutreten und zur Bundeswehr zu gehen. Was sagt er über jede Möglichkeit? Machen Sie Notizen auf einer Kopie dieser Tabelle.

|  | **Studium** | **Betrieb** | **Bundeswehr** |
|---|---|---|---|
| Lohn? |  |  |  |
| Wie lang verpflichtet? |  | 🚫 |  |
| Studium bezahlt? |  |  |  |
| Ferien? |  |  |  |

**7**  Das ,,Stern"-Magazin machte vor kurzem eine Umfrage über Berufe, mit der Frage: ,,Wenn Sie an die Leute denken, die Sie besonders beeindrucken: Was haben die für Berufe?"

Die Berufe, die am meisten erwähnt wurden, sind (in alphabetischer Ordnung):

- Arzt
- Hausfrau
- Journalist
- Künstler
- Manager
- Pfarrer
- Politiker
- Schauspieler
- Schriftsteller
- Sportler
- Wissenschaftler

a)  Was meinen *Sie* – in welcher Reihenfolge würden Sie diese Berufe einordnen?

1. am beeindruckendsten     11. nicht beeindruckend

Machen Sie mit der Klasse eine gemeinsame Liste.

b)  Sie bekommen von Ihrem Lehrer die Ergebnisse der ,,Stern"-Umfrage. Wie unterscheiden sich diese Ergebnisse von Ihrer Liste?

**8** Sie bekommen die Ergebnisse der „Stern"-Umfrage von Ihrem Lehrer. Sehen Sie sich diese Ergebnisse an! Welche der folgenden Behauptungen bzw. Klischeevorstellungen sind von der Tabelle her zu begründen?

1. Frauen haben mehr Respekt vor „Intellektuellen".
2. Berufe, die einen hohen Ausbildungsgrad verlangen, sind am beeindruckendsten.
3. Ältere Leute gehen öfter in die Kirche als junge Leute.
4. Frauen interessieren sich nicht für Männerberufe.
5. Männer haben mehr Respekt vor Hausfrauen als Frauen selber.
6. Junge Leute finden sportliche Berufe interessanter als ältere Leute.
7. Kreative Berufe genießen einen hohen Status in der Bundesrepublik.
8. Politiker sind sehr angesehen.

**9** **Was halten Sie davon?**

Können Sie noch andere Schlüsse aus dieser Tabelle ziehen? Welche Berufe fehlen hier? Warum wurden diese elf in der Umfrage ausgewählt? Warum sind manche Berufe beeindruckender als andere?

# B Beruf: Zwischen Wahl und Bewerbung

## BERUFSREPORT: DER BANKKAUFMANN

**Aufgaben:** Seine Berufswelt dreht sich ums Geld. Darin ist der Bankkaufmann Experte. Dabei hat er es weniger mit Bargeld zu tun als mit Konten und Wertpapieren, Krediten und Devisen. Er bedient die Kunden am Bankschalter; er muß sich in der Kontenführung auskennen und bei Geld- und Kapital-Anlage beraten können.

**Berufsaussichten:** Das Kreditwesen bildet derzeit über 50 000 Lehrlinge aus. Nach der Lehrzeit findet man leicht eine Stelle. Nähere Informationen über den Beruf des Bankkaufmanns bieten: der Sparkassen-Informations-Service, die Berufsbroschüren der Banken sowie die „Blätter zur Berufskunde", herausgegeben von der Bundesanstalt für Arbeit in Nürnberg.

**Ausbildung:** Sie dauert je nach Schulabschluß zwei bis drei Jahre. Gute Chancen haben Schüler mit mittlerem Bildungs-Abschluß und Abitur. Gefragt sind neben guten Schulnoten Interesse an Wirtschafts-Themen, Zahlen-Verständnis, gute Umgangsformen und Engagement für den Beruf. Die Ausbildung findet in der Sparkasse oder Bank statt und in der Berufsschule in Bankfachklassen. Am Ende der Lehre legt man vor der Industrie- und Handelskammer seine Abschlußprüfung zum Bankkaufmann oder zur Bankkauffrau ab.

**Weiterbildung:** Hier gibt es fast unbegrenzte Möglichkeiten. Man kann sich spezialisieren und dafür das Angebot von Seminaren und Lehrgängen in Anspruch nehmen, zum Beispiel bei den Sparkassen bis zum Abschluß „diplomierter Sparkassenbetriebswirt".

# Berufe zum Kennenlernen – Stewardeß

*Was macht eine Stewardeß?*
Ihre wichtigste Aufgabe ist die Betreuung und Versorgung der Passagiere während des Fluges. Der Dienst der Flugbegleiterin (so die offizielle Bezeichnung für die Stewardeß) beginnt schon gut eine Stunde vor dem Start: Der Pilot bespricht mit der gesamten Mannschaft den genauen Ablauf des Fluges. In der Kabine überprüft die Stewardeß anschließend die Ausrüstung für Notfälle (Verbandszeug, Schwimmwesten), und sie übernimmt vom Bodendienst die Verpflegung und Getränke.

Wenn die Fluggäste die Maschine betreten, beginnt der eigentliche Borddienst. Die Stewardeß begrüßt die Passagiere, führt sie zu den Plätzen und verteilt Zeitungen. Nach dem Start erklärt sie über Lautsprecher alle Sicherheitsvorschriften (zum Beispiel, wie man mit den Sauerstoffmasken umgeht), dann serviert sie Mahlzeiten und Getränke.

*Welche Schulbildung ist nötig?*
Mindestens mittlere Reife, dazu sehr gute Englischkenntnisse und außerdem Grundkenntnisse in einer zweiten Sprache (vorzugsweise Französisch oder Spanisch).

*Was wird sonst noch an Voraussetzungen verlangt?*
Grundsätzlich muß jede Stewardeß gesund und flugtauglich sein. Außerdem muß sie geschickt mit fremden Menschen umgehen können, hilfsbereit sein und sich gut in ein Team einfügen. Bevorzugt werden deshalb Bewerberinnen, die Erfahrung in anderen Kontaktberufen, wie Krankenschwester oder Kellnerin, haben. Das Einstellungsalter liegt je nach Fluggesellschaft zwischen 19 und 28 Jahren. Außerdem muß eine Stewardeß zwischen 1,60 und 1,80 Meter groß, schlank und sehr gepflegt sein. Und sie darf keinen starken Sehfehler haben. Vor der Einstellung werden immer Sehtests gemacht, und zwar ohne Brille oder Kontaktlinsen.

*Wo macht sie die Ausbildung?*
Jeweils bei der Fluggesellschaft, bei der sie später arbeiten wird. (Für die Lufthansa zum Beispiel in Frankfurt.)

*Was lernt sie?*
In einem etwa sechswöchigen Kurs wird die gesamte Fluggastbetreuung trainiert. Wichtig sind auch Erste-Hilfe-Kurse.

*Wie lange kann man als Stewardeß arbeiten?*
In der Regel bis zum 55. Lebensjahr, man kann aber oft schon früher aufhören, dann erhält man eine Abfindung.

*Wie sind die Aussichten in diesem Beruf?*
Eine Stewardeß kann sich später in Lehrgängen zur „Purserette", also zur Vorgesetzten der gesamten Kabinenbesatzung, weiterbilden.

---

**es dreht sich um** das Wichtigste dabei ist . . .
**Anlage f** Investition
**Umgangsformen (pl)** Manieren
**betreuen (Betreuung f)** auf jn aufpassen
**Verbandszeug n** Erste-Hilfe-Ausrüstung
**verpflegen (Verpflegung f)** mit Essen versorgen
**Abfindung f** eine Summe Geld, die man bekommt, wenn man von der Stelle entlassen wird
**Besatzung m** Mannschaft

## 10 TEXTÜBERBLICK

Welcher Beruf? Um die richtige Entscheidung zu treffen, braucht man kurze, sachliche Informationen, damit man verschiedene Möglichkeiten vergleichen kann.

Lesen Sie die zwei Artikel auf S. 159/60 und machen Sie kurze Notizen unter folgenden Stichwörtern:

| | Stewardeß | Bankkaufmann |
|---|---|---|
| Aufgaben | | |
| Nötige Schulbildung | | |
| Andere Voraussetzungen | | |
| Dauer der Ausbildung | | |
| Aussichten | | |

## 12 Wortwörtlich

Füllen Sie eine Kopie dieser Tabelle aus! Verbinden Sie die Verben mit den passenden Substantiv! Die meisten Antworten finden Sie in den zwei Texten.

| Verben | Substantive |
|---|---|
| **Bankkaufmann** | |
| | der Rat |
| ausbilden | |
| kennen | |
| dauern | |
| umgehen | |
| **Stewardeß** | |
| verpflegen | |
| fliegen | |
| | der Vorzug |
| | die Besprechung |
| sich bewerben | |
| dienen | |

## 11 Wortwörtlich

Füllen Sie die Lücken in diesen Sätzen aus.

a. **Bankkaufmann**
1. Er hat wenig mit Bargeld .......... .
2. Er muß die Kunden ..........
3. Er .......... sich in der Kontenführung .......... .
4. Er .......... Kunden bei Geld- und Kapital-Anlage.
5. Gute Schulnoten sind .......... .
6. Man .......... eine Prüfung .......... .

b. **Stewardeß**
1. Sie .......... den Ablauf des Fluges.
2. Sie .......... die Ausrüstung.
3. Sie .......... die Passagiere.
4. Sie .......... die Sicherheitsvorschriften.
5. Sie .......... Mahlzeiten und Getränke.
6. Die Stewardeß muß .......... und .......... sein.
7. Sie muß geschickt mit anderen Leuten .......... können.
8. Sie muß sich gut in ein Team.......... .
9. Man .......... sich später .......... .

Grünberger Str. 47
75365 Calw

15. April

Sehr geehrte Damen und Herren,

hiermit möchte ich mich um die ausgeschriebene Stelle in der Marketing-Abteilung Ihrer Firma bewerben.

Meine Stärken liegen auf sprachlichem Gebiet, vor allem in Englisch habe ich gute Kenntnisse. Seit meinem ersten Besuch in England vor zehn Jahren habe ich mich jedes Jahr mindestens einen Monat in Großbritannien, Amerika oder Neuseeland aufgehalten. Dazu kommt mein einjähriger Aufenthalt in England.

1988 habe ich das Abitur mit einer Durchschnittsnote von 1,3 bestanden. Dieses Jahr werde ich meine Staatsprüfung absolvieren.

Ich suche eine Stelle, in der ich meine Sprachkenntnisse ausnutzen kann. Ich bin kontaktfreudig und geschickt im Umgang mit anderen Menschen, kann aber auch selbständig arbeiten.

Ich glaube, daß ich für diesen Beruf das erforderliche Talent und Interesse habe. Damit Sie sich von mir einen besseren Eindruck machen können, lege ich meinen Lebenslauf und ein Lichtbild bei. Bitte geben Sie mir Gelegenheit zu einem persönlichen Vorstellungsgespräch.

Mit freundlichen Grüßen

*Christoph Mittermaier*

Christoph Mittermaier

---

### PERSÖNLICHE DATEN:

| | |
|---|---|
| **Name:** | Christoph Mittermaier |
| **Adresse:** | Grünberger Str. 47<br>75365 Calw<br>Tel.: 07051 234 |
| **Geboren:** | 30.4.68 in Dortmund |
| **Familienstand:** | verheiratet seit 1993, ein Kind |
| **Wehrdienst:** | 1.1.87 – 30.6.88 in Bitburg |
| **Studium:** | Anglistik und Geschichte<br>Universität Tübingen 1988-1994 |
| **Schulbildung:** | 1978-1987 – Hermann-Hesse-Gymnasium, Calw |
| **Berufliche Tätigkeiten:** | 1991-2<br>Auslandsaufenthalt Chester, England<br>Assistent in einer Gesamtschule |
| **Kenntnisse:** | Gute mündliche und schriftliche Englischkenntnisse<br>Gute mündliche französische Sprachkenntnisse<br>PC-Kenntnisse (Textverarbeitung, Tabellenkalkulation)<br>Führerschein Klasse 3 |

---

## 13     TEXTÜBERBLICK

Wenn man ein Bewerbungsschreiben schreibt, muß man sich etwas formeller ausdrücken. Schreiben Sie diesen Brief um, indem Sie Vokabeln und Ausdrücke aus dem Text oben verwenden.

*,,Ich würde gern bei Ihrer Firma arbeiten. Ich bin in Fremdsprachen sehr gut. Ich habe ein Jahr im Ausland verbracht. Ich möchte in meiner Arbeit Deutsch oder Französisch sprechen können. Ich meine, ich bin für diese Arbeit ganz begabt. Ich komme mit anderen Menschen gut aus. Ich lerne gern neue Leute kennen. Es wäre toll, wenn ich Sie mal besuchen könnte."*

**14** Wie sieht Ihr Lebenslauf aus? Schreiben Sie Ihren Lebenslauf. Wie wird er vielleicht in zehn oder fünfzehn Jahren aussehen? Die Lebensläufe der Gruppe werden dann gemischt, und jeder muß dann raten, wer welchen Lebenslauf geschrieben hat.

**reibungslos** ohne Probleme
**Wechselschicht f** manchmal früh arbeiten, manchmal spät

**15** Ihren Lebenslauf haben Sie schon geschrieben. Sehen Sie sich jetzt das Stellenangebot oben an. Schreiben Sie jetzt ein Bewerbungsschreiben an den Arbeitgeber für eine der Anzeigen. Erwähnen Sie:

● Ihre Studierzeit
● die Noten, die Sie erhoffen oder schon erreicht haben
● Ihre Stärken
● eventuelle Betriebspraktika
● andere Fähigkeiten
● warum Sie sich gerade um diese Stelle bewerben

# 16 🔊 Das Vorstellungsgespräch

Sie hören jetzt ein Vorstellungsgespräch. Was sagt der Bewerber zu den Stichwörtern in Aufgabe 15?

## 99 SO WIRD'S GESAGT 66

### *Bewerbungsschreiben*

Ich beziehe mich auf die Stellenanzeige in . . . (auf das gestrige Telefongespräch) . . .
Ich bewerbe mich bei Ihnen um die Position eines . . .
Meine Stärken sind . . .
Ich bin recht geschickt im Umgang mit Menschen
Diesen Beruf würde ich gern in Ihrem Unternehmen erlernen, weil . . .
Ich glaube, daß ich diesen Beruf erlernen sollte.
Ich möchte meine Kenntnisse/Fähigkeiten einsetzen.
Ich füge ein Lichtbild und eine Kopie meines letzten Zeugnisses bei
Bitte geben Sie mir die Gelegenheit zu einer persönlichen Vorstellung.

**17** Rollenspiel zu zweit! Ein Partner nimmt die Rolle des Arbeitgebers, der eine(n) neue(n) Mitarbeiter(in) sucht. Der andere übernimmt die Rolle eines Bewerbers. Die Rollen bekommen Sie von Ihrem Lehrer.

# C Chancengleichheit – auch im Beruf?

**18** Was für Berufe haben die abgebildeten Personen? Gibt es Ihrer Meinung nach „Männerberufe" und „Frauenberufe"? Warum?

Dieser Text stammt aus einer Broschüre, die besonders für Mädchen herausgegeben wurde. Sie will versuchen, die Chancenungleichheit in der Berufswahl abzubauen. Sie will auch versuchen, die Begriffe „Mädchenberufe" und „Jungenberufe" zu beseitigen.

Liebe Schülerin,

bei Deiner Wahl für den "richtigen" Beruf stehst Du vor einer nicht ganz einfachen, aber sehr wichtigen Entscheidung. Sie wird Dein ganzes zukünftiges Leben beeinflussen und bestimmen. Du erwartest sicher, daß Du mit Hilfe deines Berufes Dein eigenes Geld verdienen willst, damit Du auf niemanden aus finanziellen Gründen angewiesen bist und unabhängig planen kannst.

Mehr als ein Drittel aller Ehen werden heute geschieden. Wir wünschen es Dir nicht, aber Du solltest bei Deiner Lebensplanung auch diese Möglichkeit berücksichtigen.

Selbst wenn Dir der Gedanke an das Alter zeitlich noch sehr fern ist, solltest Du überlegen, daß der Verdienst aus der Berufstätigkeit die Grundlage dafür ist, daß Du auch dann finanziell unabhängig bist.

Deshalb schlagen wir Dir vor, sehr genau darauf zu achten,
• was Du in Deinem zukünftigen Beruf verdienen kannst
• wie die Zukunftsaussichten für Deinen gewählten Beruf sind
• welche Weiterbildungs- und Aufstiegsmöglichkeiten Dir der Beruf bietet, den Du gerne ergreifen möchtest.

Mehr als die Hälfte aller Mädchen, genau 57%, entscheiden sich heute für nur zehn typische "Frauenberufe". Die folgenden werden am häufigsten gewählt:
• Bürokauffrau              • Friseusin
• Verkäuferin              • Arzthelferin              • Erzieherin

Es kann gute Gründe geben, diese Berufe zu wählen. Du kannst Dir damit aber auch folgende Nachteile einhandeln:
• Die meisten dieser Berufe werden weniger gut bezahlt als die gewerblich-technischen Berufe.
• Bei etlichen dieser Berufe, z.B. bei Arzthelferinnen, gibt es kaum Weiterbildungs- und Aufstiegsmöglichkeiten.
• es kann Dir passieren, daß Du nach der Ausbildung nicht übernommen wirst.
• In allen Büroberufen ist der Anteil der arbeitslosen Frauen besonders hoch.

Vielleicht überlegst Du aber auch, Dich nach neuen Berufen umzusehen, die bisher nur wenig von Mädchen gewählt wurden. Besonders günstig sind die Ausbildungs- und auch die späteren Beschäftigungschancen in den Bereichen Metall- und Elektrotechnik, denn: Industrie und Handwerk sind in diesen Berufssparten auf gut ausgebildete Fachkräfte angewiesen, finden aber zu wenig Auszubildende.
Mädchen, die sich für diese Berufe entscheiden, haben deshalb gute Chancen auch für eine zukunftssichere und gut bezahlte Beschäftigung nach der Ausbildung.
Ein Plus für Mädchen ist auch, daß Muskelkraft wegen der technologischen Entwicklung in diesen Bereichen weniger wichtig ist als früher. Stattdessen sind Genauigkeit, Verantwortungs- und Qualitätsbewußtsein gefragt. Das sind Eigenschaften, mit denen Mädchen durchaus glänzen können.

**beeinflussen** bewirken, daß jmd anders denkt
**bestimmen** entscheiden
**auf jdn angewiesen sein** von jmdm abhängig sein
**berücksichtigen** beachten, nicht vergessen
**etliche** ziemlich viele
**Berufssparte f** Branche, Arbeitsbereich

## 19    TEXTÜBERBLICK

a) In welcher Reihenfolge werden diese Schlüsselthemen erwähnt?

1. Die Wahrscheinlichkeit einer eventuellen Scheidung.
2. Die Nachteile eines „Frauenberufes".
3. Warum Frauen schon an ihr Alter denken sollten.
4. Die Wichtigkeit der Berufswahl.
5. Was man bei der Berufswahl berücksichtigen sollte.

b) In diesem Text spricht man von den Nachteilen einiger „Frauenberufe" und den Vorteilen einiger „Männerberufe". Beantworten Sie folgende Fragen zu diesen Vor- und Nachteilen!

6. Was für Berufe werden besser bezahlt?
7. Wo sind die Berufschancen und Weiterbildungsmöglichkeiten am besten?
8. In welchen Berufsbereichen ist die Arbeitslosenquote am höchsten?
9. In welchen Berufen werden Auszubildende besonders dringend gebraucht?
10. Warum ist die Muskelkraft nicht so wichtig wie früher?
11. Welche Eigenschaften besitzen besonders Mädchen?

## 20  Wortwörtlich

Füllen Sie die Lücken aus:

a) **Präpositionen:**

1. .......... Deiner Wahl stehst Du . . .
2. Du erwartest, daß Du .......... Hilfe Deines Berufes . . .
3. .......... niemanden/jemanden finanziell angewiesen sein.
4. .......... etwas genau achten.
5. Sich .......... einen Beruf entscheiden.
6. Gute Chancen .......... eine gut bezahlte Beschäftigung.

b) **Verben:**

7. Einen Beruf .......... .
8. Diese Entscheidung wird das Leben .......... und .......... .
9. Man muß diese Möglichkeit .......... .
10. Nach der Ausbildung wird man (nicht) .......... .

## 21  Wortwörtlich

a) Bilden Sie aus diesen Wortteilen so viele Wörter wie möglich:

**Wortteile**

ZUKUNFT    AUFSTIEG    MÖGLICHKEIT(EN)    BESCHÄFTIGUNG
VERANTWORTUNG    QUALITÄT    PLÄTZE    BEWUSSTSEIN SICHER

b) Neue Wörter kann man auch mit Hilfe eines Zusatzes bilden. Definieren Sie diese Wörter mit Hilfe eines Wörterbuchs.

Bildung Ausbildung Weiterbildung Verbildung Fortbildung der Auszubildende Umbildung

## 22  Was halten Sie davon?

Welche Eigenschaften bringen, Ihrer Meinung nach, besonders Mütter mit in den Beruf? Fragen Sie Ihre Mutter!

# **D** Die Hochschulen

*Ein Hörsaal an der Uni*

*Eine alte Universität*

*Eine moderne Universität*

1960 begannen nur acht Prozent eines Altersjahrgangs ein Studium, heute bewirbt sich fast jeder dritte um einen Studienplatz. Die Zahl der Studierenden hat sich in Deutschland auf über 1,8 Millionen im Wintersemester 1992/93 erhöht. Im Studienjahr 1992/93 begannen 290 000 Personen ein Studium.

Studium und Studierende. Die Bildungspolitik hat die Hochschule weiten Bevölkerungsschichten geöffnet. Einige Beispiele: Im Wintersemester 1952/53 kamen vier Prozent aller Studienanfänger aus Arbeiterfamilien, heute sind es 19 Prozent. 1952 waren ein Fünftel aller Studierenden Frauen, heute sind es rund 40 Prozent. Bund und Länder sind sehr daran interessiert, daß Ausländer an deutschen Hochschulen studieren. Rund 76 000 waren es 1991.

In der Gestaltung ihres Studiums sind die Studenten traditionell recht frei. Für zahlreiche Studiengänge werden zwar Lehrpläne empfohlen und Zwischenprüfungen verlangt, doch können die Studenten in vielen Studiengängen selbst entscheiden, welche Fächer und Lehrveranstaltungen sie wählen. Studiengebühren gibt es nicht. Wenn die Studenten oder ihre Eltern die Kosten für den Lebensunterhalt nicht aufbringen können, gibt es die Möglichkeit, nach dem Bundes-Ausbildungsförderungsgesetz (BAföG) Förderungsbeträge zu erhalten. In den neuen Bundesländern sind derzeit noch knapp 70 Prozent aller Studierenden internatsmäßig untergebracht. Rund 40 Prozent der Studienanfänger wohnen noch bei den Eltern. Die Mieten auf dem freien Wohnungsmarkt stellen viele Studenten vor erhebliche Probleme.

Freier Zugang und Numerus Clausus. Der gewaltige Andrang zu den Hochschulen hat trotz aller bisherigen Ausbaumaßnahmen dazu geführt, daß für einige Fächer eine Zulassungsbeschränkung, der Numerus Clausus, eingeführt werden mußte. In der Regel entscheiden die Durchschnittsnoten des Abiturzeugnisses und die Wartezeit über die Zulassung.

Seit langem wird eine Reform des Studiums erörtert, die vor allem die Studienzeit verkürzen soll. Heute verbringt ein Student bis zum berufsqualifizierenden Abschluß durchschnittlich rund 14 Semester, also sieben Jahre, an der Universität. Das ist im internationalen Vergleich viel zu lang. Zudem werden die Studienanfänger immer älter. Oft haben sie vor dem Studium eine mehrjährige Lehre oder Wehr- bzw. Zivildienst absolviert. Der dadurch insgesamt bedingte späte Beginn der Erwerbstätigkeit is ein gravierender Nachteil im Vergleich zu Bewerbern aus anderen Staaten – besonders auch im Hinblick auf die ständig wachsende internationale Mobilität wie z.B. innerhalb des Europäischen Binnenmarktes.

## 23 TEXTÜBERBLICK

Verbinden Sie die Satzhälften. Es gibt mehr Endungen als Anfänge.

1. 30% aller Abiturienten ...
2. Die Zahl der Studenten aus Arbeiterfamilien ...
3. Die Bildungspolitik ...
4. Studenten, die aus ärmeren Familienverhältnissen kommen ...
5. Im Durchschnitt verbringt ein Student
6. Die Studienplatzkapazität reicht nicht aus, also ...
7. Eine Reform des Studiums
8. Im Vergleich zu ihren europäischen Nachbarn ...

a. ... 7 Jahre an der Universität
b. ... ist schnell gestiegen
c. ...bewerben sich um einen Studienplatz
d. ... stellt vielen Studenten große Probleme
e. ... will die Universitäten allen sozialen Schichten öffnen.
f. ... hätte vor allem eine Kürzung der Studienzeit als Folge
g. ...bekommen finanzielle Unterstutzung nach dem BAföG.
h. ... gibt es Zulassungsbeschränkungen
i. ... sind deutsche Studenten durch ihre lange Studienzeiten benachteiligt.

## 24
Was wissen Sie über die Hochschulen in Ihrem Land? Mit Hilfe von Wörtern und Ausdrücken in diesem Text schreiben Sie einen kurzen Bericht über Abitur und Universität für eine deutsche Zeitschrift.

## 25 Was halten Sie davon?

Was sind die größten Unterschiede zwischen Hochschulen in Deutschland und Ihrem Land? Wo würden Sie lieber studieren?

**Zeche f** Bergwerk; wo Kohle gefördert wird
**Öse f** kleiner Ring aus Metall
**löten** mit geschmolzenem Metall verbinden
**schmirgeln** etw. mit Sandpapier glatt machen
**schuften** schwer arbeiten
**ins Stocken kommen** aufgehalten werden, nicht weitergehen

# Am Fließband

Raaaa-itsch raaaa-itsch raaaa-itsch ...

Du, Egon, man muß aber doch wissen, was man herstellt. Guck mal, auf der Zeche wußten wir, daß wir Kohle brechen und daß Kohle zu allen möglichen Dingen verwendet wird; in der Fabrik wußte ich, daß die Eisenteile, die ich verlud, später eine Brücke geben oder das Gerüst für ein Betonhochhaus; auf der Baustelle wußte ich, daß in ein oder zwei Jahren Autos über die neue Straße fahren ...

... aber hier bohre ich Löcher und weiß nicht, warum ich die Löcher bohre. Ich sehe keinen Zusammenhang.

Quatsch. Du brauchst nur zu wissen, daß du Löcher bohrst, damit ich Ösen einstanzen kann. Warum willst du den ganzen Zusammenhang wissen?

Mein Gott, man muß doch wissen, was man herstellt! sage ich.

Käse! sagt er. Du bohrst, ich stanze, Emil neben mir zackt, der Itak lötet, die Erika schmirgelt, und die Bebe poliert.

Raaaa-itsch raaaa-itsch raaaa-itsch ...

Und das alles, was wir hier machen, nennt sich Elektroindustrie? frage ich. Na ja, sagt er, was es wirklich gibt, weiß keiner so genau, wir sind, wie heißt das gleich, ach ja, Zulieferbetrieb. Radios stellen wir nicht her, Fernsehapparate auch nicht, Tonbänder auch nicht ... man müßte den Chef mal fragen.

Aber etwas muß es doch sein! sage ich.

Wird wohl noch mehr Sachen für Elektroindustrie geben. Er lacht.

Und den Chef? frage ich. Den sieht man wohl überhaupt nicht?

Das halbe Jahr, das ich jetzt hier bin, bekam ich ihn noch nicht vor die Linsen, der fährt nur mit dem Auto durch die Gegend.

Du, sage ich scherzend, vielleicht stellen wir Atomsprengköpfe her. Das ist doch möglich.

Ich kann mir nicht vorstellen, daß die aus Plastik sind, aber möglich wäre es ohne weiteres. Laß die blöde Fragerei, wir verdienen gut und leicht, und sonst ist es in diesem Betrieb auch ganz angenehm. Es schreit keiner, einer läßt den anderen zufrieden, man hat ja keine Zeit für Unzufriedenheiten, der Rhythmus treibt alle weiter.

Raaaa-itsch raaaa-itsch ... ich bohre. Bohrer am Geritz ansetzen. Raaaa-itsch, Bohrer durch. Von vorne das Ganze. Verdamme. Ich muß siebzig solcher Rahmen bohren und in jeden Rahmen fünfzehn Löcher. Das sind? Siebzig mal fünfzehn ... also siebzig mal zehn ist siebenhundert, und siebzig mal fünf ist dreihundertfünfzig, insgesamt also tausendfünfzig Löcher. Donnerwetter, das ist enorm, tausendfünfzig Löcher bohre ich also in acht Stunden.

⇨

Das ist enorm.

Und wenn ich auch nur einmal falsch bohre, ziehen sie mir zwei Mark ab von meinem Verdienst, nur für ein einziges falsch gebohrtes Loch. Das ist enorm. Wenn ich an einem Tag fünf Platten falsch bohre, dann gehe ich mit zwanzig Mark nach Hause, die ziehen mir einfach, ohne mit der Wimper zu zucken, zehn Mark von meinem Tagesverdienst ab. Dreißig Mark verdiene ich normal. Auf der Zeche verdiente ich dreißig Mark für neun gebohrte Löcher in zwei Meter tiefes Gestein, in der Fabrik verdiente ich für zehn bis zwanzig Tonnen geladenes Eisen fünfundzwanzig Mark, und auf der Baustelle bekam ich für vierzig Mischungen Beton achtundzwanzig Mark am Tag. Hier bekomme ich dreißig. Komisch, je leichter die Arbeit wird, desto höher der Verdienst. Also scheint es doch zu stimmen, daß der schwer schuftende Arbeiter der Arsch der Welt ist. Es stimmt tatsächlich: je leichter die Arbeit, desto mehr Geld, je schwerer die Arbeit, desto weniger Geld. Jetzt habe ich den Beweis. Hängt das vielleicht von den Schwerschuftenden ab, die keine leichte Arbeit tun können? Das hätte ich früher wissen müssen. Verdammt! Und da quält man sich Jahre hindurch und badet täglich in Schweißbächen und hat am Ende des Monats nicht mehr Geld als hier, wo man nur sitzt und bohrt und sich abends nicht brausen muß, eine Krawatte umbinden kann und fast ausgeruht nach Hause geht. Das hätte ich früher wissen müssen!

Raaaa-itsch raaaa-itsch raaaa-itsch ...

Träum nicht, ruft Egon und stößt mich an. Du bist im Hintertreffen. Du mußt immer fünf bis sechs Rahmen vorrätig neben dir liegen haben, denn wenn es bei dir stockt, kommt der gesamte Fluß ins Stocken. Du bist der Schlüssel für den Tisch. Wenn du einen Bohrer auswechseln mußt, vergeht eine Menge Zeit.

Über dem Eingang hängt eine große elektrische Uhr. Es ist Viertel vor drei. Na, dann ist ja bald Schicht, aber hier sagt man Feierabend. Es macht Spaß hier. Habe ich schon meine 1050 Löcher gebohrt, oder nicht? Ich kann das nicht kontrollieren. Ob einer in dieser langen Kette die Mengen registriert? Ob man auch nicht übers Ohr gehauen wird?

Max von der Grün

## 26    TEXTÜBERBLICK

Wo arbeitet Jürgen? Woher wissen Sie das?
Früher hatte er andere Arbeit – auf einer Zeche, in einer Fabrik, auf einer Baustelle. Was erfahren wir über jede Stelle, die er hatte? Vergleichen Sie diese mit der jetzigen Arbeit.

Welche Vor- und Nachteile seiner Arbeit erwähnt er in diesem Auszug?

## 27 Wortwörtlich

Bilden Sie ein Wortfeld mit dem Hauptwort: *Fließbandarbeit*.

## 28   Was halten Sie davon?

Wie würden Sie auf solche Arbeit reagieren?
Der Schriftsteller beschreibt hier die Arbeit in einer Fabrik in den frühen 60er Jahren. Ein Großteil der langweiligen Fließbandarbeit wird jetzt durch Roboter verrichtet. Was sind die Vor- und Nachteile davon?

# Die Nazi-Zeit: Der Weg in den Abgrund

# A Hitlers Aufstieg zur Macht

**1** Was wissen Sie schon von der deutschen Geschichte? Versuchen Sie, diese Bilder auf S. 169 mit einem passenden Titel zu versehen.

> **Hochstapler m** Schwindler
> **verfallen** ohne etw. nicht mehr leben konnen
> **Spitzel m** Informant
> **Ausrottung f** Zerstörung, Vernichtung
> **verraten** denunzieren
> **verprügeln** heftig und lange schlagen
> **utopisch** so phantastisch, daß man es nicht verwirklichen kann
> **verworren** unklar

1. Der 1. Weltkrieg 1914–18. Ergebnis: deutsche Niederlage
2. Der Nazismus war eine Massenbewegung
3. Reichstagsbrand 1933. Hitler beschuldigt Kommunisten und Juden
4. Die Weimarer Republik, 1919–1933: Krise, Rezession, Arbeitslosigkeit
5. 1933: Hitlers „Machtergreifung"
6. September 1939: Überfall auf Polen, Anfang des 2. Weltkriegs
7. Judenverfolgung
8. Der Greuel der Vernichtungslager
9. April 1945: deutsche Niederlage. Deutschland liegt in Trümmern

## Hitler und die Nazis

### HITLERS AUFSTIEG ZUR MACHT:

Für manche Christen war Hitler der Teufel in Menschengestalt, das personifizierte Böse. Andere hielten ihn für einen Psychopathen, Hochstapler, Größenwahnsinnigen oder Kriminellen. Auf alle Fälle war er Produkt und Ausdruck der Gesellschaft seiner Zeit: ein gescheiterter Künstler mit kleinbürgerlichem Hintergrund, der ohne Ausbildung und Beruf in Wien strandete. Dort verfiel er dem osteuropäischen Antisemitismus und großdeutschen Nationalismus. Er war Gefreiter im Ersten Weltkrieg, Spitzel in den Diensten der Reichswehr, Redner einer kleinen reaktionären Nachkriegspartei in Münchner Bierkellern, ein 1923 gescheiterter Putschist. Ohne Versailles, ohne die Wirtschaftskrise mit ihren sechs Millionen Arbeitslosen, ohne mächtige Hintermänner, Drahtzieher und Förderer in Wirtschaft, Staat und Reichswehr wäre dieser skrupellose Demagoge gewiß nicht an die Spitze des Weimarer Staates gekommen. Er hatte eine chauvinistische Massenbewegung organisiert, gebot mit der SA über eine schlagkräftige Bürgerkriegsarmee, propagierte die Ausrottung von Marxismus und Judentum und versprach, Deutschlands Größe in der Welt wiederherzustellen. Den Mann und seine Partei, die Nationalsozialistische Deutsche Arbeiterpartei (NSDAP) konnte man gebrauchen. Stahlbaron Fritz Thyssen bekannte später in einem Buch: "I paid Hitler". Andere sollten ihm folgen. Als sich auf der Höhe der Wirtschaftskrise die politischen Gegensätze zuspitzten und die parlamentarische Demokratie nicht mehr funktionierte, favorisierten reaktionäre Kreise die Übertragung der Macht auf die NSDAP. Nachdem die Kabinette von Brüning, Papen und Schleicher zerschlissen waren, ernannte Reichspräsident von Hindenburg am 30. Januar 1933 Adolf Hitler zum Reichskanzler.

### DIE NAZIS AN DER MACHT:

Der Vorhang öffnete sich für die Barbarei des Dritten Reiches. Zwölf Jahre lang herrschte der braune Terror in Deutschland. Zunächst wurde die KPD verboten, ihre Funktionäre ins Exil getrieben oder in Konzentrationslager geworfen. Nach den nächsten Wahlen, bei denen die NSDAP knapp 44 Prozent erreichte, akzeptierten die Parteien im Reichstag mit Ausnahme der SPD das Ermächtigungsgesetz. Die NSDAP kam legal an die Macht, ohne Putsch. Danach wurden die Gewerkschaften zerschlagen, zuletzt alle Parteien aufgelöst. „Führerprinzip" nannten die Nationalsozialisten ihre Einparteiendiktatur. Fabriken, Büros, Schulen, Universitäten, Rundfunk und Presse — fast das gesamte gesellschaftliche Leben wurde gleichgeschaltet und durchorganisiert. Da gab es SA (Sturmabteilungen) und SS (Schutzstaffeln) der NSDAP, Deutsche Arbeitsfront, NS-Frauenschaft, Bund deutscher Mädel, Hitler-Jugend, „Kraft durch Freude" und „Schönheit der Arbeit". Ein ganzes Volk wurde erfaßt. Pompös inszenierte Massenkundgebungen, Fackelmärsche, Reichsparteitage und der Terror der Gestapo sollten den „Aufbruch der Nation" signalisieren. Die Juden erklärte man zu Bürgern zweiter Klasse, überfiel und beraubte sie in einer Reichspogromnacht am 9. November 1938 und führte sie ab 1941 der „Endlösung" zu. Millionen europäischer Juden starben einen qualvollen Tod in Vernichtungslagern wie Auschwitz, Treblinka, Majdanek und Buchenwald.

## 2    TEXTÜBERBLICK

Welche Wörter gehören in die Lücken? Sie finden alle Antworten im Text auf
S. 170.

1. Andere hielten Hitler . . . einen Psychopathen.
2. Er war ein . . . Künstler.
3. Er verfiel . . . osteuropäischen Antisemitismus.
4. Er propagierte die . . . von Marxismus und Judentum.
5. Er versprach, Deutschlands Größe in der Welt . . .
6. Zwölf Jahre lang herrschte der . . . . . . in Deutschland.
7. Die NSDAP kam . . . an die Macht.
8. Alle . . . wurden aufgelöst.
9. Das gesamte gesellschaftliche Leben wurde . . . und . . . .
10. Die Juden . . . man zu Bürgern zweiter Klasse.


# 3   Wortwörtlich

Lesen Sie den Text noch einmal durch und verbinden Sie jeden Begriff mit
einer dazupassenden Definition:

● Begriffe

1. die NSDAP
2. die Reichspogromnacht
3. die Gewerkschaft
4. die SA
5. der Nationalismus
6. die Weltwirtschaftskrise
7. die KPD
8. das Kabinett
9. der Reichskanzler
10. das Konzentrationslager
11. der Antisemitismus
12. die Diktatur
13. der Bund deutscher Mädel (BDM)
14. die Endlösung
15. die Hitler-Jugend (HJ)

● Definitionen

a)  die Kommunistische Partei Deutschlands
b)  die Faschisten; Hitlers politische Partei
c)  Hitlers private Armee
d)  der Glaube, Juden seien minderwertiger
e)  der Glaube an sein eigenes Volk, sein eigenes Land
f)  Zeit zwischen 1929–33, als viele Arbeiter ihre Stellen verloren
g)  die führenden Politiker in der Regierung
h)  der deutsche Premierminister vor dem 2. Krieg
i)  ein Gefängnis für Kommunisten und Juden
j)  ein Arbeiterbund
k)  die Herrschaft einer einzigen Person
l)  eine Gemeinschaft für Jungen
m)  die Gemeinschaft für junge Mädchen
n)  die Nacht im Jahr 1938, in der Deutsche jüdische Häuser und Geschäfte zerstörten
o)  die Juden wären das Problem; ihre Vernichtung wäre die Lösung


**4**   Mit Hilfe des Texts (und anderen Büchern, wenn Sie wollen), schreiben Sie
einen kurzen Absatz (2–3 Sätze) über jedes Foto auf S. 169. Verwenden Sie
dabei das Imperfekt.

# Opa, Oma und die Nazis

**Michael:** Mein Opa ist ja seit 1932 in der Partei gewesen. Später, im Krieg, ist er dann aber wieder ausgetreten, er sagt, daß er es einfach nicht mehr verantworten konnte. 1945, als die Alliierten schon in Frankreich waren, sagte er im Freundeskreis, daß Deutschland und Hitler jetzt ja wohl verloren seien. Einer hat ihn verraten. Da haben sie ihn verhaftet. Er saß dann zwei Monate im Gefängnis. Eines Tages bekam seine Frau dann einen Brief, daß er an einem Herzinfarkt gestorben sei – obwohl er immer ganz gesund gewesen ist.

Mein anderer Opa war im Vorstand einer Versicherung und mußte 1934 dann in die Partei eintreten, um seinen Posten zu behalten. Wie jeder, der ein höheres Amt hatte.

**Thomas:** Der Onkel meines Vaters war vor dem Krieg SPD-Mitglied. Er wohnte in einem kleinen Dorf, wo jeder Ärger bekam, der etwas anders dachte als die anderen. Sie haben ihn dann auch einmal verprügelt, nur weil er in der SPD war.

1938 trat er dann auch in die NSDAP ein. Er wollte eine Familie gründen und eine Stelle beim Staat bekommen.

**Markus:** Meine Oma hatte sich Hitlers Buch „Mein Kampf" gekauft und war entsetzt über die Rassenfrage, besonders weil sie jüdische Freunde hatte. Sie wählte aber trotzdem die Nazis, weil sie das Wirtschaftsprogramm und die „Heim-ins-Reich" – Ideen gut fand. Deswegen waren meine Großeltern aber noch keine Nazis. Später waren sie auch entsetzt. So hatten sie sich das nicht vorgestellt.

Hitlers Buch hatten sie damals alle nicht ernst genommen, das klang alles so utopisch und verworren. Man konnte sich einfach nicht vorstellen, daß er das alles auch wirklich tun würde.

## 5 TEXTÜBERBLICK

Lesen Sie sich die Texte oben durch und füllen Sie die Tabelle aus. Für jede Aussage sollten Sie ein Kästchen abhaken oder ankreuzen.

| Reaktion auf den Nazismus | Michael | Thomas | Markus |
| --- | --- | --- | --- |
| Opa/Oma war in der Nazi-Partei. | | | |
| Der Onkel seines Vaters war Sozialist. | | | |
| Oma hat „Mein Kampf" gelesen. | | | |
| Sein Opa wurde von den Nazis verprügelt. | | | |
| Sein Opa trat im Krieg aus der Partei aus. | | ⊘ | |
| Seine Oma war mit der Rassenpolitik der Nazis nicht einverstanden. | | | |
| Sein Opa ist in die Nazi-Partei eingetreten, weil er dachte, daß er sonst nicht vorankommen würde. | | | |
| Seine Großeltern haben es gar nicht geglaubt, daß Hitler versuchen würde, die Juden zu vernichten Sein Opa mußte in die Partei eintreten, weil er sonst seine Stellung verloren hätte. | | | |

**6** Warum trat man damals in die Partei ein? Machen Sie eine Liste der im Text gegebenen Gründe. Gibt es andere dazu? Was für Bedenken hatte man dabei?

# Ein Judenkind im Dritten Reich

Herr Wolf Moser hat lange Jahre in Großbritannien gelebt, wurde aber 1920 in Deutschland geboren. Er stammt aus einer jüdischen Familie und auf der Kassette erzählt er von seiner Kindheit, seiner Familie, vom Leben im Hitler-Deutschland und was seiner Familie passiert ist. In diesen ersten zwei Abschnitten stellt er sich vor, beschreibt seine Schule und seine Wohnung in Hamburg.

## 7 ◙ *1. Teil*

Hören Sie sich die Kassette an und füllen Sie eine Kopie dieser Tabelle mit Notizen aus:

| | |
|---|---|
| In welchem Jahr geboren? | |
| Die wichtigsten Fächer in seiner Schule | |
| Seine Familie | |
| Seine Beziehung zu seinen Eltern | |
| Die Wohnung | |
| Erster Beweis für den Einfluß der Nazis auf das tägliche Leben | |

## 8 ◙ *2. Teil*

In diesem zweiten Abschnitt erzählt Herr Moser von dem Leben unter den Nazis und wie er persönlich davon betroffen wurde. Hören Sie sich die Kassette an und beantworten Sie diese Fragen:

1. Warum bekam er so wenig von den großen Ereignissen dieser Zeit mit?
2. Geben Sie zwei Beispiele von dem Einfluß der Nazi-Gesetze auf sein Leben.

*Wolf Moser und Eltern. S.182: Das Ehrenkreuz seines Vaters; Wolfs Studienbuch und sein Paß*

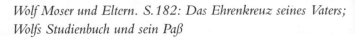

# B Antisemitismus

Einer der ersten Schritte auf dem Weg zur "Endlösung" war dieses Gesetz:

## Gesetz zum Schutze des deutschen Blutes und der deutschen Ehre vom 15. September 1935

§ 1 (1) Eheschließungen zwischen Juden und Staatsangehörigen deutschen oder artverwandten Blutes sind verboten. Trotzdem geschlossene Ehen sind nichtig, auch wenn sie zur Umgehung dieses Gesetzes im Ausland geschlossen sind.
(2) Die Nichtigkeitsklage kann nur der Staatsanwalt erheben.
§ 2 Außerehelicher Verkehr zwischen Juden und Staatsangehörigen deutschen oder artverwandten Blutes ist verboten . . .

§ 3 Juden dürfen weibliche Staatsangehörige deutschen oder artverwandten Blutes unter 45 Jahren nicht in ihrem Haushalt beschäftigen.
§ 4 (1) Juden ist das Hissen der Reichs- und Nationalflagge und das Zeigen der Reichsfarben verboten.
(2) Dagegen ist ihnen das Zeigen der jüdischen Farben gestattet. Die Ausübung dieser Befugnisse steht unter staatlichem Schutz.
§ 5 (1) Wer dem Verbot des § 1 zuwiderhandelt, wird mit Zuchthaus bestraft.

## 9    TEXTÜBERBLICK

Gesetze werden auf juristendeutsch geschrieben. Schreiben Sie diese Klauseln in die Umgangssprache um.

## LION FEUCHTWANGER: HERR HINKEL

*Gleich nach der Machtübernahme fingen SA-Einheiten an, politische Gegner und Juden nachts aus ihren Häusern zu holen und sie in Kasernen oder Gefängnisse zu bringen, wo sie mißhandelt wurden. Durch diese Terrormaßnahmen gelang es Hitler, seine Gegner auszuschalten, die Bevölkerung einzuschüchtern und die Juden zu isolieren.*

*A Markus Wolfsohn tritt bei der Firma Hinkel ein*
In das Chefkontor in der Gertraudtenstraße kam der Jude Markus Wolfsohn. Er war von den Deutschen Möbelwerken entlassen worden. „Schön, Wolfsohn", sagt Martin, „Sie können bei mir eintreten." Noch am gleichen Nachmittag erschien bei Martin der Packer Hinkel, Leiter der völkischen Betriebszelle des Möbelhauses Oppermann. Erregt verlangte er, Martin habe Herrn Wolfsohns Einstellung sowie die von drei andern jüdischen Verkäufern rückgängig zu machen und statt ihrer „Arier" einzustellen. „Ich glaube", sagte freundlich Martin, „Sie täuschen sich über Ihre Befugnisse, Hinkel", und er zeigte ihm eine Zeitungsmeldung. Nur amtliche Stellen, hieß es da, nicht die Leiter einzelner völkischer Organisationen dürften in die Betriebsleitung eingreifen. Bösartig, aus engen Augen, schaute der Packer Hinkel seinen Chef an. „Erstens", erwiderte er, „haben Sie, wenn ich in Uniform bin, Herr Hinkel zu mir zu sagen. Zweitens ist diese Verordnung nur für das Ausland gedruckt und geht mich nichts an. Drittens werde ich über

Ihr Verhalten an geeigneter Stelle zu berichten wissen." – „Schön", sagte Martin, „Aber jetzt sehen Sie zu, Herr Hinkel, daß endlich die Sendung für Seligmann & Co. fertig wird. Herr Brieger sagte mir, es liege nur an Ihnen, daß die Sendung nicht schon gestern abging." – „Die Arbeit für den nationalen Aufstieg geht vor", erwiderte der Packer Hinkel.

*B Die SA Männer kommen zu Oppermann*
In der Nacht darauf, gegen Morgen, kamen sie zu Martin Oppermann in die Corneliusstraße. Das verstörte Mädchen beiseite schiebend, stand einer mit Revolver und Gummiknüppel in Martins und Liselottes Schlafzimmer, hinter ihm vier oder fünf andere, sehr junge Burschen. „Herr Oppermann" sagte der Führer höflich. „Ja", sagte Martin. Es war nicht Schreck oder der Wille zur Unfreundlichkeit, was seine Stimme brummig klingen ließ, sondern es war nur, weil er noch verschlafen war. „Sei ruhig, Liselotte", bat er. „Ich bin bald wieder zurück." – „Das hängt wohl nicht von Ihnen allein ab, Herr", sagte der mit den zwei Sternen.

*C Martin wird zur Polizeikaserne gebracht*
Sie brachten ihn in eine Taxe. Er saß schlaff da, die Augen halb geschlossen. Es kann ihm wenig mehr passieren. Eigentlich sind seine Dinge in Berlin erledigt. Was immer Martin geschieht,

⇨

Liselotte wird zu leben haben.

Seine Begleiter unterhalten sich halblaut: „Ob wir ihn gleich an die Wand stellen? Hoffentlich dürfen *wir* ihn verhören: nicht die Achtunddreißiger." Martin wiegt den Kopf. Was für kindliche Methoden. Sie wollen, daß er seine jüdischen Angestellten entläßt. Vielleicht werden sie ihm das durch Mißhandlungen abzutrotzen suchen. Man hat Großkaufleute, Betriebsdirektoren in völkische Kasernen geschleppt, in Konzentrationslager, um ihnen ihren freiwilligen Rücktritt abzupressen oder den Verzicht auf irgendwelche Rechtstitel.

Man brachte ihn in ein oberes Stockwerk, in einen kahlen Raum. Ein Mann saß da mit vier Sternen am Uniformkragen, ein anderer an einer Schreibmaschine. Der mit den zwei Sternen meldete: „Truppführer Kersting mit einem Gefangenen." Man fragte Martin die Personalien ab. Dann erschien einer in einer reicheren braunen Uniform, keine Sterne am Kragen, sondern ein Blatt. Der Mann setzte sich hinter den Tisch. Es war ein ziemlich großer Tisch, ein Leuchter mit Kerzen stand darauf, eine Flasche Bier und einige nach Jurisprudenz aussehende Bücher. Der Mann warf die Bücher durcheinander. Martin beschaute sich den Leuchter.

„Sie heißen Martin Oppermann", fragte der mit dem Eichenlaub. „Das dürften sie nun endlich wissen", denkt Martin. „Ja", sagt er. „Sie haben sich Anordnungen der Regierung widersetzt?" fragt man ihn hinter dem Leuchten. „Nicht daß ich wüßte", sagt Martin. „In diesen Zeiten", sagt jetzt ernst der mit dem Eichenlaub, „ist Widerstand gegen die Anordnungen des Führers eine landes-verräterische Handlung." Martin zuckt die Achseln. „Ich habe mich den Anordnungen meines Packers Hinkel widersetzt", sagt er, „von dem mir nicht bekannt ist, daß ihm irgendeine amtliche Funktion zugewiesen worden wäre." – „Schreiben Sie", sagt der mit dem Eichenlaub, „der Angeklagte leugnet und macht Ausflüchte. Führen Sie den Mann ab", ordnete er an.

### D Martin wird im Keller mißhandelt

Der Zweigesternte und drei andere brachten Martin die Treppen wieder hinunter und dann noch tiefer, über schlechterleuchtete Stufen. „Dies also ist der Keller", dachte Martin. Man kam jetzt vollends ins Dunkle, es ging durch einen langen Gang. Man packte Martin hart an den Armen. „Gehen Sie im Schritt, Mensch", sagte eine Stimme. Es war ein langer Korridor, es ging um eine Ecke, um noch eine. Jemand leuchtete ihm mit einer elektrischen Lampe ins Gesicht. Nun ging es ein paar Stufen hinauf. „Bleib im Schritt, Kerl", sagte man zu ihm und schubste ihn in den Rücken. „Was für kindische Methoden", dachte Martin.

Man mochte ihn zehn Minuten kreuz und quer geführt haben, dann stieß man ihn in einen größeren, dämmerigen Raum. Das hier sah ernster aus. Auf Lumpen und Pritschen lagen Menschen, ihrer zwanzig bis dreißig, halbnackt, blutig, stöhnend, übel anzuschauen. „Sag Heil Hitler, wenn du wo eintrittst", kommandierte einer von seinen Begleitern und stieß ihn in die Seite. „Heil Hitler", sagte folgsam Martin. Sie schoben sich durch die engen Reihen der übel Anzusehenden, Stöhnenden. Geruch von Schweiß, Kot, Blut war im Raum. „In Warteraum vier ist kein Platz mehr", sagt der Zweigesternte.

Man brachte Martin in einen andern Raum, der kleiner war, grell erleuchtet. Hier standen ein paar Menschen, mit dem Gesicht gegen die Wand. „Stell dich hierher, Saujud", sagte man zu Martin, und er mußte sich neben die andern stellen. Ein Grammophon spielte das Horst-Wessel-Lied. „Die Straße frei den braunen Bataillonen",

quäkte es. „Die Straße frei dem Sturmabteilungsmann. Es schaun aufs Hakenkreuz voll Hoffnung schon Millionen. Der Tag für Freiheit und für Brot bricht an." – „Mitsingen", kommandierte einer. Knüppel wurden geschwungen, und die mit dem Gesicht zur Wand sangen. Dann wurde eine Platte mit einer Rede des Führers gespielt, dann wieder das Horst-Wessel-Lied. „Grüßen", kommandierte man, und wer Arm oder Finger beim altrömischen Gruß nicht stramm genug hielt, bekam einen Schlag auf Arm oder Finger. „Mitsingen", hieß es dann wieder. So ging es eine Weile. Dann wurde das Grammophon abgestellt, und es war nun völlige Stille im Raum.

Das mochte so eine halbe Stunde dauern. Martin war sehr müde, er drehte vorsichtig den Kopf zur Seite. „Willst du still stehn, Mensch", sagte einer und schlug ihn über die Schulter. Es tat weh, aber eigentlich nicht sehr. Dann begann wieder das Grammophon. „Wir beten jetzt das Vaterunser", kommandierte die Stimme. Gehorsam sagten sie das Vaterunser her. Martin hatte es lange nicht gehört, er hatte nur eine vage Ahnung. Er achtete genau auf die Worte, eigentlich waren es gute Worte. Das Grammophon verkündete die fünfundzwanzig Punkte des Parteiprogramms.

Zwei Stunden stehen, das klingt nach nichts. Aber es ist nicht leicht für einen Mann, nahe der Fünfzig, und keiner körperlichen Anstrengung gewohnt. Das grelle Licht und sein Widerschein an der Wand quälte Martins Augen, das Gequäke des Grammophons seine Ohren. Aber dann, ihm schien es eine Ewigkeit, es waren zwei Stunden, wurde es ihnen wirklich zu langweilig. Sie befreiten ihn von der Wand, führten ihn wieder über Treppen und durch dunkle Gänge und schließlich in ein kleines Zimmer, ziemlich dunkel.

Wieder übernahmen ihn die Jungens. Martin hätte sich am liebsten mit ihnen unterhalten, aber er war zu müde. Der nächste, der mit ihm sprach, war der Packer Hinkel. Er war nicht in Uniform. „Ich habe mich für Sie eingesetzt, Herr Oppermann", sagte er, ihn aus seinen engen Augen musternd. „Schließlich war man einige Jahre zusammen. Ich glaube, es ist besser, Sie geben nach. Unterschreiben Sie, daß Sie sich den Anordnungen des Betriebsrats fügen und die vier Leute entlassen, und Sie sind frei." – „Sie meinen es wahrscheinlich gut, Herr Hinkel", sagte friedfertig Martin. „Aber hier unterhandle ich nicht mit Ihnen. Über Geschäfte verhandle ich nur in der Gertraudtenstraße." Der Packer Hinkel zuckte die Achseln.

Man wies Martin eine Pritsche an in einer kleinen Kammer. Er hatte Kopfschmerzen; auch die Stelle am Rücken, auf die man ihn geschlagen hatte, schmerzte jetzt. Er versuchte, sich die Sätze des Vaterunsers ins Gedächtnis zurückzurufen. Aber die hebräischen Worte des Totengebetes, die er unlängst gesprochen hatte, drängten vor. Es war gut, allein zu sein. Er war sehr erschöpft. Aber man schaltete das Licht nicht aus, das hinderte ihn am Schlafen.

Noch bevor die Nacht um war, wurde er wieder in den Raum gebracht, wo man ihn aufgenommen hatte. Hinter dem Tisch saß jetzt einer ohne Laub, mit nur zwei Sternen. „Sie können gehen, Herr Oppermann", sagte er. „Es sind nur noch einige Formalitäten zu erfüllen. Wollen Sie, bitte, das hier unterschreiben." Es war eine Bestätigung, daß er gut behandelt worden war. Martin las, wiegte den Kopf. „Wenn ich zum Beispiel meine Angestellten so behandelte", sagte er, „ich weiß nicht, ob sie mir das bestätigten." – „Sie wollen doch nicht sagen, Herr", schnarrte der Mensch, „daß Sie hier schlecht behandelt worden seien?"

„Wollen?" fragte Martin zurück. „Schön", sagte er, „ich werde es nicht sagen." Er unterschrieb. „Dann wäre noch das da", sagte der

Mensch. Es war eine Anordnung, zwei Mark zu bezahlen, eine Mark für Unterkunft, eine Mark für Verpflegung und Behandlung. ‚Die Musik ist frei', dachte Martin. Er bezahlte, bekam eine Quittung. „Guten Morgen", sagte er. „Heil Hitler", sagte der Zweigesternte.

### E Martin wird freigelassen

Martin, wie er hinaus ins Freie trat, fühlte sich plötzlich hundeelend. Es regnete, die Straße war leer, es war lange vor dem Morgen. Es sind noch nicht vierundzwanzig Stunden, daß sie ihn geholt haben. Wenn er nur nach Hause kommt. Die Beine sind ihm so weich, sie sacken unter einem weg. Ein Königreich für eine Taxe. Da ist ein Schupo. Der Schupo schaut ihn scharf an. Vielleicht hält er ihn für betrunken, vielleicht auch sieht er ihm an, daß er aus dem Landsknechtsquartier kommt. Die Staatspolizisten hassen die völkischen Landsknechte, sie nennen sie die „Braune Pest", ekeln sich vor ihnen. Jedenfalls hält der Schupo still und fragt Martin freundlich: „Was haben Sie, Herr? Ist Ihnen nicht wohl?" – „Vielleicht könnten Sie mir eine Taxe besorgen, Herr Wachtmeister", sagt Martin. „Mir ist wahrhaftig soso." – „Gemacht, Herr", sagt der Schupo.

Martin setzt sich auf den Treppenvorsprung eines Hauses. Er hält die Augen geschlossen. Die Schulter, wo er den Hieb bekommen hat, schmerzt ihn jetzt ernstlich. Es ist ein sonderbarer Anblick, den Chef des Möbelhauses Oppermann so auf der Straße hocken zu sehen, ziemlich zerbeult, heruntergekommen. Die Taxe kommt, der Schupo hilft ihm hinein, er kann noch die Adresse angeben. Dann sitzt er in der Taxe, schräg, mehr liegend, wie tot, schläft, schnarcht, gegen seine Gewohnheit, ist es ein Gemisch von Röcheln und Schnarchen.

Der Chauffeur, wie er an dem Haus in der Corneliusstraße ankommt, läutet. Liselotte selber öffnet, hinter ihr, halb angezogen, ist der Portier, verstört und erfreut, wie er Martin erblickt. Zusammen mit ihm hilft sie Martin hinauf. Im Wintergarten bringen sie ihn nicht weiter. Er sitzt da, in einem Sessel, hat die Augen wieder geschlossen, schläft, schnarcht.

(aus: *Die Geschwister Oppermann*)

---

**Kontor n** Büro
**Befugnisse pl** Rechte, etw. zu tun
**abtrotzen** zu etw. zwingen
**verzichten auf/Verzicht m** aufgeben, etw. nicht mehr benutzen
**Anordnung f** Befehl
**Lumpen m** Stoff- od.Kleidungsstück, das alt und zerrissen ist
**Pritsche f** einfaches Bett
**grell** so hell, daß es den Augen weh tut
**quälen** weh tun
**schnarren** hart, unangenehm sprechen
**hundeelend** sehr schlecht
**wegsacken** versagen, nicht mehr funktionieren
**s ekeln vor** etw. als schrecklich, widerlich empfinden
**Hieb m** ein starker Schlag

## 10 TEXTÜBERBLICK

Falsch oder richtig?

A  1. Markus Wolfsohn war Jude.

2. Markus wurde gefeuert, weil er Jude war.

3. Martin hat den Juden eingestellt.

4. Hinkel verlangte, Martin sollte den Markus wieder entlassen.

5. Martin wollte Markus entlassen.

B  6. In der Nacht kamen Truppen, um Martin zu holen.

C  7. Die SA-Leute haben Martin schon unterwegs mißhandelt.

8. Martin wurde in ein Zimmer geführt, wo ein „Standartenführer" in brauner Uniform ihm Fragen stellte.

D  9. Martin mußte dann in den Keller hinunter.

10. Im Keller war Martin jetzt ganz allein.

11. Martin mußte „Heil Hitler" sagen, das Horst-Wessel-Lied singen, sein Gesicht an die Wand wenden und den Hitler-Gruß geben.

12. Alle wurden von den SA-Leuten mehrmals verprügelt.

13. Er fing freiwillig an, zu beten.

14. Martin wurde müde und es wurde ihm deshalb auf die Schulter geschlagen.

E  15. Martin konnte diese Quälerei gut überstehen und wurde nach drei Stunden freigelassen.

16. Martin wurde in ein kleines Zimmer gebracht, wo er versuchte zu schlafen.

17. Martin mußte schriftlich bestätigen, bevor er gehen durfte, daß er nicht mißhandelt wurde.

18. Er mußte eine Strafe zahlen.

19. Nach zwei Tagen ging er nach Hause.

> **GRAMMATIK:** *Konditionalperfekt mit Modalverben*
>
> ● Auf Seite 154 [Kapitel 10] lernten Sie das Konditionalperfekt
> (Konditional in der Vergangenheit) zu bilden.
>   z.B.   *Wenn ich in Deutschland **gewohnt hätte**, dann **hätte** ich nicht für Hitler*
>          ***gestimmt.***
>   z.B.   *Wenn ich Jude **gewesen wäre**, **wäre** ich **ausgewandert.***
> ● Das Konditionalperfekt kann man auch mit einem Modalverb bilden:
>   z.B.   *Er **hätte** ihm helfen **können**.*
>          *Die Juden **hätten** auswandern **sollen**.*
> ● Achten Sie auf die Satzstellung im Nebensatz (z.B. mit *Wenn* oder *Weil*):
>   z.B.   *Wenn er ihm **hätte helfen können**, wäre er noch am Leben.*
>          *Er wußte, daß er zur Polizei **hätte gehen sollen**.*

# 11

a)  Nach dem Krieg haben die Allierten den Deutschen die Frage gestellt: ,,Was
haben Sie gegen die Verfolgung der Juden gemacht? Was haben Sie getan,
um das Elend der Juden zu lindern?" Aber was hätte Martin anders machen
können? Gibt es irgendeine Stelle in dieser Erzählung, an der Martin anders
hätte handeln können/müssen? Zum Beispiel:

- Er hätte den Juden nicht einstellen sollen.
- Er hätte zur Polizei gehen können.

Schreiben Sie andere Möglichkeiten auf.

b)  Stellen Sie sich vor, Sie lebten unter den Nazis. Was hätten Ihrer Meinung
nach Leute in folgenden Berufen machen müssen, um sich dem Nazi-Staat
anzupassen? Und was hätten sie machen können, um persönlich Widerstand
zu leisten?

    Lehrer – Schüler – Polizist – Pfarrer – Geschäftsmann

# 12
Schreiben Sie einen Brief von Markus Wolfsohn an einen Freund im
Ausland, in dem Sie über die in dieser Geschichte dargestellten Ereignisse
berichten. Beschreiben Sie genau das, was mit Ihrem Chef geschehen ist. Wie
reagieren Sie darauf? Wie wird es Ihrer Meinung nach wahrscheinlich
weitergehen? Haben Sie und er richtig gehandelt, oder hätten Sie anders
handeln können?

# C Propaganda im Dritten Reich

Im nächsten Text lesen wir die Geschichte eines Lehrers in der Nazizeit, der eine Klasse unterrichten muß, die völlig unter dem Einfluß der Nazis steht. Hier sehen wir auch die Rolle der Propaganda und den Einfluß des Staates im Vorkriegsdeutschland.

## „ALLES DENKEN IST IHNEN VERHASST"

Sechsundzwanzig blaue Hefte liegen neben mir, sechsundzwanzig Buben, so um das vierzehnte Jahr herum, hatten gestern in der Geographiestunde einen Aufsatz zu schreiben, ich unterrichte nämlich Geschichte und Geographie.

Draußen scheint noch die Sonne, fein muß es sein im Park! Doch Beruf ist Pflicht, ich korrigiere die Hefte und schreibe in mein Büchlein hinein, wer etwas taugt oder nicht.

Das von der Aufsichtsbehörde vorgeschriebene Thema der Aufsätze lautet: »Warum müssen wir Kolonien haben?« Ja, warum? Nun, lasset uns hören!

Der erste Schüler beginnt mit einem B: er heißt Bauer, mit dem Vornamen Franz.

Nun, Franz Bauer, warum brauchen wir Kolonien?

»Wir brauchen die Kolonien«, schreibt er, »weil wir zahlreiche Rohstoffe benötigen, denn ohne Rohstoffe könnten wir unsere hochstehende Industrie nicht ihrem innersten Wesen und Werte nach beschäftigen, was zur unleidlichen Folge hätte, daß der heimische Arbeitsmann wieder arbeitslos werden würde.« Sehr richtig, lieber Bauer! »Es dreht sich zwar nicht um die Arbeiter« – sondern, Bauer? –, »es dreht sich vielmehr um das Volksganze, denn auch der Arbeiter gehört letzten Endes zum Volk.«

Das ist ohne Zweifel letzten Endes eine großartige Entdeckung, geht es mir durch den Sinn, und plötzlich fällt es mir wieder auf, wie häufig in unserer Zeit uralte Weisheiten als erstmalig formulierte Schlagworte serviert werden. Oder war das immer schon so?

Ich weiß es nicht.

Jetzt weiß ich nur, daß ich wieder mal sechsundzwanzig Aufsätze durchlesen muß, Aufsätze, die mit schiefen Voraussetzungen falsche Schlußfolgerungen ziehen. Wie schön wärs, wenn sich »schief« und »falsch« aufheben würden, aber sie tuns nicht. Sie wandeln Arm in Arm daher und singen hohle Phrasen. Ich werde mich hüten, als städtischer Beamter, an diesem lieblichen Gesange auch nur die leiseste Kritik zu üben! Wenns auch weh tut, was vermag der einzelne gegen alle? Er kann sich nur heimlich ärgern. Und ich will mich nicht mehr ärgern! Korrigier rasch, du willst noch ins Kino!

Was schreibt denn da der N? »Alle Neger sind hinterlistig, feig und faul.«

– Zu dumm! Also das streich ich durch!

Und ich will schon mit roter Tinte an den Rand schreiben: »Sinnlose Verallgemeinerung!« – da stocke ich. Aufgepaßt, habe ich denn diesen Satz über die Neger in letzter Zeit nicht schon mal gehört? Wo denn nur? Richtig: er tönte aus dem Lautsprecher im Restaurant und verdarb mir fast den Appetit. Ich lasse den Satz also stehen, denn was einer im Radio redet, darf kein Lehrer im Schulheft streichen.

Und während ich weiterlese, höre ich immer das Radio: es lispelt, es heult, es bellt, es girrt, es droht – und die Zeitungen drucken es nach und die Kindlein, sie schreiben es ab.

*Ödon v. Horvath- Jugend ohne Gott*

---

**Pflicht f** etw. was man tun muß
**Aufsichtsbehörde f** Schulamt
**unleidlich** unangenehm
**es dreht sich um . . .** das Wichtigste daran ist . . .
**s aufheben** einander neutralisieren

## 13 TEXTÜBERBLICK

Machen Sie Notizen zu den folgenden Punkten und notieren Sie Zitate, die Ihre Meinungen unterstützen!

- die Freude, mit der der Lehrer seine Pflicht erfüllt
- die Wahl des Aufsatzthemas

➡

● seine Beziehung zu seinen Schülern
● was der Lehrer von den Meinungen der Schüler hält
● warum er die Arbeit der Schüler nicht verbessern darf
● woher die Schüler ihre Ideen bekommen haben

**14**  Was hätte der Lehrer in *Jugend ohne Gott* machen können? Was hätten Sie an seiner Stelle gemacht?

**16  Was halten Sie davon?**

Stellen Sie sich vor, Sie sind Schüler in Wolfs Schule oder in der Schule in *Jugend ohne Gott* (S178/79). Sie haben die Wahl: Sie können Befürworter sein (also Erfolg in der Schule und im Leben), Gegner (also Probleme für Sie und Ihre Familie), oder Mitläufer – dann haben Sie vielleicht nur ein schlechtes Gewissen. Was würden Sie tun?

**19**  Stellen Sie sich vor, Sie wären eine der anderen Personen gewesen: die Mutter, der Vater, oder der deutsche Nachbar. Erzählen Sie Herrn Mosers Geschichte aus Ihrer Perspektive.

**15**  🖭  *3. Teil*

In jeder totalitären Gesellschaft findet man Gegner, Befürworter und Mitläufer (die dagegen sind aber nichts dagegen tun). Was sagt Wolf Moser über jede dieser Gruppen?

|  | **Lehrer** | **Schüler** |
|---|---|---|
| Gegner |  |  |
| Befürworter |  |  |
| Mitläufer |  |  |

**17**  🖭  *4. Teil*

Beantworten Sie die folgenden Fragen:
1. Warum mußte er Deutschland verlassen?
2. Warum durfte er auf die Universität gehen?
3. Wie lange durfte er auf der Uni bleiben?
4. Was war sein Andenken an seiner Studentenzeit in Hamburg?

**18**  🖭  *5. Teil*

Trotz allen Bemühungen von Herrn Moser und seinen Freunden blieben seine Eltern in Deutschland. Hören Sie sich den Ausschnitt an, dann ergänzen Sie diese Sätze, um den letzten Teil der Geschichte zu rekonstruieren:

1.  Seine Eltern wußten, daß …
2.  Ein schottischer Architekt hatte ihnen angeboten, …
3.  Das Home Office sagte, daß …
4.  Der Architekt hatte garantiert, daß …
5.  Seine Eltern haben sich gekümmert, ob …
6.  In ihren Briefen fragten sie sich, ob …
7.  Herr Moser hat sich geschämt, daß …
8.  Er hörte endlich aus dritter Hand, daß …
9.  Herr Karlmeier hat Herrn Moser erzählt, was …
10. Sein Vater gab seine Bibel und Fotoalben an Nachbarn, falls …

# D Der Zweite Weltkrieg und die Niederlage

Kathis Familiendokumente zeigen die ganze Sinnlosigkeit und Härte des Krieges: Ihr Großvater – der Vater ihrer Mutter – mußte am 1. April 1945 noch in den Krieg ziehen. Am 8. April schrieb Rudi Blank seinen letzten Brief. Drei Tage später war er tot. Am 8. Mai war der Krieg zu Ende. Kathi (links mit ihrer Familie) schreibt dazu:
Der Vater meiner Mutter war 10 Tage beim Volkssturm und ist am 11. 4. 45 bei Rastatt gefallen. Meine Mutter war damals drei Jahre alt. Von seinen Kameraden hat meine Oma zwei Fotos bekommen. Das eine ist ein Bild von meiner Mutter als Kind, das andere ist das Paßbild von meinem Opa. Die Fotos hatte er in der Jackentasche, als er von einer Kugel getroffen wurde. Auf einem Foto kann man noch heute das Blut sehen. Ich habe auch seine letzten Briefe gelesen und den Totenschein. Das ist echt Wahnsinn.

Wolfach, den 15. 4. 45

Eidesstattliche Versicherung.

Ich erkläre hiermit, daß mein Kamerad Rudi Blank von Wolfach am 11.4.45 vorm. 9 – 1o Uhr bei Oberw:erg b. Rastatt den Heldentod gefunden hat.

## Der erste Brief
3. 4. 45
So bald werden wir wohl nicht wieder nach Hause gelassen werden; die Front ist ja bedenklich nahe gekommen. (. . .) Bei uns sieht alles schwarz in schwarz. Ich glaube aber trotzdem immer noch, daß etwas kommen wird; denn so angeschwindelt kann man uns doch nicht haben. (. . .) Was macht meine Tochter? Fragt sie auch mal nach ihrem Vati? Gerade jetzt wäre ich gerne dort, jeden Tag bringt sie doch einen neuen Ausdruck. Geh nur los, wenn Flieger kommen, mit Heidi. Gaggenau sieht nämlich auch schlimm aus. Vielleicht habt ihr auch Glück, daß nicht viel passiert, was ich schwer hoffen möchte. Aber trotzdem muß man auch von sich aus etwas dazu tun. (. . .) Herzlichen Gruß und Gut-Nachtle
von Eurem Vati

## Der letzte Brief
8. 4. 45
(. . .)
Acht Tage sind es nun schon, daß ich von zu Hause weg bin. Ja, so vergeht die Zeit, und immer noch steht die große Wende noch aus. Wir selbst haben nun schon einige Tage hier Stellung bezogen. Stehen jedoch nicht in erster Linie, da unser Auftrag die Panzerbekämpfung ist. Aber es gibt ziemlich viel Artilleriebeschuß. Dann gehen wir eben raus ins Feld. Na, Unkraut verdirbt nicht so leicht, und etwas Glück muß auch bei dieser Angelegenheit dabei sein. Wir wollen nur hoffen, daß ein baldiges gutes Ende für uns kommen möge. – Sonst geht es uns noch gut. Die Verpflegung ist auch sehr gut. Tabak haben wir auch schon bekommen. Was macht denn meine kleine Heidi? Sie wird sicher wieder viel dazu gelernt haben und tüchtig Dummheiten machen. Na, sie soll nur machen, was sie kann, man weiß ja doch nicht, wie es noch kommt ( . . .) Man guckt doch manchmal auf die Bilder und ist in Gedanken dann bei Euch und malt sich aus, was Ihr wohl gerade machen werdet. Ja, so ist das nun. –
( . . .)
So, nun sei herzlichst gegrüßt und geküßt, auch meine liebe Heidi
von Eurem Vati

---

**anschwindeln** über etw. lügen
**Stellung beziehen** zu einem bestimmten Platz gehen
**„Unkraut verdirbt nicht so leicht"** Uns kann man nicht leicht töten

**20** a) Was schrieb Kathis Opa von der Front zu den folgenden Themen? Schreiben Sie Sätze und verwenden Sie die indirekte Rede. (Siehe S. 300.)

- Die militärische Situation
- Seine persönliche Aussichten
- Die militärische Aussichten
- Seine Familie

z.B. *Er meint, die Front sei nahe gekommen. Er hofft/glaubt/möchte wissen,…*

b) Im Krieg werden alle Briefe zensiert. Schreiben Sie den Brief, den er vielleicht geschrieben hätte, wenn es keine Zensur gegeben hätte.

Als die Alliierten in Richtung Berlin marschierten, ließen sie ein
Trümmerfeld hinter sich. Die meisten deutschen Städte waren von den
Luftangriffen zerstört worden.
Diese Gedichte berichten von der Zerstörung der deutschen Städte.

## Städte

Da standen Städte. Doch jetzt liegen Steine.
Auf den Ruinen sitzt die Nacht.
Daneben hockt der Tod und lacht:
so habe ich es gut gemacht!
Da waren Menschen. Doch jetzt leben keine.

Durch hohle Fenster greift mit langen Händen
der Mond wie ein Gespenst aus Chrom,
zuckt durch die Rippen dort am Dom,
springt wie ein Tänzer in den Strom
und zittert schattenhaft an allen Wänden.

Verkohlte Bäume starren steif, entblättert
im Schutt. Das letzte Leben lischt.
Nur eine schwarze Krähe zischt
durchs Grau. Vergangenes verwischt.
Da standen Städte. Doch sie sind zerschmettert.

Dagmar Nick

## Die Pappel vom Karlsplatz

Eine Pappel steht am Karlsplatz
mitten in der Trümmerstadt Berlin,
und wenn Leute gehen übern Karlsplatz,
sehen sie ihr freundlich Grün.

In dem Winter sechsundvierzig
fror'n die Menschen, und das Holz war rar,
und es fiel'n da viele Bäume,
und es wurd' ihr letztes Jahr.

Doch die Pappel dort am Karlsplatz
zeigt uns heute noch ihr grünes Blatt:
Seid bedankt, Anwohner vom Karlsplatz,
daß man sie noch immer hat.

Bertolt Brecht

## über einige Davongekommene

Als der Mensch
Unter den Trümmern
Seines
Bombardierten Hauses
Hervorgezogen wurde,
Schüttelte er sich
Und sagte:
Nie wieder.

Jedenfalls nicht gleich.

Günter Kunert

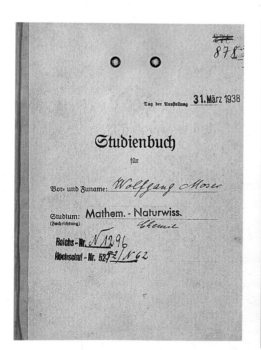

Beglaubigte Abschrift!

Im Namen des Führers und Reichskanzlers

Dem Kaufmann Bernard M o s e r in Hamburg ist
auf Grund der Verordnung vom 13. Juli 1934 zur
Erinnerung an den Weltkrieg 1914/1918 das von dem
Reichspräsidenten Generalfeldmarschall von Hindenburg
gestiftete ------------------------------------------------
Ehrenkreuz für Frontkämpfer
verliehen worden. ------ Hamburg, den 26. Juli 1935.
Der Polizeiherr.
I.V.
L.S.Unterschrift unleserlich
Nr. 63742/35.

Hiermit beglaubige ich, ------------------------
Dr. jur. Wolf H a r m
Notar in Hamburg, die Uebereinstimmung der vorstehenden
Abschrift mit der mir vorgelegten Urschrift. ----------
Hamburg, den 19. (neunzehnten) Januar 1938
(neunzehnhundertachtunddreissig). ------------------

49,138 RKO
2.25

# 21

- Vergleichen Sie in Dagmar Nicks Gedicht die Vergangenheit und die Gegenwart.
- Wie bringt sie den Vergleich zwischen einer zerstörten Stadt und einem Skelett?
- Was für Farben sind in Nicks Gedicht zu „sehen"? Was ist zu „hören"?
- Was für ein Bild Berlins bekommen wir in Brechts Gedicht? Was symbolisiert das Grüne des Baums?
- Welches der Gedichte hat Ihrer Meinung nach die größere Wirkung?

# 13

# Deutschland seit 1945: Zwei Staaten . . . ein Volk

# A Zweimal Deutschland

**Sieg m** Erfolg in einem Kampf
**verwalten** in Ordnung halten
**ausweisen (ausgewiesen)** jmdn aus
   dem Land hinauswerfen
**Hab und Gut n** alles, was man hat
**Vorbild n** Modell
**Aufstand m** Rebellion

**1** Vergleichen Sie die zwei Karikaturen auf S.183! Beziehen Sie sich auf:

- die Industrie
- die Umwelt
- die Berufe, die die Einwohner haben
- die Symbole auf den Gebäuden

- die Architektur
- die Statuen
- die Ideologie
- die Verkehrsmittel

*Deutschland vor dem 2. Weltkrieg*

Schon während des Krieges hatten die Alliierten für die Zukunft des besiegten Deutschlands geplant. Soviel stand fest: es sollte ihm unmöglich gemacht werden, jemals wieder einen Angriffskrieg zu führen. Nach der Kapitulation teilten also die Siegermächte – die USA, die Sowjetunion, Großbritannien und Frankreich – Deutschland in vier Besatzungszonen auf. Berlin gehörte keiner der Zonen an, sondern wurde von den vier Mächten gemeinsam verwaltet; jede von ihnen besetzte einen Sektor der Hauptstadt.

Nach der Dreimächtekonferenz (August 1945) wurden die meisten der in den deutschen Gebieten der Tschechoslowakei zurückgebliebenen Sudetendeutschen, sowie Deutsche aus den Gebieten östlich der Oder und Neiße ausgewiesen. So waren in den ersten Nachkriegsjahren etwa 13 Millionen Deutsche unterwegs. Ihr Hab und Gut hatten sie zum größten Teil zurücklassen müssen. Wie viele während dieser Völkerwanderung den Tod fanden, läßt sich nur grob schätzen; die Zahl dürfte über einer Million liegen. Die Vertriebenen

wurden auf alle Besatzungszonen und Länder verteilt. Der weitaus größte Teil von ihnen kam in das Gebiet der späteren Bundesrepublik.

Im Frühsommer 1948 gaben die Westmächte das Signal zur Gründung eines westdeutschen Staates. Sie schlugen vor, durch eine Nationalversammlung eine Verfassung ausarbeiten zu lassen. Bei den meisten deutschen Politikern stieß dieser Vorschlag auf Widerstand, weil sie fürchteten, dadurch die Spaltung Deutschlands zu fördern. In der sowjetischen Zone

war schon früh mit dem Aufbau eigener Staatsorgane nach sowjetischem Vorbild begonnen worden. Der politische Druck und die wirtschaftlichen Schwierigkeiten erregten aber große Unzufriedenheit bei der Bevölkerung der DDR; am 17. Juni 1953 kam es zu einem Aufstand, der von sowjetischen Truppen niedergeschlagen wurde. Tag für Tag flohen Bürger der DDR in die Bundesrepublik und nach Westberlin.

Zur Verhinderung der „Republikflucht" errichteten die

*Deutschland nach dem 2. Weltkrieg*

Behörden der DDR 1952 entlang der gesamten Demarkationslinie zur Bundesrepublik umfangreiche Sperranlagen mit Stacheldrahtzäunen und Minenfeldern – die am schärfsten bewachte Grenze Europas. Lange Zeit hatten jedoch Flüchtlinge noch die Möglichkeit, über Ostberlin ungehindert nach Westberlin und von dort mit dem Flugzeug in die Bundesrepublik zu gelangen. Um auch diesen Weg zu versperren, baute die DDR im August 1961 quer durch Berlin eine scharf bewachte Mauer.

## 2  Wortwörtlich

Lesen Sie den ersten Text und verbinden Sie dann jedes Substantiv mit einem passenden Verb (bzw. jedes Verb mit einem passenden Substantiv)! Füllen Sie diese Tabelle aus.

| Verb | Substantiv |
|---|---|
| 1 | die Verwaltung |
| 2 gründen | |
| 3 aufstehen | |
| 4 | die Wache |
| 5 | die Besatzung |
| 6 spalten | |
| 7 | die Flucht |
| 8 | die Sperre |
| 9 vertreiben | |

## 3    TEXTÜBERBLICK

Für jeden Absatz des ersten Textes notieren Sie drei oder vier Schlüsselwörter (die Wörter, die man unbedingt braucht, um den Text zu verstehen). Fassen Sie den Text mit ca. 100 Wörtern zusammen.

Der nächste Text stammt aus den Jahren kurz nach dem Zweiten Weltkrieg, als es immer schwieriger wurde, vom Osten in den Westen zu gelangen. Die Geschichte schildert die Spannung einiger Flüchtlinge, als sie sich der neuen „Grenze" näherten.

# Die Grenze — ich habe sie gespürt

*Sommer 1949*

*Züge . . . Züge, voll besetzt von West nach Ost,
fast voller noch von Ost nach West,
und dazwischen der Eiserne Vorhang.*

Das gleichmäßige Rattern des Zuges macht mich schläfrig. Wolfgang hat auch die Augen geschlossen, er kuschelt sich mir gegenüber in Mutters Arm und schiebt dabei ihre wichtige Stofftasche, die an einem schwarzen Band über ihrer Schulter hängt, einfach zur Seite. Schweißperlen sind auf Wolfgangs Stirn, auch auf Mutters. Es ist heiß im Abteil. Ich darf aber meinen Mantel nicht ausziehen, weil ich ihn beim Aussteigen im Gewühl nicht mehr finden würde, hat Mutter gesagt. Christl sitzt neben mir, hat auch ihren Mantel an. Es ist eng auf dem Sitzplatz. Christl drückt mich ganz weit in die Ecke und zeigt dabei verstohlen auf ihre Nachbarin, eine dicke Frau mit Kopftuch, von der sie zu mir hingedrängt wurde. Und daneben ist noch eine Frau – ich sehe nur ihre Beine, sie hat sie weit nach vorn gestreckt. Ihr gegenüber, neben Mutter, sitzt ein Ehepaar auf der Bank. Der Mann hat ein rotes Gesicht, wischt sich ständig den Schweiß von der Stirn. Seine Frau unterhält sich mit der Dicken. Zwischen unseren Beinen sind Taschen, verschnürte Kartons, über uns Koffer, Rucksäcke.

Im Gang draußen stehen die Menschen eng zusammengedrängt. Vor ein paar Minuten ist der Schaffner im Gang über die Leute und das Gepäck gestiegen und hat sich auch in unserem Abteil die Fahrkarten angesehen. So lange wollte ich wach bleiben, die Augen wenigstens auflassen, nicht schlafen. Ich wollte hellwach sein, sehen, ob der Schaffner Verdacht schöpft, ob er merkt, daß wir die russische Zone verlassen möchten, daß wir nicht in dem Grenzort Öbisfelde mit unserem vielen Gepäck bleiben wollen.

Am Bahnhof Öbisfelde holt Mutter einen Zettel aus ihrer Dokumententasche, mit Zeichnung und Adresse. Wir gehen durch die Straßen des kleinen Ortes. Nach der Skizze auf dem Zettel sucht Mutter die Leute, bei denen wir uns melden sollen. So braucht sie niemanden nach dem Namen zu fragen, so kann kein Verdacht auf die Leute fallen, die uns über die Grenze helfen werden. Vor einem gelbgestrichenen Haus bleibt sie stehen, klopft. Wir werden hereingelassen, nach oben geschickt, sollen uns in einem Raum für die Nacht niederlegen. Oben sind noch mehr Leute, auch Grenzgänger.

Morgen früh um sechs werden wir über die Grenze gehen. Die Tochter Emmy hat mit dem russischen Grenzposten schon alles besprochen. Mutter gibt ihr Geld, sie gibt uns einen Korb voll Eier und eine Flasche Schnaps dafür.

,,Den gebt ihr ihm und sagt, der ist von Emmy'', sagt sie und klopft Mutter auf den Arm.

Im halbdunklen Raum sind Decken ausgebreitet, da legen wir uns drauf. Ich kriege Bauchweh, kriege Angst, möchte heulen, kann nicht, kann auch nicht mit Wolfgang oder Christl reden, habe nur Angst und mache mich unter der Decke ganz klein.

Emmy hat sogar einen Handwagen für unser Gepäck. Sie hilft Mutter beim Ziehen. Zur Grenze gehen wir, dorthin, wo der Eiserne Vorhang zwischen dem Osten und dem Westen sein soll.

Eine Wiese, ein kleiner Bach, ein Holzhaus, weiter drüben eine Brücke, darauf führt unsere Straße zu.

Vor dem Holzhaus zwei Soldaten mit Maschinenpistolen.

,,Die Russen'', sagt Mutter. An ihrer Stimme merke ich, daß sie auch Angst hat.

,,So, jetzt müßt ihr allein gehen'', sagt Emmy, ,,ich muß zurück''.

Wir laden das Gepäck ab, setzen die Rucksäcke auf, gehen den russischen Wachtposten entgegen. Die beiden Soldaten stehen und schauen, wie wir auf sie zukommen. Weit hinter dem Holzhaus ist ein dunkelgrüner Tannenwald, ob das schon die andere Seite ist? Ich sehe zum Tannenwald hin, über die Russen hinweg, will dort drüben sein, im Wald. So sehr ich mich hinüber in den Wald wünsche, es bleibt dabei, ich stehe hier mit den Füßen auf der sandigen Straße, merke, wie meine Knie zittern. Einer kommt uns entgegen, bleibt in einiger Entfernung stehen, sagt was. Ich kann es nicht verstehen, obwohl ich doch Russisch in der Schule gelernt habe.

,,Wir haben zuviel Gepäck'', sagt Mutter.

Sie zeigt ihm den Korb mit den Eiern und dem Schnaps.

Er winkt ab.

Er geht zu dem anderen Wachtposten, redet mit ihm, läßt uns stehen. Nach einer Weile ruft er uns was zu. Mutter stellt den Korb mit Eiern und Schnaps and den Straßenrand.

,,Dawei, dawei!'' ruft er, treibt uns an.

Wir gehen los, Richtung Brücke, rennen, stolpern, ziehen Wolfgang nach, rennen außer Atem, schon sind wir auf der Brücke.

Wir rennen immer noch, als uns einer in Uniform zuruft: ,,Halt, bleiben Sie doch stehen! Stehenbleiben!''

Die Stimme erschreckt uns, wir bleiben stehen, sehen einen Soldaten. Ist es noch ein russischer Grenzposten? Wird er uns einsperren, zurückschicken?

**Annelies Schwarz**

## 4     TEXTÜBERBLICK

Lesen Sie den Text (S. 186), dann erzählen Sie die Geschichte mit eigenen Worten nach. Hier ein paar Schlüsselwörter, um Ihnen zu helfen:

Zugabteil – Schaffner – Zettel – Tochter – Russen – stehenbleiben.

## 5    Wie wird die Spannung in der Geschichte aufgebaut? Notieren Sie die Vokabeln und die Motiven, die die Schriftstellerin verwendet.

## 6    Wie geht die Geschichte weiter? Kommen die Flüchtlinge ungehindert in den Westen, oder müssen sie zurück in den Ostsektor? Stellen Sie sich die nächsten paar Stunden oder Tage vor, und schreiben Sie darüber.

**Schweiß m** wenn einem heiß ist, hat man Schweiß z.B. auf dem Gesicht – er ist naß und salzig
**Gewühl n** Durcheinander von vielen Menschen
**der Eiserne Vorhang** die alte Grenze zwischen den kommunistischen und den kapitalistischen Ländern
**Wachtposten m** Soldat, der etw. bewacht

# B Die Berliner Mauer

## NACHTS, ALS DIE SOLDATEN KAMEN

Kurz vor zwei Uhr in der Nacht zum 13. August geht plötzlich das Scheinwerferlicht aus, das das Brandenburger Tor von Osten in helles Licht getaucht hat. Es dauert eine Weile, bis sich die Augen an die Dunkelheit gewöhnt haben. Männer mit Gewehren, Jeeps, Lastwagen und Schützenpanzer zeichnen sich als Schatten gegen die spärliche Beleuchtung der Straße „Unter den Linden" ab. Conrad Schumann erinnert sich: „Die Panzer haben in

einigem Abstand geparkt. Es kamen immer mehr Lastwagen angerollt. Wir mußten Stacheldrahtrollen und Betonpfeiler abladen. Befehle wurden leise hin und her gerufen. Das Klappern von Nagelstiefeln hallte über den Asphalt. Es war eine irgendwie unwirkliche, gespenstische Situation. Auf der Westseite des Brandenburger Tores ist es zu dieser Zeit ruhig. Nur vereinzelt fahren ein paar Autos über die Straße des 17. Juni. Liebespaare wandeln noch über die Parkwege des Tiergartens. Laut geht es im britischen Offiziersclub zu, der im Tiergarten-Bezirk liegt . . .

⇨

Erst bei Anbruch des neuen Tages – in Berlin geht die Sonne um 4.46 Uhr auf – wird das ganze Ausmaß der nächtlichen Militäroperation im Ostsektor deutlich: Von den 80 Straßen, die bisher die beiden Teile Berlins miteinander verbunden haben, sind alle bis auf drei Übergänge unpassierbar gemacht; verbarrikadiert, mit schwerbewaffneten Posten gesichert, „verdrahtet", wie es im Polizeibericht immer wieder heißt. Die Brücken über die Spree und über die Kanäle sind fast alle gesperrt. S- und U-Bahnen verkehren nicht mehr zwischen Ost und West. 53 000 Grenzgänger aus Ostberlin werden an diesem Tag nicht an ihrem Arbeitsplatz im Westen erscheinen. Hunderttausende von

Familien werden auseinandergerissen, Liebespaare voneinander getrennt. Dieser August wird ein Tag der Tränen und der Trauer und der ohnmächtigen Wut.

**Gewehr n** eine Schußwaffe
**angerollt kommen** auf Rädern ankommen
**Pfeiler m** Säule, die z.B. eine Brücke (hier eine Mauer) stützt
**sperren** unpassierbar machen
**Trauer f** Traurigkeit
**ohnmächtig** so, daß man nichts gegen etw. tun kann

## 7     TEXTÜBERBLICK

In welcher Reihenfolge ist am 13. August alles passiert?

a) Man sieht die Barrikaden an den Grenzübergängen, die gesperrten Brücken über die Spree und über die Kanäle.

b) Die Sonne geht auf.

c) Stacheldraht und Betonpfeiler werden abgeladen.

d) 53 000 Menschen kommen nicht zur Arbeit, weil sie nicht mehr von Ost nach West fahren dürfen.

e) Man hört dumpfe Befehle und Nagelstiefel auf der Straße.

f) Das Scheinwerferlicht geht aus.

g) Man bemerkt Männer mit Gewehren, Schützenpanzer usw.

### GRAMMATIK: *Das Passiv*

Oft werden Zeitungsberichte und ähnliche Artikel im Passiv geschrieben. Vergleichen Sie diese Satzpaare:

| Aktiv | Passiv | |
|---|---|---|
| die DDR **baut** eine Mauer | eine Mauer **wird** von der DDR **gebaut** | (Präsens) |
| die DDR **baute** eine Mauer | eine Mauer **wurde** von der DDR **gebaut** | (Imperfekt) |
| die DDR **hat** eine Mauer **gebaut** | eine Mauer **ist** von der DDR **gebaut worden** | (Perfekt) |
| die DDR **hatte** eine Mauer **gebaut** | eine Mauer **war** von der DDR **gebaut worden** | (Plusquamperfekt) |

⇨

- Passiv-Sätze bildet man mit *werden* + **Partizip Perfekt**. Die Formen von *werden* finden Sie auf S.299 *Grammatik*
- Normalerweise verwendet man das Passiv nur im Präsens und im Imperfekt.
- Das Passiv kann man auch mit einem **Modalverb** verwenden.

  *z.B. Neue Straßen **sollen** gebaut **werden**.*

- Oft verwendet man lieber einen Aktiv-Satz (manchmal mit *man*) als das Passiv.
  *Die DDR **baute** eine Mauer.*
- Wer war der Täter im Passivsatz? Die Faustregel:
  von + Dativ – Menschen oder Tiere.
  durch + Akkusativ – Gegenstände.

*z.B. Die Stadt wurde | von den Soldaten | zerstört.*
*                     | durch Bomben     |*

**8** Suchen Sie Beispiele zum Passiv (auch mit Modalverben) in anderen Texten, z.B. auf Seite 152 oder 174, oder in Zeitungen.

**9** Arbeiten Sie mit einem Partner zusammen. Machen Sie eine Liste von allem, was zur Zeit in einem Umkreis von zwei Kilometern von Ihrem Klassenzimmer passiert! Verwenden Sie dabei das Passiv. Das Paar mit der längsten Liste siegt!

*z.B. Fußball wird gespielt. Lebensmittel werden gekauft. . . .*

**10** Wie könnte man Ihre Schule oder Ihre Stadt verbessern? Machen Sie Vorschläge.

*z.B. Eine Umleitung sollte gebaut werden. Dann könnten Autos in der Stadtmitte verboten werden.*

**11**

a) Lesen Sie den Text (Nachts als die Soldaten kamen) noch einmal durch, und setzen Sie dann die passenden Partipizien in die Lücken ein:

1. Das Scheinwerferlicht wurde . . .
2. Das Brandenburger Tor wurde nicht in helles Licht . . .
3. Männer mit Gewehren wurden auf der Ost-Seite . . .
4. Stacheldrahtrollen und Betonpfeiler wurden . . .
5. Befehle wurden leise hin und her . . .
6. Fast alle Straßen waren unpassierbar . . . worden.
7. Alle Übergänge waren . . . und mit schwerbewaffneten Posten . . .
8. Die Brücken über die Spree und über die Kanäle waren alle . . . worden.

> **Partizipien zur Auswahl:**
> gerufen; gemacht; gesperrt; getaucht; ausgeschaltet; gesehen; verbarrikadiert; gesichert; abgeladen

b) Setzen Sie diese Aktivsätze ins Passiv! Sie kommen alle aus dem Bericht eines ostdeutschen Soldaten, der an diesem Tag dabei war. Achtung: Die Sätze sind alle im Imperfekt!

1. Zuerst luden wir die Betonpfeile ab.
2. Dann sperrten die Panzer die Straßen.
3. Wir sicherten die Brücken über den Fluß.
4. Die Offiziere riefen Befehle an ihre Truppen.
5. Man sperrte all die Grenzübergänge.
6. Dann schalteten die Elektriker die Lichter aus.
7. Wir rollten den Stacheldraht aus.
8. Wir sahen keinen einzigen Westberliner.
9. Aber alle hörten die Party im Offizierclub auf der Westseite.
10. Maurer bauten neue Wachposten.

c) Stellen Sie sich vor, Sie sind Radio-Reporter. Sie beschreiben die Ereignisse oben, wie Sie sie sehen. Sie verwenden die Sätze wie in **a.**, aber natürlich im Präsens.

*z.B. Im Moment werden die Betonpfeiler abgeladen. Und die Straßen ....*

## 12 Was halten Sie davon?

Stellen Sie sich mal vor, Ihre Stadt bzw. Ihr Dorf wird eines Nachts durch eine unüberwindbare Mauer getrennt. Wie würde sich Ihr Leben dann ändern? Was würden Sie nicht mehr tun können, was Sie jetzt jeden Tag tun? Worauf müßten Sie dann verzichten?

---

**abgeriegelt** fest geschlossen
**Schande f** etw., was man moralisch unakzeptabel findet
**schicksalhaft** fur das spätere Leben entscheidend

---

# Diesen Tag vergessen die Berliner nicht

Diesen 13. August 1961, an dem Ulbricht im Schutze der Nacht den Eisernen Vorhang mitten durch die alte Reichshauptstadt herunterrasseln ließ und seinen Herrschaftsbereich in ein hermetisch abgeriegeltes Gefängnis verwandelte, werden die Berliner und die Menschen in der Zone so bald nicht vergessen. Dieser 13. August 1961, an dem die Spaltung Deutschlands von den Zonen-Machthabern bis zu einem Grade selbstzerstörerischer Schande vertieft wurde, gehört wie der 17. Juni 1953 von heute an zu den schicksalhaften Daten der deutschen Nachkriegsgeschichte.

Während die West-Berliner noch ahnungslos am Frühstückstisch saßen und erst durch die pausenlosen Nachrichtensendungen der Rundfunkstationen von der militärischen Abriegelung der Zone und des Ostsektors erfuhren, spielte sich im Ostsektor der Stadt und auf den Zonenrandbahnhöfen eine bittere menschliche Tragödie ab ...

**Der Tagesspiegel vom 15.8.1961**

---

## 99 SO WIRD'S GESAGT 66

### *Emotionen beschreiben*

Ich fühle mich deprimiert/erfreut/ erschüttert u.s.w.
Ich habe Angst davor, daß ...
Ich weinte/heulte/strahlte vor ...
Ich kann vor .... nicht schlafen
Mir ist's, als ob ...
Mir ist traurig zumute.
... bringt mich zur Verzweiflung

---

## 13 

Sehen Sie sich die Fotos an! (aus „Nachts, als die Soldaten kamen" und auf S. 191). Stellen Sie sich mal vor, Sie sind der Mann zwischen den Soldaten (S. 191) und schreiben Sie einen Brief an einen Freund bzw. eine Freundin, die außerhalb von Berlin wohnt. Beschreiben Sie darin alles, was sie erlebt haben und alles, was Sie fühlen! Verwenden Sie die Ausdrücke auf S. 190.
Oder schreiben Sie das Gespräch zwischen den zwei Frauen auf, die ein Baby über den Stacheldraht reichen (S. 187).

**BERLIN**

Grenzübergänge

● für Westberliner

◐ für Westdeutsche

○ für Ausländer

# C Wie war es damals in der DDR?

**14** Für viele im westlichen Teil Deutschlands war es vor 1989 fast unmöglich, in den östlichen Teil ihres Landes zu fahren. Für diejenigen, die hinkommen konnten, waren die Unterschiede fast unglaublich. Denken Sie ans erste Mal, als Sie nach Deutschland bzw. ins Ausland gefahren sind. Welche Unterschiede sind Ihnen besonders aufgefallen:

● in den Läden?  ● auf der Straße?

● in den Häusern?  ● bei den Menschen?

Lesen Sie jetzt die Erfahrungen einiger junger Leute aus dem westlichen Teil Deutschlands, die vor der „Wende" die DDR besuchten.

# SO FREMD UND DOCH SO NAH

### Grau in Grau

Wir haben das Gefühl, in einem alten Film zu sein: die Häuser so alt, die Straßen so holprig, nur wenige Autos. Genauso hatten sich viele von uns die DDR vorgestellt: wenig reizvoll und grau. Ein Farbtupfer in dem sonst so grauen Stadtbild von Halle-Neustadt ist das rote Transparent mit dem mächtigen Karl-Marx-Kopf und der Parole „Alles für das Wohl des Volkes, für das Glück der Menschen — das ist der Sinn des Sozialismus".

### Goethe statt Disco

Erfurt ist schön. Die Fußgängerpassage ist eine der schönsten in der DDR. Viele Hausfassaden aus Renaissance und Barock sind restauriert und geben dem Straßenbild farbige Akzente. Wir spüren die Atmosphäre — es ist ein Stück gemeinsamer deutscher Geschichte.

Weimar ist ein Juwel unter den Städten der DDR. Mit viel Geld und Sorgfalt pflegt man hier die politische und literarische Tradition Deutschlands. Aber Sylvia sagt, was viele denken: „Gibt es denn hier außer Schiller und Goethe vielleicht auch eine Disco?" — Da ist er wieder, dieser Grauschleier. Man sieht ihn überall, wenn man aus der hektischen, farbigen Bundesrepublik in die DDR kommt und wenn man — wie wir — erst 16 Jahre alt ist.

### Leere Schaufenster

An unserem freien Nachmittag fahren wir in die Leipziger Innenstadt. Wir beobachten, wie etwa 20 Menschen vor einem Obst- und Gemüsegeschäft stehen. Die Schaufenster sind leer. In der Drogerieabteilung des Kaufhauses „Konsum" liegen fünf Lippenstifte und ein paar Stück Seife herum. Ein sowjetischer Soldat probiert ein Haarspray für acht Ostmark. Der Staat setzt die Preise fest. Sie sind überall gleich. „Die Waren haben einen ganz anderen Charakter als bei uns. Sie sollen nicht attraktiv wirken und zum Kauf anregen, sie sollen nur ihren Zweck erfüllen", belehrt uns Stefan, der Klassenprimus. „Deshalb gibt es auch keine Reklame und keine sanfte Musik beim Einkauf." In der Tat: knallig bunte Reklame wie im Westen gibt es hier nicht. Hier gibt es nur politische Parolen: „Unsere Friedenstat unserem Friedensstaat" — „Frieden schaffen — gegen NATO—Waffen"

### Ein Abend im Club

Die Klasse ist eingeladen in den Jugendclub. Im rot-grün-blauen Licht hören wir Nena singen „Rette mich". Alfred und Jens, staatlich geprüfte Diskotheker (Discjockeys) heizen uns ein: alles West-Musik, kaum ein DDR-Titel ist dabei. Später bittet uns Frank, der Gewerkschaftssekretär, in eine kleine Bar im Jugendclub. Wir entdecken Campari, Ballantine's Whisky und Hennessy-Cognac. Die Atmosphäre wird lockerer. Jeder redet mit jedem. Wir stecken die Köpfe zusammen und diskutieren.

„Wahnsinn, daß ihr zehn Jahre auf ein Auto warten müßt!" — „Ihr mit eurem Konsumterror!" — „Ihr werdet von den Russen ausgebeutet!" — „Ihr seid doch von den Amerikanern abhängig!" — „Nennt ihr so was Freiheit, wenn man einen Stacheldrahtzaun zieht und die Leute hinter einer Mauer einsperrt?" Der Systemvergleich endet in der Sackgasse. Langsam geht man über zu Alltagsfragen und -problemen: Ausbildung, Schule, Freizeit, Musik und Mode. Es geht um die Tabelle der Fußball-Bundesliga und um beliebte Fernsehsendungen aus dem Westen wie „Dallas" und „Wetten, daß . . ." Der Abend wird lang und die Verabschiedung ist herzlich, man umarmt sich, tauscht Adressen aus. Gerne, sehr gerne würde man die anderen einladen.

### Menschen wie wir

„Diese Gespräche ließen uns fühlen, wie gleich wir alle sind. Ob es um Probleme mit Eltern oder Schule ging, um Schwierigkeiten mit Freund oder Freundin — wir waren oft der gleichen Meinung", schreibt Maren in ihr Tagebuch. Und Nicole sagt: „Die DDR ist ein anderes Land und zum Teil ein fremdes Land. Wir müssen versuchen, das zu verstehen, anstatt immer drauf 'rumzuhacken."

---

**holprig** uneben, (Straße) voller Löcher
**Transparent n** ein Plakat mit politischen Parolen
**pflegen** in einem guten Zustand erhalten
**Grauschleier m** grau und langweilig. . . .
**(zum Kauf) anregen** jmdn zu etwas bringen, inspirieren
**auf etw. rumhacken** etw. ständig kritisieren

## 15    TEXTÜBERBLICK

Welche Unterschiede und Ähnlichkeiten zwischen den zwei deutschen Staaten bemerken die Schüler . . .

● auf der Straße? ● in den Läden? ● im Jugendklub? ● im Gespräch mit den DDR-Jugendlichen?

In diesem nächsten Artikel berichtet ein junger Bürger von seinen Erfahrungen
mit der Stasi ★*(die Stasi: der Staatssicherheitsdienst–Geheimpolizei der DDR):*

# Die Stasi

*Die Stasi*

In einer Novembernacht des Jahres 1987 herrschte Hektik im Keller der Berliner Umweltbibliothek, einer der Vereinigungen in der DDR, die im Untergrund ganz gut gediehen, obwohl jeder wußte, daß dort Opposition betrieben wurde. Von Zeit zu Zeit gaben die Umweltbibliotheken die „Umweltblätter" heraus, in denen regimekritische Artikel veröffentlicht wurden, die man in gängigen Zeitungen nicht lesen konnte. In dieser hektischen Nacht also wurden gerade die Umweltblätter gedruckt. Wie immer kurz vor Terminschluß. Die fünf jungen Leute waren nervös, einige rauchten.

Plötzlich wurde die Tür aufgerissen. Ungefähr zwanzig Männer stürmten in den Keller und leuchteten mit Taschenlampen durch den Raum. „Maschinen aus und an die Wand!" brüllte jemand. Es gab keinen Zweifel. Stasi!

Die fünf Jugendlichen, die zunächst wie gelähmt standen, drehten sich mit dem Kopf zur Wand. Von einigen der Stasi-Männer wurden sie nach Waffen abgesucht. „Jetzt ganz langsam drehen!" befahl einer. „Jeder nimmt seinen Ausweis und bringt ihn mir!" Einer der Ausweise verwirrte die Eindringlinge von der Staatssicherheit. Er gehörte Tim Eisenlohr. Tim war gerade mal 14 Jahre alt. „Uns war in diesem Moment bestimmt nicht zum Lachen zumute", erzählt er heute. „Aber im Nachhinein betrachtet, war das Ganze doch ziemlich lächerlich. Man muß sich vorstellen: Wir waren fünf Typen von der, sagen wir mal, Alternativbewegung, und die haben uns behandelt, als wollten sie ein Terroristennest ausheben."

Im Stasi-Hauptquartier wurde Tim von zwei Offizieren verhört. Sie wollten von ihm die wahren Ziele der Umweltbibliothek wissen, Namen von Mitgliedern in Erfahrung bringen. Sie versuchten es mit Drohungen: „Leider darf ich dir keine knallen. Aber wir können dich so lange hier behalten, wie wir wollen." Und sie versuchten es auf die sanfte Tour: „Weißt du, ich habe auch Kinder. Ich will dich ja nicht ausfragen, aber wie bist du eigentlich zur Umweltbibliothek gekommen?" Tim, schon damals nervenstark und selbstbewußt, sagte nichts. 16 Stunden lang hielt er dem Psychoterror stand.

Doch wer in der ehemaligen DDR erst einmal mit der Stasi zu tun hatte, für den war danach nichts mehr so wie vorher. Schon am nächsten Schultag wußte Tims Direktorin von der nächtlichen Hausdurchsuchung und der Festnahme, und das ließ sie ihn auch spüren. Sie besuchte Lehrer zu Hause, um sie über den Jungen auszufragen, im Schulgebäude beobachtete sie Tim mit Argusaugen und diffamierte ihn öffentlich als „Nazi", nur weil er einmal ein braunes Halstuch getragen hatte. „Irgendwann fühlte ich mich regelrecht von ihr verfolgt," erinnert sich Tim. Trotz seiner Erfahrungen mit der Staatssicherheit denkt Tim jetzt nicht an Rache, möchte auch keine Verurteilungen. Im Gegenteil. „Was mich an der öffentlichen Diskussion stört", sagt er während unseres Gesprächs mehrfach, „ist, daß die Stasi als ein Haufen von Kriminellen dargestellt wird. Natürlich war die Stasi eine üble Organisation, aber es gab auch Mitarbeiter, die von dem, was sie taten, überzeugt waren und manchen Menschen durchaus geholfen haben".

## 16    TEXTÜBERBLICK

Bringen Sie die Ereignisse des Abends in die richtige Reihenfolge.

1. Zwanzig Männer kamen in den Keller.
2. Die Stasi-Leute haben den Jungen gedroht, sie würden sie so lange sie wollten dabehalten.
3. Die Umweltblätter wurden gedruckt.
4. Die Jungen müssen gegen die Wand stehen.
5. Alle Mitarbeiter der Vereinigung standen im Keller.
6. Die Stasi-Leute leuchteten den Keller mit ihren Taschenlampen aus.
7. Die Jungen wurden im Stasi-Hauptquartier verhört.
8. 16 Stunden lang mußten die Jungen bei der Stasi bleiben.
9. Die Tür wurde plötzlich aufgerissen.
10. Die Jungen wurden nach Waffen durchsucht.
11. Die Jungen mußten ihre Ausweise vorzeigen.

**gedeihen**\* gut wachsen

**gelähmt** so, daß man sich nicht bewegen kann

**Eindringling** m jmd, der ohne Erlaubnis hereingekommen ist

**mir war nicht nach ... zumute** ich wollte nicht ...

**jm eine knallen** jmdn schlagen

**auf die sanfte Tour versuchen** versuchen, etw. zu erreichen, indem man sehr freundlich ist

**etw. (Dat.) standhalten** widerstehen; nicht nachgeben

**mit Argusaugen (beobachten)** sehr aufmerksam; skeptisch

**regelrecht** wirklich; die ganze Zeit und genau

**verfolgen** immer beobachten; nicht loslassen

## 17 Wortwörtlich

Lesen Sie den Text (S.193) und ersetzen Sie die Wörter (bzw. Ausdrücke) in Kursivschrift durch Synonyme aus dem Text!

1. Es *war hektisch* im Keller.
2. Vereinigungen in der DDR *florierten* im Untergrund.
3. Die Jungen *brachten* regimekritische Arikel *hervor*.
4. In diesem Augenblick wurden Umweltblätter *produziert*.
5. Jemand *machte* die Tür *auf*.
6. Zwanzig Männer *liefen* in den Keller.
7. Sie *schrien*: „Maschinen aus und an die Wand".
8. Die fünf Jugendlichen *waren wie betäubt*.
9. Tim wurde im Stasi-Hauptquartier *interviewt*.

**18**  Die jungen Leute im letzten Text wurden verhört, weil sie Mitglieder einer Umweltorganisation waren. Stellen Sie sich vor, Sie lebten in einem totalitären Staat. Was müßten Sie in Ihrem eigenen Leben von der Sicherheitspolizei fernhalten, damit Sie nicht wie Tim und seine Freunde von der Polizei behandelt würden? (Zum Beispiel: Mitgliedschaft einer Organisation, andere Meinungen, Berufswünsche usw.) Erfinden Sie Ihre eigene Geschichte davon, wie Sie von der „Stasi" verhört wurden!

# D Ende eines Alptraums

## Deutschland! Mein Gott, ist das schön

Diese Freude, dieses Glück! Deutschland ist wieder ein vereintes, souveränes Land. Punkt null Uhr in der Nacht zum 3. Oktober hörte die DDR auf zu existieren. Die Glocken läuteten, Millionen Menschen jubelten - mein Gott, ist das schön! Alle Deutschen leben jetzt in einem freien, demokratischen Land. Glückwünsche aus aller Welt. Bundespräsident von Weizsäcker: "Wir wollen dem Frieden und der Welt dienen."

Auch Kanzler Kohl und Lothar de Maizière hielten große, würdige Reden. Die Feiern am Brandenburger Tor und vor dem Reichstag machten deutlich: Berlin ist die Herzmitte Deutschlands. Hier ist die Hauptstadt. Nur hier kann der Regierungssitz unseres Vaterlandes sein, das seit gestern auch in der UNO nur noch einen Namen hat: Germany - Deutschland. Große Berichte auf den Seiten 2 bis 15.

**BILD**
UNABHÄNGIG · ÜBERPARTEILICH
**HAMBURG**

Donnerstag, 4. Oktober 1990 Nr. 231/40 C 1784 A ** 60 Pf

☎ Leser-Telefon 040/347 49 29 ☎

Die Sekunde, in der der größte Traum der Deutschen Wirklichkeit wird: Vor dem Reichstag steigt die Fahne der Einheit empor, die Nationalhymne erklingt, die Menschen vor dem hellerleuchteten Reichstag jubeln, weinen, lachen. Foto: Valdmanis

**HAMBURGER MORGENPOST**

## Tschüs, DDR, ab Mitternacht ist Einheit

Dienstag, 2. Okt. 1990 · 60 Pf · C 1986 A
Nr. 230/40 · Redaktion: (040) 88 303-0 · Anzeigen: (040) 88 303-336

**Weil Ostberlin Teilamnestie beschlossen hat**

## Santa Fu: Häftlinge meutern

2 Stationen demoliert
Dach besetzt/MEK im Einsatz / Seite 16/17

## Mach's gut, Deutschland!

Einmal werden wir noch wach ... Ach nein, lassen wir das Christkind und verwandte Institutionen aus dem Spiel, wenn um 0 Uhr die staatliche Einheit Deutschlands kommt. Es gibt Grund zur Dankbarkeit, insbesondere an einen Atheisten in Moskau; es gibt Grund zur Freude, weil bürgerliche Freiheit für alle nun institutionalisiert wird. Es gibt Grund zur Sorge, und deshalb ist unser herzlichster Wunsch: Mach's gut, Deutschland! Es wird schwer werden, aber wir können es packen. Erst mal wird gefeiert. Wenn es friedlich abgeht, wär's ein schöner Anfang.

**Heute auf 16 Seiten Bilder, Texte und Kommentare zur deutschen Einheit**

**19** Beschreiben Sie, was Sie auf diesen Fotos sehen. Wann und warum ist das alles passiert?

**Begrüßungsgeld** an diesem Wochenende bekamen die DDR-Bürger 100 DM als Geschenk

**der Grenzübergang** Stelle, an der man über die Grenze gehen darf

**die Reichsbahn** DDR-Eisenbahn

**Kohl** der Bundeskanzler

**Krenz** nach dem Rücktritt Erich Honeckers kurz vor dieser Krise wurde Egon Krenz zum vorübergehenden Führer der DDR

**die (westlichen) Verbündeten** vor allem die USA, Großbritannien und Frankreich

**die SED** die Sozialistische Einheitspartei Deutschlands, führende Partei der DDR

**Bezirk m** statt Bundesländer gab es in der DDR acht „Bezirke"

**Nachrichten vom 11.11.89**

Sie hören jetzt Radiosendungen vom 11. November 1989, in denen die Ereignisse jenes Wochenendes beschrieben werden.

## Teil 1 Der Fall der Mauer

Im ersten Teil hören Sie Nachrichten vom 11. November 1989, dem Wochenende, an dem die Mauer fiel.

## 20 TEXTÜBERBLICK

Hören Sie sich den ersten Teil an. In welcher Reihenfolge werden folgende Punkte erwähnt?

A Kohls Telefonanrufe

B Sonderzüge

C Die Öffnungzeiten der Geschäfte

D Wartezeiten an der Grenze

E Demonstranten/Polizei

F Besucherandrang aus der DDR

G Selbstmord eines Parteifunktionärs

## 21 Wortwörtlich

Hören Sie sich den ersten Ausschnitt noch einmal an und füllen Sie die Lücken in diesen Sätzen aus:

1. Die Besucher drängen sich .......... der DDR.
2. Die Geschäfte haben auch heute den ganzen Tag .......... .
3. Man mußte stundenlange Warteschlangen .......... Kauf nehmen.
4. .......... anderen Grenzübergängen sieht es nicht besser .......... .
5. In Lübeck ging der Stadtverwaltung das Geld .......... .
6. Die DDR-Reichsbahn setzt Sonderzüge .......... .
7. Die Grenzsoldaten drängten mit Wasserwerfern die Demonstranten .......... .
8. Sie hielten sich auf der Mauer .......... .
9. Sie versuchten, Betonplatten aus der Mauer .......... .
10. Die Polizei forderte die Menge .......... , den Platz zu räumen.
11. Kohl hat .......... Krenz telefoniert.
12. Er wollte die Verbündeten .......... die Situation informieren.
13. In Schwerin beging ein SED-Funktionär Selbstmord in Folge des .......... Drucks: der dritte Fall .......... .............. kurzer Zeit.

## 22 ▭ Teil 2 Erstmals einkaufen

Sie hören jetzt einige DDR-Leute, die zum Einkaufen in den Westen gekommen sind. Anschließend spricht der Leiter eines großen Kaufhauses von seinen Erfahrungen. Diese Aussagen wurden alle am gleichen Tag, also am 11. November 1989, aufgenommen. Füllen Sie die Lücken in ihren Aussagen aus!

1. „Jetzt wollen wir wirklich erst einmal die DDR-Konsumenten in West-Berlin .......... .“
2. „.......... , vor allen Dingen, 'n bißchen wat, vielleicht 'n bißchen Kaffee.“
3. „Waren, die es bei uns nicht gibt- .......... , und so wat.“
4. „Erst mal 'n bißchen .......... , und dann für die Enkelkinder, naja, was so anliegt.“
5. „Ich gehe in ein erstes .......... . Ich bin ein RitaStreich-Fan und versuche, dort eine .......... von ihr zu bekommen, weil ich die drieben nicht bekomme.“
6. „Ich hab' zwei kleine Buben, da werde ich mal sehen, ob ich diese Donald Duck .......... – ich kaufe zwei, und das reicht erstmal – für heute.“
7. „Mal sehen – vielleicht 'n .......... kaufen, und .......... . So was Tontechnik in der .......... . Ich hab größere Kinder.“
8. „Da kann man sich gar nicht .......... !“

## 23 ▭ Hören Sie sich die Aufnahme noch einmal an. Was will jeder kaufen, und warum? Warum kauft man so wenige Luxusartikel?

## 24 ▭ Teil 3 Augenzeugenbericht

Nun hören Sie einen Augenzeugenbericht, auch vom 11. November 1989. Sind diese Sätze falsch oder richtig?

1. Der Reporter wurde in einem Trabi-Stau aufgehalten.
2. Auf der Mauer wurde getanzt, gefeiert, gejubelt.
3. Löcher wurden in die Mauer gehackt.
4. West-Berliner, die auf die Ost-Seite sprangen, wurden von den VoPos* angegriffen.
5. Am Übergang wurde der Reporter kontrolliert.
6. 100 DM Begrüßungsgeld wurde an jeden DDR-Bürger ausgegeben.
7. Die Zahl der Besucher wurde für gestern auf 150 000 geschätzt.
8. Die Stadtmitte war von den Ostdeutschen übernommen worden.
9. Nur glückliche Leute wurden an diesem Tag in Berlin gesehen.

*die VoPos – die Volkspolizei

**25**    Berlin kurz nach dem Fall der Mauer: nehmen Sie eine der folgenden Rollen, und beschreiben Sie Ihrem Partner, wie Sie alles erlebt haben, wie Sie sich jetzt fühlen, u.s.w.

● Eine der Personen auf den Fotos auf S187-91. Sie treffen Freunde/Verwandte zum erstenmal seit 1961

● Einer der DDR-Jugendlichen auf S. 192 *(So fremd und doch so nah…)*

**26**    Wie steht es zur Zeit mit der Wiedervereinigung? Fragen Sie Ihre deutschen Bekannten, lesen Sie deutsche Zeitungen. Was hat sich seit dem Mauerfall in den neuen Bundesländern getan? Was sind zur Zeit die größten Probleme?

# Politik: Einigkeit, Recht und Freiheit

## AUFBAU DES KAPITELS

A. *Aktuelle Probleme*

B. *Die Qual der Wahl*

C. *Ja pour Europe?*

D. *Erste Welt – Dritte Welt*

## GRAMMATIK

- *Verben + da (–r) Präpositionen*
- *Modelpartikel (zwar, eben* usw.*)*
- *Adverbiale Konjunktionen: also, sonst* usw.

## KOMMUNIKATION

- *argumentieren*
- *Ideen / Aktionen rechtfertigen*
- *erklären*
- *zugeben*

#  Aktuelle Probleme

### 1

a) Schauen Sie sich die Fotos (S. 199) an. Welche Probleme werden hier dargestellt?
Welche dieser Probleme sind international und welche sind rein innenpolitisch?

b) Was würden Sie verbessern, wenn Sie an der Macht wären? Was sind für Sie die wichtigsten politischen Themen unserer Zeit? Machen Sie (mit einem Partner) eine Liste und begründen Sie Ihre Wahl.

- die Umwelt
- die Arbeitslosigkeit
- die Armut
- Tierrechte
- Atomkraft
- die Kriminalität

- die Aufrüstung/die Abrüstung
- Hunger
- das moralische Bewußtsein
- Alkohol, Drogen, AIDS
- das Bildungswesen
- Ausländerfeindlichkeit und Rassismus

## *Was sind die wichtigsten aktuellen Probleme?*

Sie hören auf dem Tonband zwei Deutsche (Markus und Anna), die die politischen Probleme unserer Zeit diskutieren.

### 2     TEXTÜBERBLICK

Notieren Sie die Probleme, die sie erwähnen. Schreiben Sie auch die Gründe auf, die sie für ihre Wahl geben.

## 3 Wortwörtlich

Können Sie diese Sätze beenden? Hören Sie gut zu und schreiben Sie für jeden Ausdruck vielleicht zwei oder drei Worte.

1. **An erster Stelle steht . . .**
2. **Ich glaube, daß** die Menschheit einen weiteren Krieg nicht . . .
3. **Und das zweite wichtige Problem für mich** – das steht eigentlich in ganz engem Zusammenhang damit – ist . . .
4. **Ich meine eben, daß** man nicht so . . .
5. **Innenpolitisch gesehen ist es . . .**
6. **International gesehen ist es . . .**
7. **Und schließlich das dritte Problem wäre . . .**

## 99 SO WIRD'S GESAGT! 66

### Argumentieren

**Übereinstimmung**

+ Ich stimme damit überein
+ Da hast du recht
+ Ich bin dafür
+ Da gebe ich dir recht

**Ablehnung**

– Das lehne ich ab
– Das ist Blödsinn
– Ich bin dagegen
– Da bin ich ganz anderer Meinung
– Das halte ich für Unsinn

**4** Eine Person in Ihrer Gruppe sagt etwas Kontroverses. Die nächste Person darf die Aussage ablehnen oder damit übereinstimmen, muß aber jedes Mal mit einem der Ausdrücke oben anfangen. Die dritte Person darf sich nur mit der letzten Aussage auseinandersetzen. Vergessen Sie nicht, daß man mit *aber* beschränkte Übereinstimmung oder Ablehnung ausdrücken kann!

*z.B. Da hast du recht, aber . . . !*

## 🔊 *Politische Maßnahmen bei Jugendlichen*

## 5 TEXTÜBERBLICK

Sehen Sie sich diese Tabelle von politischen Maßnahmen an. Sie hören auf dem Tonband zwei Männer und eine Frau, die sich zu diesem Thema äußern. Welche Maßnahmen sind für sie gerechtfertigt und welche nicht? Benutzen Sie dabei eine Kopie dieser Tabelle, um die Meinungen der Sprecher festzuhalten.

| | 1: Markus | 2: Anna | 3: Richard |
|---|---|---|---|
| • an Wahlen teilnehmen | | | |
| • Beteiligung an einer Unterschriftensammlung | | | |
| • politische Diskussionen führen | | | |
| • Teilnahme an einer Demonstration | 🚭 | | |
| • aktive Mitarbeit in einer Partei | | | |
| • Beteiligung an spontanen Streiks | | | |
| • Schreiben von Parolen an Mauern und Wänden | | | |
| • Handgreifliche Auseinandersetzung mit der Polizei usw. | | | |
| • Beschädigung fremden Eigentums | | | |

## 6 Simulation

Die Einwohner eines friedlichen kleinen Dorfes in Oberbayern erfahren, daß eine Müllverbrennungsanlage in der Nähe des Dorfes gebaut werden soll. Das Dorf hat zur Zeit knapp 500 Einwohner; im Winter kommen aber Tausende von Wintersportlern, die in den Bergen gerne skilaufen. Diese Krise verlangt sofortige Maßnahmen, aber was soll dagegen getan werden? Bei einer Versammlung im Rathaus werden alle möglichen Schritte besprochen und bewertet und natürlich entsteht ein heftiger Streit. Alle Prominenten der Gegend sind dabei:

Herr Wolfgang Friedrich, Bürgermeister, führender Politiker.

Professor Manfred Grimmelshausen, früherer Direktor des Umweltamtes, der jetzt im Ruhestand ist.

Frau Dr. Brigitte Honigbohne, Ärztin.

Herr Heinz Kessel, Direktor der Volksschule.

Frau Rosi Lebkowitz, Mitglied der Grünen.

Herr Kurt Spitz, arbeitsloser Einwohner des Dorfes.

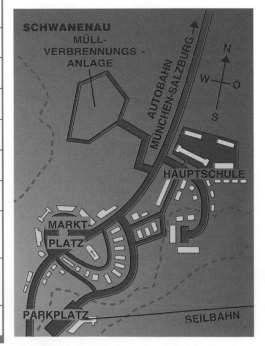

# B Die Qual der Wahl

| **Warum sollten 18jährige gerade Ihre Partei wählen?** | **CDU**<br><br>Ich halte es für wichtig, daß Jugendliche zu unserem Staat ja sagen können. In unserer Politik zur Sicherung des Wirtschaftsstandorts Deutschland, zum Schutz der Bürger vor Gewalt und Extremismus und unserem Festhalten an der Idee der Europäischen Union sehen wir auch und gerade ein Angebot an die jungen Menschen. |
|---|---|
| **Was sind Ihre fünf wichtigsten Punkte zum Thema Umweltschutz?** | Umweltbelastungen machen vor keinen Grenzen halt. Deshalb müssen wir ein weltumspannendes Programm entwickeln, das eine Umweltaußenpolitik begründet. Wir selbst brauchen ein integriertes Abfallwirtschafts- konzept, das vorrangig auf Abfallvermeidung und -verwertung setzt. Um eine Klimakatastrophe zu verhindern, brauchen wir außerdem eine beispielgebende Strategie bei der Bekämpfung der Treibhausgase, unter anderem ein FCKW- Verbot. Zur Bewahrung der Schöpfung gehört die weitere Förderung des Naturschutzes. Die CDU wird künftig für eine Ökologische und Soziale Marktwirtschaft eintreten. |
| **Was soll sich nach Ihrem Willen im Bereich Schule ändern?** | Die Gymnasial- und Studienzeiten müssen verkürzt werden. Es ist – gemessen am euro- päischen Maßstab – unverantwortbar, daß unsere Schulabgänger später eine Lehre beginnen oder zur Uni gehen als ihre euro- päischen Altersge- nossen. Eine dann achtjährige Schulzeit muß nur anders konzipiert werden. Was das Abitur betrifft, so wollen wir dieses wieder zu einem echten Nachweis für die Hochschulreife machen. Dazu gehören bestimmte Kernfächer wie Deutsch, Mathematik, mindestens eine Fremdsprache, ein naturwissenschaftliches Fach. |
| **Wie bekämpfen Sie Politikverdrossenheit, auch und vor allem bei Jugendlichen?** | Politik muß sich jungen Menschen öffnen. Wir haben die unnötige Hürde „Mitgliedschaft in einer Partei" abgebaut und bieten sogenannte Schnuppermitgliedschaften an: Jeder kann sechs Monate lang ohne Beitragszahlung oder sonstige Verpflichtungen mit uns aktiv werden. |

**Wirtschaft f** die Ökonomie
**Standort m** der Ort, wo wir uns jetzt befinden
**etw. in Einklang bringen** in Harmonie bringen
**Beistand leisten** helfen
**wahrnehmen** nutzen
**laut Wissenschaftlern** Wissenschaftler sagen, daß . . .
**Schöpfung f** die Welt, Kreation
**Steuer f** das Geld, das jeder dem Staat zahlen muß
**Befürworter m** jmd, der für etw. ist
**s verringern** kleiner werden
**eine Hürde abbauen** ein Hindernis abbauen

### SPD

*Ralf Walter Jugendpolitischer Sprecher*

Weil die SPD die Partei ist, die Arbeitsplatzsicherung und die Zukunft unserer natürlichen Lebensgrundlagen in Einklang bringt - weil die SPD anderen Ländern durch humanitäre Hilfe Beistand leisten will, anstatt unsere Jugend zu Kampfeinsätzen zu schicken. Weil die SPD etwas dafür tut, daß die gesellschaftlichen Chancen wahrgenommen werden können.

### F.D.P.

*Dr. Margret Funke-Schmitt-Rink Bildungs- und jugendpolitische Sprecherin*

Politik macht nur dann Spaß, wenn man selber mitmacht. In der F.D.P. können Jugendliche etwas bewegen. Es zählen Ideen statt Ideologien, Engagement statt Beziehungen und Persönlichkeiten statt Posten. Bei uns wird mehr auf Jugendliche gehört als in anderen großen Volksparteien.

### Bündnis 90/
### Die Grünen

*Heinz Suhr, Pressesprecher*

Weil wir die Politik daran messen, ob von unseren Lebensgrundlagen morgen noch etwas übrig bleibt. Die Menschheit hat in den letzten hundert Jahren mehr Schäden angerichtet als in den Jahrtausenden davor. Laut Wissenschaftlern entscheidet sich in den nächsten hundert Jahren das Überleben der Menschheit.

---

1. Wir müssen Formen des Wirtschaftens umgestalten, daß der Schutz unserer natürlichen Lebensgrundlagen gewährleistet bleibt.
2. Die Müllvermeidung muß endlich erste Priorität vor der Müllverwertung haben.
3. Wir müssen noch stärker Energie einsparen, um umweltschädigende Auswirkungen der Verbrennung fossiler Brennstoffen zu reduzieren. Die Nutzung der Kernenergie muß bald möglichst eingestellt werden.
4. Wir müssen den Individualverkehr durch öffentlichen Verkehr soweit wie möglich ersetzen.
5. Wir brauchen eine funktionierende Koordination und Kooperation auf internationaler Ebene, um Umweltstandards weltweit anzuheben.

Staatsziel Umweltschutz ins Grundgesetz: Dafür hat sich die F.D.P. stets eingesetzt. Ökologisches Steuersystem: Das bedeutet zum Beispiel eine Erhöhung der Mineralölsteuer für PKW, um zum Umsteigen auf umweltfreundlichere Verkehrsmittel zu animieren. Bekämpfung des Treibhauseffektes: Die F.D.P. möchte die $CO^2$-Emissionen durch die europaweite Einführung einer Energiesteuer bekämpfen. Abfälle vermeiden und verwerten: Die F.D.P. will, daß Produkte langlebiger und als Abfall problemloser werden. Umweltinformationsgesetz: Schadstoffemissionen dürfen nicht länger wie Staatsgeheimnisse behandelt werden.

Die fünf wichtigsten Umweltprobleme sind die drohende Klimakatastrophe und das hautkrebserregende Ozonloch, die Verschmutzung und Übernutzung der Wasserreserven, die Bodenvergiftung durch chemische Substanzen und Luftschadstoffe (Waldsterben!) und vor allem die atomaren Risiken durch 50000 zum Teil unkontrolliert lagernde Atombomben (etwa in der Ukraine) und die betriebenen Atomkraftwerke, die immense Gefahren für Jahrzehntausende darstellen.

---

Hinsichtlich einer Verkürzung der Schulzeit bis zum Abitur ist der Diskussionsprozeß bei uns noch nicht abgeschlossen. Was viele Befürworter der Verkürzung nicht wissen: Die Gesamtzahl der in den Bundesländern erteilten Unterrichtsstunden liegt schon heute (bei 13 Schuljahren) unter dem EG-Durchschnitt. Eine Verkürzung der Schuldauer bei Beibehaltung der bisherigen Gesamtstundenzahl wäre ohne den Ausbau kostenintensiver Ganztagsangebote kaum zu realisieren.

Ich plädiere für eine Verkürzung der gymnasialen Schulzeit von neun auf acht Jahre. Im weltweiten Vergleich sind die deutschen Studierenden mit 21,5 Jahren im Schnitt die ältesten Studienanfänger und mit 27,9 Jahren die ältesten Studienabgänger. Damit verringern sich die Chancen auf dem EG-Arbeitsmarkt. Einer solchen Schulreform muß die Verbesserung des Schulsystems durch Ganztagsschulen und kleine Klassen gegenüberstehen.

Bündnis 90/Die Grünen wenden sich gegen eine gymnasiale Verkürzung der Schulzeit in der Mittelstufe. Die Diskussion über die Schulzeit muß breiter werden und die Schüler und Eltern miteinbeziehen und nicht im kleinen Kultusministerkreis getroffen werden. Wir treten für eine Reform ein, die die Schulen zu „kulturellen Orten" macht.

---

Wir möchten Jugendliche stärker zu politischem Engagement motivieren. Notwendig ist, daß die Politik den Jugendlichen wieder zeigt, daß sie wichtig sind und daß die Gesellschaft sie braucht. Jeder zweite Sozialhilfeempfänger ist heute jünger als 25. Das muß Politik als Herausforderung annehmen.

Ziel muß sein, Jugendlichen zu ermöglichen, aktiv am politischen Leben teilzunehmen. Ein Einstieg wäre die Bildung von Kinder- und Jugendparlamenten in allen Kommunen. Danach sollte – zunächst für Kommunalwahlen – das aktive Wahlrecht auf 16 Jahre herabgesetzt werden.

Politik muß auch Spaß machen – etwa durch Aktionen wie Straßentheater und Musikfest. Über Politiker schimpfen ist leicht – selber besser machen oft schwierig. Auf jeden Fall einmischen und mitmischen und unsere Demokratie nicht den polierten Plattköpfen überlassen.

## 7     TEXTÜBERBLICK

Notieren Sie den Satz oder den Ausdruck, der die Antworten jeder Partei auf jede Frage am besten zusammenfaßt.

---

### GRAMMATIK: *Verben und Präpositionen*

Bei Ausdrücken wie „Angst haben vor . . .“ muß man aufpassen, da die Präpositionen anders verwendet werden als im Englischen. Sehen Sie sich diese Beispiele an. Für jeden Ausdruck gibt es zwei Satzformen:

| Verb | Verb + Präposition + Substantiv | Verb + Präposition + Verb |
| --- | --- | --- |
| z.B. Angst haben vor (+Dat.) | Ich habe Angst **vor** einem Krieg | Ich habe Angst **davor, daß** ein Krieg ausbricht |
| sich interessieren für (+Akk.) | Ich interessiere mich **für** Kunst | Ich interessiere mich **dafür, daß** du gute Noten bekommst |
| sich verlassen auf | Ich verlasse mich **auf** meine Frau | Ich kann mich **darauf** verlassen, **daß** sie um vier kommt |
| abhängen von (+Dat.) | Das hängt **von** der Zeit ab | Das hängt **davon** ab, **ob** er rechtzeitig ankommt |
| sich freuen auf (+Dat.) | Ich freue mich **auf** unser Wiedersehen | Ich freue mich **darauf, daß** ich Dich bald wiedersehe. |

---

## 8

a) Notieren Sie weitere Beispiele dieser Präpositionen aus dem Text.

b) Versuchen Sie dann, den Satz anders auszudrücken – verwenden Sie die Beispiele oben als Modell.

*z.B. Wir müssen dafür kämpfen, daß der Krieg nie wieder ausbricht.*

*Wir müssen für die Abschaffung des Krieges kämpfen.*

# Staat, Politik, Recht

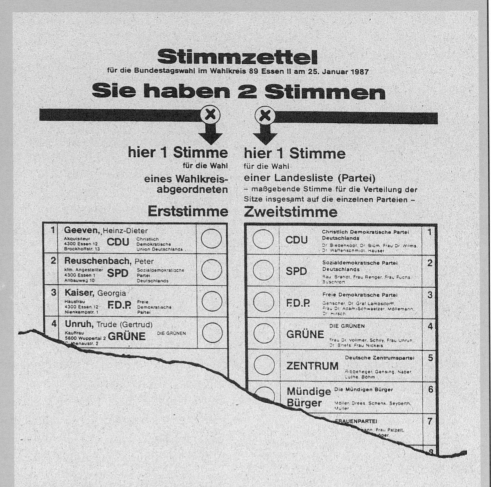

### Das Grundgesetz

Das Grundgesetz für die Bundesrepublik Deutschland wurde 1949 geschaffen, um dem staatlichen Leben für eine Übergangszeit eine neue Ordnung zu schaffen. Die ersten siebzehn Artikel des Grundgesetzes enthalten die Grundrechte. Damit wird zum Ausdruck gebracht, daß der Staat um der Menschen willen, nicht umgekehrt, da ist, daß er nicht herrschen, sondern dienen sollte.

### Die Verfassungsorgane

Staatsoberhaupt der Bundesrepublik Deutschland ist der Bundespräsident. Er wird von der Bundesversammlung gewählt, einem Verfassungsorgan, das nur zu diesem Zweck zusammentritt. Es besteht aus den Bundestagsabgeordneten und einer gleichen Anzahl von Mitgliedern, die von den Volksvertretungen der Länder gewählt werden. Der Bundespräsident wird auf fünf Jahre gewählt.

### Der Bundestag

Der Bundestag ist die Volksvertretung der Bundesrepublik. Er wird vom Volk auf vier Jahre nach einem „personalisierten Verhältniswahlrecht" gewählt. Seine wichtigsten Aufgaben sind die Gesetzgebung, die Wahl des Bundeskanzlers und die Kontrolle der Regierung. Im Plenum des Bundestages werden die großen Fragen der Innen- und Außenpolitik diskutiert. Fernsehübertragungen erhöhen die Aufmerksamkeit der Bürger.

### Der Bundesrat

Der Bundesrat, die Vertretung der Länder, wirkt an der Gesetzgebung mit. Er wird nicht gewählt, sondern besteht aus Mitgliedern der Landesregierungen. Jedes Land hat mindestens drei Stimmen. Länder mit größerer Bevölkerung vier oder fünf Stimmen.

### Die Bundesregierung

Die Bundesregierung (häufig auch „Kabinett" genannt) besteht aus dem Bundeskanzler und den Bundesministern. Der Bundeskanzler wird vom Bundestag auf Vorschlag des Bundespräsidenten gewählt.

### Die Parteien

Im Bundestag und in den Landtagen sind heute drei große Parteien vertreten: die Sozialdemokratische Partei Deutschlands (SPD), die Christlich-Demokratische Union (CDU) und die Freie Demokratische Partei (FDP). Neben diesen drei Parteien hat es immer eine schwankende Anzahl kleinerer Parteien gegeben. Die Fünfprozent-Sperrklausel, besagt, daß nur solche Parteien Abgeordnete ins Parlament entsenden können, die im jeweiligen

Wahlgebiet mindestens 5% der Stimmen erhalten haben. Rechts- oder linksradikalen Parteien ist es nur selten gelungen, diese Sperrklausel zu überwinden. Die Kommunistische Partei Deutschlands (KPD) war ein einziges Mal im Bundestag vertreten: 1949–1953 mit 15 Abgeordneten. Seit 1978 tritt die grüne Partei auf, deren Hauptanliegen der Umweltschutz ist. In einigen Bundesländern ist ihr sogar der Einzug in die Landesparlamente gelungen.

**Das Wahlsystem**

Das Wahlsystem für die Wahlen zum Deutschen Bundestag ist kompliziert. Abgeordnete, das ist die Hälfte der Bundestagsmitglieder, werden in Wahlkreisen gewählt. Die übrigen Abgeordneten werden über Landeslisten der Parteien gewählt. Also hat jeder Wähler praktisch zwei Stimmen – eine für den Abgeordneten in seinem Wahlkreis und eine für die Partei. Bei allen Wahlen beweist die Bevölkerung ein starkes politisches Interesse. Bei der Bundestagwahl 1990 betrug die Wahlbeteiligung 77.8%. Selbst bei Kommunalwahlen erreicht sie bis zu 70%.

---

**das Grundgesetz** die Verfassung (Grundrechte u. -pflichte) der BRD
**Abgeordnete m/f** gewähltes Mitglied des Parlaments
**mitwirken an** mit anderen arbeiten, damit etw. erreicht wird
**schwankend** nicht stabil
**radikal** extrem

---

# 9 **Wortwörtlich**

a. Man spricht in Deutschland oft von „Bund und Ländern". Lesen Sie den Text „Staat, Politik, Recht" und machen Sie eine Liste von allen Wörtern, die mit „Bundes" beginnen!

b. Schlagen Sie im Wörterbuch nach und notieren Sie weitere „Bundes-Wörter", die Sie gefunden haben.

c. Definieren Sie diese Wörter! Benutzen Sie ein einsprachiges Wörterbuch!

d. Welche Institutionen existieren auch auf Landesebene? Gibt es auch eine „Landesbahn", eine „Landesregierung" usw.? Benutzen Sie wieder Ihr Wörterbuch, um eine ähnliche Liste („Land-Wörter") zusammenzustellen!

# 10 TEXTÜBERBLICK

a) Lesen Sie folgende Sätze! Sind sie falsch oder richtig? Verbessern Sie die falschen Sätze.

a) Es gibt eine Verfassung in der Bundesrepublik.

b) Das Grundgesetz enthält die Grundrechte.

c) Das Staatsoberhaupt ist der Bundeskanzler.

d) Das Staatsoberhaupt wird von einer Versammlung gewählt.

e) Der Bundestag ist das deutsche Parlament.

f) Die Bundestagsdebatten werden nur im Radio übertragen.

g) Der Bundesrat wird von den Landesregierungen gewählt; jedes Land hat zwei Stimmen.

h) Der Führer der Bundesregierung ist der Bundeskanzler.

i) Die „Fünf-Prozent-Klausel" bedeutet, daß eine kleine Partei mindestens fünf Prozent der Stimmen bekommen muß, bevor sie einen Sitz im Parlament bekommt.

b) Schreiben Sie für jeden Absatz des Textes „Staat, Politik, Recht" die Schlüsselwörter auf! (die Wörter, die in jedem Absatz besonders wichtig sind)

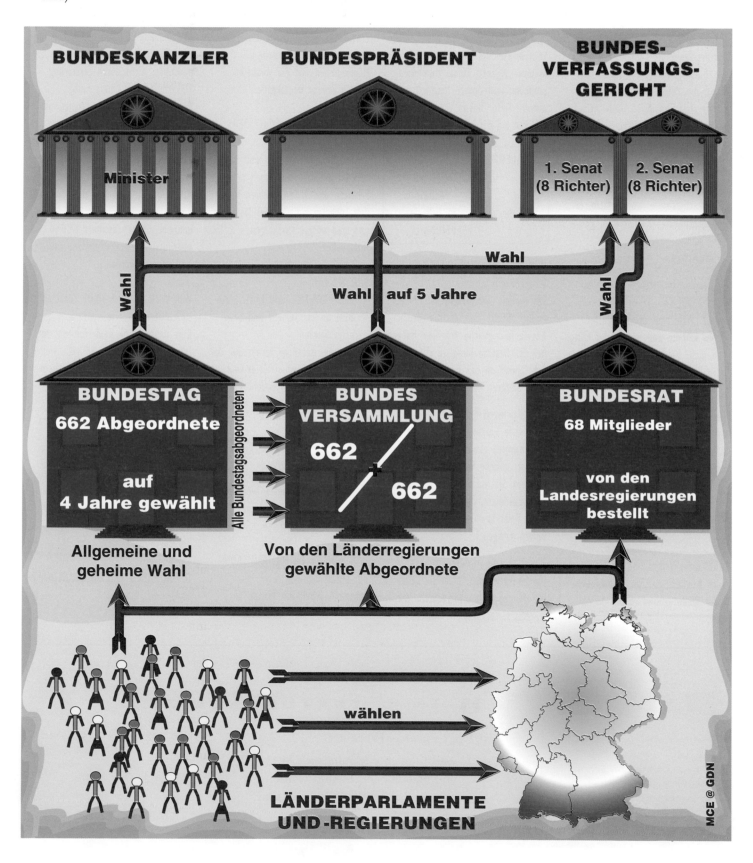

# FRAUENPARTEI

Frauen und Kinder leben in einer Männer-Welt; die Familie, der Beruf, das Bildungswesen, die Stadt, der Staat, die Politik und auch die Kirche sind von ihnen nach ihren Bedürfnissen eingerichtet.

Frauen werden in diesem System immer noch benachteiligt: sie sind überproportional arbeitslos, haben schlechtere Arbeitsplätze, familienfeindliche Arbeitszeiten, geringere Löhne, schlechtere Aufstiegschancen, kleinere Renten....

Sie werden im Beruf und in der Familie auf die „Frauenrolle" festgelegt. Viele sind doppelbelastet durch Familie und Beruf oder können nicht beides miteinander vereinbaren.

Mütter bekommen ein Renten-Almosen, Frauen erfahren Gewalt auf der Straße und zu Hause, Frauen wird durch den § 218 und Gen-Reprotechnologie das Recht auf Selbstbestimmung verweigert.

Im Staat regiert die männliche Minderheit die weibliche Mehrheit:

> 52% des Volkes sind Frauen.
> Im Bundestag — an gesetzgebender Stelle — sind es nur 15%!

Wir Frauen können die bestehenden Verhältnisse ändern. Wir müssen uns in einer eigenen Partei zusammenschließen und unsere Mehrheit nutzen! Dafür haben wir die F R A U E N P A R T E I gegründet.

> FRAUENPOLITIK
> UMWELTSCHUTZ
> PAZIFISMUS
> sind die vorrangigen Ziele der
> FRAUENPARTEI

## WIR WOLLEN DIE GLEICHSTELLUNG DER FRAUEN

Wir wollen eine Gesellschaft, in der endlich BEIDE Geschlechter gleiche Rechte und gleiche Aufgaben haben: bei der Gesetzgebung, in der Arbeitswelt, in der Familie und in allen anderen Bereichen.

Von Gleichstellung der Frauen reden jetzt viele Parteien. Damit wollen sie Wählerinnen gewinnen, um ihre patriarchalische Vorherrschaft zu festigen. Sie machen uns Frauen Zugeständnisse, um unser Streben nach Veränderungen zu beschwichtigen.

Gleichstellung wird uns niemals geschenkt werden, denn sie bedeutet das Aufgeben von Vorrechten. Wir werden sie erkämpfen müssen.

Frauen haben ein Recht dazu, denn gleiche Rechte und gleiche Möglichkeiten sind die Voraussetzungen wahrer Demokratie.

## WIR WOLLEN DEN SCHUTZ DER UMWELT

Boden, Wasser und Luft sind unvermehrbare Güter. Zusammen mit Pflanzen und Tieren gehören sie zu den Lebensgrundlagen der Menschen und sind unsere lebendigen Hilfsquellen.

## WIR WOLLEN

— daß ERWERBS- und FAMILIENARBEIT anders verteilt und bewertet werden

— weitere, deutliche Verkürzung der Arbeitszeit, damit Mütter und Väter gemeinsam erziehen und beide auch außer Haus tätig sein können

— finanzielle Unabhängigkeit für alle Frauen

— Abbau der Arbeitslosigkeit

— Quotierung zugunsten von Frauen bei allen Ausbildungs- und Erwerbsarbeitsplätzen.

## WIR WOLLEN ENTMILITARISIERUNG

der nationalen und — in Zusammenarbeit mit Frauen aus anderen Ländern — der internationalen Politik. Menschen haben nur vom Miteinander dauerhaft etwas zu gewinnen, nicht durch Zerstörung, Völkermord und Länderraub! Entmilitarisierung baut Arbeitslosigkeit ab (!) und macht Gelder, Rohstoffe und Wissen frei für humane Ziele!

ATOMKRAFT lehnen wir ab. Andere Energiequellen, z.B. Sonnenenergie, machen atomare Risiken überflüssig, ihre Erschließung muß beschleunigt werden.

## WIR WOLLEN EINE NEUE QUALITÄT DER POLITIK

Eine neue Politik heißt für uns: Im Bundestag bestimmen so viele weibliche Abgeordnete mit, wie es dem Frauenanteil an der Gesamtbevölkerung entspricht. Frauen setzen ihre mitmenschlichen Wertvorstellungen parlamentarisch durch. Wir wollen Lebensverhältnisse schaffen, die Frieden und Umwelt sichern und endlich den Bedürfnissen und Fähigkeiten beider Geschlechter gerecht werden.

DAFÜR HABEN WIR DIE FRAUEN-PARTEI GEGRÜNDET!

---

**Gesetzgebung f** Beschließen u Änderung von Gesetzen
**Vorherrschaft f** die politische Dominanz
**jm Zugeständnisse machen** jm etw. Kleines erlauben oder geben
**beschwichtigen** beruhigen
**Erwerb m** bezahlte Arbeit
**Bedürfnis n** das, was man braucht

## 11   TEXTÜBERBLICK

a) Die Probleme. Erklären Sie . . .

1. warum es eine Männerwelt ist.
2. wie Frauen benachteiligt werden.
3. warum Frauen doppelbelastet sind.

b. Die Forderungen. Beantworten Sie folgende Fragen:

1. Warum sprechen die anderen Parteien viel über die Gleichstellung der Frauen, glauben aber nicht daran?
2. Warum muß diese Gleichstellung erkämpft werden?
3. Warum ist der Umweltschutz ein besonders wichtiges Thema für die Frauenpartei?
4. Was hoffen die Frauen mit der Verkürzung der Arbeitszeiten zu erreichen?
5. Was sind die zwei Vorteile der Entmilitarisierung?
6. Warum brauchen wir keine Atomkraft?
7. Was will die Partei im Bundestag erreichen?

## 12 Wortwörtlich

Finden Sie aus dem Text Synonyme, die zu den unterstrichenen Wörtern und Ausdrücken passen!

1. <u>Mehr</u> Frauen als Männer sind arbeitslos.
2. Frauen haben schlechtere <u>Jobs</u>.
3. Frauen <u>werden nicht so gut bezahlt</u> wie Männer.
4. Frauen müssen arbeiten, auch wenn <u>das mit ihrem Familienleben nicht gut zusammenpaßt</u>.
5. Frauen <u>dürfen nicht für sich</u> selbst entscheiden.
6. Wir wollen, daß man <u>weniger Wochenstunden arbeitet</u>.

**13**   Arbeiten Sie mit einem Partner zusammen. Jedes Paar erstellt eine Liste von Wörtern und Ausdrücken aus dem Text unter einem der folgenden Stichwörtern:

- Macht: *z.B. Vorherrschaft, festigen…*
- Benachteiligung: *z.B. doppelbelastet, verweigern…*
- Mitarbeit: *z.B. sich zusammenschließen…*
- Veränderung: *z.B. anders verteilen, schaffen…*
- Fordern: *z.B. …muß beschleunigt werden…*

## 14   Was halten Sie davon?

a)   Gibt es andere benachteiligte oder vernachlässigte Gruppen in der Gesellschaft? (z.B. Behinderte, Arbeitslose, Linkshänder).

b)   Wählen Sie eine Gruppe. Wie ist sie benachteiligt? Was für eine Gesellschaft will sie schaffen? Was fordert sie? Verwenden Sie die Vokabeln aus Ihrer Liste (13), um Ihre Ideen auszudrücken.

c)   Entwerfen Sie für diese Gruppe eine Broschüre.

# C Ja pour Europe?

**15**   Was machen diese Zollbeamten?
Wo sind sie? Wann war das?
Warum machen sie das?
Ist es Ihrer Meinung nach eine gute Idee, so etwas zu machen?

Dieser Text schildert Vor- und Nachteile der Europäischen Union.

# Tour d'Europe

**1**

Bier wird teurer und zwar um rund sieben Pfennig pro Liter. Auch für Wein, Tabak oder Benzin muß künftig wegen höherer Steuern mehr berappt werden. Insgesamt erhöht sich das Warenangebot, was wiederum die Preise drücken dürfte.

**2**

Rechtsanwälte, Wirtschaftsprüfer, Architekten und andere Freiberufler können sich in Europa ohne Einschränkungen niederlassen, wenn sie eine Prüfung über Recht und Steuergesetze ihres Gastlandes abgelegt haben.

**3**

Ein Zauberwort, ohne das ein geeintes Europa gar nicht denkbar wäre. Schließlich gibt es nichts, das für den Binnenmarkt nicht auf europäisches Niveau gebracht werden müßte: Steuern, Gesetze, Drogen- oder Asylpolitik. Allein die in Deutschland geltenden 20 000 Industrienormen müssen in Einklang mit den Normen der elf Partnerländer gebracht werden.

**4**

Lust darauf, in Paris einen Baguette-Ausfahrdienst aufzubauen oder ein Computerprogramm für die Londoner U-Bahn zu entwickeln? Dienstleistungen können im vereinten Europa überall angeboten werden. Die Folge: ein scharfer Konkurrenzkampf mit Auswirkungen auf die Preise.

**5**

Wer einen Hochschul- oder Fachhochschulabschluß hat, dem steht in Europa Tür und Tor offen. Die Abschlüsse werden in jedem Land anerkannt. Das gilt auch für Zeugnisse, die ein EG-Bürger auf dem Gymnasium oder in den ersten drei Studienjahren erworben hat.

**6**

Terroristen, Mafia, Drogenhändler. Europa — ein grenzenloser Sündenpfuhl. So sehen das zumindest Pessimisten. Zu Unrecht. Prozentual werden an den Binnengrenzen nur wenige böse Buben gefaßt. Außerdem arbeitet die Unterwelt längst international und muß daher auch so bekämpft werden. Das heißt: stärkere Kontrollen an den Außengrenzen der EG. Schon jetzt gibt es ein elektronisches Informationsaustauschsystem zwischen den Zollbehörden (SCENT), das in Zukunft ausgebaut werden soll.

**7**

Damit sind Mehrwert- und Verbrauchssteuern gemeint. Ohne daß sie angeglichen werden, kann keine Grenze in Europa fallen. Bisher haben die Politiker aber nur eine Übergangslösung gefunden: Sie sieht so aus, daß die Mehrwertsteuer irgendwo zwischen 15 und 20 Prozent (bei uns bisher 14 Prozent) schwanken wird.

**8**

Der Wegfall der Grenzkontrollen läßt nun doch länger auf sich warten. Grund: das deutsche Asylrecht, das noch nicht EG-mäßig ist. Irland, Großbritannien und Dänemark waren ohnehin gegen die neue Grenzenlosigkeit, weil sie illegale Einwanderer und einen Import von Kriminalität befürchten. Also: Abwarten und Pässe bereithalten.

**9**

Flüge werden auf alle Fälle billiger. Denn die einzelnen Gesellschaften können überall in Europa miteinander konkurrieren und ihre Preise frei gestalten. Der Nachteil der neuen Flugfreiheit: Bis zum Jahr 2000 soll sich die Zahl der Fluggäste verdoppeln, der Luftraum wird noch enger werden.

**10**

Eine einheitliche europäische Währung bleibt vorerst Zukunftsmusik. Der ECU (European Currency Union) soll erst gegen Ende des Jahrhunderts eingeführt werden. So steht's im Vertrag von Maastricht.

**11**

Schlechte Nachrichten für Bananenfreaks. Der Preis für die krumme Frucht wird bei uns wohl satt ansteigen. Der Grund: Seit den 50er Jahren verzehren die Deutschen die sogenannte Dollarbanane aus Südamerika, die zollfrei und daher billig importiert werden kann. Das ist Franzosen, Spaniern und Portugiesen ein Dorn im Auge, beziehen die doch Bananen aus ihren aktuellen oder ehemaligen Überseegebieten. Binnenmarkt bedeutet aber auch gemeinsamer Bananenmarkt. Folge: weniger und damit teurere Dollarbananen.

---

**berappen** etw. ungern bezahlen
**erwerben** durch Arbeit gewinnen
**s. niederlassen** eine Praxis eröffnen; umziehen
**Sündenpfuhl m** Ort mit vielen Kriminellen
**angeglichen werden** in Harmonie gebracht werden
**jmdm. ein Dorn im Auge sein** jmdn stören

## 16 TEXTÜBERBLICK

a) Wählen Sie für jeden Absatz den passenden Titel aus dieser Liste aus. Vorsicht — es gibt mehr Titel als Absätze!

- Bananen
- Preise
- Währung
- Niederlassungsfreiheit
- Uniabschluß
- Beamte
- Harmonisierung
- Indirekte Steuern
- Grenzen
- Sicherheit
- Dienstleistungen
- Fliegen
- Bier

b) Welche Absätze haben mit diesen Grundsätzen der Europäischen Union unten zu tun?

- die Freizügigkeit für Bürger
- der freie Waren- und Dienstleistungsverkehr
- der freie Kapitalverkehr

Sind Sie ein „neuer Europäer"? Wenn es so was überhaupt gibt, dann sieht er vielleicht so aus:

Ausbildung in Deutschland, mehrwöchiges Praktikum in Frankreich. In der Schule lernt er mindestens zwei Fremdsprachen. Er fährt einen Fiat, legt einen Teil seines Geldes bei einer belgischen Bank an. Im Supermarkt kauft er spanisches Olivenöl, irische Butter … Seine Lebensversicherung hat er bei einem englischen Unternehmen abgeschlossen, sein Haus wurde von einer holländischen Baufirma gebaut.

# 17

a) Würden Sie gerne im Ausland leben, arbeiten? Wo? Warum?
b) Prüfen Sie alle Produkte, die Sie heute verwenden, ob sie im Ausland oder von einer ausländischen Firma hergestellt wurden. Vergessen Sie auch nicht, schnell den Supermarkt zu besuchen – woher kamen Obst, Äpfel, Joghurt (und Bier!), die Sie heute verzehrten? Machen Sie eine Liste.
c) Stellen Sie sich vor, Sie sind Gegner der EU. Sie kaufen nur Produkte, die in Ihrem Land von einheimischen Firmen und Landwirten hergestellt werden. Wie sieht Ihr tägliches Leben aus?

**GRAMMATIK – Adverbiale:** *Konjunktionen: also, deshalb, sonst*

Wenn man zwei Sätze verbinden will, verwendet man oft eine Konjunktion, z.B. *und, daß, weil*. Man kann auch ein einfaches Adverb verwenden, z.B. *also, sonst, deshalb*.
Das Verb steht immer nach diesem Adverb.

1. Als Antwort auf die Frage „**Warum?**" verwendet man **darum, daher, deshalb, deswegen.** (Sie bedeuten fast das gleiche.)
   „*Warum müssen wir diese Vokabeln lernen?"*
   – „*Ihr habt bald eine Prüfung, deshalb müßt ihr sie lernen."*

2. Die Folge einer Aussage leitet man mit **also, so, folglich, insofern,** ein. (Sie bedeuten fast das gleiche.) So ein Satz ist oft auch die Antwort auf eine *Warum?* – Frage:

> *Ich hatte die Vokabeln nicht gelernt,* **also** *habe ich eine sehr schlechte Note bekommen.*

3. Um eine Einschränkung oder einen Gegensatz zu erklären, verwendet man z.B. **allerdings, dennoch, trotzdem, sonst.**

> *Ich muß sofort gehen,* **sonst** *verpasse ich den Bus.*
> *Er würde gern im Ausland arbeiten,* **trotzdem** *hat er bisher keine Stelle gefunden.*

4. *Andere Adverb-Konjunktionen:*

| | | |
|---|---|---|
| **danach** | (Zeit) | *Wir verbringen zwei Wochen in der Schweiz,* **danach** *fahren wir nach Österreich.* |
| **dann** | | |
| **außerdem** | (und . . .) | *Ich habe keine Lust, ins Kino zu gehen,* **außerdem** *habe ich zuviel Arbeit.* |
| **übrigens** | | |

**18**   Schreiben Sie die folgenden Sätze neu, indem Sie eine passende Konjunktion aus der Liste oben verwenden.

> *z.B*   **Wenn** *wir uns nicht beeilen, verpassen wir den Zug.*
> *Wir müssen uns beeilen,* **sonst** *verpassen wir den Zug.*

1. **Weil** der Modelleuropäer mindestens zwei Fremdsprachen spricht, kann er im Ausland eine Stelle finden.
2. **Bevor** ich einkaufen gehen kann, muß ich Geld vom Geldautomat holen.
3. **Wenn** wir nicht in der Europäischen Union bleiben, machen unsere Betriebe bankrott.
4. **Obwohl** sie jahrelang in Frankreich gelebt hat, arbeitet sie am liebsten in Österreich.
5. Ich fahre nicht durch den Tunnel nach Frankreich, **weil** ich die Fähre viel angenehmer finde.

**19**   Bevor Sie die Aufnahme in Aufgabe 20. hören, versuchen Sie, die Aussagen in 20. zu vervollständigen, indem Sie mit einem der adverbialen Konjunktion aus der Liste oben fortfahren.

> *z.B. Die EU soll größer werden, …***allerdings** *werden die Verhandlungen jedes Mal schwieriger.*
> *…***sonst** *halten wir mit dem Fernen Osten nicht stand.*

## 20

Hören Sie sich die Aussagen der jungen Leute zum Thema Europäische Union gut an! Sie hören in dieser Reihenfolge: Anke, Peter, Josef und Reinhard. Wer sagt was?

1. Keine Kontrollen mehr an den Grenzen
2. Es gibt Vorteile, aber die sind nicht so ausschlaggebend wie sie für andere Länder sind . . .
3. Um ehrlich zu sein, hab ich noch nicht so recht eine Meinung dazu gefunden . . .
4. Da kann ja was Gutes draus werden
5. Ich denke, für Deutschland bringt die Europäische Union nur Nachteile
6. Wir würden unsere starke Währung verlieren und einen gewissen Grad an Selbstständigkeit . . .
7. Das finde ich sehr gut
8. Ich meine, daß wir ein starkes Europa brauchen, um wirtschaftlich gegen Großmächte wie Amerika oder Japan ankämpfen zu können
9. Mehr zusammen arbeiten

Mit welchen dieser Aussagen stimmen Sie überein?

Ist der europäische Binnenmarkt eine gute Idee oder nicht? Lesen Sie das, was einige Leute dazu gesagt haben:

1. „Der EU-Binnenmarkt bringt uns nur Arbeitslosigkeit. Harte Konkurrenz mit den anderen Staaten bedeutet, daß unsere Betriebe nur bankrott machen können!"

2. „Wenn das bedeutet, daß immer mehr LKWs auf unseren Straßen fahren werden, dann bin ich dagegen!"

3. „Die EU bedeutet für mich die Vereinheitlichung. Wir sind nicht alle gleich in Europa, und jetzt verlieren wir alle unsere alten Traditionen."

⇒

4. „Warum sollten wir von Brüssel oder Strasburg regiert werden? In ein paar Jahren ist ein europäischer Präsident wahrscheinlich wichtiger als unser eigenes Parlament."

5. „Jetzt, da die Grenzen weg sind, gelingt es Terroristen und Kriminellen viel leichter, von einem Land in ein anderes zu fahren. Das wird man bereuen, und deswegen bin ich dagegen!"

6. „Ich will keine ECUs. Warum sollten wir europäisches Geld haben?"

## 21 Was halten Sie davon?

- Erfinden Sie Gegenargumente zu diesen Aussagen!
- Gibt es vielleicht welche, mit denen Sie übereinstimmen?
- Was erwarten Sie vom neuen Europa?
- Machen Sie eine Debatte: Europa – pro oder kontra?

# D Erste Welt – Dritte Welt

**22** In welchem Teil der Erde hat man dieses Foto wohl gemacht? Woher wissen Sie das? Wie reagieren Sie auf das Foto? Warum?

## 23 Wortwörtlich

Was sind die Ursachen der Probleme in der Dritten Welt? Unten finden Sie
mehrere Ideen. Haben Sie weitere Ideen?
Erstellen Sie ein Wortfeld zum Thema „Dritte Welt"/Entwicklungsprobleme!

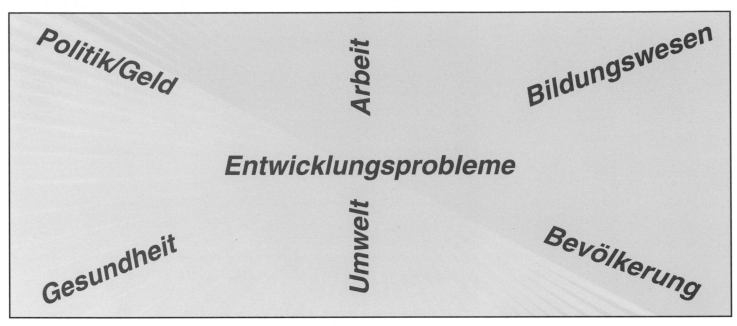

Politik/Geld

Arbeit

Bildungswesen

**Entwicklungsprobleme**

Gesundheit

Umwelt

Bevölkerung

**24** Welches von den sechs Stichwörtern (Bevölkerung, Bildungswesen usw.)
ist Ihrer Meinung nach am wichtigsten? Begründen Sie Ihre Wahl!

**25** Diese Faktoren bilden oft für die Länder der Dritten Welt einen
Teufelskreis, aus dem kein Ausweg zu finden ist. Wie hängen die Faktoren, die
Sie zusammengestellt haben, in einem Teufelskreis zusammen?
Gibt es einen Ausweg? Wie können sich die ärmsten Länder helfen? Was sollten
die reichen Länder (nicht) machen? Schlagen Sie Lösungen vor, und
rechtfertigen Sie Ihre Ideen!

z.B: angepaßte Technik – Selbsthilfe stärken – Frauenförderung – Aufbau der
ländlichen Infrastruktur – Förderung der Familienplanung – Menschenrechte
– Umweltschutz – Kreditanleihen – Hilfslieferungen aus europäischen
Überschüssen – Geld – Handel

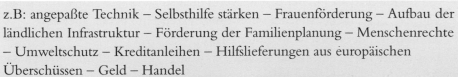

**GRAMMATIK:** *Modalpartikel*

## *Aber, doch, ja, mal, nur, schon, zwar*

Diese Wörter heißen Partikel. Sie helfen dabei, unsere Meinungen auszudrücken und sind oft nur schwer zu übersetzen. Man findet sie vorwiegend in der Umgangssprache. Die wichtigsten sind:

| Konzession/eingeschränkte Zustimmung | Verstärkung/eingeschränkte Ablehnung |
|---|---|
| ● zwar | ● eben |
| ● ja | ● nur |
| ● schon | ● aber |
| | ● doch |

„Mal" verwendet man oft mit einer Bitte, damit es höflicher klingt.

Zum Beispiel:

Da haben Sie **schon** recht, aber . . . (=*Ich gebe zu, daß Sie recht haben, aber . . .*)

Es ist **zwar** ein guter Film, aber . . . (=*Ich gebe zu, daß . . .*)

Sie ist **ja** auf Urlaub. (=*Wie Sie wissen, ist sie schon . . .*)

Sie ist **doch** auf Urlaub. (=*Haben Sie vergessen, daß sie . . . ?*) ·

Sei **doch** nicht so laut! (=*Um Gottes willen, . . . !*)

Das war **aber** ein guter Film! (=*Er war unheimlich gut!*)

Wir müssen **eben** auf sie warten (=*Wir haben keine Alternative*)

Bitte **nur** nicht so schnell sprechen! (=*Ich bitte dich, . . . !*)

Können Sie mir bitte **mal** helfen? (=*Seien Sie so nett*)

**26** Füllen Sie die Lücken aus, in dem Sie ein Wort aus der Liste von oben verwenden!

1. Wie kannst du .......... glauben, daß Indien ein armes Land ist? Sieh dir .......... die Statistik an: der private Verbrauch steigt .......... um 4.4% im Jahr!

2. Es gibt .......... dicke Mercedes und Einkaufszentren überall, aber 300 Millionen Inder leben in absoluter Armut.

3. Das wußte ich .......... nicht! Indien exportiert .......... Reis und Weizen nach Afrika! An Facharbeitern haben sie auch jede Menge.

4. Kann sein. Aber 10% aller Kinder, und .......... 25% der Mädchen bleiben ohne jede Schulbildung!

5. Das Leben ist .......... so in Indien. In vielen Entwicklungsländern sind die Kontraste genauso stark geprägt. Die Unterschiede zur Ersten Welt sind .......... genauso auffallend. Wir könnten .......... mehr Hilfe leisten, tun es aber nicht.

# „HIER GIBT ES *tausend* WIRKLICHKEITEN!"

**JUNGE ZEIT – Brasilien – Sinop:** Langsam soll eine Brücke gebaut werden zwischen unseren Lesern hier und den Menschen dort. Oft macht es jedoch recht mutlos, einen Weg zu gehen, wenn das Ziel so unendlich weit weg, unerreichbar und fremd erscheint.

**KINDHEITSTRAUM**

Christopher Stehr, 21 Jahre, studiert heute Politik und Wirtschaft im 2. Semester. Zwischen Abitur und Studium erfüllte er sich einen Kindheitstraum und ging für neun Monate nach Nova Iguaçu, einer riesigen Vorstadt von Rio. Sein Kontakt waren die Bonlander Franziskanerinnen, die dort eine Schule für Kinder mit reicheren Eltern führen und gleichzeitig konkrete Aufbauhilfe in der Favela VIGA, einem Elendsviertel leisten.

Zwischen diesen zwei Welten, der gut ausgestatteten Schule und der Not in der Favela, pendelte Christopher ständig hin und her: „Das waren eigentlich nur zwei von tausend Wirklichkeiten, deren knallhartes Nebeneinander erst die ganze Wirklichkeit Brasiliens ausmacht. Mein Weg in die VIGA führte zunächst durch eine ganz normale Wohngegend: geteerte Straßen, Lichtmasten, Kanalisation, gepflegte, zum Teil wunderschöne Häu-

ser von hohen Schutzmauern umgeben.

Die andere Welt begann schlagartig und völlig unvorbereitet. Auf einmal verwandelte sich die Straße in einen Ralley-Parcours: Schlaglöcher, tiefe Spurrinnen, Regenwasserfurchen. Die Häuser wurden einfacher, bis schließlich nur noch Wellblechbaracken zu sehen waren. Das war die Favela. Einfachheit war großgeschrieben. Selbstgebastelte Strommasten und die meist oberirdisch verlaufende Wasserleitung prägten das Bild.

Ich kann nicht allgemein die Familie oder die Hütte der Favela beschreiben. Auch hier bestanden große Unterschiede. Die einen hatten ein Haus aus Lehm und Holz, die anderen nur übereinandergeschichtete Kartonbögen und Wellbleche. Eines hatten alle gemeinsam: festgestampfte Erde bildete den Boden eines jeden Hauses. Dieser wurde feinsäuberlich gepflegt und mehrmals am Tag gekehrt. Meist lebten viel zu viele Menschen auf viel zu wenig Raum, eine Familie mit sieben oder acht Kindern war keine Seltenheit.

Die Abwässer flossen offen in den Favelabach oder in eine Sickergrube gleich hinterm Haus. Der Bach war von den Abwässern der Häuser und einer nahegelegenen Fabrik hoffnungslos verschmutzt. Schwarzgrau und übelriechend zog er sich dahin. Nach starken Regenfällen verwandelte er sich in einen Fluß, der die am Ufer stehenden Hütten mitriß. Trotzdem badeten die Kinder darin.

Ich hätte nie gedacht, wieviel Kraft mir das Leben in diesem Land abverlangen würde. Die Schwestern hatten die Aufgabe übernommen, die Elendshütten der VIGA durch richtige Steinhäuser zu ersetzen. Bei dieser schweren körperlichen Arbeit lernte ich schnell die Art der Menschen dort kennen und lieben, so daß es mir heute schwerfällt, hier in Deutschland zu leben.

Da war ihre Einfachheit. Es brauchte keine finanziellen Mittel, um zum Beispiel das Fest des Hl. Johannes ausgelassen und fröhlich zu feiern. Da war ihre Fähigkeit, sich über eine winzige Kleinigkeit wirklich zu freuen. Da war ihre Tapferkeit, wenn sie sich mitten im Dreck noch Sinn für Schmuck und Schönheit bewahrten. Ganz wichtig war für mich, wie einfach der Umgang miteinander war. In Brasilien braucht man keine Angst zu haben, auf den anderen zuzugehen.

---

**Elendsviertel n** Viertel, wo sehr arme Leute leben
**Sickergrube f** Loch, in das Grundwasser langsam fließt
**tapfer (Tapferkeit f)** ohne Angst, mutig
**auf jmdn zugehen** zu anderen Menschen freundlich und offen sein

## 27    TEXTÜBERBLICK

Brasilien ist ein Land der Kontraste. Lesen Sie den Text (S. 217). Vergleichen Sie die verschiedenen Wirklichkeiten, die Christoph erlebte (auch im Vergleich zu Deutschland). Was lernte er im Elendsviertel zu schätzen?

## 28   Was halten Sie davon?

Sie haben bestimmt viele gute Ideen, wie wir den Ländern der Dritten Welt helfen können. Arbeiten Sie mit Ihrer Gruppe zusammen, um weitere Vorschläge zu notieren. Beziehen Sie sich auf Ihre Liste der wichtigsten Probleme, die Sie in Aufgabe 23–25 erstellt haben.

- Welche Organisation/Aktion würden Sie am liebsten unterstützen? Warum?
- Wie könnte man einen Beitrag leisten?
- Wie würden Sie Ihre Aktion organisieren?
- Halten Sie einen kurzen Vortrag über Ihre Ideen in der Klasse, oder nehmen Sie ein kurzes Interview darüber für eine Radio-Sendung auf.

# Die Umwelt: Umzug ausgeschlossen

1

3

2

4

8

5

NIMBUS-7 : TOMS OZONE

DAY:251    SEP 8, 1987

6

7

# A Die Probleme

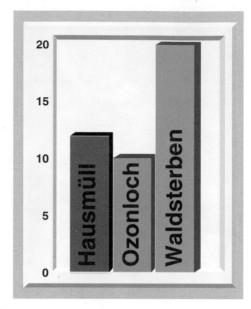

**1** Sehen Sie sich die Fotos auf S. 219 an und verbinden Sie jedes Foto mit einem Umweltproblem!

**Umweltprobleme**

| | |
|---|---|
| der radioaktive Abfall | das Waldsterben |
| der Hausmüll | Kohlekraftwerke |
| die Autoabgase | das Ozonloch |
| die Spraydosen | die Verschmutzung der Meere |

**2** Welches der erwähnten Probleme ist für Sie am gravierendsten? Fragen Sie zehn Freunde, was für sie das Hauptproblem ist! Zeichnen Sie ein Diagramm (s. links), um die Ergebnisse aufzuzeigen.

**umwandeln (Umwandlung f)** etw. zu etwas neuem machen
**entstehen** anfangen zu existieren
**Schadstoff m** Substanz, die die Umwelt kaputtmacht

## Rettet die Luft

Es liegt was in der Luft! Energie ist das Lebenselixier unserer Zivilisation. Ohne Strom, Wärme, Benzin oder Öl geht nichts mehr, weder bei uns noch bei unseren Nachbarn. Aber die Umwandlung und Nutzung von Energie bringt nicht nur Nutzen, sondern auch Probleme: Unsere Luft ist voll von Schadstoffen. Abgase aus Industriegebieten und Kraftwerken, aus den Auspuffröhren unserer Autos und den Kaminen unserer Heizungsanlagen verbreiten sich über das ganze Land.

Dazu gehört zum Beispiel das Schwefeldioxid: Es entsteht in großen Mengen bei der Kohle- und Heizölverbrennung. Im Jahr werden allein bis zu 0,94 Millionen Tonnen in der Bundesrepublik Deutschland in die Atmosphäre geblasen. Und die Stickoxide: Ebenfalls ein bekannter Schadstoff. Im Jahr sind es 2,6 Millionen Tonnen, die aus den Schornsteinen unserer Kraftwerke, unserer Industrie und unserer Haushalte quillen.

## 3 Wortwörtlich

Wie steht es im Text "Rettet die Luft"?

1. Unsere Gesellschaft kann ohne Energie nicht existieren.
2. . . . nicht hier in Deutschland, und auch nicht in anderen europäischen Ländern.
3. Es bringt Vorteile sowie Nachteile.
4. Es ist ein Nebenprodukt der Kohleverbrennung.

# Ohne Wasser läuft nichts

Wasser ist unser wichtigstes „Überlebens-Mittel". Ohne Nahrung können wir längere Zeit existieren – ohne Wasser nur ein paar Tage. Etwa drei Liter Wasser konsumieren wir täglich – als Nahrung oder beim Atmen. Fünfzig- bis sechzigtausend Liter sind das im Laufe unseres Lebens . . .
Die Bundesrepublik Deutschland ist ein wasserreiches Land. Fünf große Flüsse strömen durch unser Land. Hunderte von künstlichen und natürlichen Seen lassen den Gedanken an Wassermangel erst gar nicht aufkommen.

Allerdings käme niemand von uns auf die Idee, das Wasser aus dem Rhein oder der Elbe unmittelbar zu trinken. Da greifen wir schon lieber auf unsere Grundwasservorräte zurück. Denn Grundwasser gilt allgemein als klar, appetitlich und frei von Schadstoffen.
Diese Annahme ist aber nur noch teilweise richtig. Aktuelle Beispiele für die Gefährdung unserer Wasserversorgung sind zum Beispiel die Rheinverschmutzung durch Unfälle oder hohe Nitratgehalte in Gebieten mit intensiver Landwirtschaft.

**Nahrung f** alles, was wir essen, um zu leben
**künstlich** nicht natürlich
**unmittelbar** direkt
**gefährden (Gefährdung f)** in Gefahr bringen

## 4 Wortwörtlich

Definieren Sie die folgenden Wörter und Ausdrücke aus dem Text "Ohne Wasser läuft nichts":

- das Überlebensmittel
- wasserreich
- ein künstlicher See
- niemand käme auf die Idee
- die Wasserversorgung

# MÜLL KOMMT UNS TEUER ZU STEHEN

Wir kaufen, was gefällt. Manchmal auch was nicht gefällt. Wir kaufen ESSEN. Wir kaufen TRINKEN. Wir kaufen FREIZEIT. Wir kaufen HOBBY. Wir kaufen GESUNDHEIT. Wir kaufen BEWEGUNG. Wir kaufen NATUR. Wir kaufen PFLEGE. Wir kaufen MODE. Wir kaufen und verbrauchen, und was übrigbleibt wird weggeschmissen. Ohne auch nur einen Gedanken darauf zu verwenden, wieviel Geld wir dabei verschwenden.
Und wie stark wir durch diese Gedankenlosigkeit unsere Unwelt belasten.
Tag für Tag, Woche für Woche, Monat für Monat, Jahr für Jahr, treten die Reste der „unverzichtbaren" Dinge des Lebens ihre EINWEGBAHNSTRASSE auf den bedrohlich wachsenden Müllberg an.
– Aus gebrauchten Kunststoffbehältern wird bergeweise Kunststoffmüll.
– Aus leeren Einwegflaschen und -gläsern wird bergeweise Altglas.
– Aus weggeworfenen Kartonagen und Papier wird bergeweise Alt-Papier.
– Aus leeren Dosen und kaputten Geräten wird bergeweise Schrott.
– Aus alten Einrichtungsgegenständen wird bergeweise Sperrmüll.
– Aus übriggebliebenen Nahrungsmitteln wird bergeweise Essensabfall.
– Aus ausgedienten Autos wird bergeweise Autoschrott.
– Aus abgefahrenen Autoreifen wird bergeweise Altreifenmüll.

## 5 **Wortwörtlich**

Lesen Sie den Text "Müll kommt uns..." einmal durch. Verdecken Sie den Text, und versuchen Sie, das passendste Adjektiv für jedes Substantiv zu wählen.

| | |
|---|---|
| gebrauchte | Autos |
| leere | Einrichtungsgegenstände |
| weggeworfene | Geräte |
| kaputte | Kunststoffbehälter |
| alte | Einwegflaschen |
| übriggebliebene | Kartonagen |
| ausgediente · | Autoreifen |
| abgefahrene | Nahrungsmittel |

## 6     TEXTÜBERBLICK

### *Luft – Wasser – Müll*

Was sind die Ursachen der Umweltverschmutzung und was sind die Folgen davon? Lesen Sie die drei Artikel noch einmal durch und versuchen Sie dann, diese Tabelle auszufüllen! Schreiben Sie einen Satz über die Ursachen und die Folgen jedes Problems.

| | die Ursachen | die Folgen |
|---|---|---|
| „Rettet die Luft" | | |
| „Ohne Wasser läuft nichts" | | |
| „Müll kommt uns teuer zu stehen" | | |

---

### 99 SO WIRD'S GESAGT 66

### *Ursache und Wirkung*

Die Ursache steht fest: . . .
Es liegt daran, daß . . .
Es folgt daraus, daß . . .
Das hat zur Folge, daß . . .
je . . . desto . . .

## GRAMMATIK: *Der Genitiv*

● Den Genitiv findet man heutzutage nur in der formellen und schriftlichen Sprache. In der Umgangssprache verwendet man meistens den Dativ (evtl. mit von).

> *z.B. in der Nähe **des** Rathauses; in der Nähe **vom** Rathaus*

● Der Genitiv wird nach mehreren Präpositionen verwendet. Der Dativ ersetzt den Genitiv in der Umgangssprache, auch in der schriftlichen Sprache, wenn danach ein Pronomen oder ein Pluralsubstantiv ohne Artikel steht. Die wichtigsten Präpositionen sind:

> ***trotz** des schlechten Wetters/**trotz** ihm/**trotz** Problemen*
> ***während** der Sommerferien*
> ***wegen** des Regens/**wegen** dir/**wegen** Stürmen*
> ***(an-)statt** eines Hundes/**statt** Hunden. (Siehe auch S.291 Grammatik)*

● Um Substantive zu verbinden verwendet man in der formellen Sprache oft den Genitiv:
- mit Namen: *Peters Freundin/Goethes ,,Faust"*
- mit Substantiven: *der Sohn **eines** Bergmanns/die Bewohner **der** schottischen Inseln.*

● Auch in der formellen Sprache verwendet man von + Dativ:
- wenn kein Artikel, Possessivpronomen u.s.w. vor dem Substantiv steht:
  > *z.B. der Vater **von** zwei Söhnen / die Mitarbeit **von** Deutschen und Ausländern.*
- mit Personalpronomen:
  > *z.B. jeder **von** ihnen*
- nach viel, wenig, und mit Zahlen:
  > *z.B. Wir haben nur noch wenig **von dem** Geld, das sie uns gab.*
  > *Drei **von den** Männern, die aus dem Gefängnis ausbrachen, ....*

**7** Lesen Sie die Artikel über Luft, Wasser und Müll. Machen Sie eine Liste der Phrasen im Genitiv. Warum hat man hier nicht *von* verwendet? Es gibt auch Fälle, wo man *von* verwenden mußte – machen Sie auch eine Liste davon.

**8** Verbinden Sie diese Substantive oder Phrasen mit einer passenden Konstruktion. Die Sprache ist formell/schriftlich!

> *z.B. die Gefahren / das Rauchen: die Gefahren des Rauchens*

1. das Ende/das Buch
2. die Übersetzung/Schillers ,,Maria Stuart"
3. der Bau/sichere Atomkraftwerke
4. alle Arten/Rosen
5. die Eltern/drei Mädchen
6. die Verletzung/ein junger Autofahrer
7. ein Brief an eine/die Umweltorganisationen
8. eine Liste/alle Bücher
9. im besten Sinne/das Wort
10. mit Hilfe/Lehrer und Schüler

## 9 Was halten Sie davon?

Was sind Ihrer Meinung nach die schlimmsten Umweltprobleme unserer Zeit? Warum? Führen Sie eine Diskussion in der Klasse! Jeder wählt eines der Umweltprobleme und versucht, die anderen zu überzeugen, daß sein Problem das schlimmste von allen ist.

---

## ,, SO WIRD'S GESAGT "

### *Ablehnung, Vorbehalte ausdrücken*

● Wenn man eine Meinung **ablehnen** will, sagt man:

*Das lehne ich ab!*
*Ich würde direkt das Gegenteil behaupten!*
*Ich wäre nicht dafür, daß . . .*
*Das kommt nicht in Frage!*
*Sie irren sich/du irrst dich!*
*Ich bin nicht davon überzeugt!*
*Ich möchte dem aber widersprechen!*

● Wenn man einen Vorbehalt hat, sagt man:

*Ich bin mir nicht sicher*
*Das bezweifele ich aber!*
*Es bestehen aber noch starke Zweifel*
*Es ist fraglich, ob wir . . .*
*Man kann nie genau wissen, ob . . .*
*Dies ist allerdings wahr, aber . . .*

# BRAVO-
# Diskussion: Atomkraftwerke abschalten?

Tschernobyl müßte wohl dem Letzten die Augen geöffnet haben, daß diese Technik nie hundertprozent sicher ist.

Auch an deutschen Atomkraftwerken sind schon genug Störfälle gemeldet worden (und das sind sicher nicht alle gewesen). Ich kann dieses Risiko nicht verstehen. Also müßten wir die größere Umweltbelastung durch Kohlekraftwerke – vorerst – in Kauf nehmen.

Wasserkraftwerke verschmutzen die Umwelt nicht. In sonnigen Gegenden könnte Solar-Energie gewonnen werden. Die Menschen sollten allerdings aber auch ihren enormen Stromverbrauch auf das Nötigste einschränken.

**Birgit Streich, 15**

Ich bin der Meinung, daß viele Atomkraftwerke geschlossen werden sollten. Eine sofortige Schließung aller Atomkraftwerke ist zwar unmöglich, aber irgendwann muß mal der Anfang gemacht werden. Man sollte auch verhindern, daß neue gebaut werden.

Atomkraftwerke sind zwar sauberer als Kohlekraftwerke, jedoch viel gefährlicher. Meiner Meinung nach sollte man sich mehr auf die Sonnenenergie konzentrieren, die noch unerforscht ist. Dafür sollte uns keine Mark zu teuer sein.

**Birthe Fink, 17**

Atomkraftwerke sollen weiterhin geplant, entwickelt und gebaut werden!

Kohlekraftwerke können nur 30% der investierten Energie (Kohle) verwenden. Die restlichen 70% verschwinden ungenutzt. Die Belastung der Umwelt mit Schwefeldioxid u.ä. ist schon seit einigen Jahren viel zu hoch, da die Entwicklung von Kohlekraftwerken seit 20 Jahren fast Null war. Atomkraftwerke sind hingegen vollkommen „sauber". Also muß der Bau von Kohlekraftwerken eingestellt und die vorhandenen verbessert werden. Deutsche Atomkraftwerke gelten heute schon als die sichersten der Welt. Obwohl: Atomkraftwerke sind nur so gut wie ihre Erbauer, und die sind niemals perfekt. Aber! Ein Risiko existiert bei jeder Sache. Nachbarländer wie Frankreich zum Beispiel entnehmen bis zu 40% des Stroms den Atomkraftwerken. Atomkraft ist unbedingt notwendig, da irgendwann einmal auch die Kohlevorräte erschöpft sind. Andere Techniken zur Stromgewinnung sind entweder noch nicht gefunden oder können noch nicht realisiert werden. Selbst das Problem der abgebrannten Brennstäbe ist soweit gelöst, als daß diese in Wiederaufbereitungsanlagen bis zu 97% wieder aufbereitet werden können. Da diese Möglichkeit der Beschaffung neuer Brennstäbe aber 8mal teurer ist als neues Natururan, wird sie bislang kaum genutzt. Subventionen von staatlicher Seite sind also notwendig. Aus diesen Gründen ist eine Zukunft ohne Atomkraftwerke undenkbar!

**Dirk Kaffsack, 18, Mettmann**

**Störfall** m Defekt
**etw. in Kauf nehmen** akzeptieren, daß etwas Gutes auch eine negative Seite hat
**einschränken** reduzieren
**unerforscht** wissenschaftlich nicht untersucht
**einstellen** mit etw. aufhören
**vorhanden** existierend
**Wiederaufbereitungsanlage** f Fabrik, in der Brennstäbe aus Atomkraftwerken recycelt werden
**Beschaffung** f Herstellung, Fabrikation

## 10     TEXTÜBERBLICK

Lesen Sie die Briefe (S.224) und notieren Sie alle in den Briefen erwähnten Argumente für und gegen die Kernenergie. Benutzen Sie dabei diese Tabelle.

|  | Für die Kernenergie | Gegen die Kernenergie |
|---|---|---|
| Birgit Streich |  |  |
| Birthe Fink |  |  |
| Dirk Kaffsack |  |  |

Welcher Brief ist am überzeugendsten? Warum?

## 11     Schreiben Sie einen Brief an dieselbe Zeitschrift, in der Sie Ihre Ansichten zum Thema Energie zusammenfassen.

Der nächste Text ist ein Lied aus Österreich zum Thema „Atomkraft". Es ist ein vielleicht etwas übertriebenes Bild der Folgen eines Atomunfalles! Da das Lied aus Österreich kommt, gibt es ein paar Dialektworte, die für Sie rechts erklärt worden sind. Die Gruppe heißt „Erste Allgemeine Verunsicherung", und die Bandmitglieder sind alle Ärzte, Juristen und Werbedesigner.

**Havarie f** Unfall
**entbunden** geboren
**Bub m** Junge
**Schwammerl n** der Pilz
**Schammerl m** der Hocker
**Lamperl n** die Lampe
**Lenz m** Frühling
**zählt 30 Lenze** er ist 30 Jahre alt
**Ohrli n** ein kleines Ohr

## Burli

Herr Anton hat ein Häuschen,
mit einem Gartenzwerg,
und davor da steht ein Kernkraftwerk,
Da gab es eines Tages eine kleine Havarie,
die Tomaten waren so groß wie nie,
und auch der Sellerie
und seine Frau, die Resi
die nichts versteht von Cäsium und vom Plutonium
die haut's vor Glück dem Toni um!
Wie dem auch sei, alles geht vorbei,
die Zeit heilt alle Wunden,
und im Mai da wurde ein Sohn entbunden.
Als er das Licht der Welt erblickt,
der Anton Junior,
kommt er allen sehr verdächtig vor.
Bedenklich findet der Oberarzt,
daß er nicht schreit und auch nicht pforzt,
die Hebamme sagt: „Eines weiß ich gewiss,
daß der Bub etwas ganz Besonderes ist"!
Burli, Burli, Burli,
Mein Gott ist unser Burli süß
Der Burli hat links und rechts drei Ohrli
Am Kopf hat er ein Schwammerl
12 Zehn auf den Füßen
Mein Gott ist unser Burli süß.
Mein Gott ist er nicht süß,

Es geht die Zeit, der Burli nicht
Er sitzt nur still am Schammerl,
mit seinem Wasserkopf,
und spielt sich mit seinem Schwammerl!
Am Abend nimmt die Frau Mama ihren Mutanten Wastl
und stellt ihn auf beim Bett dort auf das Kastl.
Das Geld wird immer knapper,
doch es frohlockt der Papa,
weil er den halben Strom nur zahlt,
seit der Bub als Nachttischlamperl strahlt,
Burli, Burli, Burli
an jeder Hand 10 Finger und Hände hat er vier,
keiner spielt so schnell Klavier.
Heute zählt der Burli 30 Lenze oder mehr,
eine Frau zu finden, das ist schwer.
Doch des Nachbar's Tochter, die Analia,
die gleicht dem Burli fast aufs Haar,
das ziemlich schutter war.
Auch sie hat einiges zu viel,
als Andenken an Tschernobyl,
auf geht es zum Traualtar,
meine Seel – ein schönes Paar,
Burli, Burli, Burli,
der Burli hat ganz rote Ohrli,
doch mehr noch als die Eltern,
freut sich die Analia,
weil ihr Burli, der hat
eins zwei, eins, zwei, drei, vier . . .

**12** Schreiben Sie auf, was die Auswirkungen von Kernenergie auf Burli sind. Finden Sie das Lied übertrieben? Haben Sie den letzten Satz verstanden?

# B Was ist aber zu tun?

**13** 🔘

Der Einzelne hat es oft schwer, zu sehen, was man für die Umwelt tun kann. Auf der Kassette hören Sie nun drei junge Leute, die uns gesagt haben, welche Probleme sie für besonders wichtig halten und was sie persönlich für die Umwelt tun. Hören Sie gut zu und füllen Sie eine Kopie dieser Tabelle aus. Sie brauchen nur jedes Mal abzuhaken, wenn Sie eine ihrer Aussagen hören.

|  | Ruth | Theo | Karl |
|---|---|---|---|
| **DIE WICHTIGSTEN UMWELTPROBLEME** |  |  |  |
| Der Treibhauseffekt |  |  |  |
| Die Zerstörung des Regenwaldes |  |  |  |
| Autoabgase und die Verschmutzung der Luft |  |  |  |
| Sterbende Vögel anläßlich einer Ölpest |  |  |  |
| Der radioaktive Abfall |  |  |  |
| Die Verschmutzung der Meere |  | 🚫✏️ |  |
| Der Hausmüll/der Müllberg |  |  |  |
| **WAS SIE FÜR DIE UMWELT TUN** |  |  |  |
| Ich kaufe keine Dosen |  |  |  |
| Ich schreibe auf recyceltem Papier |  |  |  |
| Wir trennen unseren Müll |  |  |  |
| Ich fahre oft Rad |  |  |  |
| Ich bringe mein Papier zum Altpapiercontainer |  |  |  |
| Ich kaufe keine Spraydosen |  |  |  |
| Ich bringe meine Flaschen zum Flaschencontainer |  |  |  |
| Ich bin in einer Umweltgruppe in der Schule |  |  |  |
| Ich kaufe keine Einwegflaschen |  |  |  |
| Wir verkaufen Umwelthefte aus recyceltem Papier an die Schüler |  |  |  |

# Luxus

**ECKI, 22 Jahre:** Ich werfe kein Papier auf die Straße. Ich fahre auch wenig Auto. Im Haushalt allerdings tue ich wenig. Das Baumsterben, radioaktiver Abfall und die Verschmutzung der Meere sind wohl die größten Umweltprobleme. Ich hoffe, daß sich da bald was ändert.

**PETER, 14 Jahre:** Ich sammle Altpapier; vor allem für die Schule. Das Geld, das wir dafür bekommen, ist für ein Mädchen in Afrika. Damit kann sie ihren Schulbesuch bezahlen. Dann benutzen wir nur Pfandflaschen und bringen Alufolie zu den Sammelstellen. Ich glaube, der Hausmüll und die Autoabgase sind die größten Probleme.

**ERWIN, 21 Jahre:** Ich kaufe Spraydosen ohne Treibgas, sammle Alufolien, Glas, Papier und werfe das Zeug in die entsprechenden Container. Außerdem spende ich im Moment 30 Mark für Greenpeace. Mein Freund macht es ähnlich; er ist genauso umweltbewußt wie ich. Meine Eltern, wie überhaupt die ältere Generation, sind das weniger. Das Hauptproblem sehe ich darin, daß sich unsere Lebensweise geändert hat. Wir leben von der Industrie. Also nicht mehr so natürlich wie früher. Das belastet die Umwelt. Doch ich sehe Chancen, damit fertig zu werden. Alle müssen mithelfen. Umweltschutz kann nicht befohlen werden, er muß gelebt werden.

**DIRCEN, 17 Jahre:** Ich komme aus Brasilien. Dort wird leider nicht viel für den Umweltschutz getan. Ich selber benutze nur solche Produkte, die die Umwelt nicht belasten. Zum Beispiel Spray ohne Treibgas. Ich sammle auch Altpapier, Glas und andere Sachen. Aber diese Probleme werden in Zukunft sicher nicht so schnell zu lösen sein. Denn die Weltbevölkerung nimmt immer mehr zu. Außerdem fehlt es an Organisationen.

**SUSANNE, 26 Jahre:** Ich trenne zum Beispiel den Hausmüll. Ich sammle Aluminium, Altpapier und Plastik. Das bringe ich dann zu den Sammelstellen. Davon gibt es leider zuwenig. Auch meine Familie und meine Freunde sammeln.
Das Hauptumweltproblem, denke ich, ist der Hausmüll. Natürlich auch die Autoabgase. Es gibt ja auch immer mehr Autos. Leider wird gerade da nicht viel getan. Man könnte doch endlich auf Methanol umsteigen. Aber das eigentliche Problem ist die Industrie, die dahintersteckt.

## 14 TEXTÜBERBLICK

In den Interviews (auf S. 227) sprechen die jungen Leute auch über das Problem, das sie für besonders wichtig halten. Füllen Sie eine Kopie dieser Tabelle aus!

|  | Was sie für die Umwelt tun | Was für sie das schlimmste Umweltproblem ist |
|---|---|---|
| 1. Erwin |  |  |
| 2. Susanne |  |  |
| 3. Dircen |  |  |
| 4. Ecki |  |  |
| 5. Peter |  |  |

## 16 Was halten Sie davon?

Was tun Sie für die Umwelt? Sammeln Sie alte Zeitungen? Spenden Sie Geld für eine Umweltorganisation? Was könnten Sie machen? Warum tun Sie nicht mehr?

> **einen Baum fällen** mit Axt oder Säge umhauen
> **roden** Bäume entfernen
> **s verpflichten** versprechen
> **Wiederaufforstung f** neue Wälder pflanzen
> **etw (Dat) den Vorrang geben** etw. für das wichtigste halten
> **abfackeln** durch Feuer zerstören

## 15 Wortwörtlich

Finden Sie für jeden Ausdruck je ein Verb, das gut dazu paßt! Die Antworten sind alle im Text auf S. 227.

1. Alufolien, Glas und Papier .......... .
2. Geld für Greenpeace .......... .
3. Den Hausmüll .......... .
4. Aluminium, Altpapier und Plastik zu den Sammelstellen .......... .
5. Papier auf die Straße .......... .
6. Produkte .......... , die die Umwelt nicht belasten.

Für den Umweltgipfel 1992 veröffentlichten die verschiedenen Umweltorganisationen ihre Forderungen an die Politiker der Welt.

# Fünf FORDERUNGEN

**WORLD WIDE FUND FOR NATURE (WWF):**

*Nicht einen Urwald-Baum mehr fällen*

■ Wir fordern, daß in den letzten Urwäldern kein Baum mehr gefällt werden darf. Denn jedes Jahr werden 250 000 qkm Tropenwald gerodet – fast die Fläche der alten Bundesrepublik. Hinzu kommt der katastrophale Raubbau an den Wäldern der nördlichen Halbkugel. Der Verlust dieser Wälder bedeutet irreparable Schäden für Klima, Böden, Wasserkreislauf und die Artenvielfalt. Wir verlangen, daß Holz nur noch in Wäldern geschlagen wird, die jetzt schon naturverträglich genutzt werden. Den Einnahmeausfall der Tropenholz-Exporteure müssen die Industriestaaten ersetzen.

**NATURSCHUTZBUND DEUTSCHLAND:**

*Auf jedes Dach Sonnen-Kollektoren*

■ Wir fordern: Schluß mit der teuren und gefährlichen Atomkraft, Schluß aber auch mit den klimaschädlichen Brennstoffen Öl, Gas und Kohle. Genutzt werden müssen statt dessen so saubere Energien wie Sonne und Wind. Die Kernkraft wird fünfmal so hoch subventioniert wie alternative Energien. Dies muß umgekehrt sein. Beim Hausbau muß Wärmedämmung, effiziente Beleuchtung und Nutzung der Sonnenwärme gesetzlich Pflicht werden. Damit können im Privatbereich rund 90 Prozent Energie gespart werden. Bleibt die Industrie bei den „alten" Energien, muß sie eine Energiesteuer zahlen. Bitte blättern Sie um

⟹

## DEUTSCHER NATURSCHUTZRING:

### *Jede fünfte Mark für die Natur*

■ Wir fordern, daß jedes Land sich verpflichtet, ab sofort fünf Prozent seines Staatshaushalts für ökologische Zwecke (von Wiederaufforstung bis Abgasreinigung) auszugeben. Damit kann der weltweit dramatische Verlust an Tier- und Pflanzenarten gestoppt werden. Denn schätzungsweise die Hälfte der rund zwei Millionen Tierarten ist bedroht oder bereits ausgestorben. Um diesen Prozeß zu stoppen, verlangen wir zudem, daß sich alle Länder verpflichten, bei allen politischen und wirtschaftlichen Entscheidungen der Natur den Vorrang zu geben; in der Dritten Welt die traditionellen naturschonenden Technologien finanziell zu fördern.

## GREENPEACE:

### *Der Liter Benzin muß fünf Mark kosten*

■ Wir fordern, daß alle Länder der Welt verpflichtet werden, die Emissionen des Treibhausgases Kohlendioxid bis zum Jahr 2000 um 30 Prozent, bis 2030 um 70 Prozent zu senken. Dies sollte durch Energiesteuern erzwungen werden. Benzin muß etwa fünf Mark pro Liter kosten. Denn durch die Verbrennung von Öl, Kohle und Gas sowie das Abfackeln tropischer Wälder gelangen jährlich 20 Milliarden Tonnen Kohlendioxid in die Atmosphäre. Die globale Erwärmung hat schon eingesetzt. Alle Klimawissenschaftler sind sich einig, daß es zu einer Erwärmung unerhörten Ausmaßes kommen wird – mit Naturkatastrophen wie Orkanen, Überschwemmungen und der Entstehung weiterer Dürrezonen.

## BUND FÜR UMWELT UND NATURSCHUTZ DEUTSCHLAND (BUND):

### *Autofahrer müssen für Umweltschäden haften*

■ Wir fordern ein sofortiges Tempolimit, Katalysatorzwang für alle Fahrzeuge und drei Mark Extrasteuern auf jeden Liter Kraftstoff, die zur Hälfte für die Sanierung von Umweltschäden verwandt werden. Die anderen 1,50 Mark sollen dazu verwendet werden, den öffentlichen Nahverkehr attraktiver zu machen. Weltweit verpesten 500 Millionen Autos die Luft und heizen das Klima mit Kohlendioxid an – rund acht Prozent davon in Deutschland. In Nordrhein-Westfalen allein sind mehr Autos zugelassen als in ganz Afrika. Insbesondere die Industriestaaten müssen das Autofahren so teuer machen, daß unsinniger Verkehr vermieden und notwendiger Verkehr auf Bus, Bahn oder Fahrrad verlagert wird.

---

## 17 **Wortwörtlich**

Notieren Sie die Ausdrücke, die im Text verwendet werden, um Forderungen zu stellen

> *z.B. … soll dazu verwendet werden, daß…*

## 18 TEXTÜBERBLICK

a) Welche Forderungen haben zwei oder mehr Organisationen gemeinsam?

b) Fassen Sie die wichtigste Forderung jeder Organisation kurz zusammen.

---

### GRAMMATIK: *als ob + Konjunktiv 2*

1. Man verwendet **als ob**, um Schein mit Wirklichkeit zu vergleichen. Das Verb ist also im Konjunktiv 2 oder (manchmal) Konjunktiv 1.

   *z.B.* Sie sieht aus, **als ob** sie müde wäre.
   *(=Sie sieht aus wie jemand, der müde ist.)*
   Er sieht aus, **als ob** er tagelang nicht geschlafen hätte.
   *(=Er sieht aus wie jemand, der tagelang nicht geschlafen hat.)*

2. Die Kurzform von **als ob** ist **als**. In diesen Fällen steht das Verb direkt dahinter, nicht am Ende des Satzes.

   *z.B. Sie sieht aus, **als** wäre sie müde.*
   *Er sieht aus, **als** hätte er tagelang nicht geschlafen.*

## 19

a)   Bilden Sie Sätze *a)* mit **als ob** *b)* mit **als**

1.  Er sieht aus, (er ist krank)
2.  Sie tut immer so, (sie hat keine Zeit für ihre Arbeit)
3.  Sie tun so, (sie sind nicht nach Spanien in Urlaub gefahren)
4.  Er sieht nicht so aus, (er kann so was tun)
5.  Es scheint mir, (wir haben das Schlimmste hinter uns)
6.  Tun wir so, (wir haben sie nicht gesehen)!
7.  Ich habe den Eindruck, (es geht ihm finanziell schlecht)
8.  Er gibt Geld aus/wie ein Millionär
9.  Er sah mich an/wie jemand, der kein Wort verstanden hatte
10.  Sie benimmt sich/wie jemand, der unsterblich ist

b)   Schreiben Sie *als (ob)* Sätze zu Umwelt-Fragen:

*z.B.   Wir können nicht so weitermachen, **als ob** die Umweltverschmutzung nicht unser Problem wäre.*

🔊   **Hast du je an einer Bürgerinitiative teilgenommen?**

# 20  Wortwörtlich

Hören Sie sich das Tonband „Hast du je an einer Bürgerinitiative teilgenommen?" an und ergänzen Sie jeden der folgenden Ausdrücke durch das passende Verb.

### Teil 1

a)   eine Sitzung ..........          b)   Filme ..........

c)   ein Endziel ..........          d)   kleinere Erfolge ..........

e)   eine Ampelanlage ..........

### Teil 2

f)   eine Versammlung ..........          g)   Leserbriefe an die Presse ..........

h)   Flugblätter ..........          i)   politische Vertreter des Gemeinderats für seine Meinung zu .......... und zu ..........

j)   das Projekt ..........

---

*Verben zur Auswahl:*

gehen, finden, drucken, austragen, sich einsetzen, sitzen, tragen, erreichen, errichten, bringen, gewinnen, setzen, erringen, machen, organisieren, vorzeigen, interessieren, geben, reichen, ausmachen, zeigen, erfinden

## 21    TEXTÜBERBLICK

Hören Sie sich das Tonband noch mal an. *Wogegen* haben diese Leute protestiert und *wie* haben sie protestiert? Machen Sie Notizen!

## 22    Simulation

a)  Organisieren Sie selbst eine Aktion! Arbeiten Sie in einer kleinen Gruppe – zuerst finden Sie ein geeignetes Problem. Das könnte entweder eine örtliche Angelegenheit (neue Siedlungen werden in einem Naturschutzgebiet geplant) oder auch ein nationales Problem (Luftverschmutzung, Nitrat im Grundwasser usw.) sein. Dann müssen Sie:

- Flugblätter, Poster, Inserate usw. entwerfen
- Slogans erfinden
- Fernsehanzeigen schreiben

In Ihren Flugblättern usw. müssen Sie klarmachen:

- wogegen Sie protestieren
- welche Maßnahmen geplant worden sind

- warum Sie protestieren
- wie andere Leute mitwirken können

b)  Sie sollen auch eine Sitzung veranstalten. Sie können sich in zwei Gruppen teilen – eine, die gegen die Pläne protestiert, und eine, die Planung befürwortet.

## 23   ▭ Was tun wir mit dem Müll?

Gerd Sieber arbeitet bei der Stadtverwaltung in der Stadt Calw im Schwarzwald. Er spricht über die Probleme der Müllbeseitigung. Machen Sie Notizen unter folgenden Stichwörtern:

- Beziehung Stadt – Landkreis
- Recyclinghöfe
- Erddeponien

- Müll
- Mulch
- Einstellung der Bürger zur Umwelt

## 24

a)  Welche Sinne werden hier am meisten betont? Was haben die beiden Gedichte gemeinsam? Welche Weltanschauung haben die Dichter?

b)  Schreiben Sie eines der Gedichte um, so daß es unsere verschmutzte Umwelt darstellt. Oder schreiben Sie ein völlig neues Gedicht zu einer der Szenen auf S.219.

### Mailied

Der Anger* steht so grün, so grün,
Die blauen Veilchenglocken blühn,
Und Schlüsselblumen drunter,
Der Wiesengrund
Ist schon so bunt,
Und färbt sich täglich bunter.
Drum komme, wem der Mai gefällt,
Und freue sich der schönen Welt,
Und Gottes Vatergüte,
Die diese Pracht
Hervorgebracht,
Den Baum und seine Blüte.

*Wiese

**Ludwig Christoph Heinrich Hölty**

### Frühlingsgruß

Es steht ein Berg im Feuer,
In feurigem Morgenbrand,
Und auf des Berges Spitze
Ein Tannbaum überm Land.

Und auf dem höchsten Wipfel
Steh ich und schau vom Baum,
O Welt, du schöne Welt, du,
Man sieht dich vor Blüten kaum!

**Joseph von Eichendorff**

# Technik: Von Menschen und Maschinen

## GRAMMATIK

- *Das Futur von Modalverben*
- *Ortsnamen als Adjektive*
- *(sich) etwas machen lassen*

## KOMMUNIKATION

- *Ereignisse einordnen*
- *Anleitungen geben*
- *Meinungen rechtfertigen*

ALLE ILLUSTRATIONEN: PETER SCHÖSSOW

Auspacken und verzweifeln: Technik-Laien können die neuen Geräte nicht mehr bedienen

# Menschen und Maschinen

**Tücke (-n) f** ein böser Trick
**verwirren** wenn man nicht klar denken
kann, ist man *verwirrt*
**Taste (-n) f** der Knopf
**Fachmann m (Fachleute)** der
Spezialist
**Verzweiflung f** wenn man keine
Hoffnung mehr hat
**Hersteller m** der Fabrikant

**1** Oft macht die moderne Technik unser Leben nicht einfacher, sondern komplizierter. Sehen Sie sich die Karikatur auf S.233 an.

Was hat der Held Ihrer Meinung nach gekauft?
Was war auch noch im Karton?
Was muß er machen, bevor er „das Ding" einschaltet?
Warum sieht er so verwirrt aus?
Haben Sie so etwas auch schon mal erlebt?

Wie drückt man diese Ideen im Text aus? Füllen Sie diese Tabelle aus.

| | Krieg der Knöpfe |
|---|---|
| 1. Ein Chef kann jeden von seinem Schreibtisch direkt anrufen | |
| 2. Er muß versuchen, die Maschine zu verstehen | |
| 3. Er weiß oft nicht, was die Tasten bedeuten | |
| 4. Meistens bittet er seine Sekretärin, die Nummer zu finden | |
| 5. Auch Ingenieure finden es schwierig, einen Videorecorder einzustellen | |
| 6. Man hält sich für dumm | |
| 7. Wenn das Gerät nicht benutzerfreundlich ist, wird es nicht gebaut | |

## 3 Wortwörtlich

Finden Sie Synonyme für diese Wörter und Ausdrücke im Text rechts.

der Fernsprecher          die Verbindung
die Schwierigkeiten       das Gerät
der Fabrikant             der Knopf
sich den Kopf zerbrechen
gebrauchen                verstehen
mit abgeschlossenem Studium

# KRIEG DER KNÖPFE

Können Sie Ihren Videorecorder programmieren? Verstehen Sie die Anleitung für die Waschmaschine? Nein? Da sind Sie in guter Gesellschaft: Selbst die Chefs der Elektro-Konzerne kommen mit den Geräten nicht klar. Ihr neues Konzept: weniger Knöpfe, mehr Durchblick.

Über das Telefon auf seinem Schreibtisch hält Helmut Thoma, Chef des Kölner Privatsenders RTL plus, Kontakt zu den deutschen Show-Größen. Doch bis die Leitung zu Gottschalk, Erika Berger & Co. steht, kämpft der 53jährige Wiener mit den Tücken des Apparats. Zu viele Knöpfe auf seinem Telefon (Marke: »Octophon«, Hersteller-Werbung: »Das digitale Herz multifunktionaler Arbeitsplätze«) verwirren den TV-Manager. Thoma: »Das Ding ist unheimlich kompliziert. Ich rätsele noch immer, was die Tasten MAK, AUFS und DT bedeuten.« Auch Herbert Henzler, Deutschland-Chef der Unternehmensberatung McKinsey, gibt zu, daß er bei seiner modernen Telefonanlage fast nur den Knopf fürs Vorzimmer benutzt.

Einen Videorecorder zu »programmieren« (Informatik-Studium nicht Bedingung, aber hilfreich) treibt sogar Fachleute zur Verzweiflung. Nicht einmal die leitenden Angestellten der Hersteller kommen damit klar, wie die Zeitschrift »video« in einem Praxistest recherchierte. Sony-Pressechef Klaus Hillebrand ge-nervt: »Macht euer Foto und schreibt, daß ich es nicht kann.« Hartmut Mehdorn, studierter Techniker und Chef der High-Tech-Firma Deutsche Airbus, über seine Versuche, einen Videorecorder einzustellen: »Da hat man das Gefühl, als ob man das Abitur noch mal machen muß.«

Lange genug hat es gedauert. Formgeber Dieter Rams hat ein einfaches Rezept, neue Technik wieder verständlich zu machen: »Geräte, die der Firmenchef nicht selber bedienen kann, werden nicht gebaut. Designer müssen bei der Entwicklung eines neuen Geräts ein Veto-Recht haben: Was zu kompliziert ist, darf nicht gebaut werden.«

**KLAUS MADZIA**

## 2    TEXTÜBERBLICK

Moderne Fotoapparate, Videorecorder und sogar Telefone haben immer mehr Funktionen und werden immer komplizierter. Der Text oben macht deutlich, was für Probleme viele Menschen mit diesen Geräten haben.

# ALLES EASY!

**Jutta Bauer**

## 4     TEXTÜBERBLICK

Bei ihrem Besuch im Supermarkt hatte Frau Schlapper große Probleme mit der Technik. Lesen Sie die Bildergeschichte „Alles Easy"(S. 235). Dann entscheiden Sie, ob diese Aussagen richtig oder falsch sind.

R/F

1. Frau Schlapper geht schnell im Supermarkt einkaufen.     . . .
2. Schon das Autoparken ist problematisch.     . . .
3. Wenn man einen Einkaufswagen verwenden will, muß man ein 1DM-Pfand bezahlen.     . . .
4. Die Lichtschranke schließt sich, weil Thea damit spielt.     . . .
5. Bei der Milchmaschine drückt sie auf den falschen Knopf.     . . .
6. Sie wählt die falsche Taste an der Waage.     . . .
7. Wenn Thea auf dem Rollsteg besser aufgepaßt hätte, wäre sie nicht hingefallen.     . . .
8. Sie geht in den Supermarkt zurück, weil sie die Milch vergessen hat.     . . .
9. Sie freut sich, weil sie alles so schnell erledigt hat.     . . .
10. Im Tante-Emma-Laden ist die Auswahl viel kleiner.     . . .

**5**   Versetzen Sie sich in die Rolle von Frau Schlapper. Erzählen Sie nachher Ihrem Mann/einer Freundin von Ihrem katastrophalen Einkaufsbummel. Was hätten Sie im nachhinein anders gemacht?

---

### 99 SO WIRD'S GESAGT! 66

## *Ereignisse erzählen*

Um die Ideen in Ihrer Erzählung einzuordnen, verwenden Sie Wörter/Ausdrücke wie:

| | |
|---|---|
| zunächst | nachher |
| bevor ich . . . konnte | nachdem ich . . . hatte |
| dann | schließlich |
| danach | während |

---

### ⊙‿⊙ Fahrsimulatoren

Die Technik hat natürlich auch ihre Vorteile. Die Bundeswehr hat z.B. computergesteuerte Fahrsimulatoren für Panzerfahrer gebaut, die viel Geld und Zeit sparen. In dieser Sendung beschreibt man einen Simulator.

## 7     TEXTÜBERBLICK

a) Füllen Sie die Lücken aus.

Die .......... der Kabine entspricht originalgetreu .......... Fahrerplatz im
Panzer. Auf dem Bildschirm sieht der Schüler .......... je .......... seinen
Lenkbewegungen. Mittels einer dreiachsigen .......... bekommt er auch das
dazugehörende .......... . Kritische .......... können auch .......... werden. Auf .
.......... vom Bedienpult können Nebel, Winter und .......... eingespielt .
.......... Solche Situationen .......... in einem .......... Panzer zu gefährlich. Die
Anlage kann fast alle .......... erdenkliche Situationen .......... .

b) Füllen Sie jede Lücke mit einer Zahl aus.

1. Die Geländefahrstunden können um .......... reduziert werden.
2. .......... Kilometer pro Jahr werden im Simulator gefahren.
3. Die Ausbildungskosten wurden dadurch von .......... DM auf .......... DM
   reduziert.
4. Außerdem spart man .......... Panzerbetriebsstunden.
5. Zum Beispiel kostet ein Satz Panzerketten .......... DM und muß alle
   .......... km ausgewechselt werden.
6. Ein Panzer verbraucht normalerweise .......... Liter Diesel in der Stunde.
7. Der Simulator spart so um .......... Liter Kraftstoff im Jahr.

## 8   Was halten Sie davon?

Wo findet man Elektronik und „Hi-Tech" in Ihrem täglichen Leben? z.B. in der
Schule, beim Einkaufen, im Sportzentrum, im Büro, zu Hause? Wie reagieren
Sie darauf? Ist alles davon notwendig? Was für Vorteile ziehen Sie aus der
Technik? Was sind die Nachteile? Haben Sie das Gefühl der Hilflosigkeit vor der
modernen Technik schon erlebt? Wo und wann? Beschreiben Sie den anderen
in der Klasse Ihre Erlebnisse.

## 9   Simulation

Sehen Sie sich die Fotos an! Stellen Sie sich vor, Sie begegnen einem
Außerirdischen, der diese modernen
Geräte nie zuvor gesehen hat. Ein
Partner/eine Partnerin übernimmt die
Rolle des Außerirdischen: Sie müssen
ihm/ihr erklären, wie sie funktionieren,
und die damit verbundenen Probleme.
Versuchen Sie nachher, Ihre
Anweisungen schriftlich
zusammenzufassen. Verwenden Sie
dabei die Ausdrücke auf S. 238.

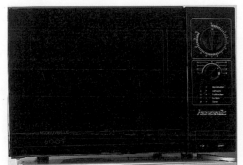

> **99 SO WIRD'S GESAGT! 66**

## *Anleitungen*

*In Gebrauchsanweisungen* verwendet man nicht nur die Wörter und Ausdrücke wie in Aufgabe 2, sondern auch u.a.:

zuerst
jetzt
bei            (z.B. *beim Kochen*)
dazu         (z.B. *dazu verwendet man . . .*)
um . . . zu . . .    (z.B. *um das Gerät einzustellen . . .*)
zum/zur      (z.B. *zur Einstellung des Gerätes . . .*)
vor            (z.B. *Vor dem Einschalten des Gerätes . . .*)
sobald        (z.B. *Sobald die Anzeige nicht mehr sichtbar ist . . .*)

{ Wenn das Gerät einen Fehler aufweist, prüfen Sie . . .
Falls das Gerät einen Fehler aufweist, prüfen Sie . . .
Sollte das Gerät einen Fehler aufweisen, prüfen Sie . . .

# B Das Auto: Freude am Fahren?

**10**    Sie sehen Fotos von zwei Experimental-Autos, dem VW Chico und dem Mercedes F100.

Welches Auto würde man wählen – als erstes Auto?
                                    – als Familienwagen?

Begründen Sie Ihre Wahl nach folgenden Kriterien:

- Preis
- Aussehen
- Größe
- Geschwindigkeit
- Kofferraum
- Versicherungskosten
- Wirtschaftlichkeit
- Komfort
- Sicherheit

## 11 Was halten Sie davon?

a) Die Faktoren unten werden das künftige Autodesign bestimmen – wenn es überhaupt noch Autos gibt! Welche werden in den nächsten 50 Jahren am wichtigsten sein, Ihrer Meinung nach? Wählen Sie die drei oder vier wichtigsten heraus und begründen Sie Ihre Wahl. Dann machen Sie eine Umfrage unter den anderen Mitgliedern Ihrer Gruppe – notieren Sie ihre Antworten und die Gründe dafür.

- Die Parkplatznot in den Großstädten
- die Sicherheit (Airbags usw)
- der Mangel an Rohstoffen
- die Verknappung von Erdöl
- weniger Umweltbelastung durch Schadstoffemissionen
- Maßnahmen gegen Lärmverschmutzung
- das Verlangen nach Komfort
- die Mikroelektronik
- schnelle und billige Verkehrsmittel für den Nahverkehr
- Autorecycling
- ein ausgebautes Autobahnnetz
- Diesel-, Elektro- oder Hybridmotoren

b) Präsentieren Sie die Ergebnisse in einem Balkendiagramm und in einem kurzen Bericht. (Siehe Grammatik: Modalverben im Futur.)

c) Was waren Ihrer Meinung nach die wichtigsten Faktoren für die Designer der zwei Experimental-Autos auf S. 238?

> **GRAMMATIK:**
> *Modalverben im Futur*
>
> Im Futur funktionieren Modalverben wie andere Verben:
>
> *werden + Infinitiv*
>
> z.B. *Das Auto der Zukunft **wird** wirtschaftlich fahren **müssen**. Man **wird** in der Stadt nicht fahren **dürfen**.*

## 🔊 *Reportage aus der Zukunft*

### 1. Teil

## 12  TEXTÜBERBLICK

Ein Mitglied des VW-Vorstands prophezeite in einer Sendung eine „Verkehrswende" innerhalb der nächsten 20 Jahre. Am Ende der Sendung beschrieb er, was man schon in den 90er Jahren erreicht hatte.
Hören Sie sich den Text an und machen Sie Notizen zu folgenden Stichworten:

- die durch Fossilbrennstoffe verursachten Probleme in Europa
- Was man bisher erreicht hat in:
  Gröningen, Holland, in der Schweiz und in Karlsruhe
- neue Produkte von Daimler-Benz

Was will er mit dem Ausdruck „Verkehrswende" sagen?

## 13  Schreiben Sie einen kurzen Bericht über die „Verkehrswende" für Ihre Ortszeitung. Was könnte man, Ihrer Meinung nach, anhand der Beispiele in Ihrer Stadt/Gegend erreichen?

## 🔊 *Reportage aus der Zukunft*

### 2. Teil

In der Sendung über die „Verkehrswende" beschrieb man den F-100, auch aus dem Standpunkt der Zukunft.

## 14     TEXTÜBERBLICK

Hören Sie gut zu und füllen Sie die Lücken aus.

Den neuen F-100 ......... wir dieses Jahr ......... auf dem ......... Automobil-Salon. Die Mercedes-Benz S-Klasse aus den ......... Jahren verbrauchte 20 Liter ......... 100 km. Die F-100 ......... dagegen braucht nur ......... Liter auf 100 km. Die S-Klasse war ein schweres Auto: der F-100 dagegen ist ......... wie eine ......... Man kann es als ......... kaufen oder sogar mit ......... . Wie alle moderne Autos ist es voll ......... . Heute werden sie ......... hergestellt. Eine ......... bekommt der Käufer auch.

---

*Benzinverbrauch: Auf deutsch mißt man den Benzinverbrauch eines Autos in Liter pro 100 Kilometer. Um „Meilen pro Gallone" in „Liter pro 100 km" umzurechnen, oder umgekehrt, dividiert man ganz einfach die Konstante 282,5 durch die Liter- oder Gallonenzahl.*

*z.B. 20 Liter pro 100 km: 282,5 ÷ 20 = 14 Meilen pro Gallone*
*40 Meilen pro Gallone: 282,5 ÷ 40 = 7,6 Liter pro 100 km*

---

## GRAMMATIK: *Ortsnamen als Adjektive*

Wenn man einen Stadt- oder Dorfnamen (oder Ziffer) als Adjektiv verwendet, fügt man einfach die unveränderliche Endung **-er** hinzu.

z.B. *der Genfer Autosalon; die Frankfurter Allgemeine Zeitung.*
und auch *die Neunziger Jahre*

## 15

a) Die deutschen Namen für manche Orte- und Gebiete unterscheiden sich von anderen Sprachen. Wie heißen z.B. diese Orte in Ihrer Sprache?

| | | | |
|---|---|---|---|
| Genf | ......... | die Ostsee | ......... |
| Mailand | ......... | das Mittelmeer | ......... |
| München | ......... | der Bodensee | ......... |
| Nürnberg | ......... | die Donau | ......... |
| Venedig | ......... | die Themse | ......... |
| Wien | ......... | | |

b) Machen Sie die Wörter in Fettdruck zu Adjektiven:

1. Der Chef des Privat-Senders **in Köln** RTL-plus hat Kontakt zu den Show-Größen.
2. Der Stadtrat **in Karlsruhe** hat entschieden, das Schienennetz auszubauen.
3. Die größte Autofabrik der Welt gehört der Firma Volkswagen **in Wolfsburg**.
4. Der Dom **in Köln** war 800 Jahre im Bau.
5. Seit **Ende 89/90** baut man Autos mit immer umweltfreundlicheren Motoren.

---

**Antrieb (-e) m** der Motor
**Ultraschall m** Töne von einer hohen Frequenz, die Menschen nicht hören können
**Parklücke f** freier Parkplatz zwischen zwei Autos
**Ballungsgebiet (-e) n** Industriegebiet mit mehreren Städten
**Reichweite f** wie weit man fahren kann, bevor man tanken muß
**Verbrennungsmotor m** der Benzinmotor
**Armaturenbrett (-er) n** das Instrumentenbrett

---

# Chico

**A**

Unser gesellschaftliches Bewußtsein und die gesteigerte Sensibilität in Sachen Umwelt haben auch vor dem Automobil nicht halt gemacht: Stau und Parkplatznot in den Ballungsräumen, Belastungen durch Emissionen und $CO_2$-Ausstoß. Was ist zu tun?

**B**

Verantwortungsbewußte Designer und Ingenieure von Volkswagen stellen mit dem CHICO ein alternatives Fahrzeug vor. Noch eine Studie, aber machbar. Volkswagen will nun herausfinden, ob ein Fahrzeug wie dieses auch von den potentiellen Käufern akzeptiert wird und ob es einmal ,,in Serie'' gehen kann.

**C**

Der CHICO ist ein zweck-optimiertes Fahrzeug für den vielfältigen Mobilitätsbedarf in Städten und deren Umfeld. CHICO fährt, wer Anspruch an Lifestyle und Lebensqualität stellt, wer verkehrsgerecht und umweltbewußt fahren will.

**D**

Der CHICO ist zwar ein durch und durch der Vernunft und der Ökologie verpflichtetes Fahrzeug, aber deshalb müssen noch lange nicht Spaß und Komfort darunter leiden. Im Gegenteil.

Der CHICO setzt nur da High-Tech ein, wo es echten Nutzen verspricht: Neben seiner inneren Größe, den bequemen Ein- und Ausstiegverhältnissen durch Vier-Gelenk-Tür und drehbarem Beifahrersitz bietet der CHICO Wärmeschutzverglasung, elektrische Fensterheber und Spiegelverstellung.

**E**

Der CHICO hat ein frei programmierbares, farbiges LC-Display an der Stelle, wo sonst die üblichen Kombiinstrumente in der Armaturentafel angebracht sind. Hier wird von der aktuellen Geschwindigkeit über Fahrtrichtungsanzeiger bis Tankfüllung alles Wichtige angezeigt.

**F**

Am unteren Rand des Fahrersichtfeldes erscheinen Richtungspfeile, die den Weg weisen. Ein autarkes Zielführungssystem steuert diese Information, das selbst bei Umleitungen den kürzesten Weg zum Ziel findet. So ein ,,Head-up-Display'' ist nichts anderes als ein Projektor: Das durch ein LC-Display erzeugte Bild wird an der Windschutzscheibe an einem holografischen Spiegel reflektiert. So entsteht für den Fahrer das Abbild vor dem Fahrzeug.

**G**

Eine mit Ultraschallsensoren arbeitende Einparkhilfe sorgt dafür, daß der an sich schon kurze CHICO ohne großes Kopfverdrehen auch in die kleinste

Parklücke paßt. Tonsignale und gleichzeitige optische Angaben auf dem zentralen Display zeigen an, wo noch Platz ist.

**H**

Sowohl für den Frontal- als auch für der Seitenaufprall sind umfangreiche Maßnahmen in die Karosserie integriert. In Schlagworten: Neben Strukturideen gibt es Airbag für Fahrer und Beifahrer, Sicherheitsgurt sowie Kniepolster und einen Kindersicherheitssitz für die Rückbank sowie die Ausgestaltung des Beifahrersitzes als Kindersitz. Dieser kann um 180° in Fahrtrichtung gedreht werden, die Mutter hat das Kind im Auge.

**I**

In den Städten, also den Zentren unserer Ballungsgebiete, sind die Leistungsanforderungen an den Motor eher gering, es wird langsamer gefahren. Hier macht der E-Motor am meisten Sinn, denn hier stören Geräusche und Emissionen am stärksten. Wenn es aber vor die Tore der Stadt geht, dann ist Leistung und Reichweite gefragt. Hier hat der gute alte Verbrennungsmotor – selbstverständlich mit Katalysator – keine echte Alternative. Deshalb hat der CHICO einen Hybrid-Antrieb d.h. eine Kombination aus Elektro- und Verbrennungsmotor. Der Elektromotor setzt immer dann ein, wenn kleinere Fahrleistungen verlangt werden, bei denen der Verbrennungsmotor einen schlechten und der Elektromotor einen guten Wirkungsgrad hat.

## 16  TEXTÜBERBLICK

Suchen Sie für jeden Absatz des Textes auf S. 241 den passenden Titel aus dieser Liste:

1. der Komfort
2. die Einparkhilfe
3. die Frage
4. der Hybrid-Antrieb
5. das Head-up Display
6. die Antwort
7. Wer fährt? . . . / . . .
8. die Sicherheit
9. die Information

## 17  Wortwörtlich

Wie steht es im Text? Suchen Sie die Stelle im Text, an der diese Punkte auftreten und schreiben Sie den passenden Satz aus.

1. Das Auto ist noch experimental, man könnte es aber herstellen.
2. VW möchte entdecken, wie die Kunden auf ein solches Auto reagieren und ob es in großen Mengen hergestellt werden könnte.
3. Der Chico ist für die, die meistens in der Stadt und deren Umgebung fahren.
4. Der Chico ist umweltfreundlich, aber das heißt nicht, daß er langweilig oder unbequem ist.
5. Man verwendet Mikro-Elektronik nur da, wo es wirklich gebraucht wird.
6. Ein LC-Display ersetzt die normalen Instrumente und Zeiger.
7. Man kann den Chico parken, auch wenn es sehr eng ist, ohne den Kopf verdrehen zu müssen.
8. Den Beifahrersitz kann man um 180° drehen.
9. In der Stadt fährt man langsamer.
10. Außerhalb der Stadt will man schnell und weit fahren können.

## 19  Was halten Sie davon?

Wie würde ein Auto aussehen, das Ihren Kriterien entspricht? Verwenden Sie dabei die Stichwörter in Aufgabe 10. Versuchen Sie, ein passendes Konzeptbild zu zeichnen! Vergleichen Sie das „neue" Auto mit Ihrer Wahl in Aufgabe 10. Erklären Sie Ihrem Partner die Unterschiede. Verwenden Sie dabei Wörter und Ausdrücke, die Ihnen helfen, Ihre Meinungen zu erklären (s. S. 243).

## 18  Drücken Sie die Sätze 1,2,3,6,7 oben anders aus, indem Sie folgende Satzanfänge ergänzen.

*z.B. Satz 9. In der Stadt fährt man langsamer.*
*In der Stadt wird . . .*
*Ergänzung: In der Stadt wird langsamer gefahren.*

1. Das Auto könnte . . .
2. VW hat zwei Fragen: Wie . . . ? Und . . . ?
3. Wer meistens in der Stadt . . .
6. Die normalen Instrumente und Zeiger . . .
7. Man kann den Chico parken, ohne daß . . .

---

> **99 SO WIRD'S GESAGT! 66**

## Meinungen rechtfertigen

| | |
|---|---|
| also | es könnte sein, daß . . . |
| deswegen | ich bin davon überzeugt, daß . . . |
| es steht fest, daß . . . | ich gehe davon aus, daß . . . |
| im Grunde | man muß berücksichtigen, daß . . . |
| aus diesem Grund | im Vergleich zu . . . |

---

## 20 Simulation

Ihre Gruppe ist zum Vorstand bei VW gewählt worden. Sie müssen entscheiden, ob der Chico serienmäßig gebaut werden soll. Sie bekommen Ihre Rolle von Ihrem Lehrer/Ihrer Lehrerin.

# C Gentechnik – im Mikrokosmos der Moleküle

> **Knochenmark n** Substanz in den Knochen
> **spenden** geben, um anderen zu helfen
> **Blutkrebs m** die Leukämie
> **tapfer** mit viel Mut, ohne Angst
> **Übertragung f** Transfusion
> **entscheidend** (hier) wichtigste
> **Eingriff m** die Operation

### *Die Geburt, die doppeltes Leben bedeutet*

DAS NEUE BLATT Extra aktuell 28/91

# Dieses Mädchen wurde gezeugt, um die krebskranke Schwester zu retten

Marissa ist 14 Monate alt, ein wonniges Baby. Anissa ist 19 Jahre, ein bildhübsches Mädchen. Die beiden Schwestern verdanken einander ihr Leben. Hätte die kleine Marissa ihr nicht Knochenmark gespendet, wäre Anissa dem Tode geweiht – Blutkrebs. Und ohne Anissas schlimme Krankheit wäre Marissa gar nicht auf der Welt . . .

Die ungewöhnliche Geschichte dieser beiden Schwestern ist zugleich die Geschichte ihrer tapferen Eltern. Denn Abe (45) und Mary Ayala (44) aus Walnut (Kalifornien) mußten sich einer schweren Gewissensfrage stellen: Darf man ein Kind zeugen, nur weil man seinen Körper als „lebendes Ersatzteillager" braucht?

Vor drei Jahren, mit 16, erkrankte Anissa an Leukämie. Ihre einzige Chance: eine Knochenmark-Übertragung. Sofort ließen sich ihre Eltern und ihr Bruder Airon (23) testen, ob sie als Spender in Frage kämen – doch das Ergebnis war negativ.

Da faßten die Eltern einen verzweifelten Entschluß: „Wir zeugen noch ein Kind." Die Ärzte

$\Rightarrow$

hatten ihnen erklärt: Die Chance, daß dieses Baby die richtige Knochenmarks-Zusammensetzung habe, läge bei 25 Prozent.

Abe und Mary Ayala wollten es riskieren. Doch dazu mußte Ehemann Abe erst seine Sterilisation rückgängig machen lassen, die er nach Anissas Geburt hatte vornehmen lassen. Und Ehefrau Mary mußte dann mit immerhin 43 Jahren noch ein Kind austragen.

In der Öffentlichkeit stieß das Vorhaben der Eltern auf Kritik. Die entscheidende Frage, die immer wieder gestellt wurde: Würden sie ihr Baby auch dann lieben, wenn sein Rückenmark ungeeignet wäre?

Auch Abe und Mary Ayala stellten sich diese Frage. Und sie fanden die Antwort: „Egal, was kommt – wir werden dieses Baby so lieben, daß ihm ganz schwindlig davon wird ..."

Am 17. April 1990 kam Marissa zur Welt. Ein kerngesundes

*Die Familie ist glücklich, daß alles geklappt hat.*

Mädchen – und sein Rückenmark war für eine Transplantation geeignet. Doch erst einmal mußte das Baby wachsen, bis es stark genug für den Eingriff war.

Vor vier Wochen, am 4. Juni, war es endlich soweit. Marissa, inzwischen fast 14 Monate alt, wurde betäubt, und die Ärzte entnahmen ihr mit einer Nadel aus dem Hüftknochen 340 Gramm flüssiges Knochenmark, das sie sofort in Anissas Blutbahn leiteten.

Beide Schwestern haben den Eingriff gut überstanden. Marissa tollt längst wieder putzmunter herum, und Anissa ist auf dem Weg der Besserung. Die Ärzte sind sicher, daß sie den Blutkrebs jetzt besiegen wird.

**21** Lesen Sie den Text und verbinden Sie die Namen in der linken Spalte mit den Informationen in der rechten Spalte. Bringen Sie Sätze dann in die richtige Reihenfolge.

| | |
|---|---|
| Marissa ... | brauchte dringend eine Knochenmark-Transplantation |
| Abe ... | ließen sich als mögliche Spender testen |
| Mary Ayala ... | wußte, daß sie und ihr Ehemann das Baby lieben würden |
| Die Eltern ... | wäre ohne ihre Schwester an Blutkrebs gestorben |
| Anissa ... | mußte seine Sterilisation rückgängig machen lassen |
| Airon ... | stossen auf Kritik |
| Die Schwestern ... | entschlossen, trotz der Risiken ein Baby zu zeugen |
| | verdanken einander ihr Leben |
| | wurde 1990 geboren |
| | wird jetzt den Blutkrebs besiegen |

**22** **Was halten Sie davon?**

Was hätten Sie gemacht? Darf man ein Kind als „lebendes Ersatzteillager" zeugen?

# Die neue Medizin

**A**

Bestenfalls ein Drittel aller Krankheiten, schätzen Fachleute, lassen sich bisher kurieren oder – wie etwa die Zuckerkrankheit – durch Dauerbehandlung zumindest unter Kontrolle bringen. Bei den anderen täuscht der schnelle Griff vieler Ärzte zum Rezeptblock. Was da verschrieben wird, bekämpft meist nur Symptome wie Schmerzen oder Schlaflosigkeit.

**B**

Die moderne Gentechnik erlaubt den Forschern einen Zeit und Aufwand sparenden Weg über die Desoxyribonukleinsäure (DNA), die in den meisten Körperzellen enthaltene Erbsubstanz. Die in ihr gespeicherten Erbinformationen sind nichts anderes als eine gigantische Datenbank mit den Bauanleitungen – den Genen – für die etwa 50 000 bis 100 000 verschiedenen Proteine (Eiweiße), die für den Aufbau und das Funkionieren des menschlichen Körpers entscheidend sind.

**C**

Jedes dritte Gen des Menschen, schätzen Fachleute, steuert die Entwicklung und das Funktionieren des Gehirns. Fände man die richtigen Gen-Schalter, dann ließen sich möglicherweise bessere Schlaf- oder Anti-Depressionsmittel entwickeln, aber auch ganz neue Glücksdrogen oder Potenzpillen. Sogar die chemische Manipulation von Intelligenz und Charakter wäre vielleicht machbar.

**D**

Die Pharmakologen sind auf einige unheimliche Substanzen gestoßen. Ein dänischer Wissenschaftler etwa entdeckte einen Wirkstoff, der, wenn er eingenommen wird, unerträgliche Ängste auslöst. Und Forscher des Hoffmann-La-Roche-Konzerns fanden eine chemische Verbindung, die Betrunkene schlagartig nüchtern macht.

**E**

Der SPD-Abgeordnete Wolf-Michael Catenhusen, Vorsitzender der Enquetekommission »Chancen und Risiken der Gen-Technologie«, hält die medikamentöse Steuerung von Gehirnfunktionen für eine der größten Gefahren der Gentechnik: »Die Wirkungen könnten bis in Kernbereiche der menschlichen Persönlichkeit gehen, eine Beeinflussung des Willens etwa oder die Veränderung von Charakterstrukturen.«

**F**

Bis solche Manipulationen möglich sind, müssen die Wissenschaftler den menschlichen Organismus sehr viel besser verstehen lernen. Trotz der rasanten Fortschritte in der Molekularbiologie stehen sie noch am Anfang ihrer Entdeckungsreise. Überhaupt bezweifelt Ullrich, (Direktor der Molekularbiologie am Münchner Max-Planck Institut für Biochemie), daß es jemals möglich sein wird, die molekulare Maschinerie des Menschen vollständig zu durchschauen: »Wir werden viele grundlegende Prozesse des Lebens verstehen lernen. Aber wie etwa aus einer befruchteten Eizelle ein Kind wird und wie das Gehirn denkt, das werden wir nie restlos durchblicken.« Damit seien letzten Endes auch die Hilfsmöglichkeiten der Medizin begrenzt – und zum Glück auch Versuche, den Menschen mit Hilfe der Gentechnik »verbessern« zu wollen.

## 23    TEXTÜBERBLICK

Verbinden Sie diese Überschriften mit den passenden Absätzen im Text oben.
Vorsicht! Es bleibt am Ende eine Überschrift übrig!

1  Gefahren schon gewittert
2  Der Eingriff in die menschliche Zelle
3  Substanzen mit seltsamen Auswirkungen
4  Die Grenzen der heutigen Medizin
5  Immer noch ganz wenig verstanden
6  Das Potential der Gentechnik
7  Nebenwirkungen lassen sich vermeiden

# 24 Wortwörtlich

a)  Bilden Sie Paare von Infinitiven und Substantiven. Diese Substantive enden mit **-ung**. Sie sind also Femininum.
Bilden Sie Paare nach folgendem Beispiel, und definieren Sie die Wörter mit Hilfe eines Wörterbuches.

|  | Verb | Substantiv |
|---|---|---|
| z.B. | entwickeln | *die Entwicklung* |
| 1 | forschen | .......... |
| 2 | auslösen | .......... |
| 3 | .......... | die Verbindung |
| 4 | .......... | die Steuerung |
| 5 | verbessern | .......... |
| 6 | .......... | die Wirkung |
| 7 | .......... | die Entdeckung |
| 8 | anwenden | .......... |
| 9 | .......... | die Beeinflussung |

b)  Die folgenden Substantive werden aus Adjektiven gebildet. Die Substantive (auch Femininum) enden mit *-heit* oder *-keit*
Bilden Sie Paare nach folgendem Beispiel und definieren Sie die unbekannten Wörter.

|  | Adjektiv | Substantiv |
|---|---|---|
| z.B. | möglich | *die Möglichkeit* |
| 1 | unheimlich | .......... |
| 2 | unerträglich | .......... |
| 3 | betrunken | .......... |
| 4 | .......... | die Persönlichkeit |
| 5 | .......... | die Menschlichkeit |
| 6 | schwierig | .......... |
| 7 | schlaflos | .......... |
| 8 | .......... | |

---

**GRAMMATIK:** *(sich) etwas machen lassen*

Diese Konstruktion wird auf folgende Weise gebraucht:

| | | |
|---|---|---|
| *Er **läßt** sich ein Haus **bauen*** | = | *Er hat **veranlaßt, daß** man für ihn ein Haus baut.* |
| *So was **läßt** sich leicht **machen*** | = | *So etwas **kann** man leicht machen.* |

---

**25**  Schreiben Sie diese Sätze um, indem Sie *(sich) lassen + Infinitiv* verwenden.

z.B. Man kan die Nebenwirkungen von heutigen Drogen nicht immer vermeiden.

*Die Nebenwirkungen von heutigen Medikamenten **lassen** sich nicht immer **vermeiden.***

1. Zwei Drittel aller Krankheiten kann man immer noch nicht heilen.
2. Mit Hilfe der Gentechnik könnte man bessere Medikamente entwickeln.
3. Es wird wahrscheinlich nie möglich sein, die ganze molekulare Maschinerie des Menschen zu durchschauen.
4. Sogar Erbkrankheiten könnten geheilt werden.
5. Die Regierung muß mit Hilfe von Experten neue Gesetze entwerfen.
6. Nach Gesetz darf man gentechnische Forschungen nur in genehmigten Anlagen durchführen.
7. In der Zukunft sollen Medikamente mit weniger Nebenwirkungen eingesetzt werden.
8. Es ist umstritten, ob man die menschliche Persönlichkeit durch Gentechnik wird verändern können.
9. Kann man aber alle Risiken ausschließen?
10. Für viele Pharmakonzerne sind schon große Labors gebaut worden.

## 26 Was halten Sie davon?

Gentechnik ist ein heikles Thema!
Nehmen Sie dann Stellung zu den Argumenten im Text.
Ist Gentechnik und -therapie zu rechtfertigen oder nicht? Sollen wir sie fördern oder verbieten? Wenn fördern, mit welchen Einschränkungen?
Was halten Sie z.B. von folgenden Möglichkeiten?

● Gentests für die Krankenversicherung.
● Abtreibung von menschlichen Föten, die „defekte" Gene enthalten, die zu späteren Krankheiten, Homosexualität, usw. führen könnten.
● Eltern könnten das Geschlecht und andere Eigenschaften ihrer Kinder bestimmen.
● Genetisch veränderte Lebensmittel, die z.B. dann nicht verfaulen.
● Tiere, die nicht so leicht krank werden.
● Tiere, die an Umweltbedingungen in Entwicklungsländern genetisch angepaßt werden.
● Schnellwachsende Hühner, Rinder, usw.

Debattieren Sie die Argumente in Ihrer Gruppe. Fassen Sie danach die Argumente schriftlich zusammen.

### DIE PHANTASTISCHEN ABENTEUER DES RAUMSCHIFFS ORION!

Raumschiffe, die einer Generalüberholung unterzogen wurden, erweisen sich später beim erneuten Einsatz als nicht funktionstüchtig: Maschinenstreik?
Oberst Cliff McLane muß diesem mysteriösen Phänomen auf den Grund gehen. Seine ORION soll den Wüstenplaneten anfliegen, den Förderort hochwertigen Spezialöls, da man annimmt, daß die Funktionsstörungen der Raumschiffe durch dieses Öl entstehen. Aber noch bevor die ORION ihr Ziel erreicht, entdeckt Cliff etwas, das ihm wichtiger erscheint: den kosmischen Wanderer nämlich, der einen sinnlos gewordenen Befehl auszuführen versucht ...

**Strömung f** Trend, Richtung
**kantig** mit vielen Ecken
**ansetzen** landen
**Bordbuch n** Logbuch
**erheitern (Erheiterung f)** amüsieren
**Würfel m** Objekt mit sechs viereckigen Seiten

### Raumschiff Orion – Bohrstation Alpha von Hanns Kneifel

Das Schiff näherte sich dem Mond bis auf dreißig Meter, dann stoppte Cliff die Fahrt. »Was ist das?« fragte er provozierend.

»Ein lebloser Mond«, sagte Ishmee.

Sie las aus den Strömungen von Cliffs Gedanken seinen Plan heraus und begann sich zu fürchten. Gleichzeitig wußte sie, daß Cliff ein erfahrener Raummann war, der zuerst an Vorsicht und dann erst an kalkuliertes Risiko dachte.

»Woher willst du wissen, daß er leblos ist?« fragte Helga.

»Weil sich die Bewohner gemeldet hätten, wenn sie das Licht gesehen hätten«, sagte Cliff. »Oder schon vorher.«

Cliff startete das Schiff erneut. Langsam driftete der Diskus in verschiedenen Bahnen um den Mond herum. Er leuchtete die Oberfläche an, entdeckte nur immer die gleichen Formen, unterbrochen von Löchern, die wie Einstiege aussahen. Eine halbe Stunde verging – nichts anderes als rechteckige Mauern waren zu sehen. Einige Sekunden, bevor Cliff abdrehen wollte, entdeckte er ein viereckiges Loch, hinter dem er vage Helligkeit zu erkennen glaubte.

⇨

Tamara fragte:

»Was ist das? Hast du den Schimmer gesehen?«

Cliff steuerte den Diskus zurück und richtete das Licht aller Scheinwerfer auf den fraglichen Punkt. Umgeben ebenfalls von dem kantigen Mauerwerk, dessen Oberfläche die Spuren von Millionen winziger Meteoriten zeigte, befand sich hier eine rechteckige Öffnung von etwa fünf Metern Kantenlänge. Sie war schätzungsweise zehn Meter tief, und auf ihrem Grund sahen die Besatzungsmitglieder blankes Metall im Licht der Scheinwerfer reflektieren.

»Dort werden wir ansetzen!« sagte Cliff und schaltete das elektronische Bordbuch ein. »Kommandant an Bordbuch: Zusammen mit Vlare MacCloudeen werde ich unseren Fund so gut wie möglich untersuchen. Gefahren gehören zu unserem Leben.«

Cliff stand auf. Sein Gesicht zeigte einen sehr entschlossenen Ausdruck. Er knetete seine Finger und sagte dann halblaut, aber deutlich:

»Ich habe immer wieder die Erfahrung machen müssen, daß scheinbar unzusammenhängende Dinge sinnvoll zu verbinden sind. Der durchsichtige Würfel, der Meteor auf Highspeed*, das merkwürdige Öl und dieser Mond – ich glaube, diese vier Faktoren lassen sich logisch miteinander verbinden. Vielleicht erst nach sehr langer Zeit, vielleicht früher.«

***Highspeed – der Name eines Planeten***

---

Cliff McLane und das Raumschiff ORION erscheinen in der Fernseh-Serie „Raumpatrouille".

**28** Stellen Sie sich den Held der Erzählung, Cliff McLane, vor.

Wie sieht er aus?
Was ißt er am liebsten?
Hat er viele Freunde?
Welche Emotionen empfindet er?
Was sind seine Hobbys?
Wie war er als Schüler?

**29** Schreiben Sie einen kurzen Trailer (ca. 50 Wörter) über die Sendung der Serie „Raumschiff Orion" für die nächste Ausgabe einer Fernsehzeitschrift. Fangen Sie so an:

„Diese Woche untersucht Kapitän Cliff den anscheinend leblosen Mond eines Planeten. . . ."

**27** **TEXTÜBERBLICK**

Verbinden Sie die Satzhälften:

1. Cliff McLane . . .
2. Das Spezialöl . . .
3. Der fliegende Diskus . . .
4. Der Mond . . .
5. Die Mauern auf dem Mond . . .
6. Die Oberfläche des Monds . . .
7. Millionen von Meteoriten . . .
8. Öffnungen in der Oberfläche . . .
9. In einer Öffnung . . .
10. Auf dem Grund des Lochs . . .
11. Die Besatzung . . .
12. Es besteht eine Verbindung . . .

a) . . . heißt ORION.
b) . . . sah man einen matten Schimmer.
c) . . . landet ORION, um eines der Löcher zu untersuchen.
d) . . . sahen wie Einstiege aus.
e) . . . ist Kapitän eines Raumschiffs.
f) . . . ist an den Funktionsstörungen schuld.
g) . . . zwischen dem Mond und den anderen Faktoren.
h) . . . ist nicht so leblos, wie er aussieht.
i) . . . ist von Löchern unterbrochen.
j) . . . sah man blankes Metall.
k) . . . sind viereckig.
l) . . . hatten den Mond ständig getroffen.

**30** Was liegt hinter dem blanken Metall in der Öffnung? Ist der Mond so leblos, wie er aussieht?
Wie ist die Verbindung zwischen dem durchsichtigen Würfel, dem Meteor, dem merkwürdigen Öl und diesem Mond logisch zu erklären? Setzen Sie jetzt die Geschichte fort! Fangen Sie folgendermaßen an:

„Ja", dachte Cliff bei sich, „diese vier Faktoren lassen sich bestimmt logisch miteinander verbinden – aber wie?" In diesem Augenblick ging die Schleusentür auf. Vor Cliff und Vlare . . .

ODER: Wenn Sie wollen, können Sie mit Ihren Partnern das Drehbuch für die Fernsehsendung schreiben, und das ganze mit Hilfe einer Videokamera verfilmen.

# Ausländer: Wir sind alle Ausländer überall

# Allein und abgetrennt: Ausländer in Deutschland

### Ausländer

1992 lebten 6,8 Mio A. in Deutschland, 97% der A. hatten ihren Wohnsitz in den alten Bundešländern. Jeder vierte A. stammte aus einem Land der EG. Die Hälfte der ausländischen Mitbürger lebte 15 Jahre oder länger in Deutschland. Der Anteil der A. an der Gesamtbevölkerung stieg 1994 auf 8,5% (1991: 6,5%). Die Staatsbürgerschaft richtete sich in Deutschland nach der Abstammung und nicht wie z.B. in den USA oder Großbritannien nach dem Geburtsort. A., insbes. Asylbewerber, waren 1992/93 zunehmend Opfer von Gewalttaten.

### Arbeitskräfte

Etwa 9% der Erwerbstätigen in Deutschland waren 1992 A. Nach Angaben des Deutschen Instituts für Wirtschaftsforschung (Berlin) leisteten A. 1992 mit 25 Mrd DM einen wichtigen Beitrag an Steuern und Sozialabgaben. 8,5% der Sozialversicherungsbeiträge werde von ausländischen Arbeitnehmern geleistet, 7% der Lohnsteuer. Die Statistiken der Bundesanstalt für Arbeit (Nürnberg) weisen die Mehrheit der A. als angelernte oder ungelernte Kräfte aus. Der Beitrag der in Deutschland lebenden A. am Bruttosozialprodukt belief sich 1991 auf 200 Mrd DM (BSP insgesamt: 2803,3 Mrd DM).

**Anteil** Prozentsatz
**Bürgerschaft f** Nationalität
**Abstammung f** Herkunft seiner Familie
**Gewalttat f** kriminelle Tat, bei der jmd verletzt wird
**Erwerbstätige m** jmd, der durch seine Arbeit Geld verdient
**ausweisen** darstellen

**1** Interpretieren Sie das Bild auf S. 249.

● Wohin geht wohl dieser Mann?
● Woher kommt er?
● Ist er Tourist? Woher wissen Sie das? Warum geht er nach Deutschland? Nennen Sie mögliche Gründe.
● An seinen Schuhen sieht man Wurzeln. Was bedeutet das?
● Über Deutschland sieht es ein bißchen trüb aus. Wird es für ihn das „gelobte Land" sein? Was für Probleme gibt es?

## 2 Wortwörtlich

Die meisten Ausländer, die nach Deutschland kommen, verlassen ihre Heimat, weil sie Arbeit suchen, oder weil sie politisch verfolgt werden. Auf deutsch gibt es viele Ausdrücke für solche Leute und ihre Erlebnisse. Welche Definition paßt zu welchem Wort?

1 Asylantrag . . .     A . . . ist jemand, der um Asyl bittet
2 Asylbewerber . . .     B . . . ist eine Person deutscher Herkunft, meistens aus Osteuropa, die nach Deutschland umzieht
3 Asylberechtigte . . .     C . . . ist jemand, dessen Bitte um Asyl anerkannt wurde
4 Asylrecht . . .     D . . . ist jemand, der wegen des Krieges oder der Verfolgung seine Heimat verläßt oder verlassen muß
5 Aussiedler . . .     E . . . ist jemand, meistens aus Südeuropa, der eine bestimmte Zeit im Deutschland arbeitet (Heute oft „ausländische Arbeitskräfte" (pl))
6 Flüchtling . . .     F . . . ist der Paragraph in dem Grundgesetz, der das politische Asyl gewährleistet
7 Gastarbeiter . . .     G . . . ist die schriftliche Bitte um Asyl

### Asylbewerberzahlen

1993 kamen 322 599 Asylbewerber nach Deutschland (1992: 438 191), etwa ebenso viele Menschen nichtdeutscher Nationalität verließen das Land (497 476). Die größten Gruppen stammten aus dem ehemaligen Jugoslawien und Rumänien, gefolgt von Bulgarien, der Türkei, Vietnam und der ehemaligen Sowjetunion. Das Bundesamt für die Anerkennung ausländischer Flüchtlinge entschied über 513 561 Asylanträge (1992: 216 356). Als asylberechigt wurden 16 396 (1992: 9 189) Personen anerkannt (Anerkennungsquote: 3,2%, 1992: 4,3%). 67,8% der Anträge (1992: 75,6%) wurden abgelehnt, der Rest erledigte sich durch Rücknahme. In Widerspruchsverfahren vor Verwaltungsgerichten wurde etwa 15% der abgelehnten Anträge nachträglich stattgegeben.

## 3     TEXTÜBERBLICK

Lesen Sie jetzt den Auszug auf S.250 aus dem Lexikon, dann füllen Sie die
Tabelle mit Informationen aus dem Text aus.

a)

| | |
|---|---|
| Anzahl der Ausländer in der BRD in Jahre 1994: | |
| % der Ausländer aus der EU: | Ø |
| Anteil der Ausländer an der Gesamtbevölkerung: | |
| Anteil der Ausländer an den Arbeitskräften: | |

b)

| | |
|---|---|
| Zahl der Asylbewerber: 1993:<br>1992: | |
| Wichtigste Herkunftsländer: | |
| Anerkannte Asylanträge: 1993<br>1992 | Ø |
| % der Asylanträge, die anerkannt wurden: | |
| % der Asylanträge, die abgelehnt wurden: | |

*NB Am 1. Juli 1993 trat ein ein neues
Asylrecht in Kraft. Seitdem geht die Zahl
der Asylbewerber zurück – 1994 um
65%.*

## 4 🔘

Viele Ausländer sind in den letzten Jahren nach Calw gekommen, einer kleinen
Stadt in Baden-Württemberg, oft um bei den großen Firmen der Region (z.B.
Daimler-Benz) Arbeit zu finden. Wir haben mit Herrn Gerd Sieber von der
Stadtverwaltung gesprochen.

## 5 🔘

a) Hören Sie sich die Aufnahme an, und notieren Sie die Informationen in
dieser Tabelle.

| | |
|---|---|
| Zahl der Einwohner in Calw | |
| Zahl der Ausländer | |
| Zahl der Italiener | |
| Zahl der früheren Einwohner aus<br>dem ehem. Jugoslawien | Ø |
| Zahl der Portugieser | |
| Zahl der Türken | |
| Herkunft anderer Ausländer | |
| Zahl der Asylbewerber | |

b) Was sagt Herr Sieber zu den folgenden Stichwörtern? Schreiben Sie
Notizen, dann eine kurze Zusammenfassung.

- das Zusammenleben
- kulturelle Zentren
- die Auswirkung des Kriegs in Jugoslawien auf die Stadt
- Rechtsradikalismus

## *Ausländerbeauftragte Liselotte Funcke*

# Die deutsche Wirtschaft kommt ohne Ausländer nicht aus

### *Maßnahmenkatalog für die bessere Eingliederung der ausländischen Arbeitnehmer*

Bonn (AP/dpa) Trotz der anhaltend hohen Arbeitslosigkeit kann die Bundesrepublik weder jetzt noch in absehbarer Zukunft auf die Beschäftigung ausländischer Arbeitnehmer verzichten. Zu diesem Schluß kommt die Regierungsbeauftragte für die ausländischen Arbeitnehmer, Liselotte Funcke (FDP), die gestern ihren Bericht zur Ausländerbeschäftigung erläuterte.

Nach ihren Festellungen könne das Problem der Arbeitslosigkeit nicht dadurch gelöst werden, wenn den deutschen Arbeitslosen die von Ausländern besetzten Stellen zur Verfügung stünden. Unter Hinweis auf die Struktur des Arbeitslosenmarktes – fast ein Viertel der arbeitslosen Deutschen ist älter als 40 Jahre, ein Viertel hat gesundheitliche Einschränkungen, fast die Hälfte sind Frauen – kommt sie zu dem Schluß, daß

Arbeitsplätze nicht beliebig getauscht werden können. In vielen Bereichen wie Hoch- und Tiefbau, Untertagebau, Gießereien, Schwerindustrie, Fahrzeugmontage und im Schichtdienst, stehe eine ausreichende Zahl deutscher Arbeitssuchender nicht zur Verfügung.

Frau Funcke wies darauf hin, daß die rund 4,4 Millionen Ausländer in der Bundesrepublik, darunter 1,6 Millionen versicherungspflichtige Beschäftigte und 100 000 Selbständige einen bedeutenden volkswirtschaftlichen Faktor darstellen. Mit ihren Steuerzahlungen (jährlich mehr als zehn Milliarden) trügen sie zur Finanzierung der Staatsausgaben bei, und die Rentenkasse werde durch ihre Beiträge (jährlich acht bis zehn Milliarden) überproportional unterstützt.

Da mit einem Rückgang des

Ausländeranteils in den nächsten Jahren nicht zu rechnen sei – eine EG-Studie spricht davon, daß in zehn Jahren erneut Ausländer angeworben werden müssen – fordert Frau Funke bessere Bedingungen für die Eingliederung. Konkret schlägt sie vor:

▶ Nach fünf bis acht Jahren Aufenthalt in der Bundesrepublik sollen Ausländer generell ein Aufenthaltsrecht erhalten,
▶ Familienangehörige sollen ohne Beschränkung nachziehen dürfen,
▶ bei Arbeitslosigkeit und bei Bezug von Sozialhilfe solle auf die Ausweisung verzichtet werden,
▶ die Einbürgerung und die Verbesserung der politischen und gesellschaftlichen Mitsprache sollte etwa in Form von Ausländerbeiräten verbessert werden.

## 5     TEXTÜBERBLICK

Lesen Sie den Artikel auf S. 252. Sind folgende Aussagen richtig oder falsch? Korrigieren Sie die falschen Aussagen.

1. Die BRD braucht keine Gastarbeiter mehr.
2. Die meisten deutschen Arbeitslosen wollen nicht in der Schwerindustrie usw. arbeiten.
3. 25% der deutschen Arbeitslosen haben Gesundheitsprobleme.
4. In manchen Bereichen müssen Ausländer angestellt werden, weil es zu wenige Deutsche gibt.
5. Nur 1,6 Mill. der 4,4 Mill. Ausländer in der BRD haben Arbeit – die anderen sind arbeitslos.
6. Ausländer zahlen proportional weniger Steuern und Versicherung als die Deutschen.
7. Die Regierung soll für die Einbürgerung der Ausländer mehr tun.

# 6   Wortwörtlich

a)     Wie viele Wörter finden Sie im Text, die mit **Arbeit** zu tun haben? Erstellen Sie ein Wortfeld.

b)     Finden Sie die Synonyme für folgende Ausdrücke im Text:

1. Dic BRD braucht ausländische Arbeitnehmer.
2. Obwohl die Arbeitslosigkeit noch hoch ist, . . .
3. Es gibt nicht genug deutsche Arbeitssuchende.
4. Sie betonte, daß . . .
5. Das ist ein bedeutender Faktor.
6. Man glaubt nicht, daß die Zahl der Ausländer in den nächsten Jahren fallen wird.
7. Wir müssen wieder Ausländer suchen.

---

**GRAMMATIK:** *Adjektive als Substantive*

*Der Arbeitslose* ist ein Adjektiv, das als Substantiv verwendet wird. Es funktioniert immer noch wie ein Adjektiv. Ein solches Substantiv kann Maskulinum, Femininum (oder auch Neutrum) sein.

z.B.    *Ein **Arbeitsloser** hat es schwer.*
       *In Industriestädten findet man viele **Arbeitslose**.*
       *Eine **Arbeitslose** stand mit ihrem Kind an der Ecke.*

---

# 7

a)     Es sind noch vier solche Substantive im Text. Finden Sie sie!

b)     Welche Wörter in der folgenden Liste funktionieren in ähnlicher Weise, Ihrer Meinung nach? Was unterscheidet sie von den anderen?

| | | |
|---|---|---|
| der Affe | der Gute | der Reisende |
| der Bekannte | der Deutsche | der Sklave |
| der Betrunkene | der Jugendliche | der Verletzte |
| der Blinde | der Kollege | der Vorsitzende |
| der Erwachsene | der Kunde | der Verwandte |
| der Experte | der Neffe | der Weiße |

c) Schreiben Sie Definitionen für die Adjektiv-Substantive

z.B. *Ein Arbeitsloser ist jemand, der Arbeit sucht.*
*Arbeitslose sind Menschen, die Arbeit suchen.*

d) Füllen Sie die Lücken aus, indem Sie ein Adjektiv-Substantiv verwenden.

1. Nach dem Unfall mußte man den .......... (verletzt) schnell ins Krankenhaus bringen.
2. Sie geht mit ihrem .......... (verlobt) ins Kino.
3. Er ist höherer .......... (angestellt) bei seiner Firma.
4. Das ist ein Foto von meinen .......... (verwandt).
5. Das .......... (gut) daran ist, daß es sehr preiswert ist.
6. Kennst du viele .......... (deutsch)?
7. Als .......... (erwachsen) soll man mit gutem Beispiel vorangehen.
8. Er rief mich an, um mir alles .......... (gut) zu wünschen.

# 8 ⊙ᴑ⊙ **Berlin Kreuzberg**

Ilse K ist Inhaberin eines Ladens in Berlin Kreuzberg, einem Stadtteil, in dem viele Ausländer wohnen. Sie spricht über kulturelle Konflikte. Machen Sie Notizen zu folgenden Stichwörtern:

● die türkische Kultur – wie sie sich von der deutschen Kultur unterscheidet
  – wie man die Unterschiede im Lebensstil merkt
● die Reaktionen der älteren Kreuzberg-Bewohner

# B Versteht ihr euch gut?

## 9

a) Was für eine Einstellung zu Ausländern stellen diese Cartoons da?

b) Wie geht die Szene weiter? Schreiben Sie einen Dialog zu einem dieser Cartoons. Oder führen Sie eine kleine Szene vor, in der Ihre Gruppe die Personen in diesen Bildern darstellt. Nehmen Sie die Szene mit einem Kassettenrecorder oder mit einer Videokamera auf.

**einhellig** allgemein; (eine Meinung), die alle teilen
**auffällig** so, daß es Interesse erregt
**abfällig** ohne Respekt, verächtlich
**s. etwas. gefallen lassen** etw. unangenehmes akzeptieren, hinnehmen
**Zwischenfall m** ein kurzer, unangenehmer Vorgang
**kundtun** (seine Meinung) erklären, bekanntgeben

Wie steht es um das Verhältnis zwischen Deutschen und Ausländern dort, wo sie sich wirklich begegnen?
Zwei „Zeit"-Reporter besuchten den Religionskurs eines Hamburger Gymnasiums, an dem zehn ausländische und drei deutsche Schüler teilnehmen.

# „WIR ALLE SIND AUSLÄNDER, ÜBERALL"

### Teil 1

Gefragt nach dem Zusammenleben so vieler Nationalitäten in der Klasse, gibt es viele Wortmeldungen. Die einhellige Meinung aller Schüler ist, für sie gibt es keine Probleme im Umgang miteinander. Ein chinesisches Mädchen erzählt, daß sie früher mit Spitznamen wie „Ching-Chang" oder „Pekingente" belegt worden ist. Sie hat dies jedoch nie als Beleidigung, sondern eher als Spaß empfunden. Auch Begrüßungen wie „Hey, du Türke" werden von den Schülern allgemein nicht als rassistische Äußerung aufgefaßt. Alle Schüler sind sich darin einig, daß das Zusammenleben so vieler Nationalitäten überwiegend Vorteile für jeden einzelnen bringt. Vorurteile, die man vielleicht hatte, werden abgebaut, wenn man andere Kulturen und Religionen erst einmal kennenlernt. Das Verständnis für andere Sichtweisen und Standpunkte wird gefördert. So ist zum Beispiel ein Mädchen (Eltern griechisch/deutsch) der Ansicht, daß Probleme zwischen Ausländern und Deutschen einfach deshalb entstehen, weil unterschiedliche Nationalitäten auch unterschiedliche Sichtweisen von Dingen und andere Denkweisen haben. Man wird im Zusammenleben gezwungen, sich mit verschiedenen Meinungen auseinanderzusetzen, was letztendlich zu einer größeren Toleranz führt.

Es stellt sich heraus, daß die Schüler nicht nur in der Schule, sondern auch privat miteinander befreundet sind.

Wenn man Tag für Tag zusammen ist, macht man keinen Unterschied mehr zwischen Polen, Griechen, Türken oder sonstigen Nationalitäten, man ist nur noch Mitschüler oder Freund. So sieht es auch ein polnisches Mädchen, das seit sieben Jahren in Deutschland lebt. Sie unterteilt ihre Klassenkameraden nicht in Ausländer und Deutsche, sie sind alle gleich.

### Teil 2

Auf die Frage jedoch, ob jemand Erfahrungen mit Fremdenhaß außerhalb der Schule gemacht hat, hat fast jeder etwas zu berichten. Auffällig ist, daß viele betonen, negative Äußerungen kämen häufig von älteren Leuten. Junge Leute seien viel moderner, sagt ein iranischer Schüler, während viele der Älteren noch denken würden wie damals.

Ein deutsches Mädchen, das einen ausländischen Freund hat, muß sich oft abfällige Blicke oder gar Beleidigungen der übelsten Art gefallen lassen. Auch wird ihr Freund seit neuestem — wie sie sagt — in viele Diskotheken nicht mehr hineingelassen. Er müsse sich erst einen extra Clubausweis für Ausländer besorgen, heißt es. Auch in Kneipen würden sie ihn lieber gar nicht haben, erzählt die Schülerin. Da sie viele ausländische Freunde hat, sieht sie die Dinge von zwei Seiten. Es seien nicht immer nur die Deutschen, die Ausländer beleidigen, sagt sie, sie werde auch oft von ausländischen Jungen und Mädchen angemacht.

Das chinesische Mädchen ist in Deutschland geboren und besitzt einen deutschen Paß, ist also Deutsche. Sie berichtet von Zwischenfällen in der U-Bahn. Sie wird gemustert und mit Sprüchen wie „Geh doch nach Hause" konfrontiert. In solchen Momenten fühlt sie sich ziemlich hilflos, ist aber auch wütend, daß ihr in der U-Bahn keiner zur Seite steht. Gerade dieses Beispiel macht deutlich, daß sich Ausländerfeindlichkeit zuerst am fremden Aussehen festmacht. Dieses Mädchen ist Deutsche, nur sieht man es ihr nicht an.

Etwas anderes erlebte ein Mädchen aus Polen. Eine Rentnerin aus der Nachbarschaft fragte sie aus über ihre Familie, ihre Religion, wie lange sie schon in Deutschland sei, welchen Beruf die Eltern hätten und so weiter.

Ein paar Tage später rief die Frau bei ihr an und tat ihre Meinung über Ausländer im allgemeinen kund: Ihr als Rentnerin gehe es so schlecht, während die Ausländer vom Staat das ganze Geld bekämen. Überhaupt gehe es den Ausländern viel zu gut in Deutschland. Gegen die Familie des Mädchens persönlich habe sie aber auf keinen Fall etwas einzuwenden. Solchen Aussagen begegnet man ja sehr häufig, nach dem Motto: „Gegen dich persönlich als Ausländer habe ich ja nichts, aber . . ."

**1. Teil**

## 10    TEXTÜBERBLICK

Lesen Sie den Text auf S. 256.

Wählen Sie für jede Satzhälfte 1–10 eine Ergänzung aus der Liste a–k. (Es gibt mehr Ergänzungen als Anfänge.)

1. Viele Schüler melden sich zu Wort, wenn . . .

2. Der Umgang miteinander . . .

3. Nicht alle Spitznamen . . .

4. Wenn so viele Nationalitäten zusammenleben, . . .

5. Erst wenn man andere Kulturen kennenlernt, . . .

6. Unterschiedliche Denk- und Sichtweisen . . .

7. Wenn man sich mit verschiedenen Meinungen auseinandersetzen muß, wird . . .

8. Die Reporter entdeckten, daß . . .

9. Die Schüler verbringen so viel Zeit zusammen, . . .

10. Man unterscheidet nicht mehr zwischen Ausländern und Deutschen, . . .

a) . . . können Vorteile für jeden einzelnen entstehen

b) . . . man sie über das Zusammenleben in der Schule fragt

c) sondern sie sind alle gleich

d) . . . führen zu Problemen zwischen Nationalitäten

e) . . . also trägt jeder zu der Gruppe bei

f) . . . daß die Nationalität überhaupt unwichtig ist

g) . . . werden als Beleidigungen empfunden

h) . . . man toleranter

i) . . . bildet für sie überhaupt kein Problem

k) . . . kann man alte Vorurteile zerstören

l) . . . die Schüler auch privat befreundet sind

## 11  Wortwörtlich

Füllen Sie die Lücken in dieser Liste aus:

| | Substantiv | Adjektiv | Verb |
|---|---|---|---|
| 1 | . . . . . . . . . . | wichtig | – – – – – – |
| 2 | der Umgang | – – – – – – | . . . . . . . . . . |
| 3 | die Beleidigung | . . . . . . . . . . | . . . . . . . . . . |
| 4 | . . . . . . . . . . | rassistisch | – – – – – – |
| 5 | das Verständnis | . . . . . . . . . . | . . . . . . . . . . |
| 6 | . . . . . . . . . . | unterschiedlich | . . . . . . . . . . |
| 7 | . . . . . . . . . . | gleich | – – – – – – |

## 99 SO WIRD'S GESAGT 66

### Pflicht und Verbot

Alle Lehrer sind verpflichtet, . . .
Es ist ausdrücklich verboten, . . .
Alle Schüler sind aufgefordert, . . .
Es ist nicht gestattet, . . .
Es ist gesetzlich vorgeschrieben, . . .
. . . ist ausgeschlossen.
. . . oder: sein + zu + Infinitiv.
    (siehe oben)

## GRAMMATIK: *Modalverb + Passiv*

1. Modalverben kann man auch im Passiv gebrauchen.

*z.B. Ausländer* **müssen akzeptiert werden**.

> *Ein großer Teil der Arbeitskraft* **soll** *auch in der Zukunft durch Ausländer* **gestellt werden**.

2. Wenn man ein Gesetz oder einen Zwang ausdrückt, läßt sich das Passiv durch **sein + zu** ersetzen:

*z.B. Ausländer* **sind zu** *akzeptieren*.

## 12

a)    Machen Sie Grundsätze für das friedliche Zusammenleben aus den Erfahrungen der Schüler!
Verwenden Sie dabei ein Modalverb (*müssen, sollen* oder *dürfen*) + Passiv

> *z.B.* Ein chinesisches Mädchen ist früher mit rassistischen Spitznamen belegt worden.
> **Grundsatz:** Ausländer *dürfen* nicht mit rassistischen Spitznamen *belegt werden*.

1. Nicht alle Spitznamen sind als rassistisch aufzufassen.
2. Das Verständnis für andere Sichtweisen wird gefördert.
3. Die Meinungen des anderen werden toleriert.
4. Ausländer werden freundlich empfangen.
5. Schüler, die eine andere Hautfarbe haben, werden angepöbelt.
6. Es wird gegen Ausländerfeindlichkeit demonstriert.
7. Schüler anderer Nationalitäten werden nicht als Ausländer, sondern als Klassenkameraden gesehen.
8. Das Zusammenleben kann man lernen.

b)    Erfinden Sie weitere Grundsätze für bessere Beziehungen nach diesem Muster, für Ihre Mitschüler, für die Schulbehörden! Wenn Sie diese Grundsätze in die Schulordnung aufnehmen wollen, können Sie sie formell fassen:

### 2. Teil

## 13                   TEXTÜBERBLICK

Auch negative Erfahrungen werden im Text auf S. 256 geschildert. Wer hat folgendes erlebt/gesagt?

- A. Ein deutsches Mädchen
- B. Ein iranischer Junge
- C. Ein chinesisches Mädchen
- D. Ein polnisches Mädchen

1. „In manchen Kneipen sind Ausländer nicht mehr erwünscht."
2. „Eines Tages mußte ich meiner Nachbarin über meine Herkunft erzählen."
3. „Nicht nur Deutsche denken rassistisch."
4. „Man hat mir gesagt, ich solle nach Hause gehen, obwohl ich eigentlich Deutsche bin."
5. „Meistens denken nur ältere Leute rassistisch."
6. „Auch Ausländer pöbeln mich manchmal an."
7. „Der Haß richtet sich meistens nicht gegen Individuen, sondern gegen das Andersartige, das Fremde."
8. „Was mich ärgert, ist, daß niemand für mich eintritt, wenn ein Fahrgast mich beleidigt."
9. „Jugendliche sind oft toleranter."
10. „Manche Deutsche meinen, den Ausländern geht es viel zu gut."

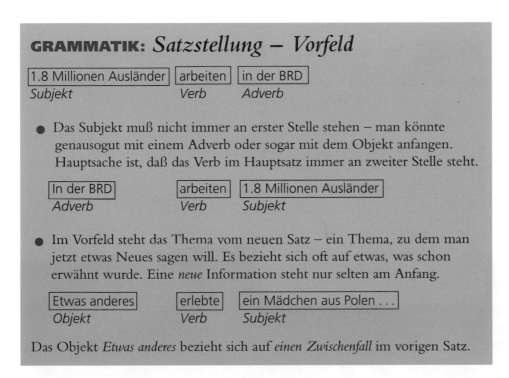

**GRAMMATIK:** *Satzstellung – Vorfeld*

| 1.8 Millionen Ausländer | arbeiten | in der BRD |
|---|---|---|
| *Subjekt* | *Verb* | *Adverb* |

● Das Subjekt muß nicht immer an erster Stelle stehen – man könnte genausogut mit einem Adverb oder sogar mit dem Objekt anfangen. Hauptsache ist, daß das Verb im Hauptsatz immer an zweiter Stelle steht.

| In der BRD | arbeiten | 1.8 Millionen Ausländer |
|---|---|---|
| *Adverb* | *Verb* | *Subjekt* |

● Im Vorfeld steht das Thema vom neuen Satz – ein Thema, zu dem man jetzt etwas Neues sagen will. Es bezieht sich oft auf etwas, was schon erwähnt wurde. Eine *neue* Information steht nur selten am Anfang.

| Etwas anderes | erlebte | ein Mädchen aus Polen . . . |
|---|---|---|
| *Objekt* | *Verb* | *Subjekt* |

Das Objekt *Etwas anderes* bezieht sich auf *einen Zwischenfall* im vorigen Satz.

**14**    In den folgenden Satzpaaren beginnt der zweite Satz in jedem Paar mit dem Subjekt, würde aber in dem Zusammenhang besser oder interessanter klingen, wenn er mit dem Objekt oder mit einem Adverb beginnen würde. Schreiben Sie den zweiten Satz nach dem Beispiel oben um! Vergessen Sie nicht, das Verb an die richtige Position zu stellen. Für jeden Satz gibt es normalerweise mehrere Möglichkeiten. Es hilft, wenn Sie jeden Satz vorlesen.

1. Christina ist Italienerin. Man sieht ihr das nicht an.
2. 30 Asylbewerber sind in dieses Heim gekommen. Ein Ghanese ist auch darunter, der von den Ereignissen erzählt.
3. Er spricht mit uns. Er wirkt zu Beginn des Gesprächs mißtrauisch.
4. Er hat Angst. Er findet die Atmosphäre in Berlin-Kreuzberg beunruhigend.
5. Die Angst sitzt tief. Er möchte auf keinen Fall fotografiert werden.
6. Wir haben Leute mit Fachkenntnissen eingeladen. Man konnte also in der Diskussion echt kompetente Meinungen hören.

⇨

**17** Arbeiten Sie mit einem Partner oder einer kleinen Gruppe zusammen. Einer von Ihnen übernimmt ein offensichtlich lächerliches Vorurteil (z.B. die Erde ist flach) oder einen Aberglaube (z.B. man sollte nie unter eine Leiter gehen) und versucht, das Vorurteil zu rechtfertigen. Die anderen versuchen, ihn davon abzubringen (s. unten).

7. Ihre Toleranz ist nicht nur Lippenbekenntnis. Der Umgangston untereinander ist auch freundlich und locker.
8. Die BRD hat viele deutschstämmige „Aussiedler" aus dem Osten aufnehmen müssen: rund zwölf Millionen Menschen sind seit 1945 allein aus Polen zu uns gekommen.
9. Die Rechtsradikalen machten Randale vor dem Asylantenheim. Sie bewarfen Polizisten und Asylanten mit Steinen und Flaschen.
10. Diese ausländischen Mädchen haben noch keine so schlechten Erfahrungen gemacht. Sie sind nicht verbittert.

**15** Finden Sie andere Beispiele im Text, in denen das Subjekt im Hauptsatz nicht an erster Stelle steht. Geben Sie Gründe dafür an.

**16** 🔊 **Ein türkisches Mädchen in Deutschland**

Sie hören ein Interview mit einem türkischen Mädchen aus Deutschland, das das moslemische Kopftuch trägt. Machen Sie Notizen zu folgenden Stichwörtern:

- wie Deutsche auf sie als Moslemin ihrer Meinung nach reagieren
- warum sie das Kopftuch trägt
- was sie als schlimm empfindet

Heimat ist da, wo ich mich wohlfühle.

Mein Dorf ist meine Heimat, die Gemeinde, die Familie.

Heimat muß nicht unbedingt im Geburtsland liegen.

**Heimat**, *die*; –; *nur Sg*; 1 Ort, an dem man zu Hause ist, Geburts-, Wohnort; Vaterland.

**18** **Was halten Sie davon?**

Was bedeutet für Sie das Wort *Heimat*? Identifizieren Sie sich mit einer dieser Aussagen? Fragen Sie andere Ihrer Mitschüler, was sie unter *Heimat* verstehen. Fassen Sie ihre Antworten zusammen.

## C Was kann man gegen Haß tun?

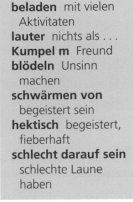

**1**

'S IST MONTAGMORGEN, GANZ SCHÖN FRÜH
DOCH LEO FÜHLT SICH FIT WIE NIE.

DAS WOCHENENDE WAR BELADEN,
MIT LAUTER NEUEN KAMERADEN.

PRIMA KUMPELS - ALLE KAHL-
SIE NENNEN SICH "DEUTSCH NATIONAL".

**2**

GECAMPT, GEBLÖDELT UND GESOFFEN
UND LAUTER TOLLE JUNGS GETROFFEN.

DA KOMMT AUCH SUNJE ASKOHULE,
SIE HAT DEN GLEICHEN WEG ZUR SCHULE.

DIE ELTERN SIND AUS KUTRAHA
UND SIND SCHON VIELE JAHRE DA.

**3**

DER LEO SCHWÄRMT VON SEINEN TATEN
MIT ALL DEN NEUEN KAMERADEN.

ER SPRICHT VOM NEUBEGINN, GANZ TOLL
UND DASS SICH ALLES ÄNDERN SOLL.

VON BLUT UND EHRE , WIRD GANZ HEKTISCH,
DOCH SUNJE BLEIBT DA EHER SKEPTISCH.

**4**

LEO MAG DIE SUNJE SEHR
UND LÄUFT IHR DESHALB HINTERHER.

NUR SEINE KUMPELS IN DER FERNE
DIE SEHEN SO ETWAS NICHT GERNE.

DIE MÖGEN KEINE KUTRAHAHNEN,
UND SCHWENKEN IHRE EIG'NEN FAHNEN.

**5**

DIE KAHLEN KERLE SIND SCHLECHT DRAUF
UND NEHMEN DIE VERFOLGUNG AUF.

DASS FREUNDSCHAFT AUCH GANZ ANDERS GEHT
SEHT IHR IM BILD, DAS OBEN STEHT.

GEWALT GEGEN FREMDE - EIN KLARES NEIN!
DEM HASS KEINE CHANCE. IHR SEID NICHT ALLEIN!

## 20

Beantworten Sie folgende Fragen:

1. Wer sind Leos neue Freunde?
2. Was für eine Philosophie hat „Deutsch National"?
3. Warum war Leos Wochenende so toll?
4. Warum ist Sunje skeptisch?
5. Im 5. Bild steht Leo endlich zu Sunje und gegen die „kahlen Kerle". Warum?

## 21 Was halten Sie davon?

Wie würden Sie Leo beschreiben? Naiv? Egoistisch? Leicht zu beeinflussen? Ehrlich? Begründen Sie Ihre Meinung!

## 19 TEXTÜBERBLICK

Welche Textteile passen zu den Bildern auf S. 261?

## 22 Schüler helfen Ausländern

Viele Jugendliche versuchen, Asylanten und anderen Ausländern zu helfen. Sie hören jetzt einen Bericht über Duisburger Schüler, die mit ausländischen Kindern arbeiten. Beantworten Sie folgende Fragen:

1. Was machen die Schüler mit den Kindern zusammen?
2. Warum tun sie so was freiwillig?
3. Woher kommen die ausländischen Familien, mit denen sie zu tun haben?
4. Warum ist ihre Hilfe wichtig, ihrer Meinung nach?
5. Wie beschreiben die Deutschen die Kinder?
6. Wie reagieren ihre Schulfreunde auf ihre Arbeit?

## 23 Rassismus

Wir haben junge Deutsche gefragt, was man gegen Rassimus machen sollte. Hören Sie sich die Interviews an. In welchem Interview 1 – 4 hören Sie:

„Man sollte mehr Aufklärung betreiben."
„Jeder einzelne muß bei sich selber anfangen."
„Man sollte seine Freundschaften mit Ausländern verstärken."
„Man sollte radikale Parteien nicht wählen oder helfen."
„Man sollte aktiv gegen soziale Ungerechtigkeiten eintreten."
„Rassismus ist eigentlich eine Frage der Aufklärung."

## 24 TEXTÜBERBLICK

Was kann man in den folgenden Situationen machen, um den Fremdenhaß zu reduzieren? Suchen Sie Ratschläge im Text.

| Situation | | Ratschlag |
|---|---|---|
| Sie begegnen einem Ausländer | | |
| Ein Asylbewerberheim in Ihrer Nähe ist überfallen worden. | | |
| Sie sehen einen Ausländer, der überfallen wird. | | |
| Sie haben ausländische Kollegen (bzw. Mitschüler) | | |
| Ein Freund spricht von der „Überfremdung". | | |
| Sie wollen Asylanten betreuen, helfen. | | |
| Ein Ausländer wird in Ihrer Nähe beschimpft. | | |

## Es gibt für jeden viele Möglichkeiten, Solidarität mit Ausländern zu zeigen

# 30 Was kann jeder tun gegen Fremdenhaß?

**• Berührungsängste abbauen**

Fangen Sie bei sich selbst an: Suchen Sie das Gespräch mit Ausländern, schließen Sie Bekanntschaften - zum Beispiel in einem Asylbewerberheim Ihres Ortes. Informieren Sie sich, und kontern Sie mit Ihrem Wissen, wenn Schlagworte wie „Überfremdung" oder „Asylmißbrauch" fallen.

**• Stellung beziehen**

Sagen Sie Ihre Meinung, oder holen Sie Hilfe, wenn in Ihrer Umgebung ein Mensch wegen seines andersartigen Aussehens beschimpft oder angegriffen wird. Nehmen Sie an Kundgebungen „gegen Gewalt und Fremdenhaß" teil.
Es gibt viele Möglichkeiten, Solidarität zu zeigen: Nach Überfällen auf Asylbewerber-Wohnheime haben deutsche Nachbarn Heime bewacht oder dort übernachtet, um die Bewohner zu schützen.

**• Praktisch helfen**

Fragen Sie nach Initiativen, die Ausländern Hilfe anbieten, z.B. deutschausländische Kulturvereine, Gruppen, die etwa „Betreuerkreis Asyl" heißen, oder private „Flüchtlingsräte", wie es sie in fast allen Bundesländern gibt (Dachverband: Pro Asyl, Adressen unten). Weitere mögliche Anlaufstellen sind die Ausländerbeauftragten der Länder, Städte, Kreise und Kirchengemeinden, Sozialarbeiter oder die Leiter der Ausländerwohnheime. In den Firmen koordinieren Betriebs-gruppen, Vertrauensleute und Arbeitskreise ausländischer Arbeitnehmer gemeinsame Betreuung von Flüchtlingen. Sie könnten sich anschließen oder Unterstützung für ein eigenes Vorhaben bekommen.
Auch ohne einer solchen Gruppe anzugehören, können Sie helfen, zum Beispiel mit Kleiderspenden.

**• Adressen**

Pro Asyl, Neue Schlesingergasse 22, 6000 Frankfurt/Main (verschickt Info-Material gegen frankierten C 6-Rückumschlag)

Netzwerk Friedenskooperative, Römerstraße 88, 5300 Bonn 1 (koodiniert Kundgebungen)

Flüchtlingsräte informieren über örtliche Initiativen:
Arbeitskreis Asly Baden-Würtemberg e. V. c/o Pfarrer Werner Baumgarten, Vogelsangstr. 60, 7000 Stuttgart 1

## 25  Was halten Sie davon?

Der Rassismus kommt in jedem Land vor. Was sind Ihrer Meinung nach die effektivsten Mittel dagegen?

- Protestieren
- Toleranz beibringen
- Täter bestrafen
- Selbstschutzorganisationen organisieren
- Radikale Parteien verbieten
- Aufklärung über die Konsequenzen des Rassismus/Radikalismus

## 26
Arbeiten Sie mit einem Partner oder einer kleinen Gruppe zusammen. Planen Sie eine Publicity-Kampagne gegen Rassismus. Verwenden Sie Ideen und Ausdrücke aus dieser Einheit, um Poster, Werbespots und Interviews für Radio/Fernsehen zu verfassen.

Und wie sieht es in der Heimat aus, nachdem so viele Leute ausgewandert sind? Der Autor Heinrich Böll besuchte oft Irland. Iren verließen und verlassen immer noch oft ihre Heimat, um Arbeit zu suchen. In seinem *Irisches Tagebuch* beschreibt Böll Szenen aus seinen Erfahrungen in Irland. Im Text auf S. 264 besucht er ein verlassenes Dorf.

# Irisches Tagebuch – Heinrich Böll

## Skelett einer menschlichen Siedlung

Plötzlich, als wir die Höhe des Berges erreicht hatten, sahen wir das Skelett des verlassenen Dorfes am nächsten Hang liegen. Niemand hatte uns davon erzählt, niemand uns gewarnt; es gibt so viele verlassene Dörfer in Irland. Die Kirche, den kürzesten Weg zum Strand hatte man uns gezeigt und den Laden, in dem es Tee, Brot, Butter und Zigaretten gibt, auch die Zeitungsagentur, die Post und den kleinen Hafen, in dem die harpunierten Haie bei Ebbe im Schlamm liegen wie gekenterte Boote, mit dem dunklen Rücken nach oben, wenn nicht zufällig die letzte Flutwelle ihren weißen Bauch, aus dem die Leber herausgeschnitten worden war, nach oben kehrte – das schien der Erwähnung wert, aber nicht das verlassene Dorf: graue, gleichförmige Steingiebel, die wir zunächst ohne perspektivische Tiefe sahen, wie dilettantisch aufgestellte Kulissen für einen Gespensterfilm: mit stockendem Atem versuchten wir sie zu zählen, gaben es bei vierzig auf, und hundert waren es sicher. Die nächste Kurve des Weges brachte uns in anderere Distanz, und nun sahen wir sie von der Seite: Rohbauten, die auf den Zimmermann zu warten schienen: graue Steinmauern, dunkle Fensterhöhlen, kein Stück

Holz, kein Fetzen Stoff, nichts Farbiges, wie ein Körper ohne Haare, ohne Augen, ohne Fleisch und Blut: das Skelett eines Dorfes, grausam deutlich in seiner Struktur: dort die Hauptstraße; an der Biegung, wo der kleine runde Platz ist, muß eine Kneipe gewesen sein. Eine Nebengasse, noch eine. Alles, was nicht Stein war, weggenagt von Regen, Sonne und Wind – und von der Zeit, die geduldig über alles hinträufelt: vierundzwanzig große Tropfen Zeit pro Tag: die Säure, die so unmerklich alles zerfrißt wie Resignation . . . Alles, was nicht Stein war, weggefressen von Wind, Sonne, Regen und Zeit, schön ausgebreitet am düsteren Hang wie zur Anatomiestunde das Skelett eines Dorfes: dort – »sieh doch, genau wie ein Rückgrat« – die Hauptstraße, ein wenig verkrümmt wie das Rückgrat eines schwer Arbeitenden; kein Knöchelchen fehlt; Arme sind da und die Beine: die Nebenstraßen und, ein wenig zur Seite gerollt, das Haupt, die Kirche, ein etwas größeres graues Dreieck. Linkes Bein: die Straße, die ostwärts den Hang hinauf, rechtes: die andere, die ins Tal führte; diese ein wenig verkürzt. Das Skelett eines leicht humpelnden Wesens.

Immer noch beklommen, gingen wir zwischen den kahlen Giebeln über die Hauptstraße, drangen in Nebengassen ein, und langsam wich die Beklommenheit: Gras wuchs auf den Straßen, Moos hatte sich über Mauern und Kartoffeläcker gezogen, kroch an den Häusern hoch; und die Steine der Giebel, von Mörtel freigewaschen, waren weder Bruch- noch Ziegelsteine, sondern Geröllbrocken, so wie der Berg sie in seinen Bächen zu Tal gerollt hatte, Felsplatten die Stürze über Türen und Fenstern, breit wie

Schulterknochen die beiden Steinplatten, die aus der Wand herausragten, dort, wo der Kamin gewesen war: an ihnen hatte einmal die Kette für den eisernen Kochtopf gehangen: blasse Kartoffeln wurden in bräunlichem Wasser gar.

Wir gingen von Haus zu Haus wie Hausierer, und immer wieder fiel, wenn der kurze Schatten an der Schwelle über uns hinweggestürzt war, immer wieder fiel das blaue Viereck des Himmels über uns; größer war's bei den Häusern, in denen einmal Wohlhabendere gewohnt hatten, kleiner bei den Armen: nur die Größe des blauen Himmelvierecks unterschied sie hier noch einmal von einander. In manchen Stuben wuchs schon das Moos, manche Schwellen waren schon von bräunlichem Wasser verdeckt; in den Stirnwänden waren hier und da noch die Pflöcke fürs Vieh zu sehen; Schenkelknochen von Ochsen, an denen die Kette befestigt gewesen war.

»Hier stand der Herd« – »Dort das Bett« – »Hier über dem Kamin hing das Kruzifix« – »Da ein Wandschrank«: zwei aufrechte und in diese eingekeilt zwei waagrechte Steinplatten, und in diesem Wandschrank entdeckte eines der Kinder den Eisenkeil, der, als wir ihn herauszogen, wie Zunder in der Hand zerbröckelte: es blieb ein härterer Kernstab von der Dicke eines Nagels übrig, den ich – auf Weisung der Kinder – als Andenken in die Manteltasche steckte.

Wir verbrachten fünf Stunden in diesem Dorf, und die Zeit verging schnell, weil nichts geschah: nur ein paar Vögel scheuchten wir hoch, ein Schaf floh vor uns durch eine leere Fensterhöhle den Hang hinauf. Die alte Frau, die im Hause neben uns wohnte, wußte uns nicht zu sagen, wann das Dorf verlassen worden war: als sie ein kleines Mädchen war, um 1880, war es schon verlassen. Von ihren sechs Kindern sind nur zwei in Irland geblieben: zwei wohnen und arbeiten in Manchester, zwei in den Vereinigten Staaten, eine Tochter ist hier im Dorf verheiratet (sechs Kinder hat diese Tochter, von denen wohl wieder zwei nach England, zwei nach den USA gehen werden), und der älteste Sohn ist bei ihr geblieben.

## 27  TEXTÜBERBLICK

Arbeiten Sie mit einem Partner zusammen, oder in einer kleinen Gruppe. Versuchen Sie, ungefähre Pläne von der Hafenstadt, dem verlassenen Dorf und einem verlassenen Haus zu skizzieren, wie Böll sie hier beschreibt.

## 28  Wortwörtlich

Böll nennt das verlassene Dorf „ein Skelett". Finden Sie andere Wörter und Ausdrücke, die diese Metapher von Tod und den Verlauf der Zeit fortsetzen.

## 29

a) Stellen Sie sich vor, Sie verlassen Ihre Heimat – Ihr Dorf, oder ihre Stadt. Sie waren der letzte Mensch, der noch dort wohnte; die anderen wanderten schon vor Jahren aus. Stellen Sie sich Ihren letzten Spaziergang vor. Schreiben Sie eine Erzählung oder, noch besser, ein Drehbuch; filmen Sie dann Ihren Spaziergang.

**Hai m** großer Fisch mit scharfen Zähnen
**gekentert** umgekippt; mit dem Kiel nach oben
**dilettantisch** nicht von einem Experten gemacht
**Kulisse f** Dekoration von einem Theaterstück
**weggenagt** weggefressen
**hinträufeln** tropfen
**beklommen** unsicher, ängstlich
**Geröllbrocken m** großer Stein
**gar** gekocht, so daß man es essen kann
**Hausierer m** jmd, der von Haus zu Haus geht, um Waren zu verkaufen
**Pflock m** ein Stück Holz, in der Erde eingeschlagen, an dem man ein Tier festbinden kann
**Keil m** ein dreieckiges Stück Holz oder Metall

b) Nach 50 Jahren besuchen Sie Ihre Heimat zum ersten Mal wieder. Sie kann verlassen sein, oder noch bewohnt. Schreiben Sie einen Bericht über Ihren Besuch. Oder schreiben Sie ein Drehbuch und nehmen Sie den Besuch auf Video auf.

# Drogen: Im Rausch des Rauschs

## GRAMMATIK

- *Verben/Adverbien + Präpositionen (2)*
- *Adjektiv + Substantiv (ohne Artikel) (2)*

## KOMMUNIKATION

- *Rat suchen*
- *Rat geben*
- *Register: gesprochenes und schriftliches Deutsch*

**Gern entflieht der Mensch dem Alltag: Tabletten verfärben die Welt rosarot, Bier enthemmt, rasen reizt das Ego, und Marihuanaschwaden vernebeln die Sinne – der Rausch, ein Menschenrecht?**

# Recht auf Rausch

## 1

- Welche Rauschmittel werden im Cartoon auf S. 267 dargestellt?
- Was für Menschen assoziiert man mit jedem Mittel? (Stand/Alter/Geschlecht)
- Wo verwendet man diese Rauschmittel?
- Was ist legal/illegal?
- Was machen Sie zur Entspannung, wenn das Leben zu hektisch oder stressig wird, wenn Sie Trost brauchen, oder wenn sie einfach Spaß haben wollen?

**Besäufnis n** Party, wo Alkohol das wichtigste ist
**Verfassung f** der Gesundheitszustand
**Faustregel f** eine einfache, nicht präzise Regel
**auf nüchternen Magen** wenn man nichts gegessen hat
**s. mit etw. brüsten** jedem von seinen Erfolgen erzählen
**mies** miserabel

# ALKOHOL

Wolfgang hat's umgehauen, er ist Alkohol nicht gewohnt. Aber so ist das: Alkohol wird überall angeboten, alle machen mit, und die meisten haben sich daran gewöhnt und haben ihre Erfahrungen damit gemacht und können deshalb ihr Trinken kontrollieren. Auch hierbei gilt: Keiner muß müssen! Du mußt keinen Alkohol trinken, ob er Dir nun angeboten wird oder nicht. Wenn Du aber Alkohol trinkst, dann gibt es ein paar Regeln, die Du unbedingt kennen solltest. Hier sind sie:

## WO?
Trinke nicht dort, wo das Trinken zum Zwang wird. Vernünftig ist es, sich an diese Regel zu halten: Ich gehe nicht auf Feten, von denen ich vorher weiß, daß sie als reines Besäufnis enden.

## WIE?
Trinke immer so, daß Du nicht den Überblick verlierst. Eine gute Regel ist: Ich trinke grundsätzlich nur ein Glas pro Stunde. Gegen den Durst trinke ich alkoholfreie Getränke.

## WIEVIEL?
Trinke nur soviel, daß Du einen klaren Kopf behältst. Das kann je nach Stimmung und Verfassung unterschiedlich sein. Als Faustregel solltest Du Dir merken: Spätestens, wenn ich eine Wirkung spüre, höre ich auf zu trinken.

## WANN?
Trinke nicht täglich. Trinke auch nicht tagsüber und schon gar nicht auf nüchternen Magen. Trinke vor allem keinen Alkohol, wenn Du nachher noch selber fährst.

## WIEVIEL ALKOHOL VERTRAGE ICH?
Du kennst bestimmt auch Leute, die damit angeben, daß sie eine Menge „vertragen". Als ob „Trinkfestigkeit" eine Leistung wäre, auf die man stolz sein könnte wie auf ein gutes Zeugnis oder ein Tor, das man im Fußball geschossen hat. Es gehört schon eine ordentliche Portion Dummheit dazu, sich mit seinen Saufereien zu brüsten. Im Straßenverkehr gilt die 0,8-Promille-Grenze. Wenn aber etwas passiert und Du schuld daran bist, kannst Du auch bereits mit weniger Promille verurteilt werden. Am besten trinkst Du überhaupt nicht, wenn Du selbst fährst.

Die Alkoholwirkung hängt u. a. von Faktoren ab, die Du selbst gar nicht beeinflussen kannst, wie vom Körpergewicht. Du wirst schneller betrunken, wenn

- Du weniger wiegst,
- Du in einer schlechten Stimmung bist,
- Deine körperliche Verfassung nicht o.k. ist (Du bist müde, überarbeitet usw.),
- Du hastig trinkst,
- Du durcheinander trinkst,
- Du Arzneimittel eingenommen hast,
- Du krank bist,
- es sehr warm oder sehr kalt ist.

Wenn Du Dich schlecht fühlst und Du Alkohol trinkst, um Deine Stimmung zu verbessern, gelingt das meistens nicht, und die Gefahr, daß Du rasch betrunken wirst und Dich dann erst recht mies fühlst, ist doppelt groß. Und noch etwas: Laß Dich nie zum Trinken überreden. Für mich gilt: Ich trinke nur, wenn ich selbst es will. Genauso überrede ich auch andere nie zum Trinken.

## 2     TEXTÜBERBLICK

Im Gegensatz zu vielen Rauschmitteln ist Alkohol für die meisten Leute erlaubt. Natürlich heißt das nicht, daß er ohne Gefahren zu genießen ist. In einer Zeitschrift für Jugendliche erschienen die Regeln links zum Trinken.
Lesen Sie die vier Regeln „Wo? – Wie? – Wieviel? – Wann?" auf S. 268. Wo stehen diese Aussagen im Text? Für manche Aussagen gibt es mehrere Möglichkeiten.

1. Vermeide Partys, wo Alkohol das Allerwichtigste ist!
2. Zähle, wieviel du getrunken hast!
3. Trinke nicht, wenn du nichts gegessen hast!
4. Wenn du nicht mehr klar denken kannst, sollst du nichts mehr trinken.

## 3     TEXTÜBERBLICK

Wie schnell man betrunken wird, hängt von vielen Faktoren ab. Bevor Sie den zweiten Teil des Texts lesen, entscheiden Sie, ob folgende Aussagen richtig oder falsch sind. Überprüfen Sie dann Ihre Antworten im Text.
Man wird schneller betrunken, . . .

1. . . . wenn man langsam trinkt.
2. . . . wenn man eine Grippe hat.
3. . . . an einem heißen Sommertag.
4. . . . wenn man gut gelaunt ist.
5. . . . nachdem man gut gegessen hat.
6. . . . wenn man das Getränk schnell trinkt.
7. . . . nach einem anstrengenden Tag.
8. . . . wenn man Medikamente einnimmt.
9. . . . wenn man Weißwein nach Rotwein trinkt.
10. . . . wenn man eine Frau ist.

## 4   Wortwörtlich

Die folgenden Wörter erscheinen im Text. Füllen Sie mit Hilfe eines Wörterbuchs die Lücken aus.

| Substantiv | Verb | | Adjektiv |
| --- | --- | --- | --- |
| | Infinitiv | Partizip | |
| 1 .......... | .......... | angeboten | – – – – – |
| 2 .......... | trinken | .......... | .......... |
| 3 der Zwang | .......... | .......... | – – – – – |
| 4 .......... | – – – – – | – – – – – | vernünftig |
| 5 das Besäufnis | .......... | .......... | .......... |
| 6 .......... | .......... | – – – – – | stolz |
| 7 .......... | .......... | – – – – – | schuld |
| 8 .......... | .......... | verurteilt | .......... |
| 9 die Trinkfestigkeit | – – – – – | – – – – – | .......... |
| 10 .......... | beeinflussen | .......... | .......... |
| 11 das Gewicht | .......... | .......... | .......... |
| 12 .......... | .......... | – – – – – | müde |
| 13 .......... | .......... | .......... | hastig |
| 14 .......... | .......... | eingenommen | – – – – – |

## 7 Was halten Sie davon?

Was ist für Sie auf einer guten Party wichtig? Wie gehen Sie mit dem Alkohol um? Würden Sie von Feten wegbleiben, die höchstwahrscheinlich als reines Besäufnis enden? Kennen Sie Leute, die mit ihrer „Trinkfestigkeit" prahlen?

## 8
Entwerfen Sie oder malen Sie ein Poster zum Thema „Wie man mit Alkohol umgeht', das man in einem Jugendklub aufhängen könnte.

## GRAMMATIK: *Verben/Adverbien + Präposition*

● Wie Sie auf Seite 204 sahen, werden manche Verben und Adverbien mit einer bestimmten Präposition gebraucht.

*z.B. Man soll sich **an** diese Regel halten.*
    *Er ist stolz **auf** diese Leistung.*

● Wenn kein Substantiv nach dem Präposition steht, verwendet man eine Konstruktion mit **da(r)**–: Personen Sachen

    Auf wen wartest du? Deine Freundin?
      *Ja, ich warte **auf sie**.*
      *Ja, ich warte **darauf, daß sie** ankommt.*

    Worauf wartest du? Den Bus?
      *Ja, ich warte **darauf**.*
      *Ja, ich warte **darauf, daß** er ankommt.*

    *Wir warten **darauf**, eingelassen zu werden.*

## 5
Mit welcher Präposition passen diese Verben bzw. Adverbien zusammen? Einige finden Sie im Text.

1. abhängen ..........
2. achten ..........
3. antworten ..........
4. werden ..........
5. gehören ..........
6. sich gewöhnen ..........
7. sich wenden ..........
8. sterben ..........
9. warnen ..........
10. es handelt sich ..........
11. aufmerksam ..........
12. fähig ..........
13. frei ..........
14. überzeugt ..........
15. schuld ..........

## 6
Setzen Sie die richtige Präposition bzw. das Pronominaladverb (*darauf, damit, darüber, daran, davon, gegen, davor, an, dazu, auf, aus*) ein.

1. Die meisten Leute gewöhnen sich .......... , Alkohol zu trinken, ohne daß sie .......... abhängig werden.
2. „Was trinkst du .......... Durst?" „Also, das beste Mittel .......... ist Mineralwasser."
3. Mein Freund machte mich .......... aufmerksam, daß ich schon drei Glas Wein getrunken hatte.
4. Obwohl ich sie .......... gewarnt hatte, zuviel Alkohol zu trinken, war sie schon um 10 Uhr betrunken.
5. .......... wen soll ich mich wenden? Meine Eltern sollen nichts .......... wissen.
6. Nur du bist .......... deinen Kopfschmerzen schuld! Du hast durcheinander getrunken.
7. Es gehört viel Mut und Willenskraft .......... , Drogen aufzugeben.
8. Ich rauche nicht. Ich hätte Angst .......... , schließlich .......... Lungenkrebs zu sterben.
9. Du hast nicht .......... meine Frage geantwortet!
10. Ich fürchte mich .......... , was .......... ihm wird, wenn er weiter mit Drogen experimentiert.

# B Niemand lebt für sich allein

## Das ist echt ein Problem

## 9     TEXTÜBERBLICK

Lesen Sie die Karikatur oben. Bringen sie die folgenden Aussagen in die richtige Reihenfolge.

1. Wenn sie jetzt aufhört, gibt sie den Eindruck, daß sie es nur um ihrer Eltern willen macht.
2. Sie will auch nicht abhängig werden.
3. Aber dann wird sie süchtig.
4. Ihre Eltern sind gegen das Rauchen.
5. Also ist es unmöglich, mit dem Rauchen aufzuhören.
6. Sie will zeigen, daß sie selbständig zu der Entscheidung gekommen ist, nicht mehr zu rauchen.

**10**  Können Sie Anja raten, wie sie mit dem Rauchen aufhören kann und trotzdem ihre Selbständigkeit bewahrt? Kennen Sie jemanden, der auch schon mal in so einer ähnlichen Situation war (nicht nur mit Zigaretten)?

**11**  Warum berauscht man sich? In einer Umfrage gaben die meisten Befragten folgende Gründe an:

1. Unterhaltung/Genuß
2. Aufheiterung
3. Frust
4. Steigerung der Arbeitsleistung/Kreativität
5. weil es andere auch tun
6. Überforderung mit der Arbeit

Hier einige Zitate von den Befragten. Verbinden Sie jedes Zitat mit einem der Gründe oben.

a)  „Das Trinken macht offener und zärtlicher, charmanter."
b)  „Ich bin danach intelligenter, spritziger, konzentrierter."
c)  „Der Rausch ist eine Kulturleistung der Menschheit. Ich möchte darauf nicht verzichten."
d)  „Sonst komme ich als Arbeitsloser mit dem Alltag gar nicht zurecht."
e)  „Ich bin ein ruhiger Typ. Wenn ich nichts getrunken habe, bin ich eben nicht so gut darauf."
f)  „Das gehört ganz einfach zur Szene, zur Musik. Alle nehmen das!"

**12**  [🔊]

Sie hören Jugendliche, die das Einnehmen von Drogen diskutieren. Welche der Gründe oben werden auch von ihnen erwähnt? Und welche anderen?

**Neugier f** der Wunsch, etwas zu wissen/erfahren
**dämpfen** mildern; schwächer machen
**seelisch** psychisch

# Wie Abhängigkeit entsteht

**Z**um ersten Drogenkonsum kommt es meist nicht, weil man ein Problem hat, mit dem man nicht fertig wird. Neugier und der Wunsch mitzumachen sind viel öfter das Motiv.
Wer dann einmal die Erfahrung macht, daß eine Droge, zumindest für kurze Zeit, unangenehme Dinge vergessen läßt, der kriegt oft Lust, sie wieder zu nehmen. Besonders, wenn er keine andere Lösung für sein Problem kennt oder wenn ihm eine andere Lösung zu schwierig ist. Schließlich glaubt man, ohne die anregende oder dämpfende Wirkung der Droge nicht mehr auszukommen – man ist abhängig geworden. Neben dieser seelischen Abhängigkeit, die auch als Sucht bezeichnet wird, entsteht z.B. bei Heroin und Akohol noch eine körperliche Abhängigkeit.

## 13     TEXTÜBERBLICK

Lesen Sie den Text "Wie Abhängigkeit entsteht" auf S. 272. Sind folgende Aussagen richtig oder falsch?

1. Die meisten nehmen Drogen zum ersten Mal, weil sie mit ihren Problemen nicht zurechtkommen.
2. Man nimmt Drogen, weil man dadurch das Unangenehme vergessen kann.
3. Der Drogenkonsum hilft dabei, Probleme zu lösen.
4. Wenn man ohne die Droge nicht mehr auskommen kann, heißt nicht, daß man süchtig ist.
5. Viele Drogen machen nicht nur seelisch, sondern auch körperlich abhängig.

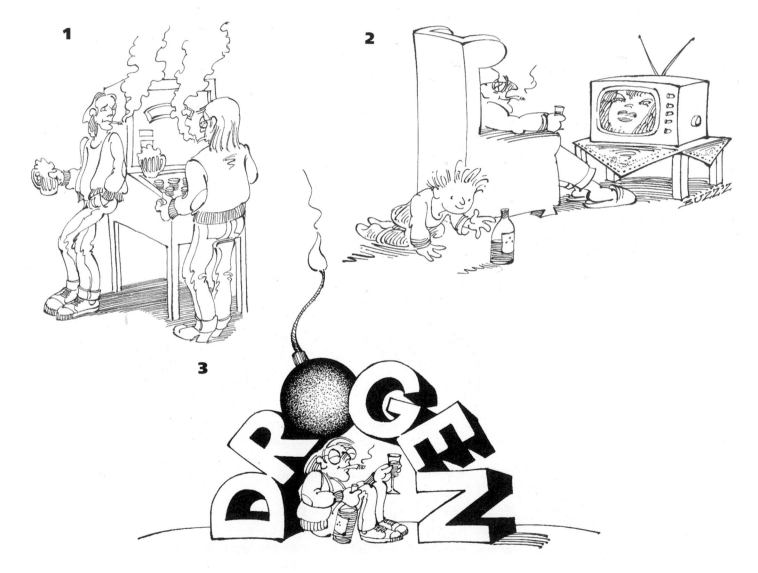

## 14    Die Rauschmittel in diesen Cartoons sind Alkohol und Tabak, könnten aber genauso gut illegale Mittel z.B. Drogen sein.

Warum berauschen sich die Jugendlichen im ersten Cartoon?

Was bedeutet die Bombe im dritten Cartoon?

Was erfahren wir Ihrer Meinung nach über die Beziehung zwischen Vater und Kind im zweiten Cartoon?

## Warum werden Drogen konsumiert?

Um die Stimmung zu verbessern, um das Selbstbild aufzuwerten, um die Wirklichkeit erträglicher zu machen, greifen viele Menschen – und nicht nur Jugendliche – zu Alkohol, Zigaretten, Medikamenten oder illegalen Drogen. Auch weil es zum Alltag gehört, weil es schmeckt, weil es schön ist.

Der Gebrauch von gesellschaftlich tolerierten Drogen wird erlernt wie andere Verhaltensweisen auch. So erlebt vielleicht ein Mädchen, daß die Mutter bei jeder kleinen Beschwerde ein Arzneimittel nimmt. Hat die Tochter einmal Schmerzen, bekommt sie ungefragt eine Tablette; später versorgt sie sich selber damit. Kinder ahmen das Verhalten der Erwachsenen nach, sie lernen von ihnen. Sie lernen auch, daß es Dinge gibt, die für Erwachsene erlaubt sind, für Kinder aber strikt verboten: Zigarettenrauchen etwa. Das reizt zum Ausprobieren im Laufe des Erwachsenwerdens.

## Niemand lebt für sich allein

Drogengefährdete Jugendliche haben zwar häufig viele Bekannte, aber wenig Freunde. Sie fühlen sich allein gelassen, sowohl in der Gleichaltrigengruppe wie auch in der Familie. Viele empfinden, daß sie in der Familie ungerecht behandelt werden, finden dort keine Geborgenheit.

In der Freizeit wird dann häufig die Gemeinsamkeit in der Kneipe, am Flipper gesucht – oder in die Einsamkeit und Passivität geflüchtet. Die Erfahrung, daß Alkohol und Drogen das Gefühl des Alleinseins und der Einsamkeit zumindest kurzfristig aufheben können, fördert die Bereitschaft, diese Mittel immer wieder zu nehmen.

Ein Ausdruck unserer Zeit scheint zu sein, daß Bedürfnisse nach Zuneigung, Verständnis, aber auch nach Anregung nicht durch persönlichen Einsatz, mit Zuwendung, Fantasie und Kreativität befriedigt werden, sondern durch unpersönliche Mittel. Kinder werden mit Bonbons getröstet und stillgehalten. Kassetten, Fernsehen oder Video übernehmen die Unterhaltung, Eigenaktivität ist kaum noch erforderlich.

Wer als Kind gelernt hat, daß Bedürfnisse nach Trost und Lob, nach Zuwendung und körperlichem Kontakt immer wieder durch unpersönliche Mittel erwidert werden, der neigt auch später leicht dazu, sich mit diesen Mitteln über das, was ihm fehlt, hinwegzutrösten.

## Für's Leben lernen – aber wie?

Die gesellschaftliche Entwicklung der letzten Jahrzehnte hat unsere Lebensbedingungen und unseren Lebensstil stark verändert. Gefordert werden Mobilität und Flexibilität. Besonders Kinder und Jugendliche leiden darunter, wenn der Wohnort, die Umgebung gewechselt wird. Damit verbunden sind oft Anpassungsschwierigkeiten, Unsicherheit, Einsamkeit und Angst.

---

**Vehaltensweise f** wie man handelt und reagiert
**nachahmen** imitieren
**Geborgenheit f** Gefühl von Sicherheit
**flüchten** fliehen
**aufheben** verschwinden lassen
**Zuneigung f** Freundschaft, Liebe, Sympathie
**Zuwendung f** liebevolle Behandlung
**Trost m** Mitleid, das wieder Mut gibt
**Lob n** positive Reaktion auf jemandes Tat
**neigen zu** eine Tendenz zu etw. haben

## 15     TEXTÜBERBLICK

a)   Zu welchem Teil dieses Texts paßt jede Karikatur auf S. 273 am besten?

b)   Wie steht es im Text?

1. Weil sie das Alltagsleben nicht akzeptieren können, nehmen viele Leute Drogen

2. Es ist ein Teil des täglichen Lebens

3. Kinder imitieren ihre Eltern

4. Nicht alles, was Erwachsene dürfen, ist für Kinder erlaubt

5. Manche Jugendliche finden es schwer, Freundschaften aufzubauen

6. Manche meinen, ihre Eltern seien sehr unfair

7. Heutzutage haben Eltern weniger Zeit für ihre Kinder, geben ihnen dafür mehr Konsumgüter

8. Wer sich als Kind auf unpersönliche Mittel verlassen mußte, wendet sich auch später im Leben zu unpersönlichen Mitteln, um sich zu trösten

9. Jugendliche finden es schwer, wenn ihre Eltern in eine neue Stadt umziehen

# 16 Wortwörtlich

Finden Sie für jedes Wort auf der linken Seite mit Hilfe eines Wörterbuchs die richtige Definition auf der rechten Seite.

| | | | |
|---|---|---|---|
| 1. | erträglich | a) | Worte der Anerkennung |
| 2. | der Gebrauch | b) | die Liebe für jemanden |
| 3. | nachahmen | c) | auszuhalten |
| 4. | das Verhalten | e) | in Gefahr; dem Risiko ausgesetzt |
| 5. | die Zuneigung | f) | die Anwendung; wie man mit einem Mittel usw |
| 6. | der Einsatz | | umgeht. |
| 7. | die Zuwendung | g) | liebevolle Behandlung |
| 8. | das Lob | h) | sich wie eine andere Person verhalten |
| 9. | gefährdet | i) | verlangen |
| 10. | flüchten | j) | wie man in verschiedenen Situationen reagiert |
| 11. | fordern | k) | das Verhalten ändern, damit man wie andere |
| 12. | die Anpassung | | Leute aussieht oder sich benimmt |
| | | l) | das Engagement |
| | | m) | einen Ort schnell verlassen |

---

**GRAMMATIK:** *Adjektiv + Substantiv (2)*

● Wenn diese Wortgruppe keinen Artikel (der, ein, usw) hat, bekommt das Adjektiv eine besondere Endung

> *z.B.* *alte Häuser, guter Wein, Peters neuer Lehrer*
> *Wessen altes Auto ist das?*

● Diese Endungen verwendet man auch nach Zahlwörtern:
Im Singular: etwas, mehr, viel, wenig,
Im Plural: zwei, drei (usw.), mehrere, viele, wenige, einige

> *z.B.* *Hast du etwas deutsches Geld dabei?*
> *Ich gehe mit mehreren guten Freunden ins Kino*
> *Ich habe die Adressen vieler meiner Freunde in diesem Buch*

---

# 17

a) Die folgenden Beispiele sind im Text. Versuchen Sie, die Lücken auszufüllen, *bevor* Sie auf den Text zurückgreifen.

1. Der Gebrauch von gesellschaftlich toleriert . . . Drogen wird erlernt.
2. Zu oft wollen Eltern ihre Kinder nicht durch persönlich . . . Einsatz erziehen, sondern durch unpersönlich . . . Mittel stillhalten.
3. Jedes Kind hat ein Bedürfnis nach körperlich . . . Kontakt
4. Die Erfahrung lehrt, daß drogengefährdet . . . Jugendlich . . . viel . . . Bekannte haben aber wenig . . . Freunde.

b) Füllen Sie jetzt die Lücken in diesen Sätzen aus.

1. Das hängt in hoh . . . Maße davon ab, wie sie ihre Ängste und Gefühle verarbeiten können.
2. Das Verhalten in alltäglich . . . Konfliktsituationen muß auch erlernt werden, sowie ander . . . Verhaltensweisen.
3. Der an materiell . . . Wohlstand orientierte Lebensstil der Erwachsenen ist für viele von ihnen ganz fremd.
4. Die Berufschancen von vielen Jugendlich . . . sind schlechter als früher.
5. Merkmale für Drogenkonsum sind u.a. oft: übersteigert . . . aggressiv . . . Reaktionen oder desinteressiert . . . Ausweichen, ungewöhnlich . . . Hektik aber auch schleppend . . . Langsamkeit in den Bewegungen, rapid . . . Anstieg des Geldverbrauchs.

## 18 ▣ Phone-in

In einem Phone-in im Radio erzählte eine Teilnehmerin über einen Zwischenfall, den sie vor kurzem gesehen hatte.

a) Fassen Sie die Situation kurz zusammen, und sagen Sie, warum die Frau sich Gedanken machte.
b) Was die Frau gesehen hatte, war bestimmt illegal. Aber wie hätte sie dann vorgehen sollen? Versuchen Sie, die Vor- und Nachteile jeder der folgenden Reaktionen zu notieren.

- Überhaupt nichts tun
- Den Jugendlichen Vorhaltungen machen
- Sich bei dem Kioskbesitzer beschweren
- Den Kioskbesitzer anzeigen

Was hätten Sie in dieser Situation gemacht?

**19** Schreiben Sie einen Aufsatz zum Thema: ,,Jugendliche rauchen, weil sie nicht im klaren über die Gefahren sind.''

# ,,Aufhören, ja – aber bloß wie?''

SCHRITT FÜR SCHRITT FÜR SCHRITT FÜR . . .

Bis Du regelmäßig rauchst, sind mehrere Entscheidungen zu fällen, wobei eine auf der anderen aufbaut.

Kaufe ich mir selbst Zigaretten?

Sorge ich dafür, daß ich immer Zigaretten bei mir habe?

Rauche ich die erste Zigarette, die mir angeboten wird?

Kaufe ich nur das eine Päckchen oder noch ein zweites?

Probier ich's noch mal?

## 20    TEXTÜBERBLICK

Daß ein Genußmittel zu einem Suchtmittel wird, passiert nur bei z.B. Heroin sofort. Normalerweise kommt die Abhängigkeit schrittweise. Unten links steht eine Liste der Entscheidungen, die man trifft, vielleicht ohne es zu wissen, bis man tabaksüchtig wird. Versuchen Sie, sie in die richtige Reihenfolge zu bringen.

## 21    Fragen Sie ein paar Leute, die Raucher sind oder die mal geraucht haben, wie viele dieser Schritte sie gemacht haben. Bei denen, die mit dem Rauchen aufgehört haben, fragen Sie, an welchem Punkt sie ausgestiegen sind und ob es schwierig war. Vergleichen Sie Ihre Antworten mit den anderen in der Gruppe.

## 22    Wo ist dieses Mädchen wohl?

Was hat dieses Mädchen an der Hand? Warum?

Was liegt auf dem Boden neben ihr?

Wozu braucht sie das?

Warum sitzt sie so, den Kopf in die Hand gestützt, meinen Sie? Was denkt sie vielleicht?

# Endstation Drogensucht

JUDY hat gerade Entzug und sechs Monate Therapie hinter sich gebracht. Jetzt wartet die 22jährige, die in einer Notschlafstelle der Drogenberatung untergekommen ist, auf eine Wohnung und einen Platz in einer Umschulungsmaßnahme. Wegen einer Allergie kann sie nicht mehr in ihren erlernten Beruf als Bäckereifachverkäuferin zurück.

In die Abhängigkeit ist sie „einfach so" reingerutscht. „Meine Mutter und mein Stiefvater haben mich sehr streng erzogen, deshalb wollte ich von zu Hause weg", erinnert sich Judy an den Anfang vom Abstieg. Mit 18 Jahren zog sie bei den Eltern aus, doch da war dann plötzlich niemand mehr, der ihr sagte, was sie tun sollte. Jedes kleine Problem warf sie um, sie verdrängte es einfach mit Tabletten. „Meinem Arzt mußte ich einfach nur die richtige Story auftischen, dann bekam ich mein Rezept."

Irgendwann reichte die verordnete Dosis nicht mehr, und Judy besorgte sich ihre Trips in der Szene: „Ich hab' alles eingeworfen, was der Markt hergab, auch Heroin." Seelisch und körperlich total am Ende, hatte Judy höllische Angst davor, in den Knast zu kommen oder auf den Strich gehen zu müssen, um ihre tägliche Dosis zu finanzieren. Einfach raus – Judy probierte den Ausstieg: „Die ersten Tage habe ich durchgehalten, aber dann konnte ich nicht mehr schlafen." Schweißausbrüche, Durchfall, Muskel- und Magenkrämpfe schüttelten sie, sie konnte nicht mehr laufen. „Ich hab's vor Schmerzen nicht mehr ausgehalten und bin ausgerastet." Hilfe fand sie schließlich in der Drogenberatung – Einweisung ins Krankenhaus zum körperlichen Entzug, anschließend die Therapie.

ANDY dagegen steht noch auf der Warteliste für einen Therapieplatz. Genauso alt wie Judy, hat die 22jährige schon über zehn Jahre Drogenhölle hinter sich, seit sieben Jahren hängt sie an der Spritze. „Ich hatte echt ein behütetes Heim und verständnisvolle Eltern. Zu den Drogen bin ich aus Langeweile und reiner Neugierde gekommen", sucht das hübsche dunkelhaarige Mädchen nach den Ursachen für ihre Sucht. Ein geradezu klassischer Ein- und Abstieg: Mit zehn Jahren lernte sie die entsprechenden Leuten kennen und begann zu kiffen. Mit 13 hatte sie bereits alles außer Heroin ausprobiert. „Ich war total gegen Heroin und wollte auch meine Freunde davon abbringen. Außerdem hatte ich eine Riesenangst vor der Spritze." Doch eines Tages war kein anderer Stoff mehr da, und der Körper schrie nach dem Gift. Andy begann, Heroin zu rauchen und zu schnupfen.

Vollgepumpt mit Methadon, Heroin und Kokain, Arme und Handrücken von eitrigen Spritzenabszessen zerfressen, wurde sie schließlich in der Schweizer Szene auf dem Züricher Platzspitz von der Polizei aufgegriffen und nach der Festnahme ins Krankenhaus verlegt – Notoperation, um ein Haar hätte man ihre rechte Hand abnehmen müssen. Als Andy wieder einigermaßen auf den Beinen war, wurde sie nach Deutschland abgeschoben. Jetzt sitzt sie hier und wartet auf einen Therapieplatz: „Wenn ich zurückrechne, dann habe ich mir ein Vermögen in die Adern geschossen. Um über die Runden zu kommen, braucht ein Junkie drei mal täglich einen Schuß." Und ein Druck kostet zur Zeit 50 Mark.

⇨

**reinrutschen** etw. nicht absichtlich
machen
**verdrängen** unterdrücken,
verschwinden lassen
**auftischen** jmdm Lügen erzählen
**Knast m** das Gefängnis
**auf den Strich gehen** Prostituierte
werden
**kiffen** Haschisch rauchen
**um ein Haar** fast
**Vermögen n** sehr viel Geld
**Ader f** Blutgefäß
**kurz und bündig** knapp, kurz
**ausreißen** weglaufen

Auf legalem Weg kann kein Süchtiger die 4500 bis 5000 Mark im Monat aufbringen. „Ich finanziere meinen Bedarf mit Klauen und Dealen", gibt ALF auch ganz offen zu. Auf die Frage, wie er denn auf Drogen gekommen sei, antwortet er kurz und bündig mit „zuviel Freiheit". Weil seine Eltern beide arbeiteten und keine Zeit für ihn hatten, wuchs er bei seinen Großeltern auf. „Und die wurden einfach nicht mit mir fertig. Ich konnte tun und lassen, was ich wollte." Mit zwölf Jahren fing er an zu kiffen und zog mit älteren Freunden aus der Szene umher. Als die Großeltern starben, Alf war gerade 15 Jahre alt geworden, steckten ihn seine frischgeschiedenen Eltern ins Heim. Von dort riß er immer wieder aus, Alkohol, Joints, Trips und Tabs (Tabletten) beherrschten sein ganzes Denken und Tun.

Für kurze Zeit fand der heute 24jährige Halt in einer festen Beziehung. Doch als ihn die Freundin wegen eines anderen Mannes verließ, stürzte er endgültig ab: „Ich hab' immer mehr Drogen genommen, immer mehr Probleme mit der Polizei bekommen." Drogen, Einbrüche, Klauen, Knast, Drogen, ... für Alf gibt es keine Zukunft: „Mir ist alles scheißegal."

Nachtrag: Andy hat inzwischen die Zusage für einen Therapieplatz bekommen und diesen auch angetreten. Judy bekam inzwischen ein möbliertes Zimmer in nächster Zukunft zugesagt, hofft auf eine leichte Aushilfstätigkeit und gesteht, daß sie während der langen Warterei schon ein paarmal rückfällig geworden sei. Alf dagegen ist verschwunden, endgültig in der Drogenszene untergetaucht.

## 23    TEXTÜBERBLICK

Wer machte was? Alf, Andy, Judy erzählen hier ihre Geschichte. Machen Sie Notizen unter den folgenden Stichwörtern

|  | Judy | Andy | Alf |
|---|---|---|---|
| Familienleben |  |  |  |
| Erste Einnahme von Drogen |  |  |  |
| Grund dafür |  | |  |
| Jetzige Situation |  |  |  |
| Zukunftsprognose |  |  |  |

**24** Welche Ähnlichkeiten zwischen den drei Fällen merken Sie? Und welche Unterschiede? Hätten sie oder ihre Eltern das alles vermeiden können?

## *Mein Vater ist ein Säufer*

## 25     TEXTÜBERBLICK

a) Schon vom Titel her bekommen Sie eine Ahnung, worum es geht. Welche Probleme sind in der Familie eines Alkoholikers (bzw. einer Alkoholikerin) zu erwarten, Ihrer Meinung nach?

- für die Kinder
- für den Ehepartner/die Ehepartnerin
- für den Säufer/die Säuferin selbst

### ▣ Teil 1: Ist er Alkoholiker – oder ist er nicht?

## 26     TEXTÜBERBLICK

Hören Sie sich den ersten Teil an, dann bilden Sie Sätze aus den Ausdrücken unten. Dann bringen Sie die Sätze in die richtige Reihenfolge.

| | |
|---|---|
| 1 Erst vor einem Viertel Jahr . . . | A . . . hat sie ihren Vater mit einer Flasche Cognac erwischt. |
| 2 Vor drei Monaten . . . | B . . . hat sie richtig begriffen, was wirklich los ist. |
| 3 Im ersten Moment . . . | C . . . war er so richtig aufgedreht. |
| 4 An jenem Dezembermorgen . . . | D . . . hat sie etwas zum ersten Mal gemerkt. |
| 5 An den Wochenenden . . . | E . . . dachte sie, er hielt einen Becher. |
| 6 Am Samstagabend . . . | F . . . daß er geschwankt hätte. |
| 7 Es war nie so . . . | G . . . hat man sich doch ein Glas Bier verdient. |

# 27 Wortwörtlich

Hören Sie sich Teil 1 noch einmal an, und notieren Sie die Vokabeln, die mit Alkohol und seiner Wirkung zu tun haben.

## 28 Was halten Sie davon?

Was hätten Sie bei solchen Vorfällen gedacht? Wären Sie auch zu dem Schluß gekommen, daß der Vater Alkoholiker ist? Vergleichen Sie Ihre Ideen mit Ihren Klassenkameraden.

---

**GRAMMATIK:** *Register: gesprochenes und schriftliches Deutsch*

Zwischen gesprochenem und schriftlichem Deutsch sind einige wichtige Unterschiede zu merken. *Grammatik:* In der Umgangssprache sind grammatische Regeln weniger streng , z.B. in der Wortstellung, weniger Nebensätze und Konjunktionen.
*Wortschatz:* In der Umgangssprache verwendet man mehr Slang. Auch werden viele Ausdrücke abgekürzt.
*z.B.* **Ich hab's** nicht gewußt.

---

## Teil 2: Konfrontation mit dem Vater

## 29      TEXTÜBERBLICK

Hören Sie sich Teil 2 an, dann füllen Sie die Lücken aus:

Bis zu ......... Samstag ging das eigentlich. Mein Vater hat ......... so getan, als ......... es den Vorfall im Badezimmer nicht gegeben. Als ich danach mit meiner Mutter angefangen ......... zu reden, habe ich sie noch nie so heulen ......... Sie hat mir gesagt, daß sie's schon lange ......... Sie hatte ......... im Werkzeugschrank eine halbe Flasche Kognac gefunden. Zunächst wollte sie es nicht ......... , aber als am ......... Tag statt der halben eine volle Flasche drin stand, da ......... sie, was los war. Am Nachmittag haben wir versucht, mit Paps zu reden. Er hat rumgebrüllt und ......... ! Ich hätte ......... fast geglaubt. Vielleicht haben wir nur ......... gesehen, aus einer ......... einen ......... gemacht.

## 30 Wortwörtlich

Hören Sie sich Teil 2 noch einmal an, und machen Sie eine Liste der Vokabeln, die mit *Zorn* zu tun haben.

🔊 **Teil 3: Die jetzige Situation**

## 31      TEXTÜBERBLICK

Hören Sie sich den dritten Teil der Aufnahme an, und bilden Sie Sätze.

| | | |
|---|---|---|
| Ihr Vater | will | sich die Illusion von ihrer glücklichen Familie bewahren |
| Ihre Mutter | stellt sich vor, | die Abende zu Hause immer tierischer |
| Susanne | erschlägt | alle mit aufgesetzter Fröhlichkeit |
| | tut so, nerven | daß er immer mehr trinkt |
| | | nie mehr das Gefühl, mit ihrem Vater zu reden |
| | weiß, hängt | als sei alles in Ordnung |
| | | wie das sein muß, wenn einen der eigene Körper zwingt, Alkohol in sich hineinzuschütten |
| | hat | brütend in seinem Fernsehsessel |

**32**   Die folgenden Aussagen sind aus dem Hörtext. Was würde Susanne wahrscheinlich an Grammatik und Wortschatz ändern, wenn sie einen etwas formelleren schriftlichen Bericht über ihre Erfahrungen schreiben würde?

1. Gut drei Monate ist's her, da hab ich's zum ersten Mal gemerkt.
2. Ich mach die Tür auf.
3. Drin steht mein Vater, der hatte vergessen abzusperren.
4. Er war so fertig, daß er kaum einen Bissen runter gebracht hat.
5. Da dachte man, er hat halt heut mal bißchen was erwischt.
6. Er wollte, daß ich mit ihm über alles rede, so unter Erwachsenen.
7. An den Wochenenden so richtig aufgedreht und aufgekratzt.
8. Da hatte ich nie Bock drauf.
9. Als ich angefangen hab zu reden, da war's, als ob ein Damm bricht.
10. Er muß sich im Beruf reinstressen.

**33**   **Simulation**

Zunächst suchen Sie einen Partner aus. Dann entscheiden Sie, wer die Rolle von Susanne und wer die Rolle von ihrer Freundin oder ihrem Freund spielt. Susanne kommt zur Freundin (bzw. zum Freund) und bittet um Rat. Sie sollten den Dialog zwischen den beiden ausdenken. Das folgende könnte hilfreich sein:

● Du solltest weg von zu Hause.
● Versuch noch mal, deinem Vater klar zu machen, was er da tut.
● Du sollst ihn überreden, in Kontakt mit den Anonymen Alkoholikern zu treten.
● Du mußt deine Mutter überreden, ihn irgendwie zur Vernunft zu bringen.

**34**   Schreiben Sie einen Brief an Susanne. Erklären Sie ihr, wie sie mit dem Leben zu Hause zurechtkommen kann, ohne über das Problem ihres Vaters hinwegzusehen. Und wie kann sie ihrer Mutter (und, genauso wichtig, ihrem Vater) helfen?

# Grammar index

These grammar notes are not intended to be exhaustive. They cover the main points of what you should know, and some of the things which cause problems for students studying for higher level examinations.

| English term | German term | Definition | Example |
|---|---|---|---|
| **Adjective** | das Adjektiv (-e) | Describes characteristic of thing or person | *rot, neu, interessant* |
| **Adverb** | das Adverb (-ien) | Defines when, where, how, or how much – usually with verb, sometimes with adjective. May be word or phrase | *gestern, um acht Uhr oben, zu Hause schnell, mit dem Bus sehr* Ich spiele **gern** Fußball Ein **sehr** langes Buch |
| **Article:** definite article indefinite article | der Artikel (-): der bestimmte Artikel der unbestimmte Artikel | the a, an | *der, die, das ein, eine* |
| **Case** | der Fall (⁻e), der Kasus (-) | One of the 4 sets of words, or endings to words, used to show the relationship of nouns and pronouns to the verb in a sentence. Nominative – subject, Accusative – direct object, Genitive – possession, Dative – indirect object. Cases are also used after prepositions | **Er** liebt **sie**. **Der** Mann kauft **den** Wagen in **dem** Ausstellungsraum. |
| **Clause** | der Satz | Group of words relating to a verb. A sentence consists of one or more clauses. | |
| Main Clause | der Hauptsatz (⁻e) | Clause which makes sense on its own. | **Ich stand auf** und . . . |
| Subordinate clause | der Nebensatz (⁻e) | Clause which does not make sense on its own (because of first word – see *conjunction*). | **Als ich aufstand,** war sie . . . |
| **Comparative** | der Komparativ | Form of adjective/adverb *used when comparing.* | *Ich bin **kleiner** als du, aber ich kann **schneller** laufen.* |
| **Conjunction** | die Konjunktion (-en) | Joins two clauses | *Ich stehe auf **und** gehe nach unten. **Als** ich aufstand, war sie schon weg.* |
| **Noun** | das Substantiv (-e) | Names thing, person, idea, place etc. | *Buch, Mann, Maria, Liebe, Berlin* |

| | | | |
|---|---|---|---|
| **Object** <br><br> Direct object <br> Indirect object | das Objekt <br><br> das Akkusativobjekt <br> das Dativobjekt | Thing or person on receiving end of action Object is usually direct. If there are 2, direct object is the thing/person first affected by the action | *Ich schreibe **einen Brief.*** <br> *Ich schicke **ihm einen Brief**.* <br>     ↑      ↑ <br>   Indirect  Direct <br> (*Letter* has to be written before it can be sent to *him*, and is therefore Direct Object of verb) |
| **Participle** | das Partizip | Part of verb used as adjective/adverb | *Ein oft **gelesenes** Buch.* <br> *Ein **lesender** Schüler.* |
| **Passive** | der Passivsatz (¨e) | Form of verb in which the thing/person on the receiving end of the action becomes the "subject". | *Dieses Buch **wurde** von einem Deutschen **geschrieben**.* <br> *Jeden Tag **werden** Tausende von Autos gestohlen.* |
| **Preposition** | die Präposition (-en) | Shows the relationship of one thing or person to another | ***in** dem Buch, **für** ihre Mutter, **während** der Ferien* |
| **Pronoun** | das Pronomen (-), <br> das Fürwort (¨er) | Refers to noun or person which has been mentioned, or is understood | ***Diese** Schule,* <br> ***Ich** bin 18.* <br> ***Wir** kennen **uns** gut.* <br> *Das Haus, **das** er kaufte, . . .* |
| **Subject** | das Subjekt | the 'doer' of the action (verb) | ***Ich** schreibe den Brief.* |
| **Subjunctive** <br><br><br> Konjunktiv 1 <br> Konjunktiv 2 | der Konjunktiv | Form of verb for supposed action or for reporting possible untruths. <br> Used for indirect speech <br> Used for conditions, wishes which may not actually be fulfilled. | <br><br><br> *Er sagte, er **sei** krank.* <br> *Wenn ich reich **wäre**, **würde** ich nach Amerika fahren.* |
| **Superlative** | Der Superlativ | form of adjective/adverb which indicates superiority | *Ich bin **der kleinste** in der Klasse, aber ich kann **am schnellsten** laufen.* |
| **Verb** <br> **Stem Ending** <br><br><br> | Das Verb (-en) <br> Der Stamm (¨e) <br><br> Die Endung (-en) | <br> The **stem** of the verb contains the meaning <br> The **ending** indicates type of subject and tense. | <br> Stamm ←   → Endung <br>   ↓        ↓ <br> *kauf –*     *en* <br> *du kauf –*   *st* <br> *er kauf –*   *t* |
| **Auxiliary** | Das Hilfsverb (-en) | verb which helps to form other tenses and verb forms. <br> *haben & sein* – perfect tense <br> *werden* – future tense <br> *können,*      }  – moods <br> *müssen* etc  } | <br><br> *Ich **habe** ihn gesehen.* <br> *Meinst du, sie **wird** es schaffen?* <br> *Ich **will** nicht arbeiten, aber ich **muß**!* |

| | | | |
|---|---|---|---|
| **Infinitive** | Der Infinitiv/die Stammform | Basic form of the verb, from which all tenses are formed. | **Lesen** *ist der Infinitiv von lese, liest, las, hat gelesen.* |
| **(In)transitive** | (In)transitiv | Verb which has no direct object is intransitive. | Transitiv: *Ich lese ein Buch im Wohnzimmer.* Intransitiv: *Ich lese im Wohnzimmer.* |
| **(In)separable** | (Un)trennbar | An separable verb has a prefix which is separated from the verb in most uses. | Trennbar: *Der Zug* **kommt** *um 7 Uhr* **an**. Untrennbar: *Ich bekomme eine Tasse Kaffee.* |
| **Modal verb** | Das Modalverb (-en) | Indicates something of the manner of an action used with other verbs to express ability, desire, obligation, etc. | *müssen, können, dürfen wollen, sollen, mögen.* *Ich* **möchte** *dich besuchen, aber ich* **muß** *zu Hause bleiben.* |
| **Strong** | Stark | A strong verb indicates tense etc. by predictable changes to both stem and ending. | singen: *singt, sang, hat ge***sung**en finden: *findet, fand, hat ge***fund**en |
| **Weak** | Schwach | A weak verb indicates tense etc. by changes to ending but not to stem. | wohnen: *wohnt, wohnte, hat gewohnt* |

# A   The Article

German usually uses the article very much as in English; the following important differences should be noted.

## A1   Article used in German but not in English

| | | |
|---|---|---|
| 1. | with masculine and feminine place names | in **der** Schweiz<br>in **der** Bahnhofstraße (N.B. Er wohnt Bahnhofstraße 15) |
| 2. | dates, seasons, months, parts of the day | **am** 6. April<br>**im** Herbst; **im** Juni<br>**am** Morgen |
| 3. | with names preceded by an adjective | **das** heutige Frankreich *modern France*<br>**die** arme Anna! |
| 4. | colloquially with names | Kennst du **den** Frank? |
| 5. | with *meist-* | **die** meisten Leute – *most people* |
| 6. | in a number of set phrases | bei**m** Frühstück<br>**zum** Mittagessen<br>mit **der** Bahn<br>nach **der** Schule<br>in **die** Stadt |

## A2   Article used in English, but not in German

| | | |
|---|---|---|
| 1. | Nationality, profession, rank where no adjective is used | Er ist Ausländer.<br>Sie ist Engländerin.<br>Er arbeitet als Vertreter – . . . *as a sales rep* |
| 2. | In a number of set phrases e.g. | Ich habe Fieber – . . . *a temperature*<br>Er bekommt viel Besuch – *He has a lot of visitors*<br>mit lauter Stimme – *in a loud voice* |

## A3   Other variations

| | | |
|---|---|---|
| 1. | Article (not possessive) Frequently in German with parts of the body and clothing<br>Measures, amounts | Er schüttelte mir **die** Hand – *He shook my hand*<br>Ich zog **den** Pullover aus – *I took off my pullover*<br>3 Mark **die** Flasche – *3DM a bottle*<br>einmal **im** Monat – *once a month* |
| 3. | Both German and English omit the article with groups of nouns related in context | Es geht um Leben und Tod – *It's a matter of life and death*<br>Krieg und Frieden – *war and peace* |

## A4   Some, any (partitive article)

| sing. | ein bißchen<br>ein wenig<br>etwas | plural. | einige<br>ein paar |
|---|---|---|---|

These are not used (as equivalents of *some*, *any*) unless the restricted amount is to be emphasised.
Hast du Geld dabei? – *Have you got any money with you?*
Mit etwas Salz und Pfeffer aus der Mühle würzen – *Flavour with a little salt and ground pepper (Instruction from recipe)*

# B  Nouns

## Some irregular types of noun

| | Singular – definite article | Singular indefinite article | Plural |
|---|---|---|---|
| *Nom* | der Deutsche | ein Deutscher | die Deutschen |
| *Acc* | den Deutschen | einen Deutschen | die Deutschen |
| *Gen* | des Deutschen | eines Deutschen | der Deutschen |
| *Dat* | dem Deutschen | einem Deutschen | den Deutschen |

Other examples:
die Deutsche, eine Deutsche – *a German (woman)*
die Anwesenden (pl) – *those present* (uses present participle of verb)
der Kriegsgefangene – *prisoner of war* (uses past participle of verb)
der Alte – *the old man*
die Alte – *the old woman*
das Alte – *the old (things).*
Das Neue ersetzt das Alte – *The new replaces the old.*

2.  **Adjectival nouns** are often used with **nichts**, **etwas**, **allerlei** and **alles**. Note the endings.
Ich habe **etwas Schönes** für sie zum Geburtstag gekauft
*I've bought something nice for her birthday*
Er hat für das Wochenende **nichts Besonderes** vor.
*He's not planning anything special for the weekend.*
**N.B.**  **Alles Gute** zum Geburtstag!
*Happy Birthday!* (no -s on adjective after **alles**)

## B1  Adjectival Nouns

1.  *Adjectives* can be used as nouns, as can present and past participles of a verb. They still take adjective endings, as if they were still followed by a noun – See 253 for these.
e.g. der Deutsche – *the German (man)*

## B2  Weak masculine nouns

These almost always refer to people, and add **-(e)n** in all cases. Singular and plural, except nominative singular.

| | *singular* | *plural* |
|---|---|---|
| Nom | der Franzose | die Franzosen |
| Acc | den Franzosen | die Franzosen |
| Gen | des Franzosen | der Franzosen |
| Dat | dem Franzosen | den Franzosen |

They may be divided into the following groups:

1.  Masculine nouns ending in **-e**: der Jung**e**, der Kund**e** (*customer*), and including several nationalities: ein Schott**e**, ein Russ**e**

2.  Many foreign nouns; note that the final syllables are stressed: der Photograph (*photographer*), der Demokrat, der Soldat, der Polizist, der Sozialist, der Präsident, der Student

3.  A number of other nouns, most important of which are: der Bauer (*farmer*), der Bayer (*Bavarian*), der Christ (*Christian*), der Herr (*gentleman*), der Mensch (*human being*), der Nachbar (*neighbour*)
**N.B.1**  A very few weak masculine nouns refer to objects: der Automat (*vending/slot machine*), der Paragraph, der Planet
**N.B.2**  A few weak masculine nouns add **-s** in the Genitive singular: e.g. der Gedanke (*thought*), der Glaube (*belief*), der Name.

# C The Cases

## C1 Case Endings

| Group | Case | SINGULAR | | | PLURAL |
|-------|------|----------|---|---|--------|
| | | *Masculine* | *Feminine* | *Neuter* | |
| 1. | Nom | der gut**e** Mann | di**e** jung**e** Frau | das klein**e** Kind | di**e** jung**en** Frauen |
| | Acc | d**en** gut**en** Mann | di**e** jung**e** Frau | das klein**e** Kind | di**e** jung**en** Frauen |
| | Gen | des gut**en** Mann**es** | d**er** jung**en** Frau | des klein**en** Kind**es** | d**er** jung**en** Frauen |
| | Dat | d**em** gut**en** Mann | d**er** jung**en** Frau | d**em** klein**en** Kind | d**en** jung**en** Frauen |
| 2. | Nom | ein gut**er** Mann | eine jung**e** Frau | ein klein**es** Kind | kein**e** gut**en** Männer |
| | Acc | ein**en** gut**en** Mann | eine jung**e** Frau | ein klein**es** Kind | kein**e** gut**en** Männer |
| | Gen | ein**es** gut**en** Mann**es** | ein**er** jung**en** Frau | ein**es** klein**en** Kind**es** | kein**er** gut**en** Männer |
| | Dat | ein**em** gut**en** Mann | ein**er** jung**en** Frau | ein**em** klein**en** Kind | kein**en** gut**en** Männer**n** |
| 3. | Nom | jung**er** Mann | jung**e** Frau | klein**es** Kind | klein**e** Kinder |
| | Acc | jung**en** Mann | jung**e** Frau | klein**es** Kind | klein**e** Kinder |
| | Gen | jung**en** Mann**es** | jung**er** Frau | klein**en** Kind**es** | klein**en** Kinder |
| | Dat | jung**em** Mann | jung**er** Frau | klein**em** Kind | klein**en** Kinder**n** |

### TIPS:
- Groups 1 and 2 are the most commonly used. Learn these first.
- In groups 1 and 2 the adjectives always end in **-en** except after the 'basic' words *der/die/das* and *ein/eine/ein*.
- The plural words for 'the' are easily remembered: the first two words in the feminine box (*die, die*) followed by the first two words in the masculine box (*der, den*)
- Group 3 endings are the same as those on the article *der/die/das*, with the exception of Genitive singular

### Notes
*Group 1* endings are used after the definite article (der, die, das) and after:

| | | | |
|---|---|---|---|
| dieser | – *this, these* | mancher | – *many a* |
| welcher? | – *which?* | solcher | – *such a* |
| jener | – *that, those (literary)* | | |

e.g.   *Mit welch**em** Bus kommt man in die Stadt?*
   *Dies**es** Buch gehört mir nicht*

*Group 2* endings are used after the indefinite article (ein, eine) and its negative (kein), and after the possessive adjectives:

| | | | |
|---|---|---|---|
| mein | – *my* | unser | – *our* |
| dein | – *your* | euer | – *your* |
| sein | – *his* | ihr | – *their* |
| ihr | – *her* | Ihr | – *your* |
| sein | – *its* | | |

e.g.   *Das ist das Auto unser**er** Mutter*
   *Wir haben eur**en** Brief nicht bekommen*

*Group 3* endings are used when there is only no article before the adjective, and after numbers, (including indefinite numbers).
e.g.   *drei kleine Kinder*
   *viele kleine Kinder*

Common examples of these indefinite numbers are:

| a) *Followed by singular noun:* | | b) *Followed by plural noun:* | |
|---|---|---|---|
| viel | – *a lot, much* | viele | – *many, lots of* |
| wenig | – *little* | wenige | – *few* |
| all | – *all* | alle | – *all* |
| ein bißchen | – *a little, a bit* | mehrere | – *several* |
| ein wenig | – *a little* | einige | – *several* |
| etwas | – *some* | andere | – *other* |
| | | einzelne | – *individual* |
| | | sonstige | – *other, further* |
| | | verschiedene | – *various* |
| | | ein paar | – *a few* |

Those in set a) never change their endings, with the exception of **all** – see below. Those in sep b) change their endings, with the exception of **ein paar**.

e.g.   *Er hat **viel** Geld*

   *Er hat **viele** Freunde*

   *Ich fahre mit* | *ein paar* | *guten Freunden in Urlaub*
   | *einigen* |
   | *mehreren* |

**N.B.**   *all/alle*.

**all** does not add endings when used with definite article or a possessive adjective

e.g.   **all** *meine Freunde*

   *mit **all** dem Geld*

**all/alle** add endings in both singular and plural in all other instances

e.g.   *Sie hat **allen** Grund dazu* – *She has every reason to do so*

   *Er wünschte mir **alles** Gute* – *He wished me all the best*

## C2   The Cases – summary of uses

| Case | Use in sentence structure | Other uses |
|---|---|---|
| **Nominative** | ● Subject of verb:<br>*Ich wohne in Berlin.*<br>*Woher kommst du?*<br>*Wer is das?* | ● After **sein, werden, bleiben** (because subject and object both refer to the same thing or person)<br>*Er ist **ein guter** Ingenieur*<br>*Er bleibt **mein Freund*** |
| **Accusative** | ● Direct object of verb<br>*Wer fährt **den Wagen?*** | ● After these prepositions: (See D1)<br>**bis, durch, entlang, für, gegen, ohne, um**<br>● After these prepositions when movement towards is implied: (See D3)<br>**an, auf, hinter, in, neben, über, unter, vor, zwischen** |
| **Genitive** | | ● Shows possession (~'s in English)<br>*Die Mutter **meines Freundes***<br>(N.B.   *used mainly in written German.*)<br>*Spoken German tends to prefer* **von + Dat.**:<br>*Die Mutter **von meinem Freund***<br>● After these prepositions: (See D4)<br>**während, wegen, statt, trotz, innerhalb, außerhalb, jenseits, um . . . willen** |
| **Dative** | ● Indirect object of verb<br>*Sie schenkten **ihm** ein neues Fahrrad.*<br>*Ich habe **meiner** Schwester ein Geschenk gekauft.* | ● After these prepositions: (See D2)<br>**außer, bei, gegenüber, mit, nach, seit, von, zu**<br>● After these prepositions when they refer to place where action took place: (See D3)<br>**an, auf, hinter, in, neben, über, unter, vor, zwischen**<br>● After certain verbs, e.g. **helfen, begegnen**<br>*Sie hilft **ihrem** Vater.* |

## C3 Apposition

A noun in apposition explains or clarifies the noun or pronoun which precedes it, and so is in the same case.

Der Ausländer, **ein junger Deutscher**, suchte ein Hotel.

Ich besuche meinen Freund, **den Bauer**.

Sie wohnen in Freiburg, **einer schönen Stadt im Südwesten**.

N.B. in der Zeitschrift „**Der Spiegel**"; in seinem Roman „**Der Zauberberg**"

# D Prepositions

It is impossible to give a complete list here of all the prepositions together with their possible uses and English equivalents. The basic uses will already have been learned; you should note new variants as they arise. The common prepositions are given here.

## D1 Prepositions followed by the Accusative

bis – *till, by, as far as*
durch – *through, by (means of)*
entlang – *along*
für – *for*
gegen – *against, towards, about, approximately*
ohne – *without*
um – *round, at (time), by*

**bis** is usually followed by another preposition before a form of the article – Er bleibt **bis** Montag. BUT . . . **bis zu** dem Wochenende.

**entlang** usually follows the noun – *Sie läuft die Straße* **entlang.**

## D2 Prepositions followed by the Dative

aus – *out of, made of*
außer – *besides, except*
bei – *at, near, in,*
gegenüber – *opposite*
mit – *with, by*
nach – *to, after, according to*
seit – *since, for (time)*
von – *from, of, by (someone)*
zu – *to, on, for*

**gegenüber** usually follows the noun/pronoun – unserem Haus **gegenüber/gegenüber** unserem Haus – *opposite our house*

**nach** follows the noun/pronoun when used to mean "according to" – meiner Meinung **nach** – *in my opinion*

**seit** Note tense usage – Ich wohne **seit** 1987 hier – *I've been living here since 1987*
Ich kannte sie **seit** sechs Wochen, als . . . – *I had known her for six weeks, when . . .*
*BUT:* Wir haben sie seit langem nicht gesehen – *We haven't seen them for ages* (perfect tense because negative)

## D3 Prepositions followed by the Accusative or Dative

*Accusative* to indicate *movement forward, towards. Dative* to indicate *where* something is (happening).

an – *at, to, by, on (up against)*
auf – *on (top of)*
hinter – *behind*
in – *in, into*
neben – *next to, near*
über – *above, via*
unter – *under, among*
vor – *in front of, before, ago*
zwischen – *between*

Sie lief **in die** See – *She ran into the sea*
Sie schwamm **in der** See – *She was swimming in the sea*
Note also: Er fuhr **an** mir **vorbei** – *He drove past me*

## D4 Prepositions followed by the Genitive

trotz★ – *in spite of*
während★ – *during*
wegen★ – *because of*
statt/anstatt★ – *instead of*
außerhalb★★ – *outside*
innerhalb★★ – *inside*
oberhalb★★ – *above*
unterhalb★★ – *below*
diesseits★★ – *this side of*
jenseits★★ – *that side of*

★ These prepositions are often *colloquially* used with the dative, particularly when followed by a pronoun:
**Wegen** dir müssen wir zu Hause bleiben – *Because of you we have to stay in*
**Wegen** des Wetters müssen wir zu Hause bleiben – *Because of the weather we have to stay in*

★★ The remaining prepositions are frequently used with **von + dative** – **außerhalb von dem** Dorf, or: **außerhalb des** Dorfs *outside the village*

# E Adjectives and Adverbs

## E1 Adjectives and case endings

Adjectives may be used in one of two positions:
- after the verb: no case ending.
    Der Mann is alt.
    Der Junge sieht dumm aus.
- before the noun: case ending required.
    Ein **alter** Mann
    Ich habe meinen Kuli verloren; ich **muß** einen **neuen** kaufen. (*i.e. einen neuen Kuli*)

## E2 Irregular Forms

1. A very few adjectives do not usually add case endings (all denote colour, and all are foreign in origin) e.g.

   lila       orange       rosa

   > Er sieht die Welt durch eine **rosa** Brille – *He sees the world through rose-tinted glasses*

2. Town-names used as adjectives add **-er**, but no case endings –

   > Die Frankfurt**er** Allgemeine Zeitung
   > Der Stuttgart**er** Flughafen

3. **hoch** followed by a vowel becomes **hoh** – ein **hohes** Gebäude – *a tall building*

4. Adjectives ending in **-el** drop the **-e-** when followed by a vowel

   > eine dunk**le** Nacht – *a dark night*

   Adjectives ending in **-er** sometimes do so –

   > ein teu**res** Auto

## E3 Participle constructions

In formal or journalistic German, a relative clause can be replaced by a phrase based round a present or past participle before the noun:

1. Die Arbeiter, **die seit zwei Wochen streiken**, haben kein Geld mehr.

   > Die seit **zwei Wochen streikenden** Arbeiter haben kein Geld mehr.

2. Die Städte, **die durch Bombenangriffe zerstört wurden**, mußten neu gebaut werden.

   > Die **durch Bombenangriffe zerstörten** Städte mußten neu gebaut werden.

## E4 Adverbs

1. Most adjectives can be used as adverbs, without adding a suffix as is the practice in English (*-ly*). They do not add case endings.

   e.g. Sie liest schnell

2. *hin* **and** *her* **are used to indicate direction**

   *hin* and *her* are often used like prefixes to separable verbs, or can be combined with prepositions or interrogatives to indicate direction.

   *hin* – movement away from the speaker or point of reference

   *her* – movement towards the speaker

   e.g. *Wo wohnst du?*
   *Wohin fährst du auf Urlaub?*
   *Woher kommst du?/*
   *Wo kommst du denn her?*
   *Ich habe den ganzen Aufsatz hingeschrieben.*
   *Sie ging in das Zimmer hinein.*

3. **Adverbs + Dative**

   Some adverbs are used with the Dative. Some examples:

   | | |
   |---|---|
   | ähnlich | Peter ist *seinem Vater* ähnlich. |
   | bekannt | Er ist *mir* nicht bekannt. |
   | leid | Die Familie tut *mir* sehr leid. |
   | peinlich | Die Situation ist *mir* sehr peinlich. |
   | treu | Er blieb *seiner Frau* treu. |

4. **Adverbs + prepositions**

   Some adverbs are usually followed by certain prepositions, (or *da(r)* + preposition – see p204). Here is a list of some of the less obvious ones.

   | | |
   |---|---|
   | begeistert von + Dat | *enthusiastic about* |
   | beliebt bei + Dat | *popular with* |
   | böse auf + Acc | *angry at* |
   | beunruhigt über + Acc | *worried about* |
   | eifersüchtig auf + Acc | *jealous of* |
   | fähig zu + Dat | *capable of* |
   | interessiert an + Dat | *interested in* |
   | neidisch auf + Acc | *envious of* |
   | stolz auf + Acc | *proud of* |
   | verwandt mit + Dat | *related to* |

## E5 Comparative and Superlative (Adjectives and Adverbs)

1. Add **-er** (*comparative*) or **-(e)st** (*superlative*) –

   | | comparative | superlative |
   |---|---|---|
   | schnell | schnell**er** | schnell**ste**/am schnell**sten**★ |
   | langsam | langsam**er** | langsam**ste**/am langsam**sten**★ |

   ★ Use e.g. schnell**ste** (plus normal adjective endings) when followed by a noun (stated or understood) and **am** schnell**sten** where there is no noun (i.e. predicatively) or as an adverb –

   > Ein VW Polo ist ein ziemlich kleines Auto, aber ein Mini ist das klein**ste**

   > Ein VW Polo ist klein, aber der Mini ist **am** klein**sten**

2. Adjectives/adverbs which add ¨ in the comparative and superlative:

   e.g. alt, älter, älteste (all are one-syllable words except for gesund)

   | | | |
   |---|---|---|
   | alt | lang | stark |
   | jung | kurz | schwach |
   | klug | warm | krank |
   | dumm | kalt | gesund |
   | arm | grob | oft |
   | blaß | hart | rot |
   | glatt | naß | scharf |
   | | schwarz | schmal |

3.   *Irregular comparatives*

**adjectives**

| | | |
|---|---|---|
| groß | größer | größte/am größten |
| gut | besser | beste/am besten |
| hoch | höher | höchste/am höchsten |
| nah | näher | nächste/am nächsten |
| viel★ | mehr★ | meiste/am meisten |

**adverb**

| | | |
|---|---|---|
| gern | lieber | am liebsten |

★ these two words do not add adjective endings

*Phrases using the comparative and superlative*

kleiner als – *smaller than*

(nicht) so klein wie – *(not) as small as*

immer kleiner – *smaller and smaller*

ein älterer Mann – *an elderly man*

je älter sie wird, desto mehr ißt sie – *the older she gets, the more she eats.*

# F  Pronouns

## F1   Personal pronouns

*singular*

| Nom. | Acc. | | Dat. |
|---|---|---|---|
| ich | mich | | mir |
| du | dich | | dir |
| er | ihn | | ihm |
| sie | sie | | ihr |
| es | es | sich | ihm |
| man | einen | | einem |

*plural*

| Nom. | Acc. | | Dat. |
|---|---|---|---|
| wir | uns | | uns |
| ihr | euch | | euch |
| sie | sie | | ihnen |
| | | sich | |
| Sie | Sie | | Ihnen |

### TIP

● Note that the endings on the 3rd person (er/ihn/ihm, sie/sie/ihr, es/es/ihm, sie/sie/ihnen) are the same as the endings on the definite article (der/den/dem, die/die/der, etc.)

**N.B.**   In letter-writing, not only **Sie/Ihnen** but also du/dich/dir, and ihr/euch begin with capital letters. (Also possessive adjectives **dein-, euer-, Ihr-**)

e.g. Vielen Dank für **Deinen** Brief. Hoffentlich habt *Ihr* . . .

## F2   Prepositions with personal pronouns

Referring to *people*: **preposition + pronoun**

e.g. Fährst du mit **uns** in Urlaub?

Referring to *things*: **da(-r-) + preposition**

e.g. Wo ist mein Kuli? Ich will **damit** schreiben.

Siehst du **den** Tisch? Dein Kuli liegt **darauf**.

## F3   Relative pronouns

| | Masc | Fem | Neuter | Plural |
|---|---|---|---|---|
| Nom | der | die | das | die |
| Acc | den | die | das | die |
| Gen | dessen | deren | dessen | deren |
| Dat | dem | der | dem | denen |

The preceding noun indicates gender and number; the case is indicated by the pronoun's role in its own clause.

1.   The *relative pronoun* cannot be left out in German

Das Buch, **das** ich lese, ist sehr interessant – *The book (which) I'm reading is very interesting*

Der Junge, mit **dem** sie befreundet ist, ist sehr nett – *The boy she's friendly with is very nice*

2.   *whose* (**dessen** or **deren**) is not affected by a preposition

Die Familie, mit **deren** Kinder . . . – *The family, with whose children . . .*

3.   **Was** is used after e.g. alles, nichts, etwas, and elsewhere where there is no preceding noun

Ich glaube alles, **was** sie gesagt hat.

Das einzige, **was** mir gefiel, war . . . – *The only thing I liked was . . .*

Weißt du, **was** er gesagt hat?

4.   *Anyone who* – **wer**

Wer so was tun kann, muß sehr tapfer sein – *Anyone who can do that must be really brave*

5.   *Preposition + relative pronoun*: **da(r)- +** preposition is not used with relative pronouns.

Der Notizblock, **auf dem** du schreibst, ist aus Altpapier – *The pad you're writing on is made of recycled paper.*

If the 'base' relative pronoun is *was*, then use **wo(r)- + preposition**

e.g. Meine Tante hat mir DM100 geschenkt, **was** mich sehr gefreut hat.

Meine Tante hat mir DM100 geschenkt, **worüber** ich mich sehr gefreut habe.

6.   *When* as a relative pronoun – Note use of preposition + relative pronouns and **wo**

Der Abend, **an dem** sie abfuhr . . .

In dem Augenblick, **wo** . . .

**als** may also be used here, but not **wenn**

## F4   Other pronouns

1. **Wer?** – *Who? (Interrogative pronoun)*

   Nom   Wer?
   Acc   Wen?
   Gen   Wessen?
   Dat   Wem?

   Unlike English usage, where "whom" is disappearing, all forms of **wer** are in normal use in German.

   **Wen** suchst du? – *Who are you looking for?*
   Bei **wem** wohnt sie? – *Who's she staying with?*
   **Wessen** Sohn ist das? – *Whose son is that?*

2. **Was?** – *What? (Interrogative pronoun)*

   When used with a preposition, **was** is replaced by **wo(r)-**
   **Worauf** wartest du? – *What are you waiting for?*
   **Wozu** ist denn das? – *What's that for?*

3. **Was für?** – *What sort of?*

   Not necessarily followed by the accusative demanded by *für.*

   e.g. Was für ein Mann ist er?
   In was für ein**em** Haus wohnen sie?

4. **(That's) mine, yours, etc.** *(Possessive pronouns)*

   Use **mein-, dein-, sein-** etc. with endings as for Group 2 adjectives (C3) EXCEPT in the Nominative singular

   Masc   mein**er**
   Fem    mein**e**
   Neut   mein**es**

   Siehst du die zwei Wagen da drüben? Mein**er** war ziemlich günstig, aber mein Bruder hat DM90 000 für sein**en** bezahlt.
   *You see the two cars over there? Mine was quite reasonable, but my brother paid DM90 000 for his*

5. **Einer, eine, eines, etc.** *One (of the)*

   Endings as for possessive pronouns above –
   Siehst du die zwei Wagen da drüben? Ein**er** gehört mir. – *You see those two cars over there? One (of them) is mine.*

6. **This, that** *(Demonstrative pronouns)*

   **das** is used in a general sense
   **Das** ist ja schön! – *That's really beautiful!*
   **dieser, diese, dieses** are used for *this, these*
   **der, die, das** are used for *that, those*
   (jener, jene, jenes are used infrequently in modern German)
   **Dieser** ist billiger, aber **der** hier gefällt mir am besten – *This one's cheaper, but I like that one best.*

7. **Jemand, niemand** – *(Someone, no-one)*

   These may be found with or without endings. If endings are used, they are as follows:

   Nom   jemand
   Acc   jemand, jemanden
   Gen   jemand(e)s
   Dat   jemand, jemandem

Ich kenne **jemand(en)**, der den Unfall gesehen hat.
Der Polizist spricht mit **jemand(em)**, der vermutlich den Unfall gesehen hat.

# G   Word Order

The most important question (because it arises in every sentence you write) in checking word order is the *position of the verb*. There are only two rules to be mastered here (See G1 and G2).
There are two other rules of word order which govern:
   the *order of adverbs* (if there is more than one) G3.1 and G3.3.
   the *order of objects,* (if both direct and indirect appear in the same sentence).

## G1   Position of the verb

1. **Main clause** *(i.e. a clause which makes sense on its own)*
   - *Finite verb is the second idea* (not necessarily the second word)
   - The *first idea* can be the subject, an adverb, or even the direct object. See p000
   - *All other parts of the verb* (infinitive/prefix/past participle) *stand at the end of the clause.*

   e.g.

   | First idea | Finite verb | | Other parts of verb |
   |---|---|---|---|
   | Ich | stehe | um sieben Uhr | auf |
   | Um sieben Uhr | stehe | ich | auf |
   | Ich | muß | um sieben Uhr | aufstehen |
   | Um sieben Uhr | bin | ich | aufgestanden |
   | Soviel Geld | habe | ich nicht! | |

2. **Subordinate clause** (i.e. a clause which does not make sense on its own, usually because of the first word – wenn, weil, etc.)
   - Finite verb goes to the end of the clause.
   - Subject must stand after conjunction. (Adverbs must come later)

   | Subord. conjunction | Subject | | Verb |
   |---|---|---|---|
   | **Weil** | ich | um sieben Uhr | aufstehe, . . . |
   | **Obwohl** | ich | um sieben Uhr | aufstehen *muß,* . . . |
   | **Nachdem** | ich | um sieben Uhr | aufgestanden *bin,* . . . |

3. **Sentences consisting of several clauses**
   A simple sentence consists of one main clause.

Very often a sentence is made up of a main clause plus one or two subordinate clauses – more than two will lead to confusion. Follow the rules as given above, but *note that if the subordinate clause comes first, it counts as the first idea and must be followed by the verb of the main clause.*

- **Main clause followed by subordinate clause:**

| Main clause | Comma | Subordinate clause |
|---|---|---|
| Ich **muß** um 7 Uhr **aufstehen** | , | *weil* der Zug um 7.40 **abfährt**. |

- **Subordinate clause followed by main clause:**

| Subordinate clause | Comma | Main clause |
|---|---|---|
| *Weil* der Zug um 7.40 **abfährt** | , | **muß** ich um 7 Uhr **aufstehen**. |

## TIP

- Note the **verb comma verb** pattern in the middle of the sentence.

## G2 Conjunctions

Conjunctions are used to link one clause to another. They are always the first word in the clause.

Any clause which begins with one of these is a subordinate clause, and needs a main clause to complete its sense.

1. **Subordinating conjunctions** always stand at the head of a subordinate clause. As well as relative pronouns (see F2) they include

| | |
|---|---|
| als – *when, as, than* | ob – *whether* |
| als ob – *as if* | obwohl – *although* |
| bevor – *before* | ohne daß – *without* |
| bis – *until* | seit/seitdem – *since* |
| da – *as, because* | sobald – *as soon as* |
| damit – *so that, in order that* | so daß – *so that, with the result that* |
| daß – *that* | solange – *as long as* |
| falls – *in case, if* | während – *while* |
| nachdem – *after* | weil – *because* |
| | wenn – *if, when, whenever* |

How to say **when** in German:

- **als**   Once in the past: **Als** ich gestern aufgestanden bin, war es schon spät.

- **wann**   Questions   **Wann** fahren wir ab? Ich weiß nicht, **wann** wir abfahren.

- **wenn**   Present   **Wenn** der Zug in Köln ankommt, müssen wir umsteigen.

     Future   **Wenn** du ihn morgen siehst, gib ihm bitte diesen Brief.

     Whenever (all tenses)   Jedesmal, **wenn** ich mit dem Computer arbeite, gibt es Probleme.

2. **Co-ordinating conjunctions**

These join two clauses of the same type – usually two main clauses, occasionally two subordinate. In other words, the second clause has the same word-order as the first.

There are four main co-ordinating conjunctions:

     und – *and*
     aber – *but*
     oder – *or*
     denn – *because, for, as*

e.g.

**Main clause + main clause**

Meine Eltern **fahren** nach Spanien, *aber* ich **bleibe** zu Hause.

Ich **stehe** um sieben Uhr auf *und gehe* dann ins Badezimmer.

     *(Here the subject* ich *is the same in both clauses; there is no need to repeat it before* gehe, *or to separate the clauses with a comma.)*

Ich **stehe** um sieben Uhr auf, *und dann gehe ich* ins Badezimmer.

     *(Conjunction now followed by adverb* dann, *so subject* **ich** *must be re-stated. Clauses separated by comma.)*

**Subordinate clause + subordinate clause . . .**

**Wenn** meine Eltern nach Spanien **fahren**, *und* ich kein Geld **habe**, . . .

     *(Sentence still needs main clause to complete sense: . . .muß ich zu Hause bleiben)*

3. **Adverbs** can also be used as conjunctions, and are then followed by the verb. The commonest are:

     also – *so*
     außerdem – *besides*
     deshalb – *so, that's why*
     kaum – *hardly*
     sonst – *otherwise, or else*
     trotzdem – *in spite of that*

Wir müssen gehen, **sonst** verpassen wir den Zug. – *We must go, or else we will miss the train.*

**Kaum** war er angekommen, wollte er wieder nach Hause. – *Hardly had he arrived than he wanted to go home again.*

## G3 Position of adverbs and objects

1. Normal order, where two or more adverbs occur together, is TIME – MANNER – PLACE

   Wir wollen <u>heute</u> **mit dem Zug** nach <u>Hause</u> fahren.

          ↑          ↑              ↑

         Time    Manner      Place

   If two adverbs of the same type occur together, the general stands before the specific:

   > Wir wollen *heute/ bis drei Uhr* zu Hause bleiben

2. **Nicht** and **nie** *(never)* usually stand *before* a predicative adjective, an adverb of manner or place, or parts of the verb which are not the finite verb (infinitive, past participle, prefix).

   > Die Sprache ist **nicht** schwierig.
   >
   > Wir haben den Film **nicht** gesehen.
   >
   > Fährst du **nicht** mit?

   If these are missing, it stands at the end.

   > Wir fahren heute **nicht**
   >
   > Ich sah ihn **nicht**

   **Nicht** may be placed elsewhere in the sentence to negate a particular idea.

   > Wir haben **nicht** den neuen Film gesehen, den letzten aber schon.
   >
   > *We haven't seen the new film, but we did see the last one.*
   >
   > Ich ging **nicht** mit ihr ins Kino, sondern mit ihrer Schwester.
   >
   > *I went to the cinema not with her, but with her sister.*
   >
   > Ich habe ihn **nie** wieder gesehen.

3. **Direct and indirect objects** – These stand roughly in the same order as would apply in English if the word *to* did not exist

   - *If both objects are nouns* – indirect (dative) before direct (accusative)
     > Ich schicke mein**em** Freund ein**e** Postkarte.
     >
     > *I'm sending a letter to my friend*
     >
     > *I'm sending my friend a letter*
   - *If both objects are pronouns* – direct before indirect
     > Ich schicke **sie ihm**.
   - *If one noun, one pronoun* – pronoun first
     > Ich schicke **sie** meinem Freund.
     >
     > Ich schicke **ihm** eine Postkarte.

## G4 Variations in word order

The rules of word order as stated above are not nearly as inflexible as they might first appear. Subtleties of meaning and emphasis can be introduced easily by changing the position of elements in the sentence. Consider just one example:

> Ich habe dieses Fahrrad **zu Weihnachten** bekommen.

> Ich habe zu Weihnachten **dieses Fahrrad** bekommen.

In each case, the emphasis is on the element which comes later. See also p259 (text re 1st element).

# H Verbs and Tenses

## H1 Types of verb

The infinitive of a German verb always ends with **-en** or sometimes **-n**, with the usual exception of *sein*, e.g. les**en**, segel**n**, kletter**n**

Most German verbs belong to one of two groups:

*Weak verbs:* The endings change according to tense and person, but ot the stem vowel.
    E.g. *sagen, arbeiten*

*Strong verbs:* The endings change, and the stem vowel may also change
    E.g. *fahren, essen.*

There are three other small groups of verbs:

*Mixed verbs,* of which there are 7, have weak verb endings in all tenses, but the stem vowel also changes in the past tenses. e.g. *brennen, denken.* See H12.

*Modal verbs,* of which there are 6. E.g. *können, wollen.* See H11

*Irregular verbs,* of which there are only about 7. E.g. *haben, sein.*

---

### TIPS

- The *consonants* of a German verb almost never change. Use these to help you find the meaning of the infinitive of an unfamiliar verb.
- If in doubt, remember that many verbs which are strong verbs in German are strong or irregular in English too.

---

## H2 The present tense

1. *Example*

   ich kaufe –    *I buy*

                    *I am buying*

2. *Formation*

| **Weak**: sagen – *to say* | | **Strong**: fahren – *to go* | |
|---|---|---|---|
| ich | sag**e** | ich | fahre |
| du | sag**st** | du | fährst |
| er/sie/es | sag**t** | er/sie/es | fährt |
| wir | sag**en** | wir | fahr**en** |
| ihr | sag**t** | ihr | fahrt |
| sie/Sie | sag**en** | sie/Sie | fahr**en** |

**TIPS**

- There is only one set of endings for both weak and strong verbs.
- Only strong verbs whose stem vowel is *a* or *e* change in the *du* and *er* forms.
- The *wir, sie/Sie* and the infinitive forms are always identical

3. **Irregularities**

- If the stem ends in *d, t,* or *n,* add *-e-* before the ending **unless** the stem vowel changes, as in a strong verb. This applies to present and imperfect tenses
  
  e.g. arbeiten     du arbei**te**st, ihr arbei**tet**

        zeichnen     er zeichn**et**

        halten       du häl**t**st, ihr halt**et**

- If the stem ends with *s, ß,* or *z,* the *du* form adds only **-t**

        du heiß*t*       du muß*t*       du sitz*t*

- **wissen** (singular only is irregular) – ich *weiß,* **du** *weißt,* er *weiß,* wir *wissen,* . . .

4. **Uses**

- To indicate what *happens* or *is happening* now.

  Normalerweise *fährt* sie mit der S-Bahn, aber heute *fährt* sie mit dem Bus.

  *Normally she* **goes** *by tram, but today she* **is going** *on the bus.*

- As a future tense, with an appropriate adverb

  *Wir fahren* morgen ab.

  *We're leaving tomorrow*

- To heighten the drama of a passage in the past tense

  Er ging endlich ins Bett. Aber plötzlich *sind* Schritte zu hören . . .

## H3    Perfect tense

1. **Example**

ich habe gekauft – *I bought*

                    *I have bought*

2. **Formation**

| Haben *or* sein   + (present tense) | PAST PARTICIPLE | |
|---|---|---|
| | *WEAK* **ge-(stem)-t** | *STRONG* **ge-(stem★)-en** (★*vowel may change*) |
| ich habe     wir haben | ge**sag**t | ge**sung**en |
| du hast      ihr habt | ge**kauf**t | ge**les**en |
| er/sie/es hat   sie/Sie haben | ge**arbeit**et | ge**schnitt**en |
| ich bin       wir sind | ge**segel**t | ge**fahr**en |
| du bist      ihr seid | ge**reis**t | ge**blieb**en |
| er/sie/es ist   sie/Sie sind | | |

3 **.Irregularities**

- Weak verbs whose stem ends in **-d-, -t-,** or **-n-** add an **-e-** before the final **-t**

  ich habe ge**arbeit**et; sie hat ge**zeichn**et

- **ge-** is not added to the past participles of

  i.   verbs ending in **-ieren**

       Hast du diesen Wein prob**iert**?

  ii.   verbs with an inseparable prefix (see H15)

       e.g. **be-, ver-, zer-, ent-**

       Ich habe Kaffee **bestellt**.

       Wir haben zwei Wochen in Rom **verbracht**.

4. **Haben *or* sein as auxiliary?**

- **Sein** verbs are mostly *intransitive* (they are not followed by a direct object) and describe *movement* or *change of state*

  Er **ist** eingeschlafen – *he has fallen asleep*

- Some verbs may be used *transitively* or *intransitively*

  Wir **sind** in die Stadt **gefahren**.

  Ich **habe** mein neues Auto **gefahren**.

- Apart from strong verbs which take **sein** (see pages 000–0), there are also several weak verbs which should be known:

  aufwachen – *to wake up*     klettern – *to climb*

  passieren – *to happen*        segeln – *to sail*

  stürzen – *to rush*            rudern – *to row*

5. **Uses**

- Past events

  e.g.   Er **hat** sich das Bein **gebrochen**.

        Wir **sind** erst um 9 Uhr **angekommen**.

- As a simpler substitute for the future perfect

  e.g.   Bis morgen **habe** ich das Buch **gelesen**.

  *By tomorrow I will have finished reading the book.*

- **N.B. since/for (seit):** German emphasises the fact that the action is continuing by using the present tense – not the perfect

  e.g.   Ich wohne hier **seit** 5 Jahren. – *I have been living here for 5 years.*

6. **Perfect or imperfect tense (in narrative)?**

- The **perfect** tense in both conversation or writing, if the event was in the immediate past or has a bearing on the present:

  Er hat gestern einen Unfall gehabt (*. . . und liegt jetzt im Krankenhaus*)

- In the press, the perfect tense is often used to set the scene; the narrative then continues in the imperfect

  Die Polizei hat gestern abend versucht, die Entführung einer Boeing 737 zu beenden . . .

  Sie verhandelte per Telefon. Ein Polizeisprecher sagte, . . .

● Modal verbs (*können, müssen* etc), *sein, haben,* and a few other common verbs are usually used in the **imperfect** tense.
> Sie **war** sehr böse, weil sie ihre Fahrkarte nicht finden **konnte**.

## H4 The Imperfect/Simple past tense

1. *Example*:

ich kaufte – *I bought*
> *I was buying*
> *I used to buy*

2. *Formation*

| **Weak:** sagen – *to say* | | **Strong:** fahren – *to go* | |
|---|---|---|---|
| ich | sag**te** | ich | f**u**hr |
| du | sag**test** | du | f**u**hr**st** |
| er/sie/es | sag**te** | er/sie/es | f**u**hr |
| wir | sag**ten** | wir | f**u**hr**en** |
| ihr | sag**tet** | ihr | f**u**hr**t** |
| sie/Sie | sag**ten** | sie/Sie | f**u**hr**en** |

### TIP
● The stem vowel of all strong verbs changes in the imperfect. The change applies to all forms of the verb.
● All verbs, including modals and irregulars, take one of the two sets of endings in the imperfect.

3. *Irregularities*

Stems which end with **-d**, **-t** or **-n** add -e- before the ending (as in the present tense) unless the stem vowel changes in any way.
> e.g. arb**eiten** – ich arb**eite**te
> reden – er re**de**te
> halten – du hie**lt**st, ihr hielt

4. *Uses*
● Narrative tense in printed texts – what *happened* or *was happening*
> Sie *nahmen* eine Kurve und *fuhren* nun gegen den Wald.
> See also H3.6
● Descriptions
> Vor ihnen *lag* eine Straße.
● Repeated actions in the past
> Damals besuchte ich sie oft. – *At that time I used to visit her often.*

## H5 Pluperfect tense

1. *Example*

ich hatte gekauft – *I had bought*
> *I had been buying*

2. *Formation/Irregularities*

As for perfect tense, but using imperfect tense of **haben** or **sein**.
> Er hatte das Buch schon gelesen.

3. *Use*

To indicate previous events in a past narrative
> Als er zu Hause ankam, hatte ich die Polizei schon angerufen.

## H6 Future tense

1. *Example*

ich werde . . . kaufen – *I will buy*
> *– I will be buying*

2. *Formation*

Present tense of **werden** + infinitive

| ich werde | wir werden | . . . | kaufen |
|---|---|---|---|
| du wirst | ihr werdet | . . . | singen |
| er/sie/es wird | sie werden | . . . | abfahren |

3. *Uses*
● Germans usually prefer the present tense, usually with an adverb of time
> Bald gehen wir – *We'll be leaving soon*
> Kommst du morgen? – *Are you coming tomorrow?*
● The future tense is used for emphasis
> Eines Tages werden wir euch bestimmt besuchen!
> *One day we really **will** visit you!*

## H7 The Future Perfect

A combination of future and perfect tenses –
> Er **wird** den Bus wieder **verpaßt haben** – *He's probably missed the bus again*
> Sie ist nicht zu Hause; sie **wird** schon **abgefahren sein** – *She's not at home; she'll have left already.*

*Use*

The future perfect is used, as in the above examples, to indicate a supposition; apart from this, it is rarely used. See note on uses of the perfect tense (H3).

## H8 The Imperative

*Examples*
**Mach** das Buch **zu**! – *Close that book!*
**Bleibt** hier! – *Stay here!*
**Geben** Sie mir bitte Ihren Paß! – *Please give me your passport!*
**Setzt** euch! – *Sit down!*
**Gehen** wir ins Kino! – *Let's go to the cinema!*

*Formation*
**du** Weak verbs: stem of infinitive
> Strong verbs: stem of infinitive

*unless* stem vowel change is **-e-** to **-i-** or **-ie-**, in which case the stem of the **du** form is used.

**ihr**  All verbs use the **ihr** form of the present tense, without **ihr**.

**Sie**  All verbs use the **wir** and **Sie** forms of the verb, inverted.

|  | **du** | **ihr** | **Sie** | **wir** |
|---|---|---|---|---|
| *Weak* | | | | |
| machen | mach! | macht! | machen Sie! | machen wir! |
| *Strong* | | | | |
| sprechen | sprich! | sprecht! | sprechen Sie! | sprechen wir! |
| *Irregular* (one only) | | | | |
| sein | sei! | seid! | seien Sie! | seien wir! |

*Official instructions*
On notices or in announcements, and in recipes, instructions with equipment, etc. the infinitive is often used.

> Bitte **einsteigen** und Türen **schließen**!
> Die Äpfel in kleine Würfel **schneiden** . . . – *Cut the apples into small cubes* . . .

## H9  The Passive

1. *Example*
   A sentence such as –
   <u>Sein Freund</u> <u>kaufte</u> <u>meinen alten Wagen</u>
      (subject)   (verb)     (object)
   may be expressed as –
   <u>Mein alter Wagen</u> <u>wurde</u> <u>von seinem Freund gekauft</u>
      (subject)     (verb)     ("agent")
   The direct object of the first sentence is now the subject

2. *Formation*
   **werden + past participle**, (with **von + agent**, if there is one)
   Mein Wagen **wird** von seinem Freund **gekauft** – . . . *is being bought by* . . .
   . . . . . . . . . . **wurde** . . . . . . . . . . **gekauft** – . . . *was bought by* . . .
   . . . . . . . . . . **ist** . . . . . . . . . . **gekauft worden** – . . . *has been bought by* . . .

3. **N.B.** *by + agent*
   **von** = *by* (usually with people)
   **durch** = *through, by means of* (people or things)
       Das Auto wurde **durch** eine Bombe zerstört

4. *Passive + modal verbs*
   Die neue Schule **muß** gebaut **werden**.

5. The passive is by no means as common in German as in English, particularly in tenses other than those shown above. German tends to prefer a normal (active) sentence format; some equivalents of an English passive are –
   **man**
       **Man** macht es so: . . . *It's done like this:* . . .
   **sein** + infinitive
       Er **ist** nicht **zu finden** – *He can't be found*
   **lassen**
       Das Fenster **läßt** sich nicht öffnen – *The window can't be opened.*

## H10  The Subjunctive

Tenses like the present or the past are called 'indicative' – they indicate real events. The subjunctive is not a tense as such; it is used for events which might take place or be true.

1. *Example*
   Das würde ich gerne machen! *(conditional; I'd like to, if . . .)*
   Er sagte, er habe keine Zeit *(reported speech; what he says may be true) He said he hadn't got time.*

2. *Formation*
   **Subjunctive 1** *('present' subjunctive)*
   Add the subjunctive endings to the stem of the infinitive. *Sein* is irregular.

   | ich | mach**e** | hab**e** | fahr**e** | könn**e** |
   |---|---|---|---|---|
   | du | mach**est** | hab**est** | fahr**est** | könn**est** |
   | er/sie/es | mach**e** | hab**e** | fahr**e** | könn**e** |
   | wir | mach**en** | hab**en** | fahr**en** | könn**en** |
   | ihr | mach**et** | hab**et** | fahr**et** | könn**et** |
   | sie/Sie | mach**en** | hab**en** | fahr**en** | könn**en** |

       **sein**  ich sei, du sei**st**, er sei,
             wir sei**en**, ihr sei**et**, sie sei**en**

   **Subjunctive 2** *('imperfect' subjunctive)*
   Add the same endings as above to the stem of the imperfect; add an umlaut too (except *sollte, wollte* and *weak verbs*)

   | ich | mach**te** | hä**tte** | führ**e** | könn**te** | wär**e** |
   |---|---|---|---|---|---|
   | du | mach**test** | hä**ttest** | führ**est** | könn**test** | wär**est** |
   | er/sie/es | mach**te** | hä**tte** | führ**e** | könn**te** | wär**e** |
   | wir | mach**ten** | hä**tten** | führ**en** | könn**ten** | wär**en** |
   | ihr | mach**tet** | hä**ttet** | führ**et** | könn**tet** | wär**et** |
   | sie/Sie | mach**ten** | hä**tten** | führ**en** | könn**ten** | wär**en** |

3. **Conditional**
   - Most verbs use **würde** (Subjunctive 2 of *werden*) + **infinitive**.
   - *Haben, sein, können* (and other moda**ls**) just use subjunctive 2 forms.
   - In *wenn* sentences, usually avoid using *würde* in both clauses.
   e.g. Wenn ich reich **wäre, würde** ich viel ins Ausland **reisen**. *If I were . . . , I would . . .*

*Du* **könntest** ihn anrufen. – *You could . . .*
Wenn sie das Haus **kaufte, würde** ich mich freuen. *If she bought . . ., I would . . .*

4. **Conditional perfect**
   ● Use *hätte* or *wäre* + past participle.
   Wenn ich genug Geld **gehabt hätte, wäre** ich viel ins Ausland **gereist**.
   *If I had been . . ., I would have . . .*
   *Du* **hättest** ihn anrufen **können**. *You could have . . .*
   Wenn sie das Haus **gekauft hätte, hätte** ich mich **gefreut**.
   *If she had bought . . . I would have . . .*
   See also Modal verbs H12.00

5. **Reported (indirect) speech**
   ● The basic rule is that you use Subjunctive 1, but if this is the same as the normal (indicative) form, then you use Subjunctive 2.
   ● In English, the context affects the form of the reported verb – *He says he is going/He said he was going*. This is not the case in German: the original statement is the basis for the choice of subjunctive form. – see the examples.

   *Statement in present tense:*
   Er sagte, . . .

   | Original statement | Reported statement |
   | --- | --- |
   | „ich **fahre** mit" | er **fahre** mit. |
   | „ich **kann** mitfahren" | er **könne** mitfahren. |
   | „sie **fahren** mit" | sie **führen** mit. |

   *Statement in **past** tense:*
   Er sagte, . . .

   | Original statement | Reported statement |
   | --- | --- |
   | „Ich **bin** mitgefahren." | er **sei mitgefahren**. |
   | „Ich **fuhr** mit." | er **sei mitgefahren**. |
   | „Ich **hatte** das Haus schon **verlassen**." | er **habe** das Haus schon **verlassen**. |

   *Statement in **future** tense:*
   Er sagte, . . .

   | Original statement | Reported statement |
   | --- | --- |
   | „ich **werde** mit**fahren**" | er **werde** mit**fahren**. |

   ● It should be clear that you are using the subjunctive. Be ready to choose a different form to make this obvious:

Sie sagte,    ich *hätte. . .*    wir *hätten. . .*
          du habest. . .    ihr habet. . .
          er *hätte. . .*    *hätten. . .*

● If you are reporting reliable statements you know to be true, you can use the indicative.
Ich habe dir schon gesagt, ich *habe* morgen keine Zeit.

## H11   Modal Verbs

Modal verbs, of which there are six, are so called because they indicate the mood of the action (*Can* I go? – You *must* go!).

1. **Present tense**

| **können** – *can, to be able to* | | **müssen** – *must, to have to* | |
| --- | --- | --- | --- |
| ich | kann | ich | muß |
| du | kann**st** | du | muß**t** |
| er/sie/es | kann | er/sie/es | muß |
| wir | könn**en** | wir | müss**en** |
| ihr | könn**t** | ihr | müß**t** |
| sie/Sie | könn**en** | sie/Sie | müss**en** |

| **mögen** – *to like* | | **dürfen** – *may, to be allowed to* | |
| --- | --- | --- | --- |
| ich | mag | ich | darf |
| du | mag**st** | du | darf**st** |
| er/sie/es | mag | er/sie/es | darf |
| wir | mög**en** | wir | dürf**en** |
| ihr | mög**t** | ihr | dürf**t** |
| sie/Sie | mög**en** | sie/Sie | dürf**en** |

| **wollen** – *to want to* | | **sollen** – *ought to, should* | |
| --- | --- | --- | --- |
| ich | will | ich | soll |
| du | will**st** | du | soll**st** |
| er/sie/es | will | er/sie/es | soll |
| wir | woll**en** | wir | soll**en** |
| ihr | woll**t** | ihr | soll**t** |
| sie/Sie | woll**en** | sie/Sie | soll**en** |

## TIPS
● The **ich/er** forms are identical, as are the **infinitive/wir/sie** *(pl)* forms.
● There are no Umlauts in any singular forms.

2. **Imperfect tense**
Use the stem of the infinitive (minus the umlaut) with weak verb imperfect endings –

**können** – ich konn**te** (*could, was able to*)

| | |
|---|---|
| du | konn**test** |
| er/sie/es | konn**te** |
| wir | konn**ten** |
| ihr | konn**tet** |
| sie/Sie | konn**ten** |

**müssen** – ich muß**te** (*had to*), du muß**test**, etc.

**dürfen** – ich durf**te** (*was allowed to*), du durf**test**, etc.

**mögen** – ich moch**te** (*liked*), du moch**test**, etc.

**wollen** – ich woll**te** (*wanted to*), du woll**test**, etc.

**sollen** – ich soll**te** (*ought to, should*), du soll**test**, etc.

3. *Perfect tense*

   Always formed with haben.

   Modal verbs are usually used with another verb: the infinitive is used as the past participle

   e.g. Ich *habe* das Buch nicht finden *können*.

   Sie *hat* nach Hause gehen *müssen*.

   Note **verb position** when the perfect tense is in a subordinate clause.

   Weil ich das Buch nicht *habe* finden *können*, . . . – *Because I've been unable to* . . .

   Nachdem sie nach Hause *hatte* gehen *müssen*, . . . – *After she had had to go* . . .

   Obwohl ich das Auto nicht *hätte* kaufen *sollen*, . . . – *Although I shouldn't have* . . .

   On the rare occasions when the modal verb is the only verb, use one of these past participles: gekonnt, gemußt, gedurft, gewollt, gesollt, gemocht, e.g.

   Ich habe die Vokabeln nicht **gekonnt**.

4. *Future tense*

   Formed with werden + infinitive

   *Wirst du mir helfen können? – Will you be able . . . ?*

5. *Uses*

   Modal verbs have other meanings apart from the basic ones listed above

   **können** – *may, might*

   Das *könnte* wahr sein – *That might be true*

   – Subjunctive 2 for polite requests

   *Könnten* Sie das machen, bitte? – *Could you do that, please?*

   – English often uses *can* to mean *may*. In German, distinguish between *können* (can, able to) and *dürfen* (may, be allowed to).

   Mit 18 *darf* man Auto fahren, aber ich *kann* es noch nicht.

   – *I could means both I was able to* (ich konnte) *and I would be able to* (ich könnte)

   **müssen + nicht** – *don't have to, don't need to*

   Du mußt nicht hier bleiben – *You don't have to stay here.*

   cf. **dürfen + nicht** – *must not*

   Du darfst nicht hier bleiben – *You musn't stay here.*

   – Subjunctive 2 **müßte** – *should, ought to* (=sollte)

   Er *müßte* so was wissen – *He ought to know something like that*

   N.B.: Er muß viel lernen – *He has to learn a lot.*

   Er hat viel zu lernen. – *He has a lot to learn.*

   **dürfen** – *may, be allowed to* – *see above*

   – **dürfte** – probability (stronger than *könnte*)

   Das darf nicht wahr sein! – *That can't be true!*

   **mögen** – *as well as* to like, *can also mean* may

   Sie mag etwa 20 Jahre alt sein – *She may be about 20*

   – Subjunctive 2 **möchte** – *polite requests/enquiries*

   Was *möchten* Sie trinken?

   **wollen – + eben/gerade** – *to be about to*

   Ich *wollte* dich eben anrufen! – *I was about to phone you.*

   – *claim, pretend*

   Sie *wollen* nichts gesehen haben – *They claim not to have seen anything* – *refuse*

   Der Motor *wollte* nicht anspringen – *The engine wouldn't start*

   – polite imperatives

   Wollen wir gehen? – *Shall we go?*

   – **would:**

   Ich **würde** es nicht verkaufen. – *I wouldn't sell it, (if I were you)*

   Ich **wollte** es nicht verkaufen – *I wouldn't sell it (I wanted to keep it)*

   **sollen** – *is said/supposed to be*

   Dieser Film *soll* gut sein

   – *to be to*

   Ich *soll* zu Hause bleiben – *I'm to/got to stay at home*

6. *Other verbs which work like modals*

   **lassen** – Ich habe mein Auto reparieren *lassen* (See also H9)

   **sehen, hören** – Ich habe den Zug kommen *sehen*

# H12   Mixed Verbs

There are seven mixed verbs –

| | |
|---|---|
| brennen – *to burn* | wenden – *to turn* |
| kennen – *to know (person)* | bringen – *to bring* |
| nennen – *to call, name* | denken – *to think* |
| senden – *to broadcast, send* | |

Mixed verbs are a mixture of weak and strong verb patterns in the past tenses. In both the perfect and the imperfect, the stem vowel changes to -a-, but the endings are as for weak verbs.

ich **kannte**, ich habe gekannt.

ich **brachte**, ich habe gebracht.

## H13  Reflexive verbs

In a reflexive verb the subject and the object both refer to the same person or thing.

> e.g.  **Ich** wasche **mich**
>
> **Wir** freuen **uns** auf deinen Besuch.

The reflexive pronoun may be accusative, or dative if there is an accusative object:

e.g. **sich waschen**

| Acc | Dat |
|-----|-----|
| ich wasche **mich** | ich wasche **mir** die Hände |
| du wäschst **dich** | du wäschst **dir** die Hände |
| er/sie/es wäscht **sich** | er/sie/es wäscht **sich** die Hände |
| wir waschen **uns** | wir waschen **uns** die Hände |
| ihr wascht **euch** | ihr wascht **euch** die Hände |
| sie/Sie waschen **sich** | sie/Sie waschen **sich** die Hände |

Reflexive verbs always form the perfect with **haben**

> Ich habe mir die Hände gewaschen

## H14  Separable and Inseparable Verbs

German verbs may add a separable or an inseparable prefix.

1. **Separable prefixes** are usually prepositions or adverbs such as

   | | | | |
   |------|-------|---------|-------|
   | ab- | ein- | zu- | los- |
   | an- | mit- | zurück- | hin- |
   | auf- | nach- | fern- | her- |
   | aus- | vor- | fort- | |

   The infinitive is always pronounced with the stress on the prefix, e.g. **an**kommen

   **hin-** and **her-** can be added to other prepositions to give a moreexact idea of the direction of the movement: **hin**– away; **her**– towards.

   > Er kletterte den Berg **hin**auf (*up the mountain – away from us*)
   >
   > Kommen Sie **her**ein!
   >
   > Gehen Sie **hin**ein!

2. *Position of prefixes*

   The prefix goes to the end, along with the past participle or infinitive (if there is one), or the verb itself if it is a subordinate clause

   > Ich stehe um 6 Uhr **auf**.
   >
   > Ich bin um 6 Uhr **aufgestanden**.
   >
   > Ich muß um 6 Uhr **aufstehen**,
   >
   > **Wenn** ich um 6 Uhr **aufstehe**, . . .

3. **Inseparable prefixes** are never separated from the verb.
   The commonest are –

   | | | | |
   |------|------|------|------|
   | be- | emp- | ent- | er- |
   | zer- | ent- | miß | ver- |

The stress in pronunciation is never on the prefix: bespr**e**chen

Some common meanings worth remembering are:

| | |
|------|------|
| be- | changes intransitive verb into transitive |
| | e.g. to enter: eintreten in/betreten |
| er- | denotes success, finality |
| | e.g. erreichen – *to reach* |
| | schießen – *to shoot*; erschießen – *to shoot dead* |
| ver- | changes original verb into its opposite |
| | e.g. kaufen – *to buy*; verkaufen – *to sell* |
| | implies error |
| | e.g. laufen – *to run*; sich verlaufen – *to lose one's way* |
| zer- | denotes destruction |
| | e.g. brechen – *to break*; zerbrechen – *to smash* |

N.B.  There are a few common verbs with prepositions as prefixes which are inseparable (stress falls on the verb in pronunciation)

> überqueren – *to cross*
>
> überraschen – *to surprise*
>
> übersetzen – *to translate*
>
> überweisen – *to transfer*
>
> umgeben – *to surround*
>
> unterbrechen – *to interrupt*
>
> wiederholen – *to repeat*

Verbs with inseparable prefixes do not add **ge-** in the perfect tense

> Wir haben unser Auto **verkauft**.
>
> Sie hat das Geld auf mein Konto **überwiesen**.

## H15  Impersonal Verbs

1. Impersonal verbs are used in the third person, often with **es** as subject. Many of them concern the weather (es regnet; es friert), or health (Es ist mir schlecht; Wie geht es Ihnen?)

   There are too many impersonal phrases to give a complete list, but here are some which do not have corresponding impersonal forms in English –

   > es ärgert mich – *I'm annoyed*
   >
   > es ekelt mich – *I'm disgusted*
   >
   > es freut mich – *I'm pleased*
   >
   > es wundert mich – *I'm surprised*
   >
   > es tut mir leid – *I'm sorry*
   >
   > es ist mir warm/kalt – *I'm hot/cold*
   >
   > es geht mir gut – *I'm fine*
   >
   > es ist mir egal – *I don't mind*
   >
   > es gefällt mir – *I like it*
   >
   > es fällt mir ein, daß . . . – *I have an idea that . . .*
   >
   > es klingelt – *the bell is ringing*
   >
   > es klopft – *someone's knocking*

With many impersonal expressions, a noun or pronoun may be used as subject:

> Meine Füße tun mir weh – *My feet hurt*
>
> Diese Musik gefällt mir – *I like this music*

2. **Es gibt** and **es ist/sind** – There is, there are

**Es gibt** is the usual expression for *there is, there are* –

> Hier **gibt es** nichts zu sehen – *There's nothing to see here*
>
> **Es gibt** viele Leute, die das glauben – *There are many people who believe that.*

**Es ist, es sind** are used to denote a rather more defined presence –

> **Es ist** ein Paket für dich da – *There's a parcel for you*
>
> **Es sind** zwei Männer vor dem Haus – *There are two men outside the house*

German frequently uses neither of these expressions, preferring a more definite verb

> Viele Leute glauben das. – *There are many people who believe that.*
>
> Zwei Männer stehen draußen. – *There are two men outside.*

## H16 Verbs With Different Transitive and Intransitive Forms

Most verbs which can be used transitively or intransitively have identical forms for both

e.g. lesen –

| transitive | ich lese ein Buch |
| intransitive | ich lese im Wohnzimmer |

There are some, however, which have different forms. The commonest are –

| **Intransitive** | **Transitive** |
|---|---|
| erblinden – *to go blind* | blenden – *to blind, dazzle* |
| ertrinken – *to drown* | ertränken – *to drown (s.o.)* |
| aufwachen – *to wake up* | wecken – *to wake (s.o.)* |
| fallen – *to fall* | fällen – *to fell* |
| fortfahren – *to continue* | fortsetzen – *to continue* |
| hängen (strong) – *to hang* | hängen (weak) – *to hang* |
| liegen – *to lie, to be lying* | legen – *to lay* |
| | sich hinlegen – *to lie down* |
| sinken – *to sink* | senken – *to lower* |
| | versenken – *to sink a ship* |
| sitzen – *to sit, be sitting* | setzen – *to place* |
| | sich (hin)setzen – *to sit down* |
| springen – *to jump* | sprengen – *to blow up* |

Note that all of the transitive forms are weak, while all of the intransitive forms, with the exception of **erblinden** and **aufwachen** are strong –

> Er **hängte** das Bild an die Wand

> Das Bild **hing** an der Wan[d]
>
> Sie **legte** sich auf das Sofa hin
>
> Bücher **lagen** überall auf dem Bod[en]

## H17 Verb + (*zu*) + infinitive

a) *Verb + infinitive* is used –

1. with modal verbs

> Du **mußt** hier **bleiben** – *You must stay here*

2. with gehen, sehen, and hören

> Wir **gingen** gestern **einkaufen**
>
> Ich **hörte** sie **plaudern** – *I heard them chatting*

3. lassen (to have something done/let)

> Er **ließ** sich ein Haus **bauen** – *He had a house built*
>
> **Laß** bald von dir **hören** – *Write soon!*

b) *Verb + zu + infinitive* is used –

1. with all other verbs

> Ich **hoffte**, dich **zu besuchen**.
>
> Es **hat aufgehört zu regnen**.

2. Note also –

um . . . zu . . .

> Sie ging ins Kaufhaus, **um** ein Geschenk **zu** kaufen . . . *(in order) to buy . . .*

ohne . . . zu . . .

> Er machte es, **ohne** mich **zu** fragen
>
> *. . . without asking me.*

anstatt . . . zu . . .

> Gehen wir ins Kino, **anstatt** hier **zu** bleibcn.
>
> *. . . instead of staying here*

## H18 Verbs Followed by the Dative

The direct object of some verbs, instead of being in the accusative, as is normal, is in the dative. Some common ones are –

antworten – *to answer (somebody)*

begegnen★ – *to meet (by chance)*

danken – *to thank*

drohen – *to threaten*

einfallen – *to have an idea*

entkommen★ – *to escape*

erlauben – *to allow (somebody)*

fehlen – *to be missing*

folgen★ – *to follow*

gefallen – *to please (like)*

gehören – *to belong to*

geschehen★ – *to happen*

glauben – *to believe (a person)*

gratulieren – *to congratulate*

helfen – *to help*

lauschen – *to listen (intently)*

leid tun – *to be sorry for*

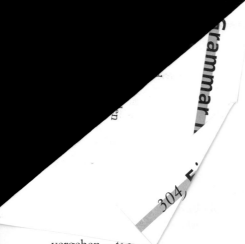

Ich **freue mich darauf**, daß du uns im Sommer besuchst
*I'm really looking forward to you visiting us in the summer*
Ich **freue mich darauf**, dich wiederzusehen
*I'm really looking forward to seeing you again*

vergeben – *to forgive*
weh tun – *to hurt*
widerstehen – *to resist*
zuhören – *to listen to*
zusehen – *to watch*
zustimmen – *to agree with/vote for*
★   use **sein** in perfect tense
*Examples*

| Sie | antwortete **mir** | (person) |
| Sie | antwortet auf | meinen Brief |
| Sie | beantwortet | (thing) |

Wir sind **ihnen** in der Stadtmitte begegnet – *We met them in the town centre*

**N.B. gefallen, einfallen, leid tun, schmecken** are used impersonally
Deine neue Jacke **gefällt** mir – *I like your new jacket*
Es **fällt** mir ein, daß . . . – *It occurs to me that . . .*
Es **tut** mir **leid** – *I'm sorry for him*
**Schmeckt** es Ihnen? – *Do you like it? (food)*

## H19 Verbs Followed by Certain Prepositions

As in English, many verbs are used with particular prepositions. There is room here for only a very few examples –

sich erinnern an + acc – *to remember*
glauben an + acc – *to believe in*
sich freuen auf + acc – *to look forward to*
warten auf + acc – *to wait for*
sich verlassen auf + acc – *to rely on*
bestehen auf + dat – *to insist on*
helfen bei + dat – *to help with*
sich interessieren für + acc – *to be interested in*
sprechen mit + dat – *to talk to*
bitten um + acc – *to ask for*
zittern vor + dat – *to shake with*
passen zu + dat – *to match*
e.g. Ich **freue mich auf** deinen Besuch

When these verbs are followed by another verb (often ending in **-ing** in English), the sentence is constructed as follows –

## I   Miscellaneous

1.   *Numbers* – some points worth noting –
  1.   **eins** is used in counting e.g. hundert**eins** (N.B. **ein**undzwanzig etc.)
       If a noun is used, or implied, use ein/eine etc. with appropriate case endings.
            vor **einer** Woche – *a/one week ago*
            „Wer hat **einen** Kuli?" – „Ich habe **einen**"
  2.   **zwo** is often used instead of **zwei** in situations where there could be confusion with **drei**, e.g. on the telephone.
  3.   Most numbers are feminine when used as nouns.
            Im Abi hat sie eine **Zwei** geschrieben.
            Eine **Million** Menschen . . .
       **Dutzend, Hundert** and **Tausend** are neuter when used as nouns.
            **Hunderte** unsrer Schüler – *Hundreds of our pupils*
  4.   The decimal point is represented by a comma in German.
       1,5 – one point five
  5.   Dates in letters are written *either* e.g. 13.9.98
                                        *or* den 13. September
  6.   Amounts: masc/neut. measures always use singular form; feminine measures use plural form as well.
            **drei Kilo** Kartoffeln
            **zwanzig Kilometer**
            **fünf Mark**
            **zwei Glas** Bier
            **fünfzig Liter** Benzin
       BUT **vier** Flasch**en** Bier
            **zwei** Tass**en** Tee

2.   *ß or ss?*
     Use **-ss-** if preceded by a short vowel and followed by another vowel; Otherwise use **ß**.
          lassen, er läßt, sie verließen
          russisch, Rußland
          Fluß, Flüsse

# List of strong and irregular verbs

Verbs marked with ★ are conjugated with sein.
Verbs marked with (★) are conjugated with sein if *intransitive*, haben if *transitive*

| Infinitive | Present tense, 3rd pers sing | Imperfect tense, 3rd pers sing | Past participle | Meaning |
|---|---|---|---|---|
| **backen** | bäckt | backte | gebacken | *to bake* |
| **befehlen** | befiehlt | befahl | gefohlen | *to command/order* |
| **beginnen** | beginnt | begann | begonnen | *to begin* |
| **beißen** | beißt | biß | gebissen | *to bite* |
| **bergen** | birgt | barg | geborgen | *to save/shelter* |
| **betrügen** | betrügt | betrog | betrogen | *to deceive/cheat* |
| **biegen** | biegt | bog | (★) gebogen | *to bend/turn* |
| **bieten** | bietet | bot | geboten | *to offer* |
| **binden** | bindet | band | gebunden | *to tie/bind* |
| **bitten** | bittet | bat | gebeten | *to ask/request* |
| **bleiben** | bleibt | blieb | ★ geblieben | *to stay/remain* |
| **braten** | brät | briet | gebraten | *to roast* |
| **brechen** | bricht | brach | (★) gebrochen | *to break* |
| **brennen** | brennt | brannte | gebrannt | *to burn* |
| **bringen** | bringt | brachte | gebracht | *to bring* |
| **denken** | denkt | dachte | gedacht | *to think* |
| **dringen** | dringt | drang | (★) gedrungen | *to force one's way* |
| **dürfen** | darf | durfte | gedurft | *to be allowed to* |
| **empfehlen** | empfiehlt | empfahl | empfohlen | *to recommend* |
| **erschrecken** | erschrickt | erschrak | ★ erschrocken | *to be frightened* |
| **essen** | ißt | aß | gegessen | *to eat* |
| **fahren** | fährt | fuhr | (★) gefahren | *to go (by vehicle)/to drive* |
| **fallen** | fällt | fiel | gefallen | *to fall* |
| **fangen** | fängt | fing | gefangen | *to catch* |
| **fechten** | ficht | focht | gefochten | *to fence/fight* |
| **finden** | findet | fand | gefunden | *to find* |
| **fliegen** | fliegt | flog | (★) geflogen | *to fly* |
| **fliehen** | flieht | floh | (★) geflohen | *to flee* |
| **fließen** | fließt | floß | ★ geflossen | *to flow* |
| **fressen** | frißt | fraß | gefressen | *to eat (of animals)* |
| **frieren** | friert | fror | (★) gefroren | *to freeze/be cold* |
| **gebären** | gebiert | gebar | geboren | *to give birth to/bear* |
| **geben** | gibt | gab | gegeben | *to give* |
| **gedeihen** | gedeiht | gedieh | ★ gediehen | *to flourish* |
| **gehen** | geht | ging | ★ gegangen | *to go/walk* |
| **gelingen** | gelingt | gelang | ★ gelungen | *to succeed/manage* |
| **gelten** | gilt | galt | gegolten | *to be valid/worth* |
| **geschehen** | geschieht | geschah | ★ geschehen | *to happen* |
| **genießen** | genießt | genoß | genossen | ***to enjoy*** |
| **gewinnen** | gewinnt | gewann | gewonnen | *to win/gain* |
| **gießen** | gießt | goß | gegossen | *to pour* |
| **gleichen** | gleicht | glich | geglichen | *to resemble* |
| **gleiten** | gleitet | glitt | ★ geglitten | *to glide/slide* |
| **graben** | gräbt | grub | gegraben | *to dig* |
| **greifen** | greift | griff | gegriffen | *to grasp/seize* |

| | | Imperfect tense, 3rd pers sing | Past participle | Meaning |
|---|---|---|---|---|
| | | hatte | gehabt | to have |
| | | hielt | gehalten | to hold/stop |
| | | hing | gehangen | to hang (intrans.) |
| | | hob | gehoben | to lift/raise |
| | | hieß | geheißen | to be called/bid |
| | | half | geholfen | to help |
| | | kannte | gekannt | to know (be acquainted with) |
| klingen | | klang | geklungen | to sound |
| kommen | kommt | kam | * gekommen | to come |
| können | kann | konnte | gekonnt | to be able |
| kriechen | kriecht | kroch | * gekrochen | to creep/crawl |
| laden | lädt | lud | geladen | to load |
| lassen | läßt | ließ | gelassen | to let/leave |
| laufen | läuft | lief | * gelaufen | to run |
| leiden | leidet | litt | gelitten | to suffer |
| leihen | leiht | lieh | geliehen | to lend |
| lesen | liest | las | gelesen | to read |
| liegen | liegt | lag | gelegen | to lie |
| lügen | lügt | log | gelogen | to tell a lie |
| messen | mißt | maß | gemessen | to measure |
| mögen | mag | mochte | gemocht | to like |
| müssen | muß | mußte | gemußt | to have to/must |
| nehmen | nimmt | nahm | genommen | to take |
| nennen | nennt | nannte | genannt | to name |
| pfeifen | pfeift | pfiff | gepfiffen | to whistle |
| quellen | quillt | quoll | * gequollen | to gush out/spring |
| raten | rät | riet | geraten | to advise |
| reiben | reibt | rieb | gerieben | to rub |
| reißen | reißt | riß | (*) gerissen | to tear |
| reiten | reitet | ritt | * geritten | to ride |
| rennen | rennt | rannte | * gerannt | to run/race |
| riechen | riecht | roch | gerochen | to smell |
| ringen | ringt | rang | gerungen | to wrestle/struggle |
| rufen | ruft | rief | gerufen | to call |
| saufen | säuft | soff | gesoffen | to drink (of animal) |
| saugen | saugt | sog (saugte) | gesogen (gesaugt) | to suck |
| schaffen | schafft | schuf | geschaffen | to create |
| scheiden | scheidet | schied | (*) geschieden | to part/separate |
| scheinen | scheint | schien | geschienen | to shine/seem |
| schieben | schiebt | schob | geschoben | to push/shove |
| schießen | schießt | schoß | (*) geschossen | to shoot |
| schlafen | schläft | schlief | geschlafen | to sleep |
| schlagen | schlägt | schlug | geschlagen | to hit/strike/beat |
| schleichen | schleicht | schlich | * geschlichen | to creep |
| schließen | schließt | schloß | geschlossen | to shut |
| schmeißen | schmeißt | schmiß | geschmissen | to fling/chuck |
| schmelzen | schmilzt | schmolz | (*) geschmolzen | to melt |
| schneiden | schneidet | schnitt | geschnitten | to cut |
| schreiben | schreibt | schrieb | geschrieben | to write |
| schreien | schreit | schrie | geschrie(e)n | to shout/scream |
| schreiten | schreitet | schritt | * geschritten | to stride/proceed |
| schweigen | schweigt | schwieg | geschwiegen | to be silent |

| Infinitive | Present tense, 3rd pers sing | Imperfect tense, 3rd pers sing | Past participle | |
|---|---|---|---|---|
| **schwimmen** | schwimmt | schwamm | (*) geschwommen | to swim |
| **schwören** | schwört | schwor | geschworen | to swear (an oath) |
| **sehen** | sieht | sah | gesehen | to see |
| **sein** | ist | war | * gewesen | to be |
| **senden** | sendet | { sandte / sendete | { gesandt / gesendet | to send |
| **singen** | singt | sang | gesungen | to sing |
| **sinken** | sinkt | sank | * gesunken | to sink |
| **sitzen** | sitzt | saß | gesessen | to sit/be seated |
| **sollen** | soll | sollte | gesollt | to be obliged to |
| **spalten** | spaltet | spaltete | gespalten | to split |
| **sprechen** | spricht | sprach | gesprochen | to speak |
| **springen** | springt | sprang | * gesprungen | to jump/leap |
| **stechen** | sticht | stach | gestochen | to sting/prick |
| **stehen** | steht | stand | gestanden | to stand |
| **stehlen** | stiehlt | stahl | gestohlen | to steal |
| **steigen** | steigt | stieg | * gestiegen | to climb/mount |
| **sterben** | stirbt | starb | * gestorben | to die |
| **stinken** | stinkt | stank | gestunken | to stink, smell bad |
| **stoßen** | stößt | stieß | (*) gestoßen | to push; knock, encounter |
| **streichen** | streicht | strich | (*) gestrichen | to stroke; roam |
| **streiten** | streitet | stritt | gestritten | to argue/quarrel |
| **tragen** | trägt | trug | getragen | to carry/wear |
| **treffen** | trifft | traf | getroffen | to meet/hit |
| **treiben** | treibt | trieb | (*) getrieben | to drive/do; drift |
| **treten** | tritt | trat | (*) getreten | to step/go |
| **trinken** | trinkt | trank | getrunken | to drink |
| **tun** | tut | tat | getan | to do |
| **verbergen** | verbirgt | verbarg | verborgen | to hide |
| **verderben** | verdirbt | verdarb | (*) verdorben | to spoil/ruin; go bad |
| **vergessen** | vergißt | vergaß | vergessen | to forget |
| **verlieren** | verliert | verlor | verloren | to lose |
| **vermeiden** | vermeidet | vermied | vermieden | to avoid |
| **verschwinden** | verschwindet | verschwand | * verschwunden | to disappear |
| **verzeihen** | verzeiht | verzieh | verziehen | to pardon |
| **wachsen** | wächst | wuchs | * gewachsen | to grow |
| **waschen** | wäscht | wusch | gewaschen | to wash |
| **weisen** | weist | wies | gewiesen | to point/show |
| **wenden** | wendet | { wandte / wendete | { gewandt / gewendet | to turn |
| **werben** | wirbt | warb | geworben | to woo |
| **werden** | wird | wurde | * geworden | to become |
| **werfen** | wirft | warf | geworfen | to throw |
| **wiegen** | wiegt | wog | gewogen | to weigh |
| **wissen** | weiß | wußte | gewußt | to know (a fact) |
| **wollen** | will | wollte | gewollt | to want to/wish |
| **ziehen** | zieht | zog | (*) gezogen | to pull/move; move (away) |
| **zwingen** | zwingt | zwang | gezwungen | to force/compel |

words and phrases that are used in instructions and also those that are defined in the texts. The meanings given here represent the meanings of the words or phrases as they ...ver have other meanings than shown here.

jd: jemand ...
jn: jemanden (Akk)
jm: jemandem (Dat)
Adj.: Adjektiv
Adv.: Adverb
Präp: Präposition
*: takes sein in perfect tense
s.o.: someone
o.s.: oneself
sth.: something

## A

**Aas** n rotten meat
**abdanken** to resign, abdicate (throne)
**Abenteuer (-)** n adventure
**abfackeln** to burn down
**Abfall (-e)** m rubbish
**abfällig** adverse, derisive
**Abfindung (-en)** f compensation, redundancy pay
**Abgas (-e)** n exhaust fumes
**Abgeordnete (-n)** m/f member of parliament
**abgeriegelt** blocked
**abgetrennt** separated, cut off
**abhaken** to tick off
**abhängen von** (+ Dat) to depend on
**abhängig** addicted
**Abhängigkeit** f dependence
**abkürzen** to abbreviate
**abladen** to unload
**ablehnen** to reject
**Absatz (-e)** m paragraph
**Abschluß** m (school-) leaving exam
**Abschnitt (-e)** m extract
**abschweifen★** to go off the point, to digress
**Absicht (-en)** f intention
**Abstammung** f origin
**abtrotzen** to force
**abweisen** to reject
**achten** to respect
**Ader (-n)** f blood vessel
**ähnlich** similar
**Alltag** m everyday life
**Analphabetismus** m illiteracy
**Andrang** m crowd, crush
**angeglichen werden** to be brought into line
**angehen** to tackle
**angepaßt** (Adj.) suitable
**angerollt kommen** to roll up
**angesehen** (Adj.) respected
**angewiesen: auf jn angewiesen sein** to depend on s.o.
**anhand** (+ Gen) with the help of
**ankreuzen** to put a cross

**Anlage (-n)** f investment
**Anleihe (-n)** f loan
**Anleitung (-en)** instruction
**Anordnung (-en)** f order
**anregen** to prompt (s.o. to do sth.)
**anschaffen: sich etw. anschaffen** to buy o.s. sth.
**anschwindeln** to lie (to s.o.)
**ansehen: sich etwas ansehen** to look at
**ansetzen: (jm.) anschwinden** to land
**ansprechen** to talk to, to appeal to
**Anspruch: etwas in Anspruch nehmen** to take up (time)
**Anteil (-e)** m proportion
**Antrieb (-e)** m motor
**Arbeitskräfte** pl work force
**arglos** unsuspecting
**Argusaugen: mit Argusaugen (beobachten)** (to watch) sceptically, closely
**Armaturenbrett (-er)** n dashboard, instrument panel
**Artikel (-)** m article
**atemberaubend** breathtaking
**Attentat (-e)** n assassination (attempt)
**auffällig** conspicuous
**Aufgabe (-n)** f task, job
**Aufhänger (-)** m lead in, introduction
**aufheben (sich)** a to cancel (each other out), abolish
**Aufheiterung** f cheering up
**Aufklärung** f information, education
**Auflage (-n)** f print-run, circulation
**auflauern** (+ Dat) to lie in wait for s.o.
**auflaufen: jn auflaufen** to drop s.o. in it
**Aufnahme (-n)** f recording
**aufnehmen** to record
**aufpassen** to watch out
**Aufprall** m collision
**Aufschrift (-en)** f heading
**Aufsichtsbehörde (-n)** n education authority
**Aufstand** m rebellion
**Aufstieg (-e)** m rise
**aufstrebend** soaring
**auftauchen** to pop up, occur
**auftischen** (inf) to lie to s.o.
**Aufwand** m cost (in time or money)
**Auge: ins Auge springen** to leap out at you (fig)
**Augenzeuge (-n)** m eye witness
**Ausbildung** f training
**ausdenken** to think up
**Ausdruck (-e)** m expression
**ausdrücken** to express
**ausführlich** in detail
**ausfüllen** to fill in
**ausgesprochen** (Adj.) extremely
**aushalten** to endure
**Ausnahme (-n)** f exception
**Ausrede** excuse
**ausreißen** to run away

**Ausrottung** f destruction
**Ausrüstung** f equipment
**Aussage (-n)** f statement
**außer** (+ Dat) (Präp.) except for
**außergewöhnlich** unusual
**Außerirdische (-n)** m extra terrestrial
**Äußerung (-en)** f statement
**ausstrahlen** to broadcast
**Ausstrahlung** f charm
**austragen** to deliver (newspapers)
**Auswahl** f selection
**auswandern** to emigrate
**ausweisen** to throw out; identify
**Auszug (-e)** m extract
**autogenes Training** relaxation exercises (similar to yoga)

## B

**Balkendiagramm (-e)** n bar chart
**Ballungsraum (-e)** m conurbation
**Bankrott machen** to go bankrupt
**beachten** to observe, pay attention to
**bedauern** to regret
**bedeuten** to mean
**Bedürfnis (-se)** n need
**beeindrucken** to impress
**beeinflussen** to influence
**befehlen** to order
**Beförderung** f promotion
**Befügnisse** pl authority
**Befürworter (-)** m supporter, advocate
**begleiten** to accompany
**begründen** to justify
**Behauptung (-en)** f claim
**Beistand leisten** to aid
**Beitrag (-e)** m contribution
**beklommen** (Adj.) anxious
**beladen** (Adj.) busy
**belasten** to pollute
**belegen** to prove
**beliebig** (Adj./Adv.) as desired
**benachteiligen** to disadvantage
**benehmen sich** to behave
**beneiden** to envy
**benutzen** to use
**berappen** (inf) to cough up for, pay unwillingly
**beraten** to advise
**beredsam** eloquent
**Bereich (-e)** m area, sphere
**bereuen** to regret
**Bericht (-e)** m report
**berichten** to report
**berücksichtigen** to take into consideration
**Berufssparte (-n)** f line of work
**Besatzung (-en)** f team
**Besäufnis** n (inf) booze-up

**Beschaffung** f production
**Beschäftigung (-en)** f occupation, activity
**beschließen** to decide
**Beschneidung** f cut-back
**beschränkt** limited
**beschreiben** to describe
**beschwichtigen** to soothe, pacify
**besondere (Adj.)** special
**besprechen** to discuss
**Bestandteil (-e)** m component part
**bestehen auf** to consist of
**bestimmen** to decide, to determine
**bestimmt (Adj.)** certain
**betonen** to emphasise
**beträchtlich** considerable
**Betrag (-̈e)** m sum of money
**betreffen** to affect
**betreuen** to look after s.o.
**Betrieb (-e)** m firm, company
**Betrieb: in Betrieb nehmen** to put into service
**bewältigen** to tackle
**Bewegung (-en)** f movement
**bewerben: sich (bei/um) bewerben** to apply (to/for)
**Bewerbungsbrief (-e)** m letter of application
**bewerten** to evaluate
**Bewußtsein** n consciousness
**beziehen: s beziehen auf** to refer to
**Beziehung (-en)** f relationship
**bilden** to form
**bitten um** to ask for, request
**Blaue: eine Fahrt ins Blaue** mystery tour
**blödeln** to fool around
**Blutkrebs** m leukaemia
**Bordbuch (-̈er)** n log book
**brauchen** to need
**Brennstoff (-e)** m fuel
**brüsten: s. mit etw. brüsten** to boast about sth.
**Bundeswehr** f army
**bündig: kurz und bündig** concisely
**Bürgerschaft** f nationality

## C

**computergesteuert** computer operated

## D

**dösen** to doze
**dämpfen** to dampen, subdue
**darlegen** to explain
**darstellen** to represent
**Datenverarbeitung** f data processing
**Dauerglotzer (-)** m TV addict
**dementieren** to deny
**Deponie (-n)** f (rubbish) dump
**deutlich** clear
**Dieb (-e)** n thief
**Dienstleistungen (pl)** services
**dilettantisch** amateurish
**Dorn: jm ein Dorn im Auge sein** to be a thorn in the flesh to s.o.
**Draht** m interest, link
**Drehbuch (-̈er)** n film script
**drehen: sich um etw. drehen** to be a question of

**Drumherum** n trappings, extras
**dumpf** vague
**durcheinander** in a mess
**durchgreifen** to take drastic measures

## E

**ehe er sich versieht** suddenly
**Ehrgeiz** m ambition
**Eigenschaft (-en)** f characteristic
**eilfertig** overzealous
**einbeziehen** to include
**Eindringling (-e)** m intruder
**Eindruck (-̈e)** m impression
**Einfühlungsvermögen** n empathy
**eingeklammert** in brackets
**Eingriff (-e)** m operation
**einhellig** unanimous
**Einigkeit** f unity
**einleuchten** to seem logical
**einordnen** to put into order
**einschalten** to switch on
**einschränken** to reduce
**einstellen** to stop
**Einstellung (-en)** f attitude
**einverlieben: s. in jn einverlieben** to fall in love with
**(der) Eiserne Vorhang** The Iron Curtain
**ekeln: s. ekeln vor** to be revolted by
**Elendsviertel (-)** n slum
**emotional gefärbt** emotive
**empfehlen** to recommend
**empört** indignant
**eng** close(-ly)
**enthalten** to contain
**Entmilitarisierung** f demilitarisation
**entscheidend (Adj.)** decisive
**Entschluß: einen Entschluß fassen** to come to a decision
**entsetzt** horrified
**Entspannung** f relaxation
**entsprechen (+ Dat)** to correspond to
**entstehen** to result in
**Enttäuschung (-en)** f disappointment
**Entwicklung (-en)** f development
**Entwicklungsland (-̈er)** n developing country
**Ereignis (-se)** n event
**Erfolg (-e)** m success
**erfolgen** to take place
**erfordern** to demand, require
**Ergänzung (-en)** f completion
**Ergebnis (-se)** result
**erheitern** to amuse, cheer up
**erhoffen: sich etw. erhoffen** to hope for
**erkennen** to recognise
**Erkenntnisse** pl information
**erklären** to explain
**Erkundungsfahrt (-en)** f fact finding trip
**erläutern** to explain
**erleben** to experience
**erledigen** to deal with
**erraten** to guess, work out
**erscheinen** to appear, be published
**(sich) erschließen** to open out
**ersetzen** to replace
**sich erstrecken** to lie, spread

**erwähnen** to me[...]
**Erwerb** m paid labo[...]
**erwerben** to earn by wo[...]
**Erwerbstätige** m/f wage-ea[...]
**erzählen** to tell, relate
**Erzählung (-en)** f story
**etliche** quite a few

## F

**Fachkenntnisse (pl)** specialised knowledge
**Fachmann (Fachleute)** m specialist
**Fälle: auf alle Fälle** anyway
**fällen** to fell (tree)
**Faustregel (-n)** f rule of thumb
**fehlen; es fehlt mir an . . .** to lack; I need . . .
**feilschen** to haggle
**feindselig** hostile
**fest** fixed, firm
**festnehmen** to arrest
**feststellen** to ascertain
**Feuergefecht (-e)** n gun fight
**fliegen** to be thrown out
**Fließband (-̈r)** n production-line
**flink** nimbly
**flitzen** to flit
**flüchten** to flee, run away from
**Flüchtling (-e)** m refugee
**folgend (Adj.)** following
**folgendermaßen** like this, in this way
**fordern** to require
**fördern** to encourage
**Forderungen stellen** to make demands
**Freizügigkeit** f freedom of movement
**friedlich** peaceful
**Frust** f frustration
**Füße: sich die Füße vertreten** to stretch one's legs
**gar** done, cooked

## G

**Geborgenheit** f security
**gebrauchen** to use
**gedeihen★** to flourish, prosper
**gefährden** to endanger
**gefallen: s. etw. gefallen lassen** to accept sth. unpleasant
**Gefühl (-e)** n feeling
**Gegensatz: im Gegensatz zu** in contrast to
**Gegenstand (-̈e)** m object
**Gehöft (-e)** n farm
**gehörig** as one should, well and truly
**gekentert** capsized
**gelähmt** paralysed
**gelten als** to be considered to be
**gelten für** to be valid for; to be true for
**gemeinsam** in common
**genießen** to savour, enjoy
**Gentechnik** f genetic engineering
**gepflegt (Adj.)** well-groomed
**Geröllbrocken (-)** m stones
**Geschichte (-n)** f story
**Geschlecht (-er)** n gender
**Gesetzgebung** f legislation

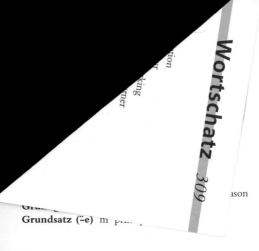

...ason

Grund...
**Grundsatz (¨e)** m p...

## H

**hämisch** spiteful
**häuten** to skin (animal)
**Haar: um ein Haar** by a whisker, almost
**Hab und Gut** n possessions
**Hai (-e)** m shark
**halten von** to think of (opinion)
**halten für** to consider to be
**Handel** m business, trade, commerce
**handeln: sich um handeln** to be about
**häppchenweise** bit by bit
**hart im Nehmen** tough
**Haß** m hatred
**Haufen (-)** m group
**Hauptsatz (¨e)** main clause
**Hausierer (-)** m hawker
**Heimat** f home (land, town)
**hektisch** enthusiastic
**Held (-en)** m hero
**Herausgeber (-)** m editor, publisher
**sich herleiten von** to be derived from
**herstellen** to produce, manufacture
**Hieb (-e)** m blow, thump
**hinträufeln** to drip
**hinwegsehen über etw.** to ignore sth.
**hinzufügen** to add
**Hochstapler (-)** m con man
**Höhepunkt (-e)** m climax
**holprig** bumpy (road)
**hundeelend: mir ist hundeelend** lousy: I feel lousy
**Hürde: eine Hürde abbauen** to remove a barrier/hurdle

## I

**Imperfekt** n imperfect tense
**implizieren** to imply
**in einem Zug** suddenly
**in Einklang bringen** to harmonise
**in Kauf nehmen** to accept sth.
**Inserat (-e)** n advertisement
**internatsmäßig** (inf.) in student halls of residence
**sich irren** to be mistaken
**jegliche** all
**juckt: es juckt ihm unter der Sohle** he's got itchy feet

## K

**kahl** bald
**kantig** angular
**Karikatur (-en)** f cartoon
**Kästchen (-)** n box
**Kasten (¨)** m box
**Kasus (-)** m case (grammar)
**Keil (-e)** m wedge
**Kern (-e)** m core
**Kernenergie** f atomic energy
**kiffen** to smoke cannabis
**kleben: jm eine kleben** to slap s.o.
**knallen: jm eine knallen** to hit s.o.
**Knast** m prison
**Kniff (-e)** m (inf.) trick
**Knochenmark** n bone marrow
**Kommilitone (-n)** m fellow student
**Konkurrenz** f competition
**konsequent** logical, consistent
**Konsument (en)** m consumer
**Kontor (-e)** n office
**Körperschaft (-en)** f corporation
**Kraft (¨e)** f strength
**Kraut: dagegen ist kein Kraut gewachsen** there's nothing you can do about it
**kriegen** to get
**Krise (-n)** f crisis
**Kriterium (-ien)** n criterion
**Kugel (-n)** f bullet
**Kulisse (-n)** f scenery in theatre
**Kumpel (-)/(-s)** m (inf.) friend, mate
**kundtun** to make known
**künftig** (Adj.) future
**künstlich** artificial
**kurz darauf** just afterwards

## L

**Land; das gelobte Land** the promised land
**lässig** casual
**Laufe: im Laufe** (+ Gen) in the course of
**laufenden: sich auf dem laufenden halten** to keep o.s. up to date
**laut** (+ Dat) according to
**lauter** nobody but
**Lebenslauf (¨e)** m curriculum vitae
**Leiche (-n)** f corpse
**Leid** n sorrow, suffering
**lenken** to steer
**Lichtbild (-er)** n photo
**Lichterkette (-n)** f demonstration, where each person holds a candle
**Lichtung (-en)** f clearing
**Lippenbekenntnis** n lip service
**List (-en)** f trick
**Lob** n praise
**locken** to lure, tempt
**Lohn** m wage
**sich lohnen** to be worthwhile
**löschen** to extinguish
**lösen** to solve
**losgehen** to start
**löten** to solder
**Lücke (-n)** f gap

**sich lümmeln** to sprawl
**Lumpen (-)** m rag

## M

**mühsam** with difficulty
**machtlos** powerless
**Mal (-e)** n time, occasion
**Maße: in hohem Maße** to a great extent
**Maßnahme (-n)** f measure
**matt** exhausted
**MdB (Mitglied des Bundestages)** n MP (member of parliament)
**Meinung (-en)** f opinion
**Ihrer Meinung nach** in your opinion
**mies** crummy, lousy
**mindestens** at least
**Mischling (-e)** m half-breed
**mißtrauisch** mistrustful
**Mitleid erwecken** to arouse sympathy
**mittels** (+ Gen) by means of
**mitwirken an** to cooperate
**Molekül (-e)** n molecule
**Müllbeseitigung** f waste disposal

## N

**nachahmen** to imitate
**nachdenklich** thoughtful
**Nachdruck verleihen** to emphasise
**nachholen** to make up
**Nachricht (-en)** f news item (pl.: news)
**nachschlagen** to look up, refer to
**Nachteil (-e)** disadvantage
**Nachtigall (-en)** f nightingale
**nagelneu** brand new
**Nahrung** f food
**Nase: die Nase voll haben** (inf.) to be fed up
**Nebensatz (¨e)** m subordinate clause
**Neid** m envy
**neigen zu** to tend towards
**Neigung (-en)** f inclination
**nerven** to annoy
**Neugier** n curiosity
**neugierig** curious
**Niederlage (-n)** f defeat
**niederlassen: sich niederlassen** to set up in business
**notieren** to note
**Notizen machen** to make notes
**nüchtern** sober
**(auf) nüchternen Magen** on an empty stomach

## O

**öffentlich** public
**ohmächtig** powerless
**Ohren: viel um die Ohren haben** to have a lot to do
**Ölgötze (-n) m: wie ein Ölgötze** (inf.) (like a) stuffed dummy
**Opfer (-)** n victim
**Öse (n)** f loop, eye

## P

**Panzer (-)** m (inf.) tank
**Parklücke (-n)** f parking space
**Partizip (-ien)** n participle
**passend** (Adj.) suitable
**Pauker (-)** m teacher
**Pauschalreise (-n)** f package holiday
**pennen** (inf.) to nap
**Perfekt** n perfect tense
**Pfeiler (-)** m post
**pflegeleicht** easy-care
**pflegen** to, look after, preserve
**Pflicht (-en)** f duty
**Pflock (-̈e)** m stake
**Phantasie** f imagination
**Praktikum (-ika)** n practical (work) experience
**Pranke (-n)** f paw
**Präposition** preposition
**Pritsche (-n)** f plank bed
**Pronomen (-)** n pronoun
**Prozentsatz** m percentage
**prüfen** to check, examine
**Pulle (-n)** f (inf.) bottle
**purzeln** to fall, tumble

## Q

**quälen** to hurt

## R

**radikal** (Adj.) extreme
**Randale machen** to riot
**Raserei** f speeding
**Rat (Ratschläge)** m advice
**raten** to advise, guess
**Rausch** m intoxication
**Rauschmittel (-)** n intoxicant
**Rechnung: etw. (Dat) Rechnung tragen** to take sth. into account
**Recht** n rule of law
**rechtfertigen** to justify
**Redewendung (-en)** f idiomatic expression
**Referat: ein Referat halten** to give a talk
**regelmäßig** regularly
**regelrecht** downright, full-blown
**reibungslos** trouble-free
**Reichweite (-n)** f range
**reihen: sich reihen** to follow one after the other, be in a row
**Reihenfolge (-n)** sequence, order
**reinrutschen** to slip into sth.
**reißerisch** sensational
**Reklame (-n)** f advertisement, commercial
**restlos** completely
**Richtfest (-e)** n topping out ceremony
**Risiko (Risiken)** n risk
**roden** to clear (trees)
**Rohstoff (-e)** m raw material
**Rollsteg (-e)** m moving pavement
**rumhacken auf** to pick on s.o.
**Rüstung** f armaments

## S

**sachlich** objective
**Sachverstand** m expertise
**Sammelbegriff (-e)** m collective noun
**Satzstellung** f word order
**saufen** (inf.) to drink heavily
**Schädel (-)** m skull
**Schadensersatz: jn auf Schadensersatz verklagen** to demand damages
**Schadstoff (-e)** m harmful chemicals
**schadstoffarm** with a low level of harmful chemicals
**Schande** f disgrace
**Schar (-en)** f crowd
**Schein** m appearances
**scheitern** to fail
**Schichtzulagen** pl extra pay for shift work
**Schicksal** n fate
**schicksalhaft** fateful
**schildern** to describe
**schlängeln: sich schlängeln** to meander
**Schlaf: wie im Schlaf** very easily
**schlagartig** suddenly
**Schlagbaum (-̈e)** m barrier
**Schlagzeile (-n)** f headline
**schlecht darauf sein** (inf.) to be in a bad mood
**Schlinge (-n)** f trap
**Schlüsse ziehen** to draw conclusions
**schmirgeln** to sand/rub down
**schnarren** to speak in a harsh voice
**Schöpfung** f creation
**Schranke (-n)** f barrier
**schuften** to slave away
**Schulden** (pl) debt
**schwankend** fluctuating
**schwanzen** (inf.) to skip, play truant from
**schwärmen von** to be enthusiastic about
**Schweiß** m sweat
**schwerfallen; es fällt mir schwer** find it hard to
**Seebär (-en)** m sea dog
**seelisch** psychological
**Sendegattung (-en)** f type of programme
**setzen** to place, put
**Sickergrube (-n)** f soakaway
**Sieg (-e)** m victory
**Sinn** m sense
**Sinn: mit etw. nichts im Sinn haben** to want to have nothing to do with sth.
**sinnlich** sensuous
**Skizze (-n)** f sketch
**Sorge (-n)** f worry, problem
**Spalte (-n)** f column
**Spannung (-en)** f tension
**speichern** to store
**spenden** to donate
**sperren** to block
**Spielfilm (-e)** m feature film
**Spitzel (-)** m informer, spy
**Spitzenreiter** m number one
**Spritze (-n)** f syringe; injection
**Staat (-en)** m state
**Stadtrat (-̈e)** m town councillor
**Stamm (-̈e)** m stem
**Stammbaum (-̈e)** m family tree
**Stammtisch (-e)** m table in pub for regular customers

**standhalten** to resist
**ständig** constant
**Standort (-e)** m location
**Stange: jn bei der Stange halten** (inf.) to make s.o. stick at it
**statt** (+ Gen) (Präp.) instead of
**stattfinden** to take place
**Stelle (-n)** f place, job
**Stellung beziehen** to take up a position
**Stellung nehmen zu** to give one's opinion on
**Steuer (-n)** f tax
**Stichpunkt (-e)** m key point
**Stichwort (-̈er/e)** n key word
**stimmen** to be true
**Stimmung (-en)** f mood
**Stimmungsmache** f cheap propaganda
**Stocken: ins Stocken kommen** to begin to flag
**Störfall (-̈e)** m defect
**Strecke (-n)** f distance between two towns
**streichen** to cross out
**Strich: auf den Strich gehen** (inf.) to become a prostitute
**Strömung (-en)** f trend
**Studiengang (-̈e)** m course (at university)
**Substantiv (-e)** n noun
**Sündenpfuhl (-e)** m den of iniquity
**Szenario (-s)** n scenario

## T

**Tagesablauf** m day
**Tagesspesen** pl expenses
**Tapetenwechsel** m change of scene
**tapfer** brave
**Tastatur (-en)** f keyboard
**Taste (-n)** f button
**Tätigkeit (-en)** f activity
**tatsächlich** really
**Technik** f technology
**teilnehmen an** (+ Dat) to take part in
**Teilzeitjob (-s)** m part-time job
**Teufelskreis (-e)** m vicious circle
**Thema (Themen)** n theme, subject
**Tour: auf die sanfte Tour versuchen** to try using soft soap to get sth.
**Transparent (-e)** n banner
**Trauer** f sadness
**trennbar** separable
**trennen** to separate
**Treue: jm die Treue halten** to be loyal to s.o.
**Trost** m comfort
**trösten** to comfort
**trüb** gloomy
**Trubel** m hurly-burly
**Trümmerfeld (er)** n scene of devastation
**Tücke (-n)** f treachery, (being) temperamental

## U

**überdurchschnittlich** above average
**überlegen. sich (Dat) etw. überlegen** to consider sth.
**überreden** to persuade
**Überschuß (-̈e)** m surplus
**Übertragung (-en)** f transfusion

**übertrieben** (Adj.) exaggerated
**Überwachung** f surveillance
**überwinden: sich zu etw. überwinden** to force o.s. to do sth.
**Überwindung kosten** to be a real effort of the will
**überzeugen** to convince, persuade
**Ultraschall** m ultra high frequency sound
**Umfang** m extent, range
**Umfrage (-n)** f survey
**Umgangsformen** (pl) manners
**Umgangssprache** f colloquial/everyday language
**umgekehrt** the other way round
**umwandeln** to transform, convert
**unangefochten** undisputed
**unentbehrlich** indispensable
**unerforscht** not researched
**Unfall (¨e)** m accident
**Unfug** m nonsense
**„Unkraut verdirbt nicht so leicht"** 'They can't get rid of us that easily'
**unleidlich** disagreeable
**unmittelbar** direct
**Unsicherheit** f uncertainty
**unterlaufen** to get round/undermine (law)
**unternehmen** to undertake
**Unterschied (-e)** m difference
**unterstreichen** to underline
**uralt** ancient
**Ursache (-n)** f cause
**utopisch** Utopian, idealistic

## V

**verabreichen** to administer, prescribe
**Verallgemeinerung (-en)** f generalisation
**sich verändern** to alter
**verantwortlich** responsible
**Verb (-en)** n verb
**Verbandszeug** n (inf.) first-aid box
**verbessern** to improve, correct
**verbinden** to link, join
**Verbindung (-en)** f compound
**Verbrennungsmotor (-en)** m combustion engine
**verbünden** (Adj.) linked
**Verbündete (-n)** m ally
**verdrängen** to suppress
**verdrehen** to turn
**Vereinheitlichung** f standardization
**verfallen\*: etw./jm verfallen** to become a slave to sth./s.o.
**Verfassung** f state of health
**Verfassung (-en)** f constitution
**verfaulen** to go rotten
**verfolgen** to persecute
**verführen** to tempt, lead astray
**Vergangenheit** f past
**vergessen** to forget
**vergewaltigen** to rape
**Vergleiche ziehen** to make comparisons
**vergleichen** to compare
**verhaften** to arrest
**Verhaltensweise** f behaviour
**Verhältnis (-se)** n relationship

**verhören** to interrogate
**Verkehrsmittel (-)** n means of transport
**Verknappung** f running out
**Verlobte (-n)** m/f fiancé(e)
**Vermögen (-)** n fortune (a lot of money)
**vernachlässigen** to neglect
**veröffentlichen** to publish
**verpflegen** to feed
**verpflichten: (sich verpflichten)** to oblige, (to commit o.s.) to do sth.
**verprügeln** to beat up
**verraten** to betray, denounce
**verrichten** to perform, carry out
**(sich) verringern** to diminish
**Versammlung (-en)** f assembly
**verschiedene** various
**verschwinden** to disappear
**versprechen** to promise
**verstehen: sich gut verstehen** to get on well together
**Vertrag (¨e)** m contract
**Vertreter (-)** m representative
**verwöhnen** to spoil s.o.
**Verwaltung** f administration
**verwenden** to use
**verwirklichen** to realise, put into practice
**verwirren** to confuse
**verworren** muddled, intricate
**verzichten auf** (+ Akk) to give up, go without
**Verzweiflung** f desperation
**Vielfältigkeit** f variety
**Vokal (-e)** m vowel
**vollenden** to complete
**Volltreffer (-)** m bull's eye, complete success
**Vorbild (-er)** n (role) model, hero
**vorhanden** in existence
**Vorherrschaft** f political dominance
**vorkommen** to happen
**vormachen: sich (Dat) nichts vormachen** not to fool oneself
**Vorrang: etw. den Vorrang geben** to make sth. a priority
**Vorrat (¨e)** m supplies
**Vorschlag (¨e)** suggestion
**vorstellen: sich (Dat) etw. vorstellen** to imagine sth.
**Vorstellung (-en)** f idea
**Vorstellungsgespräch (-e)** n interview (for job)
**Vorteil (-e)** m advantage
**Vorurteil (-e)** n prejudice
**vorwiegend** predominantly

## W

**Wachtposten (-)** m guard
**Wahrheit** f truth
**wahrnehmen** to be aware of
**Wechselschicht (-en)** f to work varying shift times
**Wegelagerer (-)** m highwayman, street robber
**weggenagt** eaten away
**wegsacken** to give way, sag
**Weise (-n)** f way

**weitergeben** to report, pass on
**Werbespot (-s)** m commercial (on TV)
**Werbespruch (¨e)** m advertising slogan
**Werbung** f advertising
**Wert (-e)** n value
**widersprechen** to contradict
**widmen: sich etw. widmen** to dedicate o.s. to sth.
**Wiederaufbereitungsanlage (-n)** f nuclear reprocessing plant
**Wiederaufforstung** f reforestation
**Wiedervereinigung** f reunification
**wimmern** to whimper
**wirken** to have an effect
**Wirklichkeit** f reality
**Wirkstoff (-e)** m active substance
**Wirkung (-en)** f effect
**Wirtschaft** f economy
**Witterung** f scent (of animal)
**Wort (-e)** n word: e.g. Churchills Worte
**Wort (¨er)** n word, lexical item
**Wörterbuch (-er)** n dictionary
**Wortfeld (-er)** n group of words related to theme, wordfield
**Würfel (-)** m cube

## Z

**zahm** (Adj.) tame
**Zeche (-n)** f coalmine
**zeigen** to show
**Zeile (-n)** f line
**Zelle (-n)** f cell
**Zensur (-en)** f mark
**Zentner (-)** m 100 Kg
**zerren** to drag
**Ziel (-e)** n aim
**zierlich** dainty
**Zitat (-e)** n quotation
**Zuckerkrankheit** f diabetes
**zufrieden** satisfied
**zugeben** to admit
**zugehen: auf jn. zugehen** to be open, friendly to s.o.
**zugelassen** registered
**Zugeständnisse: jm Zugeständnisse machen** to make concessions to s.o.
**Zukunft** f future
**Zukunftsmusik** pie in the sky
**zumute: mir war nichte zumute** I didn't want . . .
**Zuneigung** f affection
**zurechtkommen mit** to deal with
**zurückgehen** to fall/diminish
**zusammenfassen** to summarise
**zusammengesetzt** (Adj.) compound
**Zusammenhang (¨e)** m context
**Zustand (¨e)** m state (of affairs)
**zuständig** responsible
**Zuwendung** f affection
**zwingen** to force
**Zwischenfall (¨e)** m incident